老板必知的十大税务管理工具

张能鲲　沈佳坤◎著

Top 10 Tax Management Tools the Boss Must Master

中国经济出版社
CHINA ECONOMIC PUBLISHING HOUSE
·北京·

图书在版编目（CIP）数据

老板必知的十大税务管理工具 / 张能鲲，沈佳坤著
. --北京：中国经济出版社，2023.7
ISBN 978-7-5136-7342-6

Ⅰ. ①老… Ⅱ. ①张… ②沈… Ⅲ. ①企业管理-税收管理-中国 Ⅳ. ①F812.423

中国国家版本馆 CIP 数据核字（2023）第 098558 号

责任编辑　丁　楠
责任印制　马小宾
封面设计　任燕飞

出版发行　中国经济出版社
印 刷 者　北京富泰印刷有限责任公司
经 销 者　各地新华书店
开　　本　710mm×1000mm　1/16
印　　张　21.25
字　　数　350 千字
版　　次　2023 年 7 月第 1 版
印　　次　2023 年 7 月第 1 次
定　　价　88.00 元
广告经营许可证　京西工商广字第 8179 号

中国经济出版社 **网址** www.economyph.com **社址** 北京市东城区安定门外大街 58 号 **邮编** 100011
本版图书如存在印装质量问题，请与本社销售中心联系调换（联系电话：010-57512564）

序　一

国内外政治环境和经济形势引发的变革导致企业发展面临巨大的不确定性，国家税收系统也在不断提升针对课税主体企业的精准管控。以金税系统为代表的税务系统，不断推进“以数治税”的转型，全领域、全环节、全要素推动电子化改革，系统提升税务管控智能化水平。

首先，在征管层面，金税四期不断实现涉税数据的汇聚贯通。通过线上线下数据的有机贯通和智能化管控，金税四期打通并实现了针对法人的“一户式”集成归集，实现了针对自然人的“一人式”综合归集。因此，企业应根据其商业模式，做好经营业务时各个节点产生的税费的准确计算与核算工作。尤其应结合企业在发展变化过程中外部的不确定因素，系统设计并落实纳税节点，做好合规化安排。

其次，在筹划层面，国家税收政策给出了针对性的筹划空间，不少国家税收优惠大礼包，包括企业正常运营模式之下的增值税税收留底退税政策，小微企业的税收优惠政策，国家和各个地方税收政策引导的税收洼地的税收返还政策等，针对性和指导性都很强，时效性和协同性也很强。符合要求的筹划，需要有不少原则性条件和规范性要求。因此，企业的税务筹划的逻辑，不仅仅就直接缴纳的税费进行设计，也不仅仅就财务业务规则进行设计，而是需要结合企业的股权架构、股东结构、商业模式、经营模式等，基于企业发展规划的战略层面做好顶层设计。

基于企业税务管理的税收征管与税务筹划两个层面的工作，做好了，小则可以实现企业税务管理对财务管理效率和效果的赋能，包括企业获得发票以及无票业务的合规与筹划，固定资产一次性扣除类业务的设计与规划，财政性补助业务的合规与筹划，企业各级员工的个税筹划，甚至包括企业年薪制员工日常薪酬与年终绩效，法定税率调整之下的纳税合规筹划；大则可以正向影响企业的商业模式设计和企业整个运营模式的优化，包括小型微利企业的设立与业务合作，增值税混合销售业务的分拆与不同税率筹划，关联企业之间的资金拆借及筹划，股权转让业务的设计与筹划，甚至是在新兴交易商业模式之下，类似灵活用工平台类的业务设计及票据合规类设计与筹划。因此，企业税务管理工作的推动要以确保企业业务真实和保持税务底线思维为前提，在满足金税系统监管要求的四流（发票流、业务流、资金流、合同流）一致的管控过程中，既要敢于迈大步，还要做到不停步。从企业业务流程的各个涉税节点出发，合理设计筹划方案，集约化地针对涉税节点筹划做好税收风险的有效防控，实现企业综合税负最低、税收优惠落地的可持续性最优。

因此，基于上述逻辑，企业的管理者，尤其民营企业的老板们，按照“创业维艰”和“创业难，守业更难”的根本模式，需要做好资源的集中管控和节税降费。民营企业老板们在尽可能压缩财务涉税业务综合成本的过程中，必须思考如何在做好税务筹划专业化落地的同时，做好降本增效。企业经营业务不停，涉税税务问题不止，专业化和节税降费处理不好就是矛盾体，民营企业的此类问题如果解决不好还是要由民营企业老板买单。因此，从企业做好涉税业务的专业化处理来说，借助系统的税务管理工具，形成模块化思维，解决涉税各个关键节点的制度化、流程化、标准化，形成税务管理的工具思维，是民营企业解决和实现企业节税降费、准确纳税、多维筹划的生存技能之一。谁先掌握，谁就占据了收获企业有效税务管理，形成企业内部核心优势的先机。

为此，张能鲲先生和沈佳坤女士共同编著了本书，系统地将税务管理按模块化分解为十大工具。他们编著的税务管理工具，基于税务管理的顶层设计、企业整合、资金管理、运营管理、合同管理、发票管理、劳动用工、并购重组、资本市场、应急管理十个涉税关键节点，非常接地气，值得企业老板和管理层与致力于税务管理类企业财税人士一读。

本书结合企业的商业和运作模式进行设计，从老板视角出发，具有落地的实操性，也有理论归纳的高度。本书特色在于作者基于长期从事财税工作的高层管理角度，兼具针对民营企业的普适性和特殊性，可以系统解决民营企业在依法纳税和有效筹划的两分法模式之下的有效筹划。得益于作者长期税务筹划和业财税一体化推动的一线实践，本书在税务管理端的工具融合应用，有不少关于转型升级后的创新应用的建议和探索，尤其是税务的系统化落地整合建议，也是基于企业财税子战略规划目标的融合高度得出，值得企业股东和董事会董事们一读。

中央财经大学金融学院金融科技系主任、数量经济学博士，教授、博导

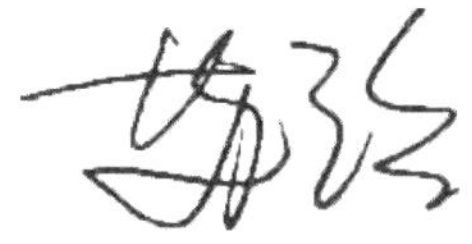

2023 年 1 月 31 日

序　二

民营企业税务管理是非常热门的话题。税务管理有效性体现在企业可持续的节税降费，既需要科技赋能的互联网，也需要结合税务系统的金税系统的改革而同步推动转型。结合国家税务系统的税务政策引导，企业针对税务管理做好数字化的变革是大势所趋，与此同时，企业税务管理的转型实现路径也是一个循序渐进的过程。企业税务管理按照工具模式，进行系统拆分，结合企业智能税务引擎实现有效的节税，系统通过多种模式实现直接、间接的降费，都是促进企业可持续发展的核心逻辑。

在企业税收管理过程中，企业老板和财务一把手需紧密结合企业发展的要求，针对业务经营模式和逻辑做好战略设计，采取妥善的税务应对方案。就企业做好税务管理的本质而言，如何快速有效地在时效范围之内做好准确的纳税以及有效的税务筹划非常关键。这个过程无法一蹴而就，推动企业税务管理工具化的实现以及税务管理落地的战略设计和实现，要求企业老板们不仅要有足够的格局、丰富的从业经验，还要能够持续学习，理解企业顶层设计逻辑下的精益化管理思维。

税务模块化分拆，形成系统的工具，采取共享工具模式，可以解决税务纳税和税务筹划的重复性复用问题，解决税务管理的智能化实现问题，甚至解决企业财务子战略的落地问题。税务成本的高低可以通过税务的系统化管理实现优化，通过系统解决企业商业模式的涉税优化与区域落地问题，甚至包括针对企业综合运营效果最优问题，通过税务工具的有效融合和应用，这些税务管理功能实现的过程，也是企业总体运营效率不断提升、企业生存状态不断改善的过程，借助科技赋能手段和国家税收政策引导等外部机遇，企业利用有效的税务管理工具，精准结合企业本身和各个区域的落地对策，实施适宜的税务管理策略，优化企业商业模式，全局性和系统性地解决企业综合筹划的税收成本最低问题，规避税务的纳税风险，实现企业税务融依法纳税、合理筹划、合规落地、管理支持、决策支持为一体并持续支持企业可持续财富最大化的功能。

通过对时代引领的税务工具的打磨，形成企业针对税务管理的重点领域协同，网状落地的协同税务管理模式，发挥企业税务作为节税降费的核心环节的标杆作用，助力企业税务合规转型和税务共享模式的实现。因此，本人认为，张能鲲先生和沈佳坤女士完成的有关税务管理十大工具的这本新书，融合支持智能税务引擎，推动税务数字化，是中国经济新常态下民营企业针对国家税务新政做好企业税务有效应对和企业税务管理转型的需要。

张能鲲先生和他带领的团队，在涉税领域具有丰富的实践经验，并在税务共享、税务模块打造、税务转型实施方面的数字经济下的企业端税务管理领域，服务了不少龙头企业，并借助基于战略格局的智能税务管理工具的模块化设计与优化迭代，成功设计了当下符合民营企业发展要求的税务管理十大工具，从根本上说，这为企业针对涉税领域的风控与合规，做好税务支持服务，实现企业智能税务管理系统的突破，解决企业税务智能化转型，形成了很好的从实践中来到实践中去的企业税务管理和税务管理数字化转型服务体系。

沈佳坤女士带领她的学生们，结合张能鲲先生的实践团队的实践成果进行归纳，针对性地对企业税务管理做了系统的研究，按照企业实践层面的要求做了大量思考，也形成了丰富的税务类科研成果。

张能鲲先生和沈佳坤女士协同完成的十大税务工具的模块化设计，实现了税务管理工具协同作业，系统融合了企业税务管理工具和税务智能化转型的理论归纳和课程实践，形成了系统、综合、立体、多维的企业层面的税务管理实践和教学融合的新模式，这对民营类企业税务管理实践领域的应用迭代转型，实现企业全税种、行业全领域、主体多元化、设立个性化等企业税务服务体系的建设，规避重复性的无效税务投入，提升税务设计的效果，具有前瞻性的引领作用。

企业老板是企业责任的最终兜底者，民营企业的私有化属性决定了老板本身需要成为“全能型选手”的引领者。税务的底线思维往往是企业管理的底线，因此，民营企业老板一旦充分掌握税务管理十大工具的应用，在基础风控与合规模式之下，往往可以借助税务的专业化操作和有效的协同融合工具的应用，结合数字化赋能互联网，科技赋能整个社会的方方面面，可以改变甚至规避民营企业过往可能风险巨大的企业税务管理漏洞。

民营企业实现智能税务管理的转型布局，站在企业商业模式和运营优化高度，用好十大税务管理工具，搭建基于风控合规的税务管理体系，结合企业业务生态的建设，有助于系统实现企业持续性节税降费，根据十大税务管理工具按图索骥、娴熟运作，有助于企业达到节税降费、风控合规的新高度。

北京物资学院会计学院院长、教授

张军

2023年1月31日

前言

国家税收本质是基于国家的强制力，企业税收本质是企业通过经营业务产生。国家税务部门依据税收法律、暂行条例、财税文件、国税公告等税收制度实施税务征收管理。因此，税务征收管理牵涉到税务系统的税务端和企业系统的企业端两个端口。税务端口的管理包括税务征管的风险管理、税务稽查、经济分析、纳税服务。企业经营业务是基于企业商业模式的系统设计和实施，包括企业收入和利润等环节。税收内生于企业的战略、预算、成本、投融资活动和信息化建设各部分，渗透在企业内部和上下游以及股东的方方面面。因此，企业端口的管理体现在基于顶层设计的税收设计方案。通过顶层设计，实现针对企业商业模式落地的税务管理。

企业税收管理是企业财务管理的核心环节，也是企业财务管理战略按照企业总体战略推动的重要领域。企业税收需要以企业总体经营目标为前提，利用有用的涉税信息，持续提高税收成本效益和降低税收成本。企业税收管理行为包括税务策划、税务控制、税务效益度量和税务业绩评价四个环节，而且涉及企业的战略管理、运营控制、日常管理和信息管理四个层次。因此，在多环节多领域的融合管控上，企业税收管理面临专业化落地的协同。

在严峻经济形势下，国家财税部门大力推动财税支持政策和结构性改革政策，并不断就实体产业提供大量减税降费的税收引导和财政激励方案。企业税务管理的战略层次目标是满足企业总体经营目标，运营控制层次目标是持续地提高税务成本效益，日常管理层次目标是持续地降低税务成本，信息管理层次目标是及时提供税务管理信息。作为企业管理者，如何系统地在商业模式设计和企业管理运营环节，结合基本的税收因素做好事前设计阶段的有效筹划，这就需要一揽子基于企业管理端的税收管理工具的应用。

更进一步说，针对股权架构、股东结构、商业模式、经营模式进行系统设计，融合各个节点的税收筹划的综合测算，落实可能和潜在的直接和间接的节税方案、财政返还方案，实现税收洼地的区域协同的税收管理的顶层设计，是实现企业价值创造目标的重要路径。具体来说，了解企业业务流程的各个涉税节点，合理设计涉税节点的筹划方案，针对涉税节点筹划做好税收风险的有效防控，可以实现企业更加快速的可持续发展。

企业在应对经营不确定性之下，履行纳税义务的同时用好财政工具，做好节税降费工作，实现企业可持续发展意义重大。企业需要做好税务管理工作并规避税务处罚，实现税收优惠的应享尽享。企业也需要针对国家税收政策引导，做好针对税务优惠措施设计可行性落地方案，实现针对税收优惠方案的落地，有助于企业提升抗风险能力。因此，企业的税务管理是贯穿国有和民营企业财务治理的重要职能。税务管理这项相对独立的财务管理职能有助于企业合法合规地实现降本增效。

因此，企业针对业务的涉税节点，做好涉税层面的税收筹划，针对业务的涉税风险，合理应对税收风险进行系统防控，针对国家和地方的涉税优惠，做好税收洼地的选择，做好税收方案的模型，落实综合税收的优惠，实现智能税务管理，实现业财税一体化融合，是实现企业价值创造目标的应有之义和必然要求。

企业层面，如何实现企业综合税赋最低，税收优惠落地的可持续性最优，需要解决企业税务管理“三端落地”的问题，也就是从整个企业的股东到企业分子公司的税收管理纵向端、整个企业的供产销人财物的税收筹划横向端、国家财政税收新政颁布和企业快速适用及时应对的税收设计动态端的协同和有机融合。企业需要掌握税务管理的系统工具，并深刻认识到新时期新工具的不断转型迭代的重要性。

从企业可持续发展角度来说，企业需要心怀敬畏，落实税务的底线思维，将国家税收法规视为企业管理的内部要求，不能逾越税法规定的红线，以合理、合法、合规的税务管理思维，守好企业的合规底线，绝不突破税收红线。

同时，从企业节税降费减轻税负的角度来说，企业需要有合适的税务管理工具，借助税务管理的专业力量，既实现与税务系统的有效、和谐沟通与税款征缴，也实现借助税收洼地和用人模式的丰富多样的工具，助力企业降低流转税、所得税等各种税费，系统地助力企业可持续发展。一方面让依法纳税的观念和意识融合到企业的生存和发展中，另一方面借助税收优惠政策的设计和融合应用降低企业的运营成本，系统形成企业对税务管理工具的娴熟应用，并成为融合企业发展的自驱、持续自我迭代和快速适用国家财税新政的生存基因。

因此，在企业为新时期转型做好税务管理的要求之下，企业需要选择合适的税务管理工具，一方面依法纳税，一方面税收筹划。企业这两方面的工作两手都要抓，两手都要硬。任何涉税环节的疏漏，都会由于税务方面的处罚等给企业带来不可逆的损失。企业税务管理需要做好全面性覆盖，重点领域的设计，系统性的风控与预警。为此，税务管理可以按实现的要素分解为十大工具，具体包括：顶层设计、企业整合、资金管理、运营管理、合同管理、发票管理、劳动用工、并购重组、资本市场、应急管理。在科技赋能之下，十大税务管理工具按两分法和十个模块管理工具的逻辑，重新定义税务管理与分析的方法，系统为企业在涉税领域保驾护航。

十大税务管理工具的两大方向：首先，从企业长治久安的角度来看，企业主要通过顶层设计、资金管理、发票管理、并购重组、资本市场、应急管理这六个细分税务管理模块，重点解决企业的传统内生式税务管理，实现企业发票流、合同流、货物流、资金流的四流一致管理和预警，借助风险防控打通企业迈向资本市场的系统路径，实现企业税收的应缴尽缴，规避税收风险。其次，从企业节税降费的角度来看，企业主要通过顶层设计、企业整合、运营管理、合同管理、劳动用工、应急管理这六个细分税务管理模块，重点解决企业的新生外延式税务管理问题，立足于企业商业模式的迭代转型，助推企业创新设计，应享尽享税收优惠。

因此，税务管理的十大工具，重点在于助力企业树立依法纳税理念，结合企业的实际情况培养合理筹划意识，通过系统加强企业内部税收管理，解决并规范企业税收行为，通过合理的税收筹划形成企业立体式的节税，并规避和堵塞税务风险漏洞，从而促使企业可持续、健康发展。

本书在编写过程中，得到了中雪投资（北京）有限公司全体员工以及中和财智云数字科技有限公司全体员工、北京物资学院会计学院部分师生的大力支持。詹满亮先生及其团队也为本书的编写提供了大量的幕后支持，还有一些业内专家学者对本书的编写和审阅提供了非常有价值的修改建议。本书参考的大量文献也给本书的写作提供了多种素材。

最后，本书的出版得到了中国经济出版社的支持，向本书的编辑表示衷心的感谢，也向为出版本书提供帮助的所有同人表示由衷的感谢！

目 录

第一章
战略定位：税收监管及企业税务管理对策

1

企业税收从本质上说，是企业通过运营实现的收入和利润等环节带来，因此，税收根本上是基于国家的强制力，内生于企业的战略、预算、成本、投融资活动和信息化建设，渗透在企业的方方面面。因此，了解企业存在的税收风险，合理应对税收风险并进行适当税收筹划，实现企业的可持续发展，并将企业运营、国家税收征管、企业商业模式系统结合，融合税收的顶层设计，是实现企业价值、创造目标的重要路径。

企业税务管理是以企业总体经营目标为前提，利用有效的涉税信息，持续地提高税收成本效益和降低税收成本的行为，该行为包括税务策划、税务控制、税务效益度量和税务业绩评价四个环节，而且涉及企业的战略管理、运营控制、日常管理和信息管理四个层次。这意味着企业税务管理的战略层次目标是满足企业总体经营目标，运营控制层次目标是持续地提高税务成本效益，日常管理层次目标是持续地降低税务成本，信息管理层次目标是及时提供税务管理信息。

本章从数字经济时代税收转型的大背景出发，对数字经济时代的新政策与现状进行介绍。接着对金税系统的演进进行讲解，明确税收监管的升级方向与进行国家税收监管的必要性，以及监管的智能化带给企业的意义。最后从企业的角度出发，了解税务筹划的相关概念和企业主要的涉税风险点，重点介绍企业应对税收智能化的方法和重要意义。

第一节　税收管理转型的趋势与金税四期历程

企业在税收管理转型大背景下，伴随普惠性税收优惠政策的充分应用，并借助针对税务系统转型升级的过程，做好企业税务的管控，确保企业税务层面符合国家各级监管部门和税务部门的要求。企业就财税工作的精益化做好智能化设计，解决业财税的融合应对，针对税务系统税务管理的智能化，做好财税管理发展方向的设计。

一、税收政策改革的发展趋势与四个基本工具

（一）我国税收政策改革的发展历程

税收政策是政府实施宏观调控的主要工具，税收政策是国家各种税收法令和征管办法的总称，在国家经济社会发展中扮演着关键的角色。我国税务制度发展随着国家政策改革、社会发展、科技水平而不断改变。

历史上我国税收制度经历了多次重大变革，第一次是 1950 年清理旧的税收制度，建立中华人民共和国税收制度。1958 年和 1973 年两次税制改革，税制的简化影响了税收在经济社会中正常作用的发挥。1984 年全国试行国营企业“利改税”，国营企业开始向国家上缴企业所得税。1994 年我国进行了分税制改革，建立增值税、消费税、营业税并列的流转税制。为推动国家基础设施建设，提升税收机构运行效率，集中力量办大事，2018 年我国进行国税地税征管体制改革，合并国税地税机构。2021 年新出台的《关于进一步深化税收征管改革的意见》，推动了国家的税制改革。2021 年以来，我国的基本税收制度和税收政策持续深化改革，如何以数治税，使税收治理实现数字化、智能化、智慧化的突破成为当前国家研究的重点。具体如表 1-1 所示。

表 1-1　我国税收政策发展历程

年份	发展历程
1950	税收制度确立，全国统一实行 14 种中央税和地方税
1953	税制修正，开征商品流通税；修订货物税和营业税；取消特种消费行为税
1958	实现工商统一税；统一农业税
1973	把工商统一税及其附加、对企业征收的城市房地产税、车船使用牌照税和屠宰税合并为工商税
1979—1993	商品课税：开征产品税、增值税、消费税
	所得税：开征国营企业所得税、集体企业所得税等
	涉外税：中外合资企业所得税、外国企业所得税和个人所得税
1994—2000	工商税制改革，包括全面改革流转税，对内资企业实行统一的企业所得税，统一个人所得税等
2007	税制改革全面实施，制定新的企业所得税，增值税转型增加试点
2018	国税地税征管体制改革，合并国税地税机构，推动营改增
2021	明确金税系统升级及税务改革方向，为完善税收征管提供了全方位的指导
2022	针对性、系统性的税收优惠政策陆续出台，智能化赋能持续推动

可以看出，我国的税收政策是根据国内外经济形势的不断变化而调节的。随着人工智能的快速发展，我国的税收政策也明确了数字化和智能化在税收体系下的重要作用。

从长远看，该意见对国家税收征管的总体目标、途径以及具体实施都确立了基本的改革方向，为完善国家税收征管体系进行了全面的指引。一是明确了国家税收征管改革的重点和方向；二是确定了国家税收征管改革的基本宗旨，即以纳税人缴费人为主要中心；三是确定了数字化和智能化技术在税收征管中的关键作用。这将促进税收征管效率的全面提升，更好地发挥税务在国家管理中的重要基础作用。

（二）税收征管的发展趋势

税收征管的基本含义是指国家税务机关根据相关的法律法规对企业、个人应缴纳的税款进行组织、征收、管理并核查等。税收征管是整个税收管理的中心环节，它可以实现将潜在的税收来源变为现实的税收，从而完成国家税收的总体目标。税收征管也是贯彻落实国家税收政策的重要工具，指导并监督纳税人正确履行纳税义务，充分发挥国家税收对经济发展的重要作用。

我国税收征管大致上分为三个发展阶段：第一阶段是以手写票据、人力输入采集信息为主的“手工化”征管时代，第二阶段是使用计算机来辅助税务人员进行信息采集任务的“电子化”阶段，第三阶段是使用大数据、云计算进行税务信息处理的“数字化”税务管理时代。

深化税收征管制度改革是新发展阶段充分发挥税收在国家治理中的基础性、支柱性、保障性作用的必由之路，也是推进国家治理体系和治理能力现代化的有力支撑。推进税收征管现代化（见图 1-1）作为其重要内容，对构建新发展格局、深化税务“放管服”改革、创新税收征管模式等方面具有积极的现实意义。

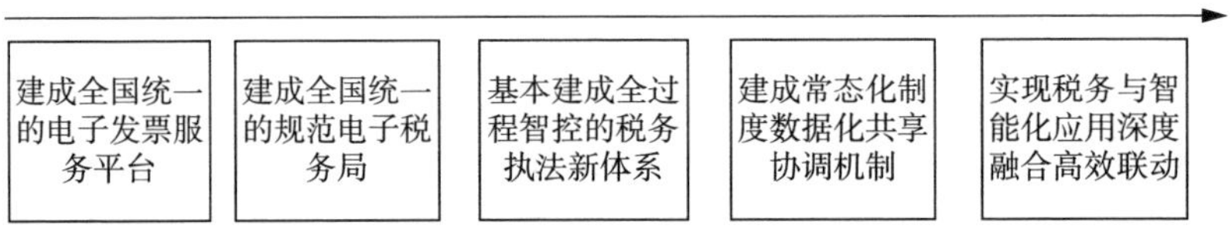

图 1-1　税收征管现代化发展计划

（三）税收政策的四个基本工具与四个系统

税收政策的四个基本工具是**税种、税率、税收减免及税收处罚**。

税种指征税的种类，按照征税对象分类，税种可分为对流转额的征税、对所得额的征税、对资源的征税、对财产的征税和对行为的征税；按照税收管理和使用权限来分，可分为中央税、地方税和中央地方共享税；按照税收与价格关系来分，可以分为价内税和价外税。

税率是指纳税人应纳税额和征税对象之间的比例，税率过高会加重纳税人负担，税率过低会影响国家财政收入，税率作为税收制度的核心要素，对我国经济发展和社会建设起着重要作用。

税收减免政策包括小微企业税收优惠、高新技术企业税收优惠、大学生创业等。税收处罚包括罚款、没收违法所得、停止出口退税权以及吊销税务行政许可证四种。税收减免能减轻纳税人税收负担，税收处罚能防止纳税人偷税漏税，维护社会秩序，实现资源在行业之间、地区之间的转移，发展地方经济，鼓励支持高新技术企业和实体经济的发展。

税收结合大数据技术发展是未来的大势所趋。税收智能化是指利用当今飞速发展的互联网和人工智能等技术，对税务信息进行充分的收集、整理、利用、分析并做出合理决策，逐步实现征税流程信息化、智能化。具体包括以下四个系统的不断智能化和集成化，并形成金税系统的重要支持。

1. 增值税防伪税控开票子系统

增值税防伪税控开票子系统通过数字密码及电子信息存储技术可以对销项税额进行有效控制，防止税款流失。同时，该系统对企业的销售行为实行全程监督与管理，使其符合国家税收法规规定的要求，从而达到提高税收征管水平之目的。该制度将在所有增值税一般纳税人中实施。

2. 防伪税控认证子系统

防伪税控认证子系统用于解密和还原认证增值税一般纳税人已申报扣除的增值税发票抵扣联。经核实无误后，可成为合法合规的抵扣凭证。目前全国各地税务机关均已建立了一套完整的防伪税控系统，并在税收征管中发挥着重要作用。但随着经济形势发展和改革的深化，现行防伪税控系统暴露出越来越多的问题。

3. 增值税交叉稽核子系统

增值税交叉稽核子系统主要对发票信息与申报信息进行交叉稽核。为保证发票信息的正确，防伪系统会自动产生和发票销项相关的信息，部分企业则会申报税务机关，从而通过认证系统产生发票进项数据。当处理收集好进项和销项的发票信息后，通过计算机的网络对比抵扣联与存根联。稽核方式采取三级交叉稽核，即本地区与市级发票交叉稽核、跨地区与省级税务机关上传到国税总局交叉稽核、跨省与国税总局上传到国税部门交叉稽核。经过几年的运行实践表明：该稽核系统能够满足税务部门日常工作需要，提高了工作效率。

4. 发票协查信息管理子系统

发票协查信息管理子系统是用来逐级传输有问题和被认定为虚开增值税发票案件的所有协查信息，以及在认证子系统和交叉稽核子系统中被发现的存在漏洞的发票及协查结果信息。同时，协查工作通过该系统被国税总局组织、监控与管理。

二、金税系统的演进历程

税务局对纳税人实行差异化管理模式，主要方式是以金税系统为依托，运用大数据技术，全面监管企业和个人的税收行为。税务局对纳税人的信用和风险进行实时评分，将动态“信用+风险”融入税收业务中，根据评分和纳税人需求为纳税人提供差异化和个性化服务，对严重失信纳税人的线上办理发票领用、跨区域涉税事项报告等业务实施阻断，对信用评分高的纳税人的业务提供时办时结服务。为此，国家推动了金税工程建设。

金税工程是经国务院批准的国家级电子政务工程，是税收管理信息系统工程的总称。“金税工程”是国务院审批的项目之一，利用网络计算机信息化手段实现了税收征管的高科技管理，该系统有一个网络和四个子系统。自 1994 年开始实施以来，现在已经发展到了第四期。随着金税四期的启动，智能税收要做到“全面信息化、数据公开化”。

金税系统不断优化升级，提高效率，节约时间和人工成本，为税务工作提供了前所未有的便利，也在无形中将税收征管严格化，如表 1-2 所示。

表 1-2　金税系统四期比较

金税一期	金税二期	金税三期	金税四期
发票防伪 网络稽核	发票数据 自动采集	税务数据 统一平台	云化信息 全面共享

（一）金税一期——标准化人工查核下的模式

1994 年 1 月以来，国家实施新税制，金税系统正式开启。在金税一期期间，金税系统的重要功能就是解决发票防伪问题。这个阶段，为保证新税制正常运转，防止利用增值税专用发票偷税漏税，惩戒逃税骗税违法犯罪分子，税局使用“金税工程”增值税计算机交叉稽核体系来稽核。

这个阶段，税务局主要通过企业提供专用发票、税务机关组织人工录入收集资料的方式进行比对稽核。

1994 年 3 月以来，金税一期系统实现了 50 个城市建设试点。税务局完成金税一期的数据核对稽查信息化项目。截至 1996 年底，金税一期在历经不到 3 年的试点磨合后正式停止运行，这个阶段发现的数据缺陷体现在：手工采集出错率高、耗时较长、效率较低，且只有 50 个城市运行。但一期的问题得到了整理，尤其是积累了税收缴纳标准化体系的建设经验，为金税二期的推出奠定了基础。

（二）金税二期——合规化交叉稽核下的二流一致

2001 年起，结合金税一期的经验，税务局在全国范围内建立覆盖总局、省局、地（市）局、县（区）局的四级交叉稽核，形成了稽核和防伪税控的打通，实现了数据共享与功能互补。解决了过往人工录入数据错误问题，扩容了海关增值税完税凭证与金税工程管理的协同。

金税二期的阶段性成果体现在增值税征管各环节实现了全部网络运行。建立了纳税人的增值税申报信息和税款缴纳信息线上运营模式。这个阶段的工作成果体现在：增值税交叉稽核与发票协查实现了线上自动化模式，防伪税控认证子系统全国运营，防伪税控开票子系统得到大规模推广。

这个阶段体现了增值税发票的发票流、合同流这两个业务链接点的一致性，也就是"二流一致"。二流一致解决了增值税发票管理与业务管理的脱节问题，不断推动企业管理实现业财的匹配，也使得这个阶段发票管控力度不断增强。整个社会环境的所有企业的营收质量和利润管理质量在金税二期阶段不断提升。

截至 2012 年底，金税二期积累了各项线上模式的运营经验，实现防伪税控和交叉稽核的集成一体化模式，改善人工操作问题，在纠正自动采集错误方面，成功积累了发票流、合同流二流一致的管理经验，尤其在监管合规化的完善和改进层面积累了经验，为金税三期的系统关联和智能化积累了经验。

（三）金税三期——一体化以票管税下的三流一致

2013 年，金税工程三期启动，对金税二期四个子系统的功能重新进行了梳理与整合，不仅升级更新了技术，优化了业务与数据，还进一步提升了征管功能，提高了业务覆盖率，形成了高效、联结、制约的监控机制。

2016 年，"金三"系统正式上线。金税系统不仅实现了对总局、国税、地税各级机关的网络联动，还和其他重要的政府部门进行网络互联。囊括了社保缴费系统，还有"发票全链条快反系统"、税源监管系统、税务稽查指挥管理应用系统。系统拥有信息采集、处理、分析、预警能力，全国所有企业数百项数据都在其中。

金税三期的成果可以简单总结为"一个平台、两级处理、三个覆盖、四个系统"，如图 1-2 所示。只要发票被开出来，就在系统里留下记录，不需要其他步骤记录。信息不再是被简单记载，系统对产生的信息会逐一、实时地采集、存储、查验、对比。

企业的"三流"只需一个纳税人识别号，相当于企业的身份号，就可以作为起点追查到所有相关的进项和销项发票；税务、工商、银行、社保、统

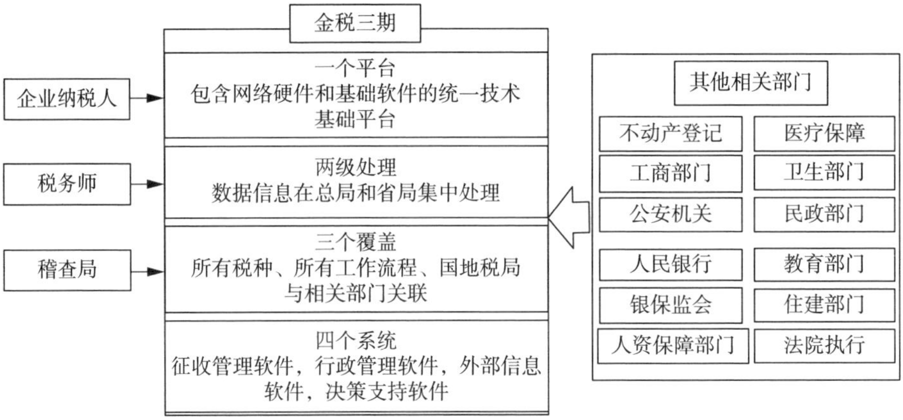

图 1-2　金税三期成果

计等部门全部打通，企业的个税、社保、公积金、银行账户，在税务系统里一览无余；开票软件也配备了商品编码，商品增值额、库存等也都在电子底账里清清楚楚；乃至固定资产发票、费用发票（差旅、办公、接待等发票）都可以准确监控，可以说，所有税种都有据可查，小到企业办税人员的实名认证、人脸识别，大到企业的全部纳税数据、进出口退税数据，无一遗漏，并且能够自动识别相关疑点。

由于金税三期的一体化共享模式，最重要的两个功能体现在：打通了所有相关部门信息，实现国税、地税信息并库；实现了每一张发票都有纳税识别号，所有货物、服务的购销、库存、增值情况一目了然。因此从本质来说，税务局掌握了企业的大数据。税务局通过上述功能实现的系统，掌握了基于企业运营真实性、完整性等关键的发票流、业务流、资金流的“三流一致”的匹配数据，这使得税务局除了获得对企业发票的强管控能力外，还获得了对企业总体运营和后台匹配的稽核能力，有助于税务局锁定重大项目风险。

由于金税三期针对性地积累了资金流、发票流、业务流三流一致的管理经验，尤其在监管合规化基础上，实现了监管一体化，夯实了税务局顶层监管设计架构和监管模式，固化了有效的管控架构，实现了税务局模块化迭代和进一步升级的可行性，为金税四期的精益化升级转型积累了经验。

（四）金税四期——精益化以数治税下的四流一致

2020 年，税务总局启动金税四期建设。主要目的是实现税务总局决策指挥台以及相关模块陪同系统。解决税务局内网对各个业务端进一步精益化监控问题，打通各部委、人民银行以及商业银行等参与机构之间信息共享和核查的通道。实现业务流程、制度规范、数据要素、岗责体系、信息技术的全面融合升级，推动税收治理能力全面提升。金税四期与金税三期相比，实现了银行、税务、工商、社保等各大系统的信息共享，并可以锁定个人在银行的进出账流水。金税四期通过实现包括企业和个人的各项大数据在内的数据打通来管理税收（见表1-3）。

表1-3　金税三期与金税四期的对比

金税三期	一个平台	网络硬件和基础软件的统一技术平台	发票控税
	两级处理	数据信息在总局和省局集中处理	
	三个覆盖	全部税种，工作环节，税务局；与相关部门联网	
	四个系统	征收管理软件，行政管理软件 外部信息软件，决策支持软件	
金税四期	非税业务	税务机关负责的税费全部监控	资金控税 信息控税
	信息共享	与各部委、人民银行等的信息通道	
	信息核查	企业相关人员手机号码、纳税状态、登记注册信息	
	云化打通	税费全数据、业务全流程，为智慧监管、智能办税提供条件和基础	

金税四期在金税三期的基础上，运用先进的科技手段，结合税收征收管理实际需求，将实现全国范围内的税务管理征收业务的通办，实现“税费”全数据、全业务流程的“云化”，进而为智慧监管、智能办税提供条件和基础。

税务局建设的金税四期，实际就是开启了税收征管数字化之路，重点围绕构建智慧税务这一目标，推动开展“两化、三端、四融合”工作。

所谓“两化”，就是指构建智慧税务，有赖于推进数字化升级和智能化改造。在数字化升级方面，以数字化电子发票改革为突破口，将各类业务标准化、数据化，实现可归集、可比较、可连接、可聚合。在智能化改造方面，基于大数据、云计算、人工智能、区块链等新一代信息技术，实现数字化升级后的税费征管信息，并通过其反映现状、揭示问题、预测未来，更好地服务纳税人缴费人，更好地防范化解征管风险，更好地服务国家治理。例如采用区块链电子发票，能够完善发票监管流程，简化纳税办理手续，降低成本，全面提高税收管理水平。

金税四期要求新注册的企业全面实行电子发票，也就是说发票从开具、报销、入账，到建档、储存，整个流程全部都是电子化和信息化的。企业若存在涉税风险，税务系统会自动进行分析，这样有利于税务的透明公开。

所谓“三端”，就是指智慧税务建成后，将形成以纳税人端、税务人端和决策人端为主体的智能应用平台体系。金税四期将基于全局视角建成覆盖税收征管全部环节、全部流程、全部主体的一体化应用平台。在纳税人端，通过打造“一户式”和“一人式”税务数字账户，实现每一户法人和每一个自然人税费信息的智能归集和智敏监控。在税务人端，通过打造“一局式”和“一员式”应用平台，实现总局、省局、市局、县局、分局五级税务机关和60多万税务工作人员的信息共享，可分别按每一个单位和每一名员工进行智能归集和智效管理，且智能推送工作任务。在决策人端，通过打造“一览式”应用平台，实现征纳双方、内外部门数据按权限在不同层级税务机关管理者的应用系统中进行智能归集和展现，为管理指挥提供一览可知的信息。

所谓“四融合”，就是指智慧税务建成后，将实现从“算量、算法、算力”到“技术功能、制度效能、组织机能”，从“税务、财务、业务”到“治税、治队、治理”的一体化深度融合。

金税四期在之前金税系统的基础上，从一体化管控设计到实现一体化智能化管理，针对性实现了资金流、发票流、合同流、货物流的四流一致的匹配且全部智能化，并在上述四流一致的基础上，针对性对企业的证据链流（包括业务实现的真实性佐证的一揽子支持材料）进行进一步锁定稽查，这实现了智能化监管与合规化监管的融合，并就上述四流一致的监管领域和细节不断深化，提升了涉税问题的震慑力，改善了对企业合规化运营的监管，实现了税务局从顶层设计到模块化优化迭代通路的打通，为金税四期的持续精益化、锁定风险点和实现层级快速传递、快速解决企业甚至个人涉税问题积累了经验。

第二节　税收监管的六大画像与税收征管的六位一体

税务机关一直在不断地优化数据挖掘能力。通过金税系统的不断升级，税务稽查具有如下特征：①稽查渗透性，资金支付涉及的费用合规真实性渗透企业上下游；②稽查模块化，全闭环稽查涉及财务资金账务全环节；③稽查集成化，信息化筛查集成涉及企业财务指标群。因此，税务稽查广泛应用了集成数据集分析工具和技术、人工智能和机器学习等工具，用来维护正常的税收秩序。从智慧税务的金税系统和其他相关科技赋能的实践探索看，智慧税务面临的主要是系统性和总体性问题。

如果从技术上来看，广义的人工智能技术与税务的结合，可以称之为智能税务应用。税务部门通过智能税务管理模式，实现自动联通、主动发现、互动沟通等功能，达到“精细服务、精准监管、精确执法、精诚共治”。

一、税务监管的六大画像与四个风险防控识别领域

国家金税系统可以根据企业业务流转来实现对企业的全面监督。通过金税系统实现各部委、人民银行以及商业银行等参与到机构之间信息共享和核查的通道打通，实现企业相关人员手机号码、企业纳税状态、企业登记注册信息核查以及资金流匹配核查的智能监管功能。税务系统不断实现全数据、全业务、全流程的线上云端打通，进而为智能办税、智慧监管提供数据支持和监督凭据。

为规避企业或个人税收舞弊，也为确保企业与个人在国家各类税收监管措施以及复合税收优惠措施方面的实现，无论是企业还是个人，都需要结合税务局监管模式，实现“AI+税务”的协同，并确保税收系统进行税收监管过程中个人或企业的安全性，规避各类爆雷风险。

（一）纳税人全息画像的六个领域

利用纳税人、纳税主体全息画像技术，结合 AI 和大数据平台，从多维度对纳税人的信息进行高度概括，以企业、个人基本信息、经济活动、纳税行为等客观独立真实的信息数据作为基础，高度概括后，根据不同用户各自特点建立标签，进行描述，形成不同的个人、个企画像。这样的概括可以高效地展示不同纳税主体之间的分税种缴纳情况、纳税人基本信息、纳税人遵从的行为准则、税收优惠政策等。

结合市场外部环境的变化和纳税主体的场景变化，对其风险评估进行动态的精准识别。动态的精准识别与传统方式相比，可以动态地评估而非静态地、单一地或是对某个时点状态进行评估，是多方面的分析评估，从而实现场景的扩展，提高对纳税企业经营、资产风险评估的准确性。最终实现税务机关根据不同场景对纳税主体的信用与风险实施动态评价，实现对纳税人整体实时的管控，提高税收监督管理水平。

从纳税人关联图可提升税务稽查能力来说，税务部门和工商部门所录入的信息应作为企业和个人进行关系链接的主要来源，这样才能在保证信息源数据真实性、合法性的前提下，在大数据的加持下，对个人与企业、企业与企业间的业务往来所开展的经济活动、资金流转、发票信息流动进行准确把控，实现税务的实时监控（见表 1-4）。

表 1-4　传统税务模式与税收智能化模式的区别

项目	传统税务模式	税收智能化模式
智能化水平	以人工核查为主，信息化为辅助	以 AI+大数据的智能化为主，顶层设计与分析作为决策支持
信息可靠性	可靠性较弱，信息存在失真或数据可信度差	接通各部门数据，信息可靠性高
风险评估水平	对当下时点及预期风险的人为经验评估	结合外部市场环境，按模拟条件和过往条件，实现动态风险评估
业财一体化	数据未形成链接	按照具体的模块不断标准化，形成业务与财务的融合，财务与税务系统的分解融合
投入成本	人力成本较高，协同性和持续性较差，需要采取其他支持模式实现	硬件设备成本较高，集成维护成本较高，升级迭代成本较高
效率水平	效率水平受财务人员的专业水平左右	效率水平总体较高，受公司信息化水平和集成效果左右

大数据的介入，降低了企业税务风险。过去财税方面票据往来十分复杂、模糊，同时伴随着税务稽查风险高，让企业承担了许多不必要的麻烦；税务系统数字化后，允许税务风险及时报警，同时还能避免潜在的税务风险，达到降低税务风险的目的。企业也可以解放双手，过去收集开票信息还需要人工手动开票，线下往返于税务局，导致开票效率低下。数字化系统颠覆了传统财税模式，直接对接企业业务系统，自动采集数据，所以税收智能化让收税变得更简单。

（二）税收智能的六项技术应用场景

数字经济充分融合了当代信息科技与经济市场，对加快经济发展有着很强的推动力。随着我国数字经济的不断发展，迄今为止实现了数字产业化、产业数字化、数字化治理和数据价值化的转型与发展。如今的智能技术已经发展出很多应用性极强的新型技术并实现了与税的系统融合。从涉税方面的融合技术来说，数字化技术与我国的税务管理进行有机结合的场景如表 1-5 所示。

表 1-5　基于智能技术的税务智能应用场景

技术类型	应用场景
语音识别和自然语言处理（知识图谱）	智能咨询服务
计算机视觉与特征识别（人脸识别）	纳税自助服务
机器学习（大数据）	纳税人画像
仿生机器人	导税服务
机器人流程自动化（RPA）	自动填单
虚拟现实（VR）	虚拟办税服务

AI 分析技术被应用于数据稽查。该系统是以登记、申报、财务、发票等数据平台为基础构成的整体功能框架。有了这些数据，通过“稽查数据中台”“稽查 AI 中台”“应用平台”能够为税务稽查各机关部门提供相关数据、信息、情报、知识层面的服务。

具体来说，稽查数据中台可以按照稽查业务的需求对数据进行加工处理，通过数据建模形成主题数据，并封装成主题数据应用程序接口，用微服务的形式为业务应用平台提供标准、统一的服务。稽查 AI 中台，主要由算法仓库、模型工厂以及应用超市构成，是智能情报分析系统的计算引擎，可以支持智能分析模型的快速研发，形成了事前预警、事中控制、事后追溯的监测体系。

（三）税务稽查智能化的四个风险防控识别领域

由于涉税检查和税收协查所涉及的数据量很大，所以需要创建一个平台来进行数据的分析和处理，建设一个较为恰当的、新型的数据标准以及标准适用的采集规范，以此来扩大税源信息采集的渠道。

同时，随着现代技术以及互联网的发展，亟须采用智能化新技术和税务系统，来获取更充分、更准确的数据。从而推进财税物联网系统建设，提高税源信息管理能力，同时使得税收系统推动涉税检查及税务协查的税收智能化，使得系统与决策更加完善。

通过增值税发票大数据，税务机关可以跟踪企业的发票流向、资金使用，对虚开发票、隐匿收入等情况进行风险防控识别。

（1）加强纳税人主体管理，对纳税人主体间进行横纵向对比分析，筛查行业税负率、毛利率、库存率、存货周转率等指标的异常，找到风险的源头。

（2）加强各税种间的对比，尤其是增值税、企业所得税、附加税、印花税、出口退（免）税费的申报对比，建立风险指标模型。同时，结合税收大数据，分析企业交通工具进出频次以及用电、用工、用水等数据，以便税务稽查人员做出更精细的数据分析。

（3）以链条式、全周期的分析核查模式，对企业业务的真实性、合理性、投资主体关联度进行判断和核查。

（4）关注纳税人开具发票、购销合同、货物运输和资金结算等相关内容的一致性，对上游业务的真实性进行核实，对下游企业进行核查，尤其是和发票相关的购销合同、付款记录、出入库手续等。

税务稽查智能化的实现，稽查人员只需要将财务数据导入系统，系统就可以自动生成各阶段指标，筛选出指标变动异常的数据，以此来确定检查的方向和重点，稽查人员再对此展开更有针对性的调查，大大提高了税务稽查的效率。稽查的完整过程都在系统中有迹可循，增加了稽查人员执法的严谨性，有利于对税收执法权的监督。系统还能够将以前年度的账务资料、涉税问题的案例进行集成，进一步分析案例的特点，对稽查成果进行管理，找出企业涉税方面的共性问题，指导稽查工作。税务稽查智能化将原有的手工稽查方式转变为流程化、标准化、工具化、模型化的方式，实现稽查人力资源配置优势最大化，保障正常的税收秩序。

（四）风险导向的税收征管流程管理智能化

税收征管模式正逐渐发生改变，税收征管的核心职能基于流程管理，利用智能收集、分析和处理大数据的方式，尽可能详细地掌握企业有关的涉税信息，从而进行深入分析。传统财务与智能财务的区别见图 1-3。

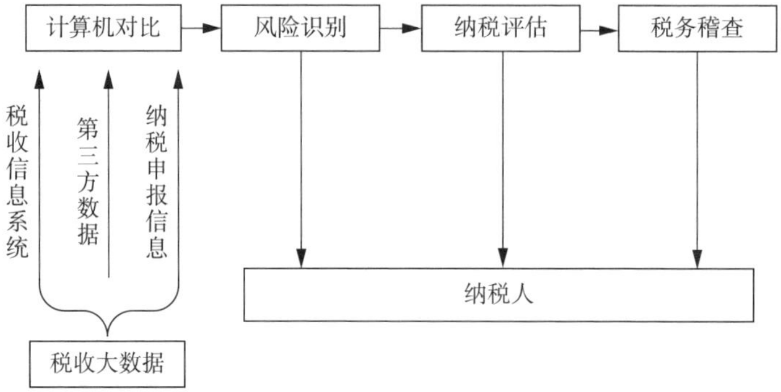

图 1-3　传统财务与智能财务的区别

税收大数据是指各种数据的集合，包括以下三个组成部分：税务部门信息系统提供的数据、纳税人提供的涉税信息数据、第三方数据（见图 1-4）。

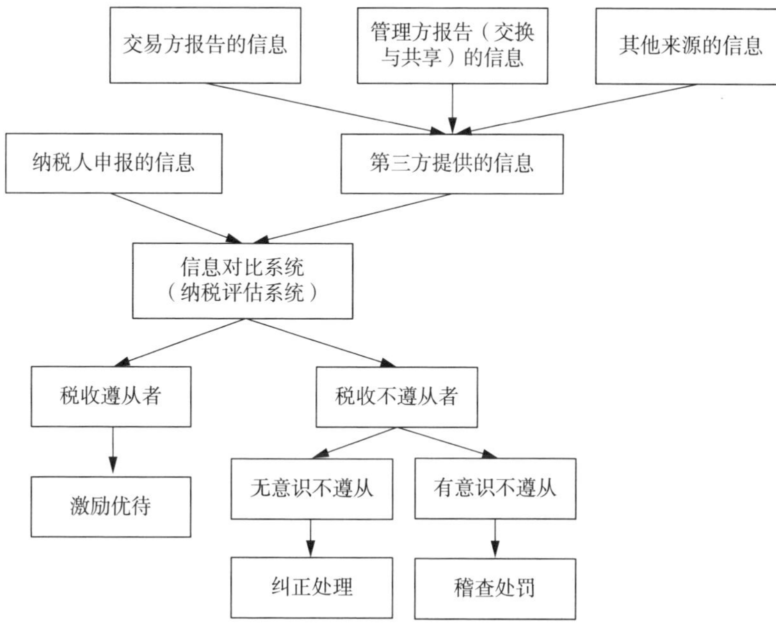

图 1-4　税收大数据组成及流程

由图 1-4 可知，根据纳税人识别号，计算机的程序可以自动整理并汇总相关人员的涉税信息，且与纳税人提交的纳税申报表进行详细核对，从而根据不同情况采取相对应的管理措施。

二、税收征管六位一体的智能化平台演进

税务发票电子化推行实施后，对于企业来说，可以随时在线申请发票、开具发票、查验发票等；对于税务机关来说，发票的线上管理能够对企业的涉税行为加以管控，对企业的信息进行全面的采集并进行实时的传递，达到全程监控的效果，能省去大量人工查验的程序，推动税务机关高效运作。我国税务系统不断升级电子化，结合云平台的优势，强化内外部的信息交换功能，共享互用，随着大数据技术的加入，统计分析经过几年的推广使用，电子发票便捷、易于保存、节约成本等优势逐渐被社会认可。

在建立税收信息管理系统的前提之下，各个部门可以从智能化平台的终端搜寻并快速、准确地得到自己想要的信息，使得各部门之间实现信息的统

一化和共享化，提高了各个部门之间的传递效率。此外，相关部门在平台上收集这些海量数据的同时，系统会自动将这些信息进行预处理，使其模块化和标签化，能更好地进行综合性分析。使得智能化更好地融入税务工作，有效地促进涉税检查和税收检查，促进二者的有机融合，加强智能化建设，全面提高企业的价值。

（一）税收征管六位一体的平台化模式

随着网络基础建设的日益完善，互联网交易税收征管的关键在于能够在税务管理部门与各大网络交易平台之间建立起“数据互通”的桥梁，如图1-5所示。在税务机关内部建立起类似网络交易平台的“数据管税”平台，实现该平台与网络交易平台的数据对接，构建“网络交易平台—税务机关”的双层税收征管架构，其中下层网络平台集中了网络商品销售者和服务提供者数据、订单成交与交易数据、资金流数据、收入数据、物流与快递数据等各类数据，上层网络平台是税务机关通过数据互通与共享渠道收集关于纳税人的基本数据、订单数据、收入数据等数据中心，通过打通税务部门和网上交易平台的“数据鸿沟”，对有关税费构成要素进行界定，并对其进行规范，从而达到对网上交易进行税收管理的目的。

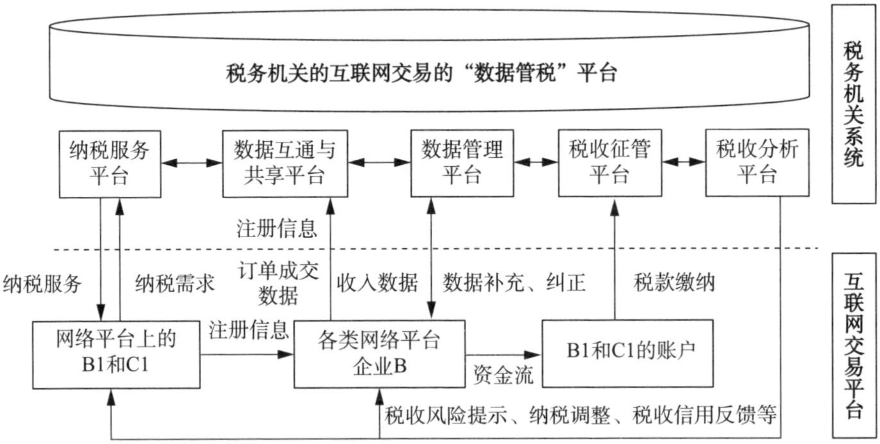

图1-5 互联网交易“数据管税”的基本原理与框架

根据对互联网交易市场的特征与业务流程的深入分析，结合我国税收征管实践，可以利用如图1-6所示的基本框架构建互联网交易的“数据管税”平台，按照“纳税服务→数据互通与共享→数据管理→税收征管→税收分析”

的流程实现互联网交易的税收征管。

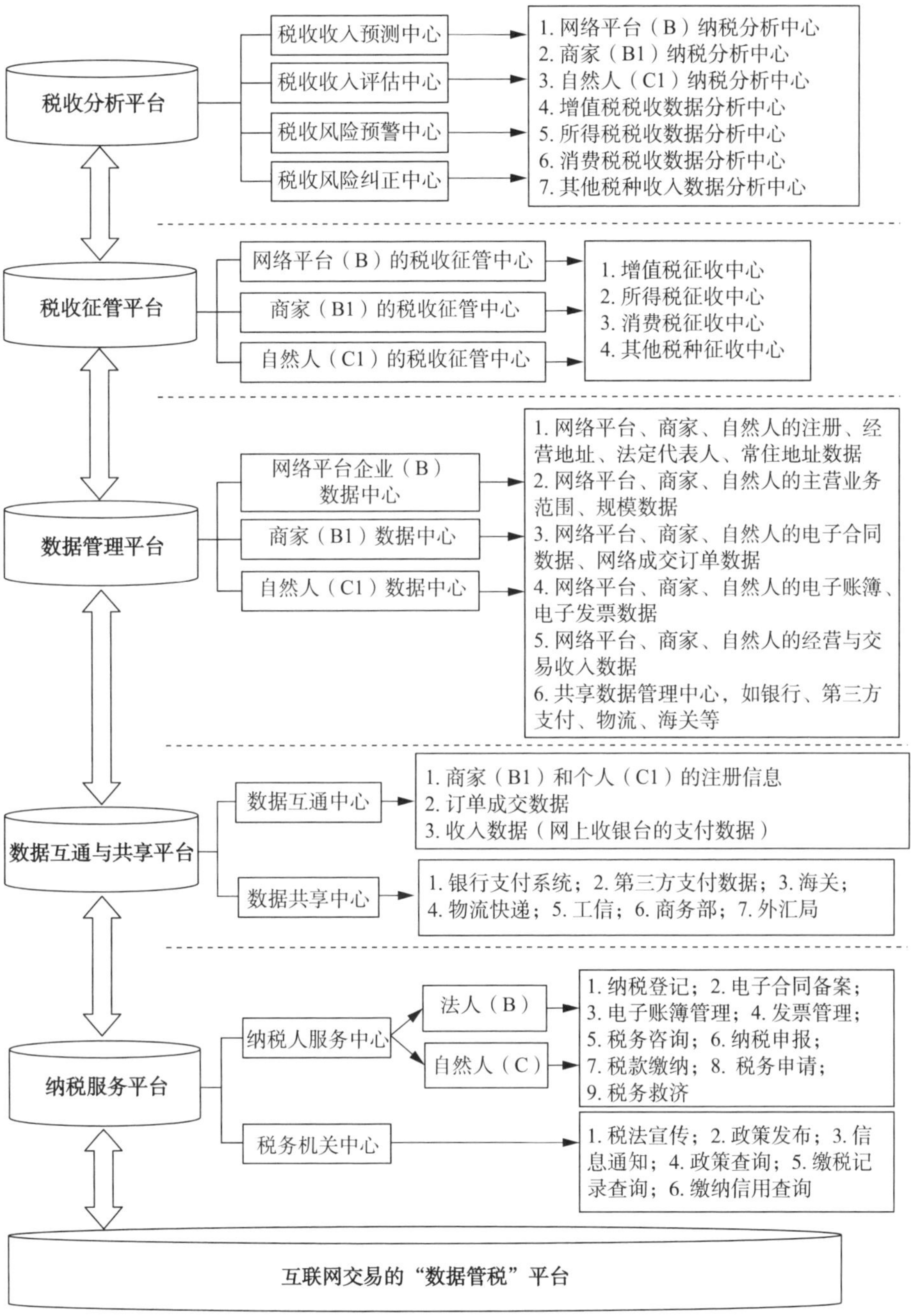

图 1-6　互联网交易的“数据管税”平台

“纳税服务平台”是连接纳税服务需求与纳税服务供给的枢纽，也可以实现纳税人与税务机关的交流和互动，具体可以分为纳税人服务中心（“网络前端”）与税务机关中心（“网络后端”）。纳税人服务中心又可以分为法人（B）中心和自然人（C）中心。在纳税服务平台上，法人（B）和自然人（C）能够方便地进行纳税登记、电子合同备案、税务申请、发票管理、税务咨询、纳税申报、电子账簿管理、税款缴纳、税务救济等业务；税务机关中心是税务机关进行税法和税收政策宣传、税收政策发布、信息通知、政策查询、缴税记录查询与纳税信用查询的中心。

“数据互通与共享平台”是税务机关与各类互联网交易平台实现数据对接，与政府其他部门和第三方市场机构实现数据共享的平台，是税务主管部门获取涉税数据的重要渠道，其目的是准确地计算纳税义务人的应纳税额。“数据互通与共享平台”与“数据管理平台”一起构成了互联网交易税收征管的数据中心，根据税务稽查的需要，将收集到的数据交叉存储。比如，可以按照纳税人、平台数据、主营业务种类与规模分类，还可以按照应纳税种、地区分类等进行分类。

1. 数据管理平台

按纳税人分类可以分为网络平台企业（B）数据管理中心、网络商家（B1）数据管理中心和自然人（C1）数据管理中心三大类，每一类纳税人的数据又可以进一步分为若干个标准化的子数据中心。如注册信息、地址、法定代表人；主营业务范围与规模、电子合同、成交订单数据；电子账簿、电子发票数据；经营与收入数据，以及来自其他部门或机构的共享数据等。

2. 税收征管平台

“税收征管平台”是网上交易税收征收和管理的中心，它利用“数据管理”的科学化，准确地计算纳税人的应税金额，并通过纳税服务平台向纳税人发出纳税指令，纳税人接收到纳税信息后，在纳税服务平台上进行纳税申报，税款入库，税款缴纳信息实时传送到税款征管平台。

3. 税收分析平台

“税收分析平台”是一个由税务部门进行事前预测、事中监督和事后检查的综合决策系统。税务机关根据税收分析的需要，设立不同的税收数据分析子中心，设立税收收入预测中心、税收收入评估中心、税收风险预警中心和税收风险纠正中心，这些分析中心可以细分为不同的子中心，比如按照纳税人进行分类，设立网络平台企业（B）、商家（B1）和自然人（C1）的纳税分析中心，按照税种分类，可以设立增值税、所得税、消费税以及其他税种收入数据分析中心。

（二）税收征管的模块化系统

基于区块链技术，税收征管系统的基础架构包含基础数据层、智能合约层、基础服务层、外部接口层和征管应用层。基础数据层与智能合约层为整个系统提供区块链底层技术支撑，基础服务层与外部接口层提供面向外部主体的汇入操作指令，征管应用层提供详细的应用支持，如图 1-7 所示。

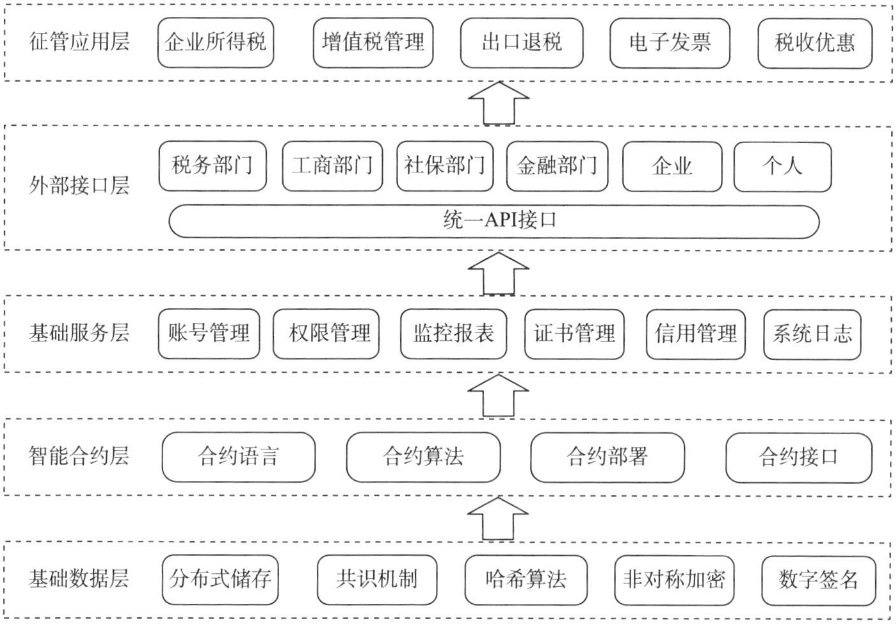

图 1-7　基于区块链技术的税收征管系统基础架构

1. 基础数据模块

数据库管理系统是税收管理系统的根源所在，数据的收集、生产、加工、运输、检验是整个系统运行的基础。各部门产生的基础数据通过环状结构接入政府公共信息体系。

在税收管理体系中，大量企业的商业数据、涉税信息会实时地接入到系统中，并在有限时间内标记为区块，链接到整个运行机制。企业通过企业链上的操作流程，利用智能合约操作自动计算税额并实现税款入库，从根源上保障了企业涉税信息的客观性和不可修改性。

2. 增值税管理模块

目前，我国对于增值税征收管理存在诸多难以避开的弯路，区块链技术是解决这些困扰的良好途径。

（1）发票虚开。通过区块链技术，实时存储并上传企业之间交易数据等关键信息，并通过哈希算法等机制实现企业级加密，交易信息永久存储在数据库。这些数据将会自动备份，即使受到黑客攻击，也无法修改和删除相关交易记录。

（2）增值税覆盖面。企业可以通过该模块进行纳税申报和开具电子发票。企业只需通过 API 端，与税收管理系统相连接，实时更新交易信息，获得电子发票，即可实现全面统一的覆盖范围。

（3）出口退税。在此模块中，区块会同步所有企业交易信息，包括交易信息流与现金流，企业申请出口退税时，该系统将会自动检索其物资流、信息流、资金流是否相吻合，从而降低骗税概率。

3. 企业所得税管理模块

企业所得税目前也存在弊端，具体如下。

（1）计算应纳税所得额标准不具有统一性和复制性。企业不能及时准确获取政府发布的最新税收优惠和相关优待政策信息，无法灵活运用税收优惠政策；政府各机关也只能依据企业提供的交易信息，不能准确检验文件的客观性和统一性，给税收管理工作带来巨大的工作量。

（2）从小微企业层面来说，核定征收不能使征税标准达到完全统一。利用区块链中的智能合约，可以将相关政策进行一揽子嵌套，同时抽调企业涉税信息交易记录，并初步计算应纳税额。同时检验企业税收优惠政策的匹配程度，判断是否享受税收优惠，最终得出企业的应纳税额。

4. 税收宏观调控模块

税收宏观调控模块有以下重点。

（1）合理评估、判断税收管理机制的响应。对大量交易信息和涉税信息分析整合，并以此为基础进行计算分析，可以对之前税收政策的有效性进行合理的评估，同时对相关政策的可行度和优化程度进行微调。

（2）智能合约产生全新税收管理底层逻辑。因为税收管理将全部主体的各种交易和信用数据上传并保存至征收管理系统之中，所以，每当以政府为主体通过全新的税收政策，就可以利用智能化合约来产生全新的税收管理底层逻辑，并且立即生效。

（3）区块链不被篡改的特性可以打造坚实的税收信用体系。企业进入系统后，会生成属于私人的 ID 标签，此后该企业所有的交易信息与涉税数据，都会及时上传至系统并永久保存，无法修改和删除。

（三）税收科技的智能化转型路径

智慧税务平台建设可以实现的成绩是，通过智能税务平台的搭建，税务局实现由“以票管税”向“以数治税”转型，提升税务管理功能定位，实现税务系统专业能力和管理效能的全面提升。税务系统通过智慧税务的搭建拥有了更高效的税务工作、更智能的风险管控以及更灵活的数据赋能的能力。税收征管智能化则借助互联网技术、人工智能等相关技术，在对大数据分析的基础上，使得包括税收分析、纳税服务、风险管理、税务稽查等在内的税收征管全流程逐步实现了电子化、信息化和智能化，如表 1-6 所示。

表 1-6　传统税收与税收智能化对比

传统税收	税收智能化
固定地点	任何地点
线下填报	线上填报
需要税务人员分类、归纳、整理	RPA 自动处理
效率低	效率高

智能财税软件能将 OCR 技术、RPA 技术相融合，实现流程处理的全自动化，便于纳税人纳税申报、增票开具和进出口报关，利用 NLP 知识图谱，对原始数据进行智能结构化清洗并形成标签库，构建纳税人知识画像，实现税务风险预测，极大地节省了人力财力（见表 1-7）。

表 1-7　智能税务特点

系统模式共享化	构建业财税一体化平台，设计业财税一体化解决方案体系，智能税务系统模式共享
业财税一体化	企业税务管理系统和报账系统、财务共享、票税平台等互相融通，实现业财税融合，使业务流程、财务核算、税务管控一体化，使涉税风险最大限度地降低
管理职能纵深化	智能企业的税收信息系统将协助企业做到在经济业务产生前后及时合理预估、计算，在经济业务进行过程中及时有效识别、预警，在经济业务进行后及时有效进行数据分析和反映，从而协助企业达到精准税务、避免税收风险、减少涉税成本的监管目标
管理工具智能化数字化	智能化税务基于 AI 技术将全部的财税法规进行结构化处理，使财税法规库更加智能、方便和安全

税务局自身存在的风险，从事后风险转变为事前风险，主要方向也从对过去发生事项的分析转变为对未来的预测，从而提早防范。智能税务与传统税务的区别见表1-8。

表1-8 传统税务与智能税务的区别

	区别1	区别2	区别3
传统税务	事后风险	过去事项分析	信息繁杂
智能税务	事前风险	未来发展分析	信息模块化

税务系统将大数据整合起来，并进行标签化和模块化，使得数据的获得既快速又准确，从而帮助决策者提高决策效率，节省决策时间，使决策者能将主要的精力放在怎么做出决策上。以前由于人工智能尚未普及，只能依靠多年的经验来处理这些业务与数据，而随着税务智能化和税务系统的推广，决策者可以利用现代科学技术，对外部大量的数据进行决策分析，从而提高决策效率。

与此同时，决策和事前预防的作用，使得对纳税人诚实度的监控增加。税务智能的应用将加强对纳税人纳税诚实度的监控。由于纳税人数量庞大，且呈现上升趋势，同时随着越来越多的企业和行业种类的出现，经营的范围、销售模式和管理方式也呈现多样化，而企业又是以营利为目的，就免不了出现许多偷税漏税现象。因此，可以通过分析以前的事件，借鉴以前的经验，找出偷税漏税骗税的规律，而后通过税务系统设定的标准化系数来进行监控。通过大数据平台更有效的监控，能够将各种数据整合起来，使得数据更加精确。

第三节 税收管理的三大问题与三大智能化对策

企业内部的问题主要包括部门整合与协作沟通不畅，组织内部的信息沟通障碍，税务、法律体系的多样性，不断变化的当地税收政策。从技术因素来看，一方面企业缺乏完善的网络环境，没有统一有效的税务风险控制文档，另一方面企业对于海外的分支机构缺乏有效的监控和信息共享。企业根据税务风险产生的基本因素设立税务管理工作中的关注点。在税务风险的识别、诊断上取得良好的成绩，并积极避免过往的很多问题，能够有效减少恶性循环。

一、税收管理面临的三大问题与七个涉税风险

税收监管的要求使得企业纳税过程中存在大量的风险，需要企业财务部门根据税收要求，及时、完整地纳税。从税收管理问题和涉税风险来说，主要有以下几个方面。

（一）企业税收管理的三类常见问题

企业传统税收管理主要是采取专业财税人士的人工方式，完成税务表格填报等操作与管理，人工方式需不断升级转型到智能化方式，克服信息统计差错。传统的税收管理存在如下问题。

1. 数据信息采集能力弱

数字经济使得互联网红利爆发，线上交易成交量增速很快。不仅给企业增加清算困难，同时也给国家税务机关相应的数据收集工作带来可观的工作量。由于数字经济的虚拟性以及非中介性的特点，各种非实体的交易模式不断出现，从庞大的数据流中人为筛选正确的交易信息难度很大。

这导致企业财税部门难以确定税收对象的体量和额度，企业内部判断是否存在税收行为的金额，以及之后需要完成的信息数据采集、归类、分类等一揽子工作，使得企业采取传统税收管理方式的效果、及时纳税的效率欠佳。

2. 数据分析与挖掘不充分

各种新型网络平台的出现，导致应纳税数量和种类激增。这种趋势所构成的复杂数据环境更是加大了企业在终端客户的挖掘和营销转化，及实现企业的深入分析、挖掘企业收入数据与成本准确计算税费等方面的难度。

尤其是在企业端，常规企业内部的各个系统软件有独立的运营目的。但往往企业内部开发或外部购买的各个平台系统的信息不互通，各种数据只存在于单独的传统企业管理过程中，针对国家税收制度框架的数据挖掘缺失，无法很好地、及时高效地整合、分析与利用。因此，企业总体数据的挖掘、管理、合并、分析能力较弱，这导致企业税收数据管理的压力很大。

3. 数据共享不足

在数字技术的推动下，越来越多的平台以及越来越多的上下游企业进入企业的平台。由于企业的独立平台并不是对企业生态上所有的税务数据进行

链接并提供稽核，这导致企业平台上的供应商、销售代理商、销售服务商和终端客户等相关数据不能联通，存在信息闭塞的情况，信息较为琐碎和区域化。纵使企业与上下游生态的企业有主动联通共享税务数据的诉求，但由于数据的机密性等原因，企业之间建立稽核和数据核对机制难度加大，影响企业从供销两端进行税务管理的目标。

（二）企业涉税的四大风险点与风控目标

企业税收风险管理主要由目标规划、信息收集、风险识别、等级排序、风险应对、过程监控和评价反馈，以及通过评价成果应用于规划目标的修订校正组成，从而形成良性互动、持续改进的管理闭环，如图 1-8 所示。

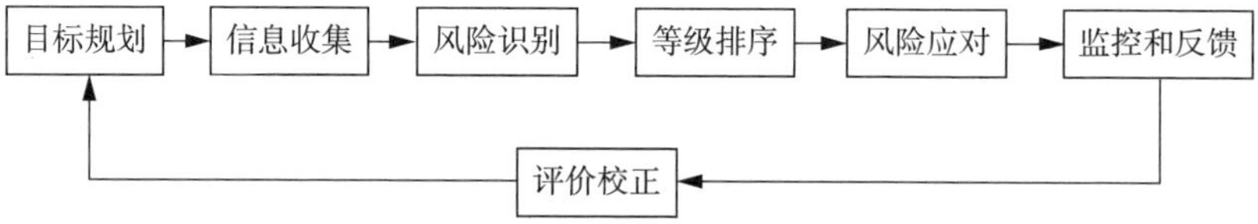

图 1-8　税收风险管理

企业运营是一个综合和总体落地的工程，但凡企业业务过程在某个或一揽子环节存在疏漏，便会在某个或多个环节造成涉税风险，并给企业带来涉税方面的损失，甚至给企业带来运营的信用风险，企业可能存在的风险点，主要聚焦在如下几个方面。

1. 企业内部控制制度是否匹配且完善

为了实现企业的战略目标，企业原本应该拥有完善的税务控制制度。但在现实的企业经营活动中，有很多企业并不重视税务管理制度建设，风险管理意识薄弱，没有独立的税务机构，影响到税务管理工作的效率。企业的税务管理部门一般位于管理体制的最末端，税务管理的重要性和现实情况之间出现巨大落差，给企业的经营带来较大的税务风险。

2. 企业是否具有正确的税务风险意识

通常企业比较重视经营活动带来的经济利益，而在纳税问题上抱有消极的态度，在思想上没有正确的纳税观念，在纳税问题上没有形成正确的税务风险意识，采取事后“铲事”的逻辑。这导致企业专业财税人员的专业技能不足，应对税务处理的基本能力不足，甚至无法意识到企业税务风险，也就没有真正认识到税务风险的严重性。

3. 企业是否常态化管理税务稽核

税务机关重视采用信息化手段进行纳税检查，因此，企业的税务内部稽核很重要，尤其是对更新的税务法规是否及时理解和提前做好布置，应对方式是否按照税务法规的要求实施，税收优惠是否及时享受，税收征管是否及时办理。如果税收认定支持凭据缺失，且企业内部未能及时稽核，将导致企业面临税务风险。

对于企业而言，是否配置了一个内部税务稽核专业化队伍，并进行税收管理的常态化，将意味着是否可以快速有效地应对和规避税务风险。

4. 企业财务人员是否具有较高的涉税意识

许多企业管理人员认为只要按时缴纳税款，企业应该就不会有税务风险。企业管理人员是否具有较高的涉税意识，并持续提升企业财务人员的税务知识、业务水平，都是企业面临税务风险的主要因素。企业应保持专业财税人员稳定，改善财税人员在企业中的生存环境，规避频繁流动，否则将导致企业在财税核算过程中，支持证据链材料不完整，甚至成为遗留问题，这些执行过程中非常清晰的业务时间长了就成了账面上无法说清的会计遗留事项。因此，财税的账务处理和支持附件的及时完善，以及提高敬畏之心、培养涉税意识很重要，否则将给企业带来无法确定的损失及潜在的税务风险。

（三）企业涉税的七个风控类型

由于上述问题的存在，在企业的涉税风险领域，按结构分解来说，主要体现在如下方面。

1. 在组织结构和业务流程设计上所导致的涉税风险

这体现在节点设计和税负匹配问题上的疏忽，包括投资结构、股东分成；营业范围匹配；销售、采购的业务流程（或经营方式）节点未完成相关税负落实。

2. 未善用税收优惠所导致的涉税风险

这体现在企业所有的环节中，未充分理解国家和所在地区在税收层面的优惠措施，导致失去税收优惠。此外，也因未充分落实基本缴纳税的情况，或是对缴税节点未能充分理解，导致国家或所在地区应该足额、完整缴纳的税费未能足额缴纳或是遗漏未缴纳。

3. 收入、成本、费用的处理方式所导致的涉税风险

这体现在相关节点的流转税和利润部分税收，包括按从价计征和从量计征等相关方式确定的税收未能准确缴纳带来的风险。具体体现在收入的确认、成本费用的确认、特殊收入和成本项目的确认这三个领域和匹配关联计算错误导致的风险。

4. 关联交易的转让定价风险

这体现在关联交易定价的不合理导致的税收风险，包括有形资产的销售和采购；无形资产的提供和取得；劳务的提供和接受；内部融资与资金拆借；转化子公司资本，然后以债务形式投入子公司。

5. 企业所处税务环境导致的涉税风险

这体现在企业所在区域的营商环境，以及区域财政经济能力支持企业发展的力度强弱。这些外部因素带来企业内生式发展的风险。

6. 在增值税、营业税及其他税务处理上的涉税风险

这体现在企业的各项业务处理的专业能力方面，具体包括特殊经营行为的处理、印花税的税务处理等层面。

7. 发票管理方面的风险

这体现在企业管理发票和针对发票开具方面，在销售端体现在是否达成业务流、资金流、协议流的一致和协同，在采购端体现在是否达成采购的业务流、资金流、协议流的一致与协同。同时包括上述供销两端的发票与对公付款的一致性和证据链协同的完备性。具体细节包括增值税发票使用保管方面的风险；增值税发票虚开、代开方面的风险；取得虚开、代开发票及假发票的风险；其他发票使用的风险。

二、传统税务工作流程与三大体系

企业的税收风险是指企业违反相关的法律法规，不按照本身的制度要求履行纳税义务，从而遭受法律制裁、经济损失或声誉损害的风险。目前，企业的主要税收风险有两方面：第一，企业的税收行为不符合有关的法律法规的规定，导致企业面临补税、罚款等风险；第二，企业没有合理使用税收优惠政策，从而导致多缴纳税款，给企业造成一定的经济损失。

（一）税务内控流程优化的三个步骤

实用、高效的企业税务模块的固化和精益化分工，及优化税务管理的流程是企业实现税务工作有序和专业的基础。拓展基于企业顶层设计、融合财务的税务服务，确保企业交易和设计各个环节依法纳税，才是税务管理流程构架设计的核心。

第一，建设好企业的税务数据基础是税务全流程云化的根基，包括税务组织、税种税目、税率定义、客商信息、合同信息、日志管理等。

第二，法规库的维护和风险指标的管理是事前管控的重点。在实际工作中，企业应管好涉税事项的方方面面，包括发票管理、纳税申报的具体事项，以及对审批流程、业务流程的深度管理，对于跨国企业而言，做好境外税费的汇总与分析也是关键点。

第三，根据工作中发生的场景，企业应做好分析、稽查和评估，对风险严格管控，对问题源头追踪，对变动全程留档，实现流程的闭环。具体如图 1-9 所示。

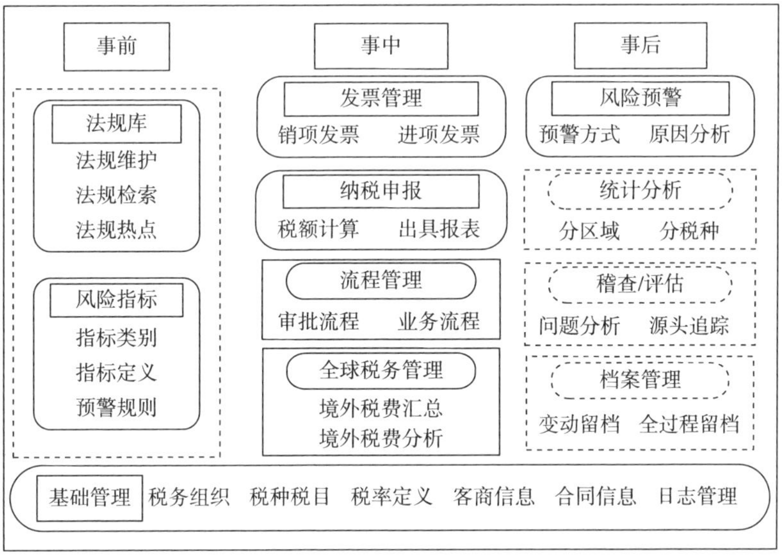

图 1-9　企业税务内控流程架构设计示例

基于此，企业针对运营的合规性要求及业务推动四流一致管理的系统性建设。这里所指的四流一致，特指发票流、资金流、合同流和货物流统一相对应。相比金税三期的三流合一，金税四期将税务系统和物流行业建立联系，使发票、资金、合同和业务信息一一对应。这使得企业管理需要提升上述业务模式的合规性，为此，企业应做到以下几点。

（1）开发票有相对应的合同、出货单及物流信息，或者相关证明。

（2）开发票应确保资金的支付同步，解决资金流的匹配。有的企业客户为了避税，会要求企业端收取发票时用现金支付或没有正当理由开具发票单位与收款单位不一致，这导致发票流与资金流、合同流和货物流的断裂，因此，上述业务无法通过金税系统的自动稽核，在系统会显示数据异常。

（3）业务行为的支持证据链管控。企业需要对合同或协议、发票、内部支持证据链（包括出入库单、内部审批单、业务流程支持证明）等进行完善和匹配，并形成支持证据链与所推动的业务的强关联，符合业务支持凭据的关联性、匹配性、完整性、合规性等要求。

（二）一体化管控与资金管控下的税务风险管理框架

随着企业税收风险意识不断提升，越来越多的企业借助新技术实施税务风险管理。近年来，“大数据+信息化+风险管理导向”逐步成为税务风险管理的主流。无论企业自查还是应对税务机关评估、稽查，数据分析风险设计、挖掘建模理论、运筹规划等相关大数据技术都可以为企业竖立一道分级分层的风险应对屏障。

建立企业税务风险清单、制定税务风险预警机制是必要的应对措施。建立税务风险清单，有助于发现问题、评估风险，为后续制度性、系统性建设工作的开展奠定良好的基础。为了及时识别潜在的税务风险，做出适当应对，企业应设计自有的预警机制，提高风险预警工作效率、节省预警工作成本。企业内部及外聘税务专家可以在业务经验和数据模型的全面支持下，制定一系列税务风险预警指标，建立指标库，储存不同类别的指标及其定义、权重。

图 1-10 展示了一个税务风险指标框架设计。风险指标框架应包含通用类指标和分税种指标。通用类指标涉及主营业务收入、主营业务成本、利润等企业经营相关的指标，旨在帮助企业从财务、税务角度识别经营生产过程中的风险。分税种指标涵盖企业常用各类税种的风险识别，指标设计包含了税务管理、操作人员的从业经验以及税务机关的要求，帮助企业及早发现税务风险。

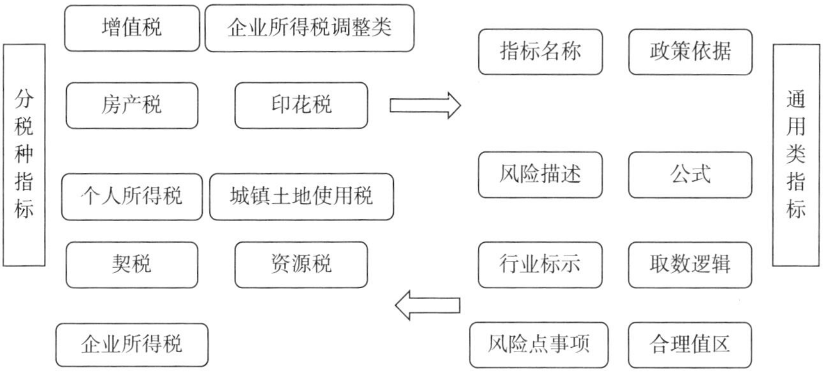

图 1-10　风险指标及指标维度设计

数据条件和技术水平允许时，可以使用决策树机制，将多个风险指标进行整合，最终统一输出唯一的预警级别（如高风险预警、一般风险预警、低风险预警）。这些做法都可以有效避免过多触发信号的情况。同样，为了提高业务人员的使用效率，预警信号除了提示风险级别之外，应提供相应的重点信息，设置有区分度的判断和处置流程，这样企业就不会在大而无当、多而无用的预警信号中迷失。

为此，企业针对税务风险管控的要求，全面改善供销一体化和资金管控。解决预警不同级别的对策问题。

（1）金税四期的实行，将企业的收入、成本、利润和库存形成闭环式数据，企业购进产品或原料等成本、销售成本、进销存记录均会非常完善。通过阶段性成本核算以及匹配，使得企业的总体管控的逻辑合理。因此，企业运转的财务核算重要性提升，税收缴纳的计算准确性提升，企业针对主营收入、费用支出、成本管理、利润核算等不断公开透明，企业的整体管理和整个会计核算与税收核算的链条不断关联，实现互相稽核比对。

因此，在企业针对商业模式的设计和整体运营过程中，任何一个环节出现无法匹配四流一致或是相关环节的漏洞，尤其无法实现发票流与资金流的匹配，以及公对公转账等基础业务环节的问题，都会导致企业的整个交易过程被税务局稽查以及锁定。

（2）合理实现企业资金公转私。银行、国家税务总局、国家市场监管局现阶段都被纳入企业信息联网核查系统，金税四期会对企业与个人账户的转账和取现等操作进行监管，对公账户以及对私账户现金交易、公对公账户转账、公对公以及个人账户境内或境外转账都将被严查，所以这在一定程度上解决了企业老板公户转私户的限额问题。

这些方式的推动使得企业在纳税义务和缴税逻辑的问题上，需要不断针对税务系统进行智能化升级，不断提升财务部门的纳税意识，提升财务专业技能，提升税务筹划的实现与落地，以确保企业从顶层设计环节融合税收筹划和执行，确保落地安全。

（三）税务管理建设的三大体系

企业数据指标体系在涉税管理方面有广泛的应用前景，提高财税管控效率、增加企业应收、辅助高管决策是当前企业面临的紧迫问题。目前，多数国内企业的税务 IT 建设仍然处于初级阶段，各种财务数据、企业管理数据、指标数据分散在不同系统中，这些数据无序、无效、分散，存在多种税务风险管控的问题，影响着企业的收益与管理决策。

对此，企业税务管理需要建设三大体系，即**标准化管理体系、风险管理体系、数据分析与规划体系**。标准化管理体系的建设，要求企业进行自动化税务流程再造设计、集约化的业财税协作设计，以及共享服务分析、可配置的税务 IT 架构设计；风险管理体系则包括税务稽查的自查分析设计、税务风险的预警能力设计和税务管控能力的垂直设计；在前两大体系的基础上，企业可以综合建设数据分析与规划体系，实现科技、税务、财务一体化的数据交互设计，从而获得面向业务场景的税务规划能力。

“纳税申报”是一个使用小量级数据、复杂的勾稽关系和大量手工调整的典型业务场景。在进行实际纳税申报的操作过程中，一个微小的调整就可能导致一批纳税申报的最终数据连带发生变化，需要加入额外的手工操作计算。同时，在面对极复杂的勾稽关系和计算操作时，一味依靠手工工作极容易出现操作失误、遗漏和计算逻辑错误等情况，又需要补充额外的数据核对工作，才能保证纳税申报数据的准确性。为了减少手工工作量、避免人工误差，企业可以引入轻量级数据处理工具，协助完成税务工作。轻量级数据处理工具的功能通常包括自动化格式转换、自动化数据计算、自动化文件生成、自动化批量数据处理等，从功能角度可以完整覆盖纳税申报所需的所有数据处理功能需求。与办税员每年重复进行手工填报的传统工作方式相比，引入轻量级数据处理工具只需要办税人员在前期梳理整体计算逻辑，与开发人员共同设计中间表结构，最终与目标公司系统对接。通过一次性的梳理和开发，后期纳税申报过程只需要在指定位置进行少量的调整工作，即可完成纳税申报表的制作，纳税申报的效率和准确性可以得到大幅提升。

利用大数据技术深入企业业务梳理、风险识别、指标设计、风险预警、风险应对、报告存档等全链条的风险管控之中，企业得以及时发现问题，采取适当应对措施并解决问题，真正实现有效的企业税务管控。

三、税务管理智能化的三大挑战与闭环流程

税收智能化不仅有利于提高企业税务管理能力，降低相关的税务成本，还可以有效控制和防范企业的税务风险，提高工作效率，进而实现对税务风险全面统一的管控。

传统的记账工具主要履行企业的业务凭证记账、报表生成的职能，是相对封闭的企业内系统，并没有与税票系统相结合。随着国家对企业的数字化管理，要求企业信息的数据化上链，传统的企业财税软件已经不能满足当前企业的管理需求。传统税务与税收智能化的对比见表 1–9。

表 1–9　传统税务与税收智能化的对比

项目	传统税务系统	数字化税务系统
财务工作效率	人工手动开票，效率极低	财务系统多重开票模式、对接业务系统自动采集数据
企业成本	为实现发票流转高价购买财税系统	数字化财务系统费用更低，同时节税
信息流转	人工核查流通渠道闭塞	建立信息网络，高效运行实时追踪
税务风险	票务往来不清晰，税务稽查风险高	利用数字化税务系统及时预警并避免税务风险
财务遇难	来回奔波，问题无人解决	线上沟通答疑，全天候服务，周末无休
下游账期	账务拖延无法获得银行授信，收款量多催收困难	资金链内成员可线上贷款，盘活流动资金

（一）税收智能化模式的三大挑战

企业在构建“智能税务”一体化管理模式过程中存在较大挑战。

1. 要求企业有较高的税务风险管理水平

随着国家税收监管手段的创新，企业的涉税风险管理难度也不断加大，大数据分析企业税务问题已成为税务检查与稽查的重要手段，但由于不同地区、税种及部门之间的信息无法统一，暂没有建立一个统一完整全面的征管体系，税务数据信息孤岛问题显著存在，不同地区的税收管理机构间信息不

互通，导致税收执法的科学性和有效性尚需提高。企业面临的税务稽查和查补税款情况日益突出。企业由于子公司众多，属地管辖税务机构较多，易因申报调整及沟通不充分，造成税务评级下降等问题。外部政策环境因素要求企业的税务风险管理水平进一步提升。

2. 关联业务系统较多，难以统一管理

企业信息化部门和财务部门的协同性还有待进一步提高，系统之间无法遥相呼应，数据链断裂，造成信息孤岛，同时数据标准化统一难度较高，未能实现涉税数据实时共享，难以满足数字化转型对大数据的需求。智能税务一体化管理模式的技术路线较复杂，改造难度大。该模式整体架构是基于云计算模式，采用微服务架构，易与原有业务架构系统设计技术不兼容，需要对原有模式进行改造，也需要重新对整个业务体系进行细致划分和梳理整合。该模式需要使用容器化技术和运行量统计分析后做合理的服务器资源动态化调节，需要一定的硬件设备和网络资源支撑，从而导致原有设备改造难度大、费用高。

3. 对人才的要求高，人才培养难度大

首先，企业税务人员对数字化转型下要求的税务职能转型意识不清晰，对变革有一定的畏难情绪，疲于应付日常工作，对改进税务工作的精力投入不够。其次，该模式的构建需要业务与技术兼备的复合型人才，企业在财税数字化人才储备上需进一步加强。

（二）税收智能化模式的五大优势与两大弊端

企业税收智能化模式对企业的**优势**主要体现在如下方面。

1. 加快企业信息流转与内部稽核速度

纳税人自主申报仍然是税务机关收集税务信息的主要方式，处理税务信息也主要依赖以往工作经验，这就会不可避免地产生涉税信息主动获取能力不足、信息流转速度较慢、无法准确快速做出税收决策等问题。随着纳税人数量的增加，税务部门面临着涉税问题增多、信息数量繁杂的问题，通过税收智能化，系统可以自动获取数据，并进行整理、分析和决策，这加快了交易数据的流转速度。

2. 降低企业征税成本

传统的纳税流程需要企业税务人员的一揽子操作，需要花费大量的时间和精力去做复杂且重复性高的操作。智能化方式可以使得企业税务工作人员利用人工智能辅助进行纳税操作，将大量、复杂且重复的工作交给人工智能去处理，可以大大降低劳动力成本，线上的勾兑核对减少了企业的用人及时间成本。

3. 降低企业税收遗漏风险，做出合理纳税决策

智能化方式可以使企业财税工作人员充分利用汇集的系统内信息，以及结合企业完成的税务共享系统的信息处理能力和机器算法，自动分析数据，帮助企业财税人员及时发现纳税问题，发现企业自身的税收风险并做出合理的纳税决策，以便针对纳税情况提前进行收入和成本筹划，确保企业的税务信息出现不符时提前预警，规避企业在纳税完毕之后出现的晚缴和漏缴风险。结合企业的实际业务情况，借助企业税务共享系统，针对税收法律法规和税收优惠政策等具体内容，提前筹划业务和设计业务结构，使得企业的税务筹划和模式更加精准，规避企业纳税风险。

4. 推动企业的税务管控共享化、票税一体化

税收智能化融入了许多新的知识，能够使企业业务财务相融合。税收智能化是以企业涉税业务集中管理为核心，利用互联网等信息化手段，通过一系列的操作系统，将各个方面的数据共享，从而达到从线上到线下的共享化模式。

随着税收智能化的发展，出现了许多电子票据。企业税务管理将 RPA 等系统实现票税一体化；与报账平台、财务共享、商旅系统等平台打通，实现业财税一体化，使业务流程、财务核算、税务管控高度融合，降低涉税风险。

5. 实现企业税务模块管理工具智能化

智能化的税务共享系统能够通过大数据的方式，在系统中轻松查询法规原文、出处以及相关联的法规、政策和解读。这些便利的管理工具能够更好地让企业了解国家税收政策，从而减轻税负压力，更好地盈利。

与此同时，企业税收智能化模式的**劣势**主要体现在如下方面。

1. 纳税主体不易确认

在传统的税收征管中，可能实施交税的执行部门和个人多元化，且具有事后针对填报数据错漏的更改补正方式。信息智能化之后，系统录入完毕，过了相应征期或申报期的补充调整等灵活变通模式被堵死，无法更改。智能化解决了项目遗漏等问题，但由于企业的技术问题和人员专业性带来的申报错误问题将会被固化和放大。尤其少缴税收、误受发票、误开发票，发祟流

与资金流等四流不一致引发的业务认定不实风险，导致企业误受发票的纳税调增并缴纳滞纳金等问题、企业因业务不实引发的虚开风险的处罚甚至承担刑事责任风险问题，则被系统固化和放大。

2. 纳税地点不具有固定性

在传统的税收征管中，纳税地点是指税法规定纳税人申办纳税的地点。一般确定为有利于税务机关实施税源控制、防止税收流失，又便利纳税人缴纳税款的地点。由于电子商务具有虚拟性的特点，使得纳税地点变得流动、随意，难以确定。

（三）税收科技赋能实现智能化目标的闭环流程

伴随着大数据和信息技术的高速发展，税收智能化系统可以具备许多功能，包括能够实现纸电票一体化自动开具、价税分离、多维度数据监控及风险预警的销项发票管理功能；实现集中管控企业从采购到签收、查验、入账、抵扣的全流程进项发票电子信息化管理功能；实现及时与供应商对账、自动开具发票和票据跟踪的全过程协同管理功能；实现对全税种计缴申报、风险预警、报表统计、档案管理等进行全流程管理的功能；通过以多种发票归集的方式支持自动识别真伪，实现移动端报销的全流程管理功能；可以应用 AI 技术，为企业提供高效率的票种丰富的发票 OCR 服务；可以实现通过输入发票的相关信息，进行发票的查重和验真，返回发票的全票面信息的检验管理功能；能够基于 RPA 技术，为企业模拟纳税申报全流程，实现自动化、智能化、高效的申报操作，并且通过大数据分析，实现企业税务风险的规避及纳税筹划，如图 1-11 所示。

税收智能化可以使得业务过程透明化、业务财务一体化，便于企业在线上的时时监管，利于企业的管控加强，建立统一标准、口径一致、流程优化且能够有效执行财务的政策，可以帮助企业减少重复性的岗位，提高专业化分工和做到标准化作业。

四、智能税务一体化的四大框架、五大功能与六个升级功能

（一）智能税务一体化的四大框架

结合企业数字化转型要求和各种业务管理模式创新的需要，以财税部门业务需求为基础，从各业务部门的业务特点出发，通过构建“智能税务”一体化管理模式，实现企业智能税收的建设。

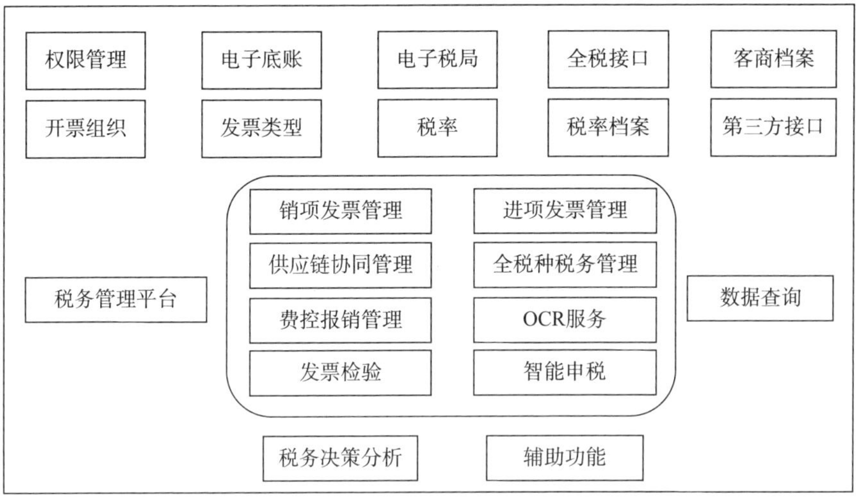

图 1-11　税收智能化流程

1. 系统架构构成

该架构主要是以大数据平台为依托，整合财务系统、合同系统、订单系统和电子税务局系统，并从技术上分为落地层、仓库层、仓库汇总层和仓库维度层。

大数据平台对各个业务系统数据进行分类管理、分析与加工和再分类处理，形成业务数据的仓库层，并按照业务场景对业务数据进行初步清洗、加工、整理，形成统一的标准化数据集，进而形成仓库汇总层。落地层的数据集按照业务数据属性划分为风险量化维度、税收优惠维度、区域分类维度和合同类型维度，再经过统一数据标准化的衡量和数据沉淀后，形成仓库汇总层。根据不同的业务场景可用独立的应用服务来处理相应的业务，形成微服务集群架构体系（应用服务层）。

在微服务集群架构体系下可提供申报服务、发票服务、管理筹划服务和风险服务，且独立的业务场景可以按照具体服务内容建立数据接口和分析功能，各业务服务依据自身需求，采用异步或者同步的方式从数据仓库层将自身业务场景需要的数据提取加工展示，同时各业务场景产生的数据也将定时同步到大数据平台。

2. 发票流程的管理

依托大数据平台的数据集优势，业务系统依据合同信息生成订单数据，用户选择订单进行发票开具操作。大数据平台将需要开具发票的业务订单数据抽走，按照业务关联性，将订单数据整理成开票数据，推送到企业电子发票平台，根据待开票数据调用主管税务机关的数据接口开具相关发票，电子发票平台将开票结果同步传送给大数据平台。

同时，大数据平台将订单业务和开票结果进行关联，并把开票结果返回到业务系统。对于企业获取到的进项发票，企业电子发票平台通过 OCR、手工录入等技术方式进行信息采集，并将采集后的进项发票进行认证查验。最后，电子发票平台将认证查验后的进项发票推送到大数据平台做数据沉淀（见图 1-12）。

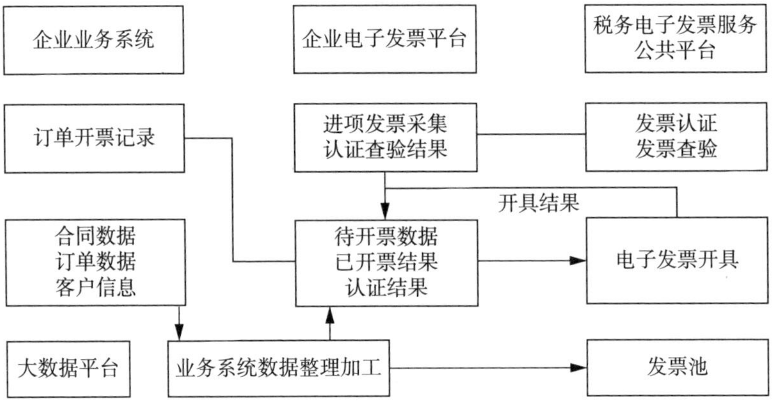

图 1-12　智能税务一体化管理模式框架（发票流程部分）

3. 申报流程的构建

该框架主要由申报平台、电子税务局和业务系统共同组成。通过大数据平台，定时将各业务系统核心数据抽取到数据仓库中做数据沉底处理，纳税申报平台按照业务取数逻辑，从大数据平台将所需的财务数据、合同数据、发票数据提取到自身平台中，根据需要申报的税种，从电子税务局获取相应的期初、留底数据，并依据不同税种计算逻辑，申报平台按照税种核定信息自动计算申报表数据，实时生成纳税申报表。在该框架下，用户通过流程审批后，调用电子税务局申报接口，将纳税申报表发送到主管税务机关。纳税申报完成后，将纳税申报结果再返回给该纳税申报平台，纳税平台接收申报扣款结果后，对申报进行归档。与此同时，大数据平台定时将纳税平台归档后的数据抽走，归档到大数据平台进行数据沉淀和存储。

4. 风险流程的设计

按照风险模型设定的取数逻辑，风险预警平台（风险管控平台）定时将大数据平台的数据提取到自身平台之中，其风险指标设定为事前预警指标、事中提示指标和事后警告指标。在纳税申报前，通过风险预警指标对企业的财务数据进行风险扫描，提前规避可能存在的风险；在申报过程中，纳税申报平台自动生成纳税申报表，实时同步到风险管控平台，进行申报数据风险扫描，对于发现的风险问题，及时终止申报操作，检查风险并调整申报表；在申报完成后，风险管控平台通过定时抽取申报归档数据，进行风险扫描，检查梳理相应税务事项，若发现风险点将及时采取补救措施。

（二）智能税务一体化的五大功能

1. 系统建设平台化税务管理系统

建设企业业务涉税管理系统。梳理分析主要业务涉税风险点，明确规范涉税处理方式，并完善相应的内控机制，对新业务、新模式，关联交易，重大资产转让、重大资金支付、重大合同签订，公司新设、合并、分立及重要经营活动等，应深入业务前端参与制定或审核涉税事项的实施方案，切实防范重大税务风险。

建设企业优化风险评估机制。建立常态化、流程化税务风险评估工作机制，至少每年评估企业税务人员配备是否充足、税务系统运行是否有效、税务制度是否完备、重点业务税务处理是否规范、税负率变动是否合理、日常纳税行为是否规范等，管理层应专门审阅评估报告，并根据风险事项复杂程度、金额大小，明确责任部门及时应对。

2. 优化税务管理流程、管控税务风险和提升税务工作效率

通过智能税务一体化管理模式，促进企业从会计核算、业务流程、发票管理、风险分析等方面识别可能存在的税务风险；推动企业将税务风险责任落实到各个业务层面，从根本上避免因纳税行为不符合税收法律法规而遭受重大损失，保障稳健经营；助力企业从宏观经济形势、市场竞争、行业惯例、法律法规等方面分析可能遇到的税务风险，并据此提出应对税务风险的策略。

3. 促进“业、财、税、票”融合并推进财税管理数字化转型

在智能税务一体化管理模式的建设上，通过集成“业、财、税、票”一体化融合的信息化管理，构建企业税务管理四流一致的管理体系。通过智能

税务一体化管理模式，不断促进企业的“业、财、税、票”一体化，实现降低企业税务管理成本、提高管理效率、降低企业涉税风险的目的。助力企业的财税管理向业务数字化、管理智能化、风险可控化、决策智能化方向转型。

4. 实现纳税数据的智能化统计分析

通过智能税务一体化管理的建设，同步实现企业按业务板块、成员企业、税费种类、税款属期和票据管理等进行多维度统计以及查询应交税费、实缴税费、地方财政贡献情况等功能，实现按照查询条件逐层细化和深化统计分析，并通过权限控制达到层级管理目的和查询、统计企业或部门的纳税数据等一系列功能。

5. 实现税务政策共享平台建设及系统功能融合

在企业建立智能税务一体化管理的改善拓展上，不断积累为企业提供税收政策咨询的互动平台知识。通过知识平台管理系统向各层级成员企业或部门发布最新税收法规、内部税务刊物等，并将年度、季度、月度相对固定的工作事项制成税务工作事项的日历自动预警提示，按人员不同职级做好通知衔接。协同资料信息的自动归档与手工干预上传归档，企业相关使用者可按权限查询、调阅各级各类档案资料。

（三）智能税务一体化的六个升级功能

税收征管改革使得企业必须提升税务管理数字化、自动化、智能化水平。企业可以借助智能化和一体化建设模式，系统推动大数据应用的迭代升级，并实现更合法高效的落地。

1. 优化发票和税务管理系统，提高日常税务管理效率

通过对企业财务系统的进销项一体化发票服务平台进行优化，实现针对企业发票开具、查验等功能，减少线下开票业务的集成。通过智能化严格限制非发票类业务报账，实现发票全业务数字化改造；建立税款计算和申报系统，通过对接外部发票、资金、核算、报表、合同等系统，实现自动提取数据、计算税款等功能的智能化。

2. 运用大数据等技术，提高税务风险防范能力

企业借助智能化方式及时统计税负率水平，分析税基变动合理性，特别关注关联交易定价对总体税负的影响、税收优惠政策的享受情况等；加强申报数据的稽核比对，同一事项在方案审批、合同约定、发票开具、会计核算、

资金支付、税务处理、报表披露等环节应保持一致；建立预警机制，建立供应商资信授信机制，建立不同等级客户的特殊类业务、常规类业务分级数据库，做好供应商的管理，提示业务和财务人员加强对业务真实性、发票规范性、财税处理准确性的审核和复核。

3. 加快企业财务共享模式的融合和税务平台的统一

促进数据融合应用。重点加强大数据应用系统开发设计顶层的统筹规划，精简各类零散系统，同时加大对征管基础数据的清理、维护力度，统一内外数据转换标准，提高数据质量。建立科学有效的职责分工机制。

4. 助力企业实现税务管理组织体系的迭代升级

确保在分工协作的前提下，做到分工明确，保证企业税务管理的不相容岗位相互分离、相互制约和监督，同时还要制定严格的财务管理工作流程。

5. 推动企业改善税务考核和奖惩制度

充分发挥内部监督考核机制的作用，通过税务、审计等部门的相互配合，对税务相关岗位进行监督考核，明确奖惩机制，从而实现对税务内部控制的优化与迭代。

6. 推动企业固化税务模块的内控要求，提高业务管理效率

构建业务、财务、税务一体化信息系统，在业务前端就规范处理涉税问题提高业务和管理效率。比如：在销售系统中固化税目、税率、纳税期间等信息；在费用报账系统中固化支出属性、合规发票类型、发票审核要求等；在合同系统中固化印花税适用税目；在资产系统固化税收折旧年限、残值率、计税基础及变化；在研发项目管理系统中固化项目属性，如是否具有创新性、是否取得专利或成果、是否做好合同必须的外部备案和企业内部管控类备案等，如图 1-13 所示。

五、税务管理智能化的三大对策

数字化升级以及智能化改造是税务系统改革的重点。要完成企业税务的智能化，首先要有企业税务信息的数字化传输，企业内部发票管理系统承担着数据中台的职能，首先进行数据采集、数据归集、数据存储，以及进行纳税智能识别、税额测算、纳税申报、报表生成等，然后通过网络接口将企业

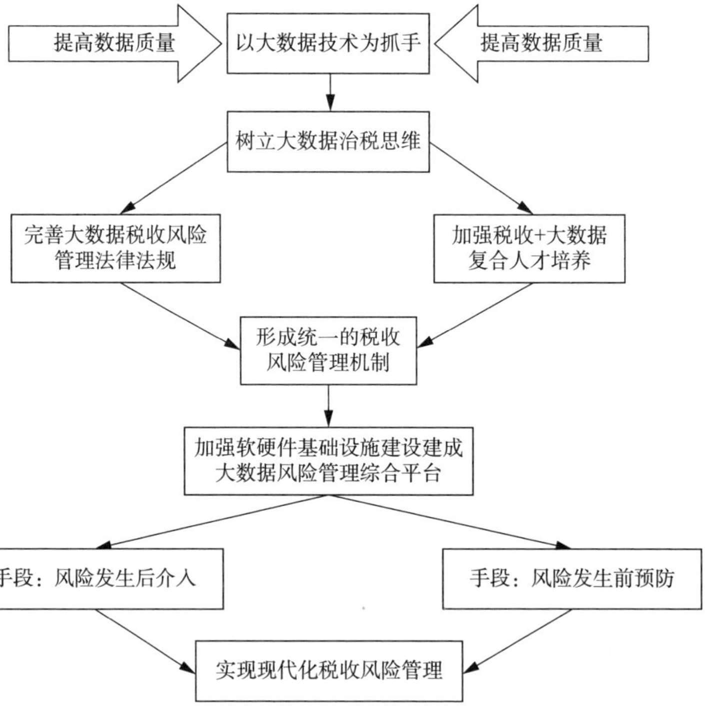

图 1-13　完善的大数据税收风险管理的总体框架

数据传输至税务端的网络申报系统中。企业的税务信息流生成后会传输至税务系统。

智能税务一体化管理模式的设计应主要关注以下三个方面。一是要构建税务大数据风险管控的预警机制，要重点参考税务机关对企业实行纳税评估和稽查的基本方法，有针对性地合理设定税务风险管控的预警指标，对企业的关键涉税事项进行全方位监控。二是要构建设计企业业务流程层面的风险控制标准，规划制定涉税事项的处理流程，明确各自的职责和权限范围。三是能够协同其他部门进行税务风险管理的控制，比如对采购环节过程中的供应商资质审核、发票审核、进项税额抵扣和采购合同审核等，进行全方位的税务风险监测。

因此，企业需要确保税收征缴的合理、合法、合规和安全性。企业需要从总体商业模式出发，从顶层设计开始逐步完善企业税务管理，结合当下的科技赋能，实现税收缴纳和税收优惠的协同，实现对税收风险的有效防控，规避相关税务漏洞。

（一）税务管理战略建设的集成化

为做好企业智能化对策的落地，企业需要结合商业模式设计业务方案，同时融合企业的财税对策，确保企业的节税降费处于最佳状态和最经济状态。

在常规的税务领域，可以建立企业端财务系统与税务局端税务系统之间的直连系统，在智能税务系统中设计计税规则、数据映射、流程管控等技术手段，以实现税企系统融合、财税数据共享、全流程智能管控和全税种一键自动申报管理模式。此外，针对税务系统的模块，按照常规模式和个性化模式进行分析和解剖，从而实现对企业税务应对模块的诊断，结合诊断结果进行模块化细分。

因此，从分拆和模块化精益化管控角度来看，企业税务智能化管理系统可以分解为物理层、逻辑层、数据流层等相关细分模块。

物理层： 支持多类型格式数据物理存储，所需处理的企业数据分为结构化的数据（ERP）、管理系统等业务系统的二维表数据和非结构化数据，通过存储结构化数据和非结构化数据，采用内存数据库做高性能的数据缓存并进行快速全文检索。

逻辑层： 支持大量数据的存储、处理，支持多中心数据存储，数据高频操作的操作库、数据交换过程中的缓冲准备库、数据集中汇总的中央库以及面向各部门或各业务主题的数据库，充分支持对大量、多类型数据进行灵活处理，支持对大量数据多维分析，如图 1-14 所示。

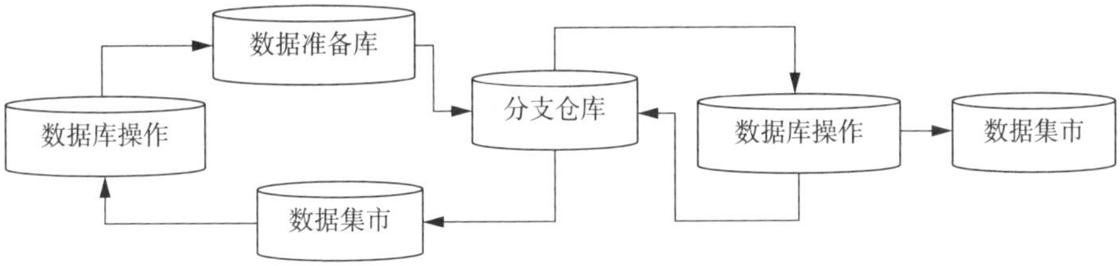

图 1-14　税务管理系统逻辑层架构

数据流层： 支持对数据进行从产生、传输、处理、存储、多维分析到应用的全程管理，且能够满足对数据完整性、数据边界方面的管理需求。要进行信息系统的安全建设，需要针对所有应用系统的安全需求进行深入分析和有机整合，通过系统整体的安全规划和设计，形成完整的解决方案。

（二）综合税务管理的平台化逻辑

企业税务综合管理平台的建设可以帮助企业更高效地进行税务管理，提前预警和模拟可能带来的企业税务风险。模型下的税务平台通过职责进行专业化、模块化分工，战略税务进行税务制定，提供决策支持；业务税务主要处理具体税务事项；共享税务进行税务的统一化管理。

对税务处理的各个节点进行端到端链接。进项发票利用票据智能识别（OCR）与AI对票据进行结构化的采集，与税务平台进行对接，实现自动认证、核验真伪，并进行风险预警。销项发票借助共享与智能识别，自动审核销售合同，进行销售环节的全流程监控，回款情况的检测，发票智能开具、发送以及对方的认证监控等。涉及纳税申报环节的，依靠智能填报、RPA技术的加持，自动计算、自动申报、高效准确自动生成企业的申报表。

传统模式下的业务报销要求员工在内网计算机上手工填写单据信息，领导离线签字审批。报销的灵活性有限，报销业务的流程效率和满意度有待提高。智能财税软件可以通过数字化和信息化功能，推出“PC+移动”智能报销系统，实施智能凭证采集、远程智能报销、智能发票验证和在线智能审计，可以显著节约报销成本，降低财务风险，提高运营效率。

在收集信息和填写文件方面，可以通过用手机拍照来识别移动计算机的发票，通过连接微信钱包、账单等实现智能发票采集，将提取的结构化数据与发票采集同步，完成数据沉积。同时，薪酬人员可以基于发票数据和提单直接执行结构化信息，实现智能执行。

对于业务经理审核，业务经理可以随时随地在移动终端上进行审批。系统支持个别验证和批量验证，适用于不同的业务场景。单次审批设置了审批、驳回、转移、会签等多个审批结果，使业务经理的审批更加灵活。

（三）智能核决费控的四大模块

对企业智能票据管控系统模块来说，通过建设发票池等智能票据系统，实现针对发票信息的采集。通过OCR、手工录入、上传等多种形式采集发票信息，支持发票自动检查。用户可以通过微信钱包得到一些数据从而获取电子发票，并通过OCR技术实现全脸信息的结构化提取，并自动连接税务局完成发票检查。已识别的发票将同步到发票池中，并与报销系统、发票优惠券系统和输入验证系统互连。

首先，在智能审核系统建设上，通过系统的使用，提前设置凭证创建规则和凭证验证规则，允许对收集的信息进行智能记账。自动生成会计凭证，实现会计期末智能处理，从而提高会计数据质量。

其次，统一建设智慧门户。为解决各类财务人员操作系统和复杂的系统接口功能问题，企业对各类财务相关系统进行了集成和整合，并将所有菜单、任务信息和操作信息放置在外部系统平台的单一门户中，实现了单行完整的工作流，使财务管理过程非常顺畅和高效。具体见表 1-10。

表 1-10　传统计税和智能计税的区别

	智能计税	传统计税
效率问题	颠覆企业传统财税模式，向数字化转型	收集开票信息还需要人工手动开票，导致开票效率极低
信息流通	建立数据网络，使信息高效运行，还能实现信息实时追踪，全过程了解财税去向、保证业务的效率流通	需要人工确认发票信息，整个核查业务的过程非常繁杂，信息流通的渠道也极为闭塞
税务风险	利用数字化税务系统，不仅可以及时预警税务风险，还能避免潜在的税务风险	在财税方面的票务往来十分不清晰，同时还伴随着税务督查风险高，使企业承担了许多不必要的风险
报税流程	线上与专业人员沟通并解决疑惑，领导线上审批，流程简单	财务人员需要在公司和税务局之间来回奔波，途中遇到问题无人解决

第四节　税务管理十大工具的逻辑与对策

在节税降费背景下，税务管理具有划时代的重大意义。国家不断推出节税措施让利于民，这使得企业税务管理的规范性需要不断提升，同时结合税务的节税政策，做好企业的税收筹划成了企业发展的阳光大道。税务管理更重要的是基于企业可持续发展的顶层规划与设计，在财务总体战略之下，做好节税降费的工作。

具体来说，企业需要做好两方面的工作：一方面做好税务规范性，将国家规定应该缴纳的税费，无论流转税类、所得税类、其他税类，从企业端应缴尽缴，实现企业的精准纳税；另一方面做好税务的系统筹划，针对地方财政税收可以实现的财政返还、税收减免的企业所得层面和个人所得层面的税收优惠，从企业端和员工端做到应享尽享，优化涉税成本。

因此，税务管理需要针对税务子战略的分解，以实现对财务总体战略的支持与服务。在这个过程中，企业的税务是否健康，企业税务管理是否合规，是否能够获得税收优惠，很大程度上取决于税务认定的企业业务活动的完整性。业务活动的完整性体现在业务是否实现货物流（业务流）、发票流、资金流的三流合一，而后再实现加上精细化合同流的四流合一。在合适的时候，企业在做好相应风控物理隔断下，可以就相关业务做好四流合一加上证据链关联，实现企业整体协同之下的五流合一（见图 1-15）。

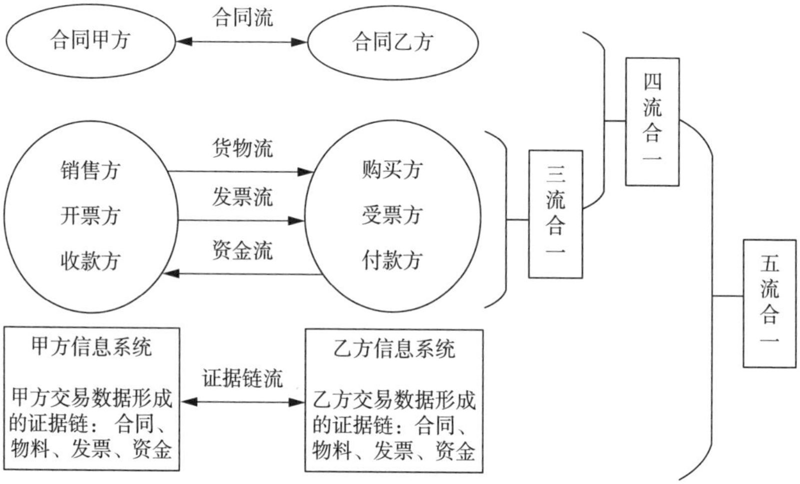

图 1-15　企业税收管理内部系统集成精益化发展路径

在这个过程中，税务管理需要做到应缴尽缴、应享尽享的支持与服务，体现在传统税务的两大领域，分别是顶层设计与整合重组、运营管控与业务支持。同样，在新时期则新增了两个领域，分别是科技赋能与服务、税务共享与量化。在时代趋势的推动下，企业的税务管理转型不断在传统的两个领域与新兴的两个领域融合。

时代的变化使得企业的税务管理可以拆分出企业管理的关键领域，涉及企业税务的顶层设计、企业整合、资金管理、运营管理、合同管理、发票管理、劳动用工、并购重组、资本市场、应急管理等领域，成了传统企业转型的重要关键节点。任何一点出现疏漏，要么直接给企业正常纳税带来错漏引发税收处罚，要么因未及时做好规划导致企业原本可以享受的税收优惠丧失。任何一个系统不紧密关联，都会导致企业的业务在纳税环节的割裂，引发潜在的声誉和管控危机。具体见图 1-16。

企业总体税务系统生态建设缺失

企业从股东、企业本身、企业分子公司层面做好设计，没有充分考虑企业所在的税收洼地的税收协同。企业没有建立节税降费的用工模式，无法结合企业雇员和外部专家及专业化外包模式的协同

企业财务管理税务能力不足

国家金税系统不断升级，税收政策和相关法规不断更新，地方制定的税收优惠措施企业无法及时反馈，企业财务系统无法按照国家统一要求和地方税务要求完成纳税计算

地方税务机关自由裁量决策

不同的税务执法机构和人员对同一企业同一业务存在不同的判断和裁定意见，税务机关在涉税实物中具有自由裁量权

企业内控与流程管理缺失

企业内部控制环境较差，企业总体缺乏风险管理意识，企业无法建立有效的内控制度，无法编制合适的流程做好流程的协同工作

企业管理层欠缺税务意识

企业实际控制人及企业管理层欠缺税务规划，纳税意识欠缺，税收管理涉及的涉税领域理解缺失，无法系统就企业税务风险做好应对，也无法系统掌握税收筹划方案实现节税

企业财务专业能力不足

企业财务人员的税务专业知识薄弱，且无法通过培训提升企业从业务端到采购端的系统筹划能力。企业财务无法通过有效方式提升税务专业能力，且无法聘请专业机构做好支持，对会计政策和法规的理解不准确

企业税务顶层设计缺失

企业无法基于企业商业模式和业务模式提前做好财务管理的设计，事前的设计缺失，以事后补救各项事项为主，企业缺乏对业务涉及的涉税节点的前置筹划，企业欠缺系统的筹划思路，业务处理存在不确定性的税务风险

图 1-16　引发企业税务风险的基本原因

任何一个场景不采取专业化方式，类似精细化的解剖模式进行层层分解，追本溯源解决源头问题，依照顶层设计格局和逻辑推动企业的税务管理转型，那么就只能浮在表层而无法实质性解决企业的根本税务管理问题，企业也无法获得税收层面优惠的最佳设计和最佳实践，从而对国家推出的税收优惠政策失去享受的最佳时机。

因此，企业税务管理的两个大方向如下。

从企业长治久安的角度，企业主要通过顶层设计、资金管理、发票管理、并购重组、资本市场、应急管理六个细分税务管理模块，重点解决传统内生式税务管理问题，立足于企业商业模式的传统对策，解决企业合法合规及时纳税、应缴尽缴的税务管理。规避企业由于缺失发票流、合同流、业务流、资金流的四流不一致的基础证据链管控带来的税收处罚风险，并打通企业迈向资本市场的系统路径。

从企业节税降费的角度，企业主要通过顶层设计、企业整合、运营管理、合同管理、劳动用工、应急管理六个细分税务管理模块，重点解决企业的新

生外延式税务管理问题，立足于企业商业模式的迭代转型，解决企业设计享受优惠、应享尽享的税务创新。

在持续发展的科技赋能之下，十大税务管理工具按两分法和十个模块管理工具的逻辑，在企业的持续迭代与优化下，需要系统掌握企业在科技赋能之下新的税务风险防范，重新定义税务管理与分析的方法（见图 1-17）。

在税务转型升级过程中，通过国家金税系统这个智能化税收管理系统的牵引，带动税务管理企业端从传统模式向智能模式转变，带动企业实现资产质量、资本结构、利润质量、现金流量质量、财务信息质量等系统的转化，并借助资产质量的转化，实现基于动态税务管理的新生态，实现对企业可持续性财富最大化的税务服务与支持。

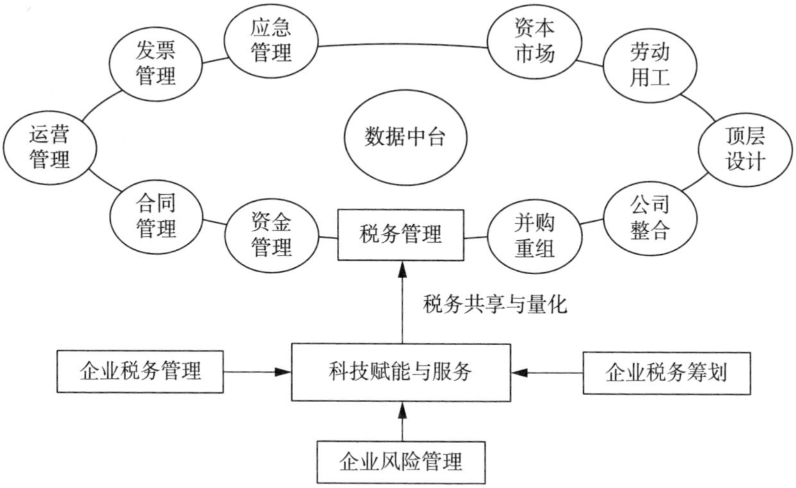

图 1-17　十大税务管理工具的逻辑与对策路径

企业税务管理的减税降费内容在新时期被赋予了新的意义，企业财务管理中重要的税收管理有效性是提升核心竞争力、实现可持续发展。企业在税收层面的疏忽带来的损失可能是巨大的，因此，税收管理的顶层规划与设计，通过税收管控的有效分解实现对财务管理的支持与服务非常有必要。

同时，科技赋能的时代给予了企业很多的税务智能化机遇，包括税务共享子中心类平台的建设，以及针对企业资金、合同、运营、劳动用工、发票等各个环节的税务融合机遇。因此，企业系统推动税务共享与智能化，也是发展的有效出路。

第五节　本章小结

在科技赋能和经济发展面临巨大不确定的背景下，国家税收监管系统不断升级和智能化，针对金税系统的税控逐渐实现了对全国税收的覆盖式监管。金税系统从一期向智能化的四期转型，税收监管呈现针对企业业务发票流、合同流、资金流、货物流四流一致和支持上述四流一致的证据链的大监管体系特征。为促进企业发展，国家税收支持力度也不断加大，针对公司制企业、个独个体类工商户、有限合伙类和工作室类的各种纳税主体，都明确了监管要求和税收管理规定，以及配套的税收优惠措施。同时不少地方为促进经济发展，就属地化的税收优惠提供一揽子方案落地的专属区域，这类税收洼地的政策对企业节税降费起到了积极的作用。

与此同时，企业采取妥善方式节税降费，通过系统设计和贯彻执行，可以在符合国家政策法规之下，不断做好纳税的税务管理，做好针对税收优惠的设计，通过十个模块化分解，实施基于完整、及时纳税的应缴尽缴的税务管理，做好基于优惠措施的顶层设计，实现对税收优惠应享尽享的税收筹划，通过税务管理和系统的税收筹划，企业可以系统有效地解决可持续发展面临的很多税务层面的问题。

通过描述国家税务部门监管逻辑和智能化税务监管的发展趋势，金税系统的演进发展进程和方向不断明确。因此，企业在数字经济时代下进行税收转型具有非常强烈的必要性和紧迫性。跟随国家税收监管的智能化趋势，企业应该进行从传统的税务管理对策到智能化税务管理对策的升级。

企业为做好税务管理，应实现税收税费的应缴尽缴；企业为做好税务筹划，应实现税收优惠的应享尽享。企业需要针对税务管理的十大工具进行系统设计与运营，确保企业税务管理的合法合规，并系统规避税务风险。此外，企业还需要结合科技赋能的时代需求，不断加强税务管理智能化的转型升级。

本章参考文献

［1］倪娟，李彦璋，周睿．人工智能助力税收管理数字化转型的对策分析［J］．税务研究，2021（4）：92-96.

［2］谢波峰，尹天惠．2020 年数字化税收管理与服务研究综述［J］．税务研究，2021

(4)：50-55.

[3] 朱润喜，冯东，赵福顺．数字经济背景下税务稽查工作面临的挑战与应对 [J]. 税务研究，2022 (1)：140-143.

[4] 高莉．税收信息化的“集合”和“整合”[J]. 税务研究，2006 (1)：62-64.

[5] 刘海峰．“新型智能税务信息系统”规划建设的构想 [J]. 财政研究，2013 (11) .

[6] 陈庆雄．网上税务申报发展形式与政策建议 [J]. 税务研究，2012 (5) .

[7] 孙玉山，刘新利．推进纳税服务现代化 营造良好营商环境——基于优化营商环境的纳税服务现代化思考 [J]. 税务研究，2018 (1)：33-35.

[8] 潘虹．关于构建“互联网+纳税服务”生态的思考 [J]. 税务研究，2017 (7)：23-25.

第二章 十大税务管理工具之顶层设计

国家和地方的税收优惠措施在引导资源合理配置、促进经济结构调整等多个方面发挥了重要的作用。因此，企业做好税务管理的顶层设计决定了企业享受税收优惠的执行效果。企业顶层设计环节的重要性，一方面体现在企业最终通过资源配置实现地方税收减免和税收返还，另一方面体现在企业纳税和享受税收优惠的协同，可以促进企业和地区经济的发展。本章主要通过政策引导、税收洼地、实现路径三个方面，详细地介绍税收优惠的内涵和定义，并通过通俗易懂的方式着重分析了不同方面的典型案例，更有助于理解。

首先，本章阐述了税务管理和税收优惠的常识，简要介绍了我国当前税收优惠的现状及利弊；其次，针对税收洼地的形成原因和我国现存税收洼地的合规化避税对策、税收洼地的园区合规化落地对策、税收洼地重点扶持区域的优惠，综合其优点并紧跟时代发展趋势，提出了较为优化的税收智能化对策；最后，探讨了税收优惠类企业类型与实现路径，指出数字经济趋势下的财税数智化转型和税收优惠企业税务管理数字化改革的必然性，并结合案例提出了一系列财税数智化改革的措施。

第一节 税收筹划的八个常识及税收优惠的三种方式

一、税收筹划的八个常识

国家减税降费力度大，是企业节税的划时代机遇，因此，从总体而言，在节税降费的逻辑上，系统的顶层筹划有助于企业实现更大幅度的税收优惠。在产业链的规划布局方面，民营企业的发展历程决定了其需要结合发展进程重新梳理规划自身的商业模式和产业链。产业链布局不合理，一定会多缴纳税收。

（一）税收筹划的四个目的

税收筹划区别于避税，避税是纳税人利用税法的漏洞、缺陷，或利用税务部门监督成本太高、不易发现其违法行为的机会，借用非违法手段减轻税收负担，获取税收收益。避税属于非违法行为，但不符合立法本意。有避税，就存在反避税。纳税筹划的根本原则是以国家法律法规为基础，合理合法进行筹划，严格按照法律，从而没有法律风险，符合国家税收征管方向。

税收筹划区别于偷税，偷税是纳税人通过伪造、变造、隐匿、擅自销毁账簿凭证或在账簿上多列支出或不列、少列收入，或经税务机关通知申报而拒不申报，或进行虚假的纳税申报，不缴或少缴应纳税款。偷税属于违法行为，是税法惩罚的对象。此外，企业如果出现漏缴税款，属于漏税，漏税是纳税人在无意识的情况下发生的少缴或漏缴税款的行为。由于漏税本身也是非法行为，往往会被税务机关认定为偷税行为。

税收筹划是纳税人在遵守国家税法的前提下，通过对经营活动的事先筹划，尽可能减轻税负，以获取税收收益。纳税筹划的原则是企业该缴的税准确、及时、完整地缴纳；企业该享受的税收优惠准确、及时、完整享受。通过税收筹划，企业实现依法纳税、节税降费、合理减负的目标。因此，税收筹划合法，与立法本意不冲突。

税收筹划的目的是减少或者延缓税金支出。第一，实现预期纳税目标，为企业带来预期收益；第二，优化产业结构，合理布局企业架构；第三，减少税务风险，提高企业管理水平；第四，维护政商关系，增强纳税信用度。税收筹划的相关概念如表 2-1 所示。

表 2-1　税收筹划相关概念

概念	含义
偷税	纳税者按照伪造、变造以及隐匿的形式进行偷税，不列或者少列收入，甚至借助税务机关单位进行虚假申报达到不缴或者少缴应纳税款目的的行为
逃税	纳税者擅自违反法律法规通过欺骗与隐瞒的手段，实现纳税逃避结果的行为
避税筹划	纳税者寻找税法不足之处，通过非违法的形式降低应缴纳税款金额的行为。避税在表面上看是遵守税收法律法规的
节税筹划	纳税者运用合法的途径，借助税收优惠以及惩罚等一系列政策，得到对应税收效益。纳税者发挥税法自身的导向性，依托合法形式降低应该缴纳税款金额的行为
转嫁筹划	纳税者通过纯经济形式，借助价格杠杆调节模式，把税负向消费者方向转变，或者把税负转移到供应商，或者自我消转的行为
税务筹划	税务筹划主要是纳税者以控制税收为目的进行税收零风险处理，基于税法变化的范围空间，给予企业内部投资活动、组织活动与理财活动以充分安排的过程

（二）税收筹划的四个分类

从广义上来看，纳税人在施行纳税行为的时候，无论是直接的纳税行为还是间接的纳税行为，帮助纳税人减轻纳税负担都属于税务筹划的范畴。

从狭义上来看，税收筹划是指纳税人在法律规定的范围内，通过对经营、投资、理财活动的事先规划和安排，选择最优的税收方案，从而尽可能获得“节税”的税收利益，如图 2-1 所示。

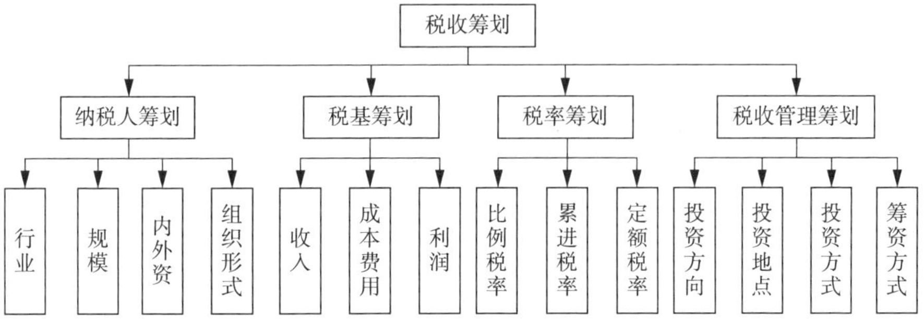

图 2-1　基于税法的税收筹划途径和方法

随着国家税收征管不断给企业降低税负和规费，同时对企业用非法手段降低纳税成本的路子加大监管力度，企业以“合理避税”为幌子的造假模式风险越来越大，选择纳税筹划来实现节税降费、化解纳税风险是明确的战略之举，也实现了走向直接创造利润的阳光大道。

要提升纳税智能化水平，税务局也需要加强智能化体系建设，提升办税效率，利用大数据技术收集不同时间、地点的排队等候情况和人流峰值变化情况，按照人流量调整窗口数量。推行“非接触式”办税缴费，完善“电子税务局”应用功能，简化申报审批过程，添加税收服务新模块，使电子税务局更便捷和高效。推行线上办税、自主办税方式，丰富线上办税功能，对不熟悉办税流程的纳税人进行辅导和协助，建立科技核心体系，赋能“线上线下+前中后台”来进行数字化升级，积极运用创新软件，构建知识互联网络。

通过知识图谱、大数据、人工智能、云计算等新技术，基于现有的税务法规和企业的适用税种，通过案例分析和专家解读，自动为企业提供发票业务、风险防控、税务筹划和纳税申报的指引，实现了由“人找标准”向“标准找人”的智慧管理模式转变，税务机关可以通过与此类软件的合作和对其的应用，满足纳税人个性化的税务筹划需求。

（三）税收筹划的八个基本常识

从税收筹划的角度，如果企业需要规避逃税等非合规行为，合理地实现避税与税收筹划，需要了解如下八个基本常识。

（1）纳税主体，也就是纳税义务人，包括自然人和法人，法人包括企业、事业、机关、社团等，也包括居民与非居民。为了方便缴纳税款，部分特定的税款还可以通过代扣代缴义务人或代收代缴义务人代为扣缴或收取。

（2）纳税主体缴纳税款的多少，按照一定比例的税率执行。税率有比例税率（包括单一、差别、幅度比例）、超额累进税率、超率累进（比如土地增值税）、定额税率等。

（3）税务局征税方式上，主要在企业实现税收的纳税环节上征税，体现在企业的生产、流通、分配等环节。企业的纳税期限在相应的纳税义务发生时间，企业的纳税期间、缴库期限、纳税地点均按照归属地所在税务局统一规定执行，包括针对税收的减免环节也是如此。

（4）征税对象决定了征税的税名。企业征税的税基，也就是计税依据分别按照从价或从量方式计征。征税的税目决定了征税范围。

（5）我国税制实施的是分税制，中央税种包括消费税、关税、车辆购置税，中央地方的共享税种包括增值税、企业所得税、个人所得税、证券交易印花税，地方税种包括资源税、土地增值税、印花税、城建税、城镇土地使用税、房产税、车船税等。

税务筹划是在合法的前提下，对企业业务所做的一种综合安排。筹划从企业商业模式出发，对营销模式、生产运营、供应链一体化的业务节点进行设计。从税源点开始，结合企业流程，深入系统，针对企业实际经营合理合法地制定解决方案。

（6）企业可能涉及的税种包括：增值税、消费税、城建税、教育费附加、地方教育费附加、企业所得税、个人所得税（股东分红、员工薪酬）、房产税（按余值或租金）、印花税（合同、账册）、其他税（资源税、关税、土地增值税、契税、车船使用税）等。

（7）虚开的增值税专用发票（无论是否善意取得）、相关联支持证据链不足的发票和相关完税凭证、集体福利和个体消费类服务发票的进项税都不得抵扣。涉及的善意取得的虚开的专用发票，在支持证据链完善的前提下，如能重新取得合法、有效的专用发票，准许其抵扣进项税款。

（8）不符合税法规定的发票，企业不得作为财务报销凭证在税前扣除，且接收单位和个人有权拒收。除假票和错票之外的发票或其他凭据，如果企业接收入账，则不得在所得税税前扣除。

（四）税务筹划的宏观与微观意义

税务筹划是纳税人在法律规定许可的范围内，通过事先对筹资、经营、投资、理财等各项涉税活动的筹划与安排，达到降低税收成本取得税收收益目的的过程。税收筹划的意义体现在宏观角度的三个方面和微观角度的五个方面。

1. 税收筹划的宏观意义

（1）提高税法普及程度。企业进行税收筹划的必要前提是需要对税收法律制度进行深入的了解，提高纳税意识，提高企业纳税遵从度。

（2）强化政策导向性。企业需要充分运用税收优惠政策进行纳税筹划，能够理解国家税收优惠政策和企业涉及的相关细节，进行系统设计，使得企业在实际运营中获得税收层面的优惠，进而达到宏观调控的目的。与此同时，还可以系统优化企业的组织结构和产业结构。

（3）完善税收制度。企业进行税收筹划必须关注国家相关政策的变动情况，设计的税收筹划方案也会对国家政策进行信息反馈。从企业作为纳税主体层面来看，税收筹划的意义主要在于降低企业纳税成本，提高经济效益，促进发展。借此还可以系统地提高国家的税收征管水平，完善税法。

2. 税收筹划的微观意义

（1）降低企业的纳税风险。税收筹划是指在企业进行税收筹划的时候，对企业的财税情况进行收集和分析，帮助企业减少无意识的欠税、漏税行为，帮助企业降低税务风险，避免企业受到税务处罚。

（2）帮助企业节税。节税是税收筹划短期内的一个必要结果。虽然未来很重要，但是眼下也是不可放弃的，税收筹划亦是如此。节税有利于对企业目前所涉及的纳税事项进行筹划和安排，帮助企业最大化地节税，减少纳税人的税务负担，扩大纳税人的收益。

（3）提升企业财税能力。对于大部分的企业会计而言，基本就岗位做工作，只做好自身本职工作，并不会从企业整体层面进行换位思考。因此，对于国家现行的一些税务补贴、优惠政策，财务人员不会主动替企业去思考是否可以享受这些税务补贴。对于企业老板来说，更是没有可能去钻研财税方面的事宜，因此在进行税收筹划的时候，普及一些税收筹划的方法，让不管是会计还是老板对财税有一定的了解，掌握一些适合自身的财税补贴方式，都有利于帮助自身和企业节税。也就是接触税收筹划，提高财务管理水平，实现利益最大化。

（4）帮助企业产业布局。对于企业而言，积极朝国家优惠政策指引的方向发展，无疑是最节税的最优的方式。税收筹划会根据国家优惠政策的导向，指明企业未来发展的方向，帮助企业调整商品结构。对于为什么要朝国家优惠政策方向发展，是因为国家发布的优惠政策，是为了调整国内的产业布局，优化企业未来发展的结构，所以企业朝着国家扶持的产业方向发展才能走得更长远。把握政策导向，转变企业发展方向具有非常重要的意义。

（5）加强企业财税管理。税收筹划不仅可以帮助企业的员工了解税务知识，还可以帮助企业分析内部的成本去向，分析财务成本可节省资金，从而减少企业资金的损耗。

二、税收优惠的三种方式与六种分类

税收优惠是指在税收法律、行政法规中，通过税收政策，在一定的范围内，对特定的企业、纳税人进行税收减免。目前，我国税收法律规定了免税、减税、加计扣除、加速折旧、减计收入、税额抵免等税收优惠。税收优惠政策主要集中在企业所得税、流转税、财产税等方面。

由于社会经济活动的多元性、复杂性、特殊性，税收优惠制度的区域特色、财政返还和节税措施的力度不同，导致企业必须采取妥善的措施来改善税收优惠措施的落地可行性，从税收优惠的政策来说，主要体现在有限公司享受上述税种的奖励和个人独资企业享受的核定征收及低税率等。其主要表现在以下几个方面。

（一）税收优惠的三种方式

在现行的税收优惠政策中，优惠对象范围太广、种类太多。受制于国内经济发展的不平衡，金税系统的不断完善实现了对企业税收管理的智能化监管，但系统、完善、齐备的国家税收政策系统依然需要借助科技赋能不断优化。因此，在当前我国税收优惠的普惠与地方特色管控模式之下，税收优惠的地方特色明显。税收优惠的重点大都集中在地方对税收的优惠措施上。这也意味着，税收规范化和税收优惠的区域特征需要协同推动。

税收优惠分为直接优惠、间接优惠、组合优惠三种，具体如下。

第一，直接优惠。国家财政收入直接抵减扣减的减少方式，类似所得税税收优惠，包含税收减免、税收返还等措施。由于优惠的直接性，企业比较容易将直接优惠的资金形成并转化为企业的消费基金。

第二，间接优惠。采用加速折旧、缴税、投资抵免等措施，称为间接优惠，此类间接优惠措施的应用场景比较少。加速折旧、缴税等间接优惠是储蓄性税收优惠，改变了财政收入时期而不影响财政收入总量，虽然对于收入的影响相对要小，但由于加速实现了成本的回收，可以较早地实现设备等的更换，从而推动并加速企业的技术改造。

第三，组合优惠。就是结合直接优惠方式，以及通过税收达成一定条件后以间接优惠等组合方式实现。包括采取税收洼地方式，组合不同类型的企业与个独个体服务，组合企业与平台的合作等，多样化实现企业的税务组合优惠。

具体来说，在浮动个税代征的组合上，采取外包形式承接业务，并将业务款以生产经营所得的方式进行发放及以浮动个税税率代征的方式进行完税。在核定个税代征的组合上，采取外包形式承接业务，并将业务款以生产经营所得的方式进行发放及以核定个税税率代征的方式进行完税。在个人工作室的组合上，采取外包形式承接业务，并将业务款以建立工作室的形式进行发放，并代为缴纳增值税及对应的个人所得税。在薪资劳务费直接发放的组合上，采取外包形式承接业务，将业务款以薪资、劳务费的方式进行发放，并按照新个税法进行合并计税。

从分类组合的角度，组合优惠主要体现在这几个方面：针对个人高收入企业，如金融、IT、咨询类，采取“业务流程外包+工作室方案”的组合实现税收优惠。针对高毛利企业，如医疗、保险类，采取“业务流程外包+核定代征方案”的组合实现税收优惠。针对专业代理和推广服务企业，如影视、推广类，采取“业务流程外包+核定代征+浮动代征+工作室方案”的组合实现税收优惠。

（二）税收优惠的六种分类

税收优惠可以从不同的角度进行分类。大体上有以下六种分类方法。

1. 按税种分类

按照税种设置的不同，税收优惠可以分为流转税类税收优惠、所得税类税收优惠、财产税类税收优惠、行为税类税收优惠。具体可以划分为增值税税收优惠、消费税税收优惠、营业税税收优惠、关税税收优惠、企业所得税税收优惠、个人所得税税收优惠、房产税税收优惠、印花税税收优惠等。

2. 按优惠方式分类

按照税收优惠方式的不同，可以分为税额优惠、税率优惠、税基优惠和时间优惠。

税额优惠。是指通过直接减少纳税人应纳税额的方式来免除或减轻纳税人税收负担的税收优惠。免税、减税、出口退税、即征即退、先征后返、税额扣除、税收抵免、税收饶让、税收豁免、以税还贷、投资抵免等均属于税额优惠的范畴。

税率优惠。是指通过降低税率的方式来减轻纳税人税收负担的税收优惠。税率减征、优惠税率、协定税率、关税中的暂定税率等都属于税率优惠的范畴。

税基优惠。是指通过缩小计税依据的方式来减轻纳税人税收负担的税收优惠。起征点、免征额、税项扣除、亏损结转、税前还贷、缩短折旧年限、汇总纳税等，均属于税基优惠的范畴。这类优惠方式的最终结果均使纳税人的计税依据减少，从而使应纳税额减少。

时间优惠。是指通过推迟税款的缴纳时间来减轻纳税人税收负担的税收优惠。缓税、加速折旧、存货计价等均属于时间优惠。

3. 按纳税人分类

按照享受税收优惠的纳税人不同，税收优惠可以分为**本国纳税人享受的税收优惠和外国纳税人享受的税收优惠**两大类。本国纳税人享受的税收优惠又可分为本国企业所享受的税收优惠、事业单位享受的税收优惠、机关团体享受的税收优惠和个人享受的税收优惠等。外国纳税人享受的税收优惠又可分为外商投资企业享受的税收优惠、外国企业享受的税收优惠、国际组织和外交人员享受的税收优惠以及外籍人员享受的税收优惠等。

4. 按行业分类

按享受税收优惠的产业、行业的不同，可以将税收优惠分为**第一产业税收优惠、第二产业税收优惠、第三产业税收优惠**。具体又可以分为农林牧渔业税收优惠、能源交通运输业税收优惠、制造业税收优惠、商业与外贸税收优惠、建筑安装业税收优惠、科技及新兴产业税收优惠、文化体育卫生税收优惠、民政福利与社会保障税收优惠、金融保险证券税收优惠、行政司法与公共事业税收优惠等。

5. 按优惠期限分类

税收优惠按照其享受期限可以分为**长期优惠和定期优惠**。长期优惠是指没有明确规定享受期限的税收优惠，这类税收优惠只要税法不修改和优惠规定不被废止，就长期适用。定期优惠是指税法规定在某一段确定的时期内纳税人能享受的税收优惠，通常分为规定优惠起止期限可享受的税收优惠和明确优惠年限的税收优惠。

6. 按审批程序分类

按照享受税收优惠的审批程序的不同，税收优惠可以分为**无须经过审批程序即能享受的税收优惠和需经申请审批才能享受的税收优惠**。例如：个人所得税法规定的免征额，增值税、营业税规定的起征点，增值税进项税额的扣除以及税法规定的优惠税率、税项扣除项目等，均无须纳税人向税务机关提出申请，只要按税法的规定进行扣除即可，而对税法规定的减税、免税等税收优惠，出口退税优惠、先征后返、即征即退、税收抵免、税收饶让、投资抵免、再投资退税等，则需按税法规定的程序，一般先由纳税人提出申请，报主管税务机关审核或逐级上报国家税务总局批准，才能享受税收优惠。

（三）税收优惠的四重意义

税收优惠的意义体现在，按照国家政策的要求，有针对性地进行政策的设计。企业为实现节税降费的目标，则按照国家财政和税收政策的引导，对企业的商业模式、营业范围、经营模式等进行优化和设计，以达成合法合规的节税目标。具体体现在以下四个方面。

1. 促进地方企业经济发展

减税是指政府把原本纳税人需要缴纳的税款进行适度的减免或返还，从而间接实现区域政府对纳税企业的投资，这样可促进企业本身资本积累，实现对收益企业的精准帮扶和减负，从而推动企业的发展。

2. 推动地方企业普惠式发展

实施区域差别税制，一方面，可以利用税收融资的作用，为特定地区的企业增加建设投资；另一方面，可以利用税收调控的作用，提高被开发区域特定企业的税后投资回报率，使市场要素流向这些区域，加快发展。

3. 促进重点优势企业的发展

税收激励可以促进企业的投资、技术的发展，也可以促进投资者的投资意愿，促进企业资本的积累和投资结构的优化。

4. 提升企业竞争力和活力

受制于国际国内形势以及各项突发外部事件的影响，外部营商环境不确定性加大，企业的盈利能力不确定性增加，可能导致企业的阶段性盈利出现急剧下降，甚至导致不少企业资金流动出现严重问题。

对于线下运营和互动式企业而言，不考虑企业体量规模，有针对性地实施优惠措施，有助于改善企业的支出结构。此外，对提升企业运营风险承受能力而言，减税是雪中送炭，可以缓解企业的资金压力，使企业在严峻的经济环境下采取妥善的改善方案，实现可持续生存，并为企业发展打下基础。

第二节　税收筹划的四种方式与税收洼地园区的四个选择方法

一、利用税收洼地节税的筹划方式

税收洼地是指在一定的地方行政区域内，在其税收管理区内，对登记的企业采取区域性所得税优惠政策、简化所得税的征收方式以及将地方税收留成或返还等管理办法，以达到企业税率下降的目标。我国不少地区都有税收洼地以吸引企业的进驻。

税收洼地的真实性、可靠性、持续性与确定税收洼地政府打造的营商环境有关。税收洼地是否履行国家各个层级政府的批准，与确保相关税收洼地政策的可持续性也有关。因此，无论是地市、区县、乡镇，还是园区等各类税收洼地机构，无论规模大小，是否具有法律或地方法规的支持，都是确保税收洼地财政和税收实现的重要依据。企业是否合法合规结合主业经营的需要进行操作，也是企业是否可以合法获得税收优惠的重要依据。

因此，税收洼地有多种形成原因，一是国家为促进地区与行业的发展所制定的针对税收成本的区域性或是特殊类产业的优惠政策；二是地方政府利用自己的激励措施推动地方的发展，采取财政返还、财政奖励和补贴的方式来招商引资，吸引更多优质的大中小或个人企业入驻经济开发园区，拉动地方经济发展，提高就业率。

（一）税务系统的税收征收方式与筹划模式

税收征收方式分为财政征收和核定征收两类方式。

首先，**财政征收**在企业合法纳税的前提下根据企业纳税额的高低，按照地方留存收入的一定比例或大部分比例再次返还给企业。其中就涉及中央与地方的税务分成比例、地方留存的部分，企业可以向地方财政申请，利用留存收益的税收优惠，从地方政府留存形成的“资金库”的结余中获得贴补。

其次，**核定征收**主要针对的是由于纳税人会计账簿不健全、资料残缺或者计税依据明显不足等，导致税务机关难以确定纳税人适用税率和应纳税额时，所采取的合理方式。

此外，税收洼地的税收筹划效果与分公司或子公司的主营业务有关，还与当地政府的税收优惠政策、税收征收方式等诸多因素有关。所以，企业设立分公司或子公司入驻税收洼地前应注意做好选择。

分公司或子公司也应考虑地方在税务方面的其他优惠政策。类似一般纳税人在地方招商园区内注册，除可享受地方性税收优惠政策外，还可以享受到大额专票、季度免税等更多优惠。这是在税收优惠的基础上叠加的优惠政策，而分公司或子公司在这时需要考虑的便是税收优惠的组合福利。

（二）税收筹划的四种节税方式

1. 利用区域性税收优惠

国家出台了许多区域性税收优惠政策，对特殊性质的经济开发区予以税收的政策倾斜，例如类似海南经济开发区性质的地方经济开发区。此外，设立在经济特区、沿海经济开发区、经济技术开发区、国家认定其他高新技术产业园区、保税区等区域区划内的高新技术企业，可以享受地方的税收优惠。

2. 利用地方政府财政返还奖励

政府以财政返还、财政奖励作为企业入驻的福利。例如企业可以按照特殊经济开发区的税收优惠政策，在政策所在区域内设立相关生产或销售类型企业。按照业务的发生地、类似销售业务发生地、生产所在地等属地化关系，企业享受该税收优惠区域缴纳企业所得税的优惠政策，这样，所有的业务都经过这种形式的设计，实现税收优惠区域的税收节税。

上述情况分为有限公司形式、个人独资企业或个体工商户类。

对于有限公司类主要是两个税种，一个是企业上缴的企业增值税地方财政留存一定的比率，由地方财政以税收扶持奖励返还企业，另一个是企业上缴的企业所得税地方留存部分的财政返还。也就是地方财政以财政奖励的方式让部分税款回流企业，从而整体上降低企业的税负。

对于个独个体类主要是个人所得税，地方财政采取核定征收或累进制模式对部分上缴的个税实施地方留存部分的财政返还措施。

3. 高新技术企业税收优惠政策

高新技术企业身担推动国家内部产业发展的重任，子公司或者母公司参与国家对高新技术企业的评选活动后，若被国家或地方政府认定为高新技术企业便可享受10%~15%的优惠税率，特别是针对“卡脖子”类技术型企业，国家一旦认定，则可以享受10%所得税税率，与其他子公司税率拉开明显差距，而这种享受低税率的子公司就成了大企业内部的“税收洼地”。

4. 企业成员弥补亏损型

在企业内也不例外，有经营好利润高的子公司，当然也会存在与之相反的情况。企业会将利润通过关联交易转移至亏损状态下的企业成员当中，实现“盈亏互抵”，这时就形成了一个企业内部的税收洼地，从而大幅降低企业整体税负。

（三）企业选址与税收优惠的对策

我国在税负差异方面采取了一系列的优惠政策。在企业注册地的选择上，可以充分利用国家对高新技术开发区、贫困地区、保税区、经济特区等地区的税收优惠，为企业节约大量的税费。

我国不同地区税制不同，由于部分区域的征税税基或税率较低，或是财政税收返还使得企业实际缴纳的税负较低，形成了缴纳较低税费的“税收洼地”。

正向的“税收洼地”主要体现在为地方带来实质利益的产业和对地方经济的促进，并非空壳企业和套现区域，不产生实际产出的模式会对实体经济产生较大的负面影响。

哪怕是真实带入产业税收洼地的区域，由于这种倾斜模式会带来区域间的不对称竞争，对整个国家而言实质上也形成了总体的税收损失。税收洼地的积极作用就是促进地方产业的生态形成和聚集，为地方产业链助力，负面影响就是税收政策所带来的优惠可能会引发区域发展的不对称，过度转移会导致潜在的税务法律风险。

因此，企业对税收洼地的选择存在一定风险，为切实规避风险，企业需谨慎进行系统设计。从总体逻辑而言，企业进入税收洼地，需要进行系统的顶层设计，尤其是规划供销两端真实的筹划需求和产业释放的协同效果。企业需要在进入税收洼地区域之前，对自身的产业赋能和资源禀赋有充分的认识，对增强地方产业协同能力的协同发展可行性做出充分判断。企业还需要对税收洼地所在的地方进行营商环境等判断，落实企业真实业务落地后的地方税收优惠和财政返还的可信度、执行力。企业还需要有地方业务链条重组后能否有效运作的辨别力。

总体而言，在企业的顶层设计上，需要从正规途径落实可靠的税收洼地，这个顶层设计对于企业的安全运营非常重要。

（四）规避税收洼地优惠陷阱的三个细节

在税收洼地中，针对类似重点扶持区域的税收优惠政策来说，需要充分理解政策的具体内容。包括不少类似国家鼓励的产业投资类税收优惠，需要注意和落实具体的比例。在税收优惠政策的落实上，需要规避优惠力度、优惠方式、税收风险等问题。

第一，优惠力度问题。需要明确优惠区域的地理位置是否有优势，且是否产生超额的物流成本、人力成本。

第二，优惠方式问题。税收优惠政策是否具有复合式和叠加式的激励措施等需要提前考虑，企业选择的方式主要是降低税率，以及税种是否比较丰富。如果仅仅集中在企业所得税，且节税方式比较单一，则会出现仅采取直接降低税率方式的区域，操作性强，具有显著的效果，但更适用于周期不长、回报较高的盈利企业。不少企业的投资周期较长、回报较低，仅采取减免所得税的措施对此类长期运作的投入产出回报时间较长、投资较大的企业吸引力不足。

第三，税收风险问题。有些企业本身没有违反法律的意图，但由于商业模式的设计有漏洞，导致供销两端的业务人员与供销端的客户钻空子，运用多种违法手段牵连企业，间接导致企业被动偷税漏税，企业需要不断加强专业化的管理与提升。

二、园区税收洼地的聚焦点与四个选择方法

企业需要通过正规渠道，找到合法合规的税收洼地。判断对方资质是否可信，在地方政府网站中进行备案查找，或是让对方提供成功的税收优惠案例来表明身份。通过对税率和税收返还比例的问询，辨析其是否专业、正规，过高或过低的税率和返还比例其中都存在或多或少的欺诈风险。选择有国家信用背书的税收洼地，从而享受到从工商到税务，再到财务的多方位、多层次的税收优惠政策和扶持。

（一）园区税收洼地的聚焦点

享受优惠政策的条件主要为：园区接收企业性质、企业经营管理要求、企业经营指标要求；优惠政策内容主要涉及：优惠政策的覆盖范围、享受对象、政策内容（增值税、企业所得税、个税）、兑现周期、时效期限、注意事项及政策来源等。

地方政府的税收洼地优惠政策，主要聚焦在税率、留存收益等方面，各地政府有不同的税收返还比例规定。不少地方为增强地方财政的吸引力，规定园区新设立企业可以享有所得税减免政策。减免政策包括减免一定年度的税收的优惠政策；或是获得所得税原享受地方保留部分奖励，甚至可以获得地方保留增值税的全部奖励等税收优惠措施。

为实现税收优惠，企业的做法可以有：第一，获得地方税务局的认定，享受属地化所得税全免的优惠政策；第二，通过改变服务模式和营业范围，享受免征增值税类的优惠政策；第三，通过改变企业性质，如从自然人独资企业转变为合伙企业等方式改变缴纳税收的方式。

（二）园区税收洼地的四个选择方法

关于税收洼地区域及相关园区的选择方法，可以遵循以下四个条件。

第一，选择适合企业所在行业的园区，提前了解企业与园区的关系，以及深入了解园区返税政策。

第二，要有一套完善的风险控制体系。税务筹划必然会存在不可避免的风险，因此要提前去预测、规避、转移、解决风险。

第三，税务人员和法务人员要合作携手前行，在税收筹划方面，专业人才不仅要懂财税知识，同时也要熟知税法。构建法律、财税部门沟通交流体系，培养多专业人才，设计风险应对机制，并且可以与律师事务所建立合作关系，邀请法律人士对企业员工进行授课培训、答疑解惑。

第四，税务部门与企业保持良好的关系，企业要对税筹政策变动具有敏锐的识别能力和应对能力。当税筹政策开始变化时，企业可以准备应对措施，以便有效地应对风险。

三、地方留成财政返还节税的四个作用

（一）地方税收的两类优惠与四个作用

地方税收是地方政府征收、管理和支配使用的一类税收，属于地方固定财政收入，是地方政府财政资金的主要来源。

第一，地方税收优惠。地方税收优惠政策是地方政府依据当地独特情况而专门制定并实施的政策，主要是为了给予当地区域征税对象一定的鼓励和支持，通过免除或减少部分税务的形式来降低企业的税收总负担，以此促进地方经济的发展。

第二，地方留成财政返还。地方留成返现也就是税收返现，是税收洼地的一种表现形式，指的是政府按照国家有关规定采取“先征后返”的办法向企业返还税款。即企业先依法缴纳完税款后，地方政府再根据情况对企业进行一个税收返还，因为地方税收中的一定比例是固定要上缴国家财政的，返还奖励主要在地方留存这部分进行。不同的地区根据当地财政的不同，地方留存也不同，留存越多返还企业的自然也就越多，同时纳税越多的企业，返还比例也越高。

地方留成财政返还的作用主要有如下四个方面。

首先，有利于招商引资（发展总部经济），促进区域经济发展。有些地区发展较为落后，因为距离市场较远，产品的运输和流通成本非常高，吸收投资非常困难。所以如果政府想促进当地发展，可以通过税收优惠进行调节，比如出台一系列招商引资政策，提高这些区域的税后投资回报率，吸引企业总部在此聚集，进行更多优质投资，有效引导市场要素向这些地区流动，巨额资金的投入可以带动当地经济增长，促进地区经济发展。

其次，有利于吸引新企业落户，促进产业结构优化升级。如果当地政府为了开发新兴产业，鼓励短缺部门的发展，可以充分利用本地优势，推行专门的税收优惠政策，以奖励或补贴的形式，吸引新企业落户，促进企业技术创新和新兴产业的发展，最终促进产业结构的优化升级。

再次，有效提高地方经济活力和企业的生存活力。不同地区的政府可以根据当地的实际情况制定相应的税收优惠政策，因地制宜进行宏观调控，有利于发挥地方主动性，提高地方经济活力。同时，利用地方留成返现形式实现的税收减免，可以帮助利润较低、面临倒闭的企业有更多的资金进行周转，以利于企业的发展和持续经营。

最后，促进就业面的扩大。地方推行税收优惠可以降低企业的税收负担，企业内部可以拥有更多的资金，可以扩大生产或进行创新研发，这都会增加更多的就业岗位，而且企业也会拥有更多的资金来雇用劳动力。税收优惠可以促进企业来此建厂落户，新的企业发展也可以增加更多就业机会。

（二）利用地方留成财政返还实现节税的案例

税收留成返现是地方最常采取的优惠措施。这些返还措施减少了纳税人缴纳的税款，减轻了纳税人所承受的税收总负担，实现了企业节税。

在地方留成实现的方式与案例中，某地区针对企业出台了相应的税收扶持政策，只要某企业在该地纳税，就可以享受税收扶持。具体为：增值税给予地方留存的70%（地方留存总税收的50%），相当于企业增值税纳税额的35%；企业所得税给予地方留存的40%（地方留存总税收的40%），相当于企业所得税纳税额的16%。

某有限责任公司为增值税一般纳税人，适用增值税税率13%，企业所得税税率为25%，在2021年取得不含税销售收入5000万元，缴纳增值税420万元、企业所得税75万元，该企业如果在该优惠区域缴纳税费，就可以得到：

增值税税收扶持：420×35%＝147万元

企业所得税税收扶持：75×16%＝12万元

返还税金总计：147+12＝159万元

所以，该企业2021年度共利用地方留成返还实现节税159万元。

第三节　税收管理的顶层设计与共享对策

企业税收管理需要做好顶层设计的规划，主要是税务智能化可以固化传统税务工作的业务流程，有利于企业在面对比较复杂的交易时迅速做出决断，从而有效提高税务的征收效率；也可以便于企业及时发现问题，降低企业人工重复性核算与复核压力。

一、税收管理的顶层设计路径与闭环模式

纳税服务指的是根据相关法律法规，在纳税人依法履行纳税义务和行使权利的过程中，为满足纳税人需求，由税务机关提供的规范、全面、便捷的各项服务措施的总称。国家税务总局制定的《纳税服务工作规范》中，将纳税服务明确定义为："税务机关依据税收法律、行政法规的规定，在税收征收、管理、检查和实施税收法律救济过程中，向纳税人提供的服务事项和措施。"

因此，纳税服务主体包括税务机关以及作为纳税人的企业。智能纳税服务，是纳税服务在方式上的智能化概述，包括税务机关提供的智能服务以及纳税人的智能办税两方面。从企业角度而言，为做好企业的纳税工作，企业还需要结合实际情况，在确保应纳税款足额、及时、准确缴纳前提下，确保该享受的税收优惠措施也足额、及时、准确享受，这就需要做好顶层设计和

路径规划。

（一）顶层设计的路径

在财务部门针对税收的管理上，加强财务战略的布局，实现智慧共享财务管理体系建设，财务工作能够在信息化的进程中向前迈进，从而更大限度地推动企业整体的变革。这其中，税务智能化模块的建设和变革是重要的组成部分。从企业税收管理优化路径上说，税务管理智能化部分可以沿两条路径展开。

第一条路径：升级“业—财—税”流程，建立企业税务管理标准体系。首先统一涉税数据执行标准及办税流程，借助云计算工具和数据中台整合能力，促使税务流程向规范化和自动化转变；串联业财税数据，税务管理平台向前通过前端接口，将企业业财信息汇总至税务管理平台，运用OCR技术直连影像平台，采集发票影像信息，设置涉税信息池统一采集存储，以便此后搭建税务数据分析平台。

第二条路径：贯通“企—税—银”办税流程，建立“互联网+”办税新模式。税务管理平台向后延伸至银行、税务局，配合税收征管数字化进程，实现在税基获取、税费计算、税费申报、税费扣缴、资料归档五大环节的智能应用，实现税务业务云端一网通办。当业务系统、财税系统和外部系统信息贯通时，企业可对涉税信息进行系统性管理，同时逐步建立起税务风控体系，对违规情形和重点环节自动激发智能预警，响应速度提高，异常察觉更为灵敏，同时实现税务管理与合规风险监控目标。

一般而言，企业税务管理由四个部分构成：一是税务基础标准化，包括税基数据和信息流；二是税收计算自动化，包括税收标准化和计算申报自动化；三是税务风险监控信息化；四是税收筹划支持大数据，包括大数据分析和税收筹划信息化辅助支持。这四个部分相互依存，可以逐级叠加，实现四个层次的信息化和自动化，可以把大型企业的税务管理水平提高到一个新的水平。

在数智化财税建设进程架构图（见图2-2）中也可以观察到与涉税流程紧密相关的票据系统、电子影像系统和报账系统的升级改造。

总体而言，税务智能化涵盖规范税务流程、智能升级业务处理、提升税务数据价值和细化涉税风险管控四个方面，税务数据分析平台的构建，类似于税务智慧驾驶舱，多角度地对税额、税收优惠、关联方信息等进行分析，立体展现全面的税务数据；由平面到多面体，由被动到主动；深度挖掘税务部门的数据分析潜能，更好地拓展了税务管理的职能。

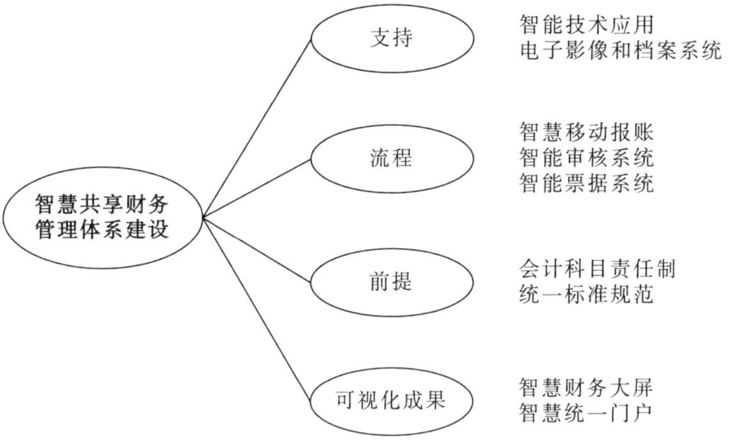

图 2-2　财税数智化建设

（二）顶层设计一体化的闭环模式与目标

企业实现智能财税管理需要基于顶层设计逻辑做好规划，企业对税务管理进行数字化转型，一方面将模块进行细分，另一方面将数字化工具融合进各个税务管理模块中，并以数字化思维与手段来改变传统的管理方式。这要求企业既要做好顶层设计，也要牢牢打好基础工程，如图 2-3 所示。

企业达成上述智能化对策，就企业税务共享模式的实现来说，需要提前做好如下方面的规划。

1. 有合理目标

企业需要有适合自身实际发展情况的合理目标，并且进行有效拆分，逐步落地实现，而不是一步登天。同时还要有统一税务处理的标准、规则，建设完善而规范的涉税业务流程和风险内控制度，理顺业、财、税各环节贯通协调的机制与流程等。

2. 依靠专业平台

在数字技术蓬勃发展的背景下，专业平台也能带来有效助力，通过搭建智能税务平台，其由基础平台、AI 赋能支撑，与企业内部各业务、财务系统无缝集成联动，同时将外部税控系统及税务局功能嵌入，实现及时交互。

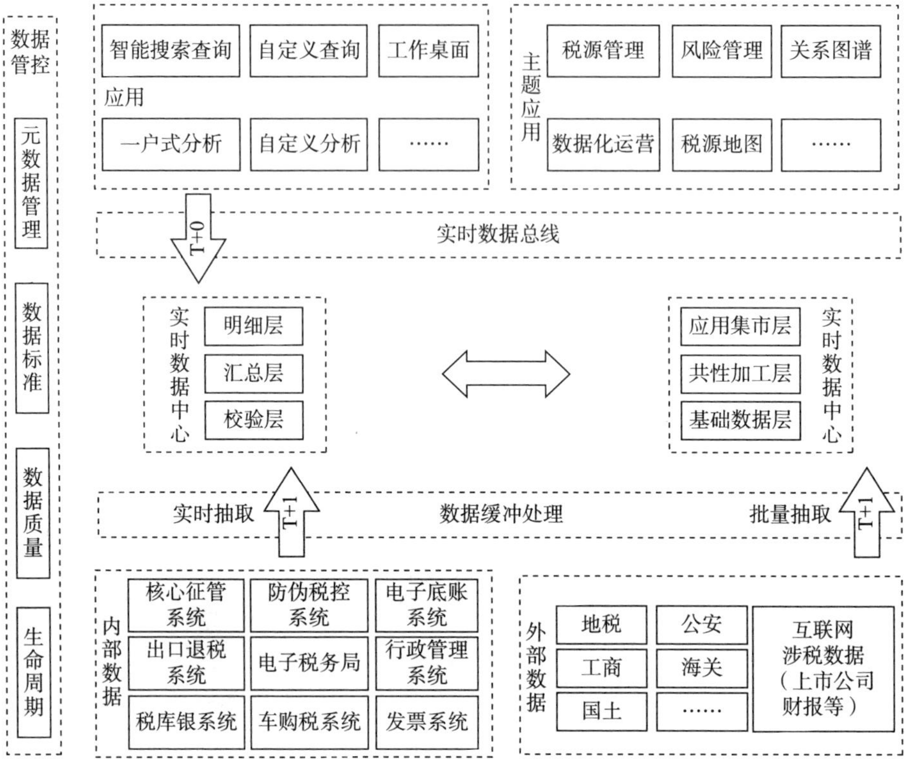

图 2-3　智能财税管理

3. 提升开票效率

在开票环节，其支持从应收单直接一键开票（开票后发票信息反写到应收单），或由开票申请单一键开票，所开发票汇总形成开票池，大大提高企业开票效率，避免开票数据和业务数据不一致，同时支持自动记账，且与后续增值税纳税申报天然关联。

4. 提升申报效率

在申报环节，支持自动抽取数据，纳税申报完成后，可与资金模块联动，关联生成出纳付款单并自动生成凭证，大大提高业务处理效率等，如图 2-4 所示。

总的来说，智能税务平台覆盖企业日常税务工作所需的所有内容，包括基础管理、税务管理（含发票收票、发票开具、纳税申报、运营管理、知识管理）、税务共享、税务档案以及税务筹划等，全面且有力地支撑企业税务

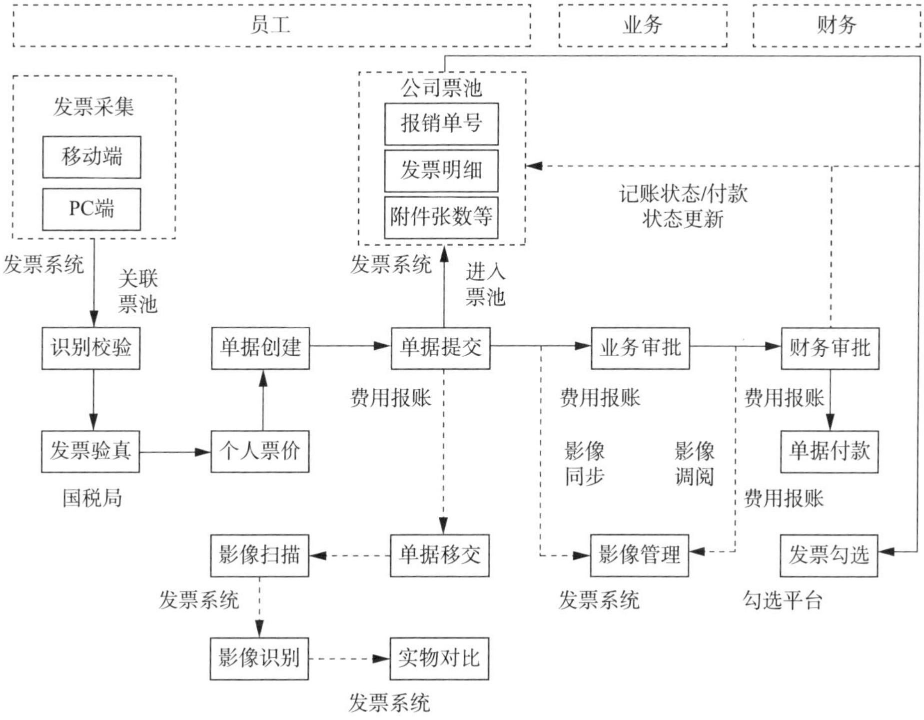

图 2-4　纳税申报环节

“提速”。在智能税务管理备受关注的当下，此类专业助力对企业来说无疑有着十分突出的赋能价值。

二、税务共享的三个对策与运营模式

（一）税务共享的三个对策与税务风控体系

传统税务向智能税务转型是大势所趋，针对税收洼地园区税收优惠政策提出以下对策。

1. 打通并精细化企业税收筹划模块的信息沟通接口

利用税务系统税收优惠信息的传输，企业可以针对性地提升税务模块的共享，并打通企业与税务局的信息接口，接收税收优惠政策，包括可以降低企业主营业务收入占全部业务的占比而实施的优惠信息和实施细则，并针对税收优惠政策中主营业务收入占比要求，同时优化、合并、拆分企业的细分类型或体量规模，使企业作为主体能够及时、准确地享受税收优惠。

2. 落实企业综合税收的系统设计与统筹

结合税务系统的综合税收优惠政策，尤其是不同类型和种类的税收优惠政策，企业可以推动个人所得税、增值税等方面的合理化设计，在临界的税收跳升的节点做好设计，并对区域提供的高端人才的个性化优惠政策和针对企业专项类型的业务，通过设立独立公司等方式获得相关税收优惠。

3. 设计企业税务智能化风险管理体系

企业的涉税风险管理重要性很高（见图 2-5），一旦涉及税务处罚引发的问题，企业的损失不仅仅是那点处罚金额，更是企业形象的受损，对持续运营和消除影响来说负面作用很大。因此，企业建设共享财务并实现向共享税务子模块或子系统的延伸非常有必要。

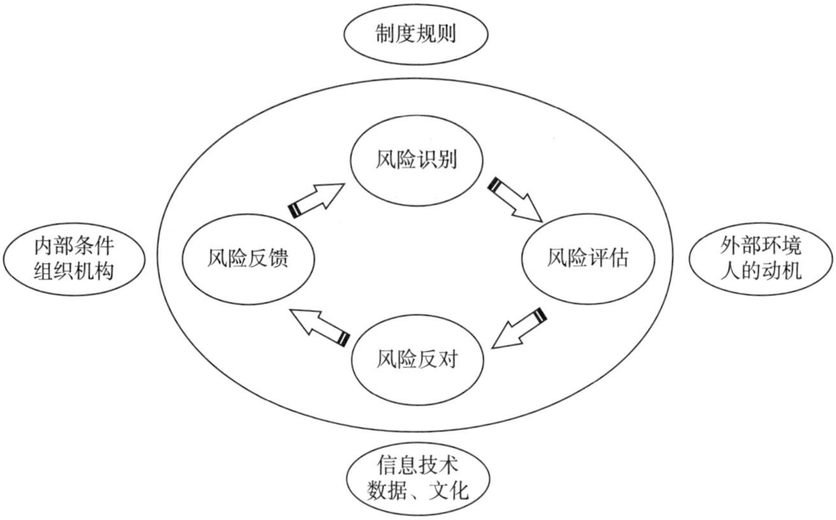

图 2-5 企业税务风险管理的分析框架

首先，根据税务局信息管税的要求，将企业的税务共享子模块用政企连接系统与税务局涉税数据链接，确保企业的基础业务和票据数据的实时性、真实性。

其次，通过税务局的税收平台获得企业上传税务数据的便捷性，企业需要针对上传数据的税收平台做好税务模块的建设，针对任何一个填写数据做好智能化安排和数据稽核校验安排，落实自动稽核与人工干预的设计，实现针对税收风险的企业端与税务局端的双重稽核，确保准确性。

再次，针对企业税务共享子模块的建设和系统的运行，在增强总体网络安全之下，加强税务子模块的风险管理和内部稽核，构建企业对各项税费申报和定期预警的风险机制。针对不同税种计算与申报的提醒和操作等流程，形成一套数字化、智能化的涉税方面的税务共享子系统和企业税务风险管理系统。

最后，结合企业实际运营的需要，在企业形成利润后的各项税费的计算、管理、运营、复核、检查等一揽子过程中，针对共享税务子模块的建设不断优化，包括对企业税收缴纳的各月趋势和数据进行复核，对涉税业务内容进行确认，对印花税、房产税等基础税种和增值税、企业所得税、个人所得税等月度重要税种进行税务风险系统和风险监控的定期复核，并纳入企业内部专项审计的重要内容。

在这个过程中（见图2-6），一方面企业落实了税务管理的职能定位，另一方面企业构建了计税复核、风险识别、趋势预警、内部推送、内审稽查等“五位一体”的内部智能税务风险管控机制。

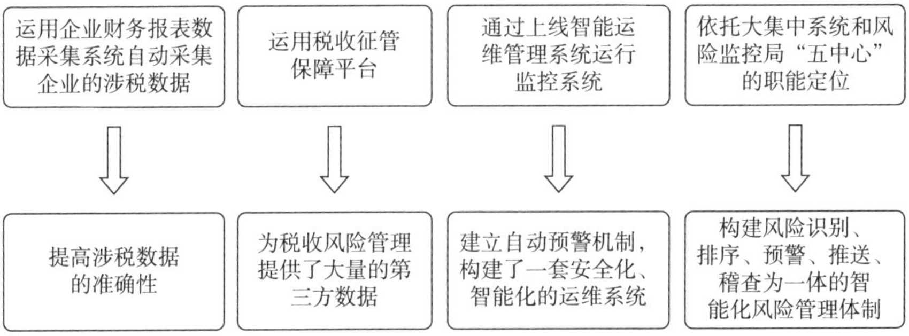

图2-6　智能化风险管理体系

在企业的共享财务模块中，不断针对税务子模块进行优化和建设是必不可少且需要持续优化的，智能税务转型是企业针对传统的税收申报和及时缴纳税款并规避税收处罚、理解税务系统各项税收优惠措施并及时享受的重要落地方式，也是企业的传统税务管理向智能化转型的方向和趋势。

（二）税务共享子模块的运营方式

企业的税收管理智能化是企业做好内部财务治理的趋势和方向，也是企业不断实现智能化转型的重要落地方式。企业针对全国联网的金税系统，在完善税收子模块过程中，可以落实以下几个内容。

首先，税务子系统可以系统链接企业业务模块的客户和供应商数据，根据不同地区、不同行业、不同供销类型、不同税种等供应商和客户等的相关数据信息，构建企业客户的税务信息平台库。

只需要输入供应商或客户类型的相关信息，便能够自动匹配供应商或客户的产品类型、规格、过往各期采购或销售数量、过往折扣与优惠、过往回款或付款周期、涉及税费明细，通过对所有供应商或客户的数据填写，当期可以自动汇总出计算表格，自动计算相关税费，这可以确保企业的纳税准确、完整、及时、透明、便捷。

其次，企业税务子系统可以做好与税务机关网站税收优惠信息专栏的衔接，将分子公司所有区域所在地的所有优惠信息关联集中到企业税务子系统的外接接口的相应模块，并可以设定专职岗位负责板块，为企业针对税收优惠政策的享受和操作落地做好工作。

同时，企业还可针对全国重要的税收优惠区域的网站做好系统的接口衔接，一揽子落实动态税收优惠的变化，了解其他同类企业税收优惠享受情况，使得企业对税收优惠政策有更深入的了解。

最后，企业的财务共享系统在完成智能运维管理系统建设上，建立了针对企业税务管理的预警与安全机制。包括各项税收及时性、各项税收计算准确性、税收缴纳的周期性、各项收入成本确认准确性、获得成本费用发票以及相关支持材料的关联性，确保针对企业业务流、资金流、合同流、票据流的四流一致的关联性，解决一体化运营的自动预警机制，构建一套安全化、智能化的运维体系及税务风控的运维体系。

三、税收智能化的风险导向与共享对策

（一）税收风险导向的顶层设计

企业税收管理的顶层设计需要充分考虑风险导向，甚至包括风险导向信息化系统的融合，与企业内部传统手工检查确保纳税准确性和提前筹划与设计相比，系统模式可以提升企业税务审核工作的效率。

从企业税收管理的溯源延伸来说，需要实现企业在内部各种财务系统数据的查账与专项分析，包括对进销存、人力资源、营销、资产管理等各种大数据信息化系统进行数据检查与分析，实施穿透，并对相关数据采集、查询与分析。

在企业的税务管理方面，从顶层设计角度，需要结合多视角进行验证，

并需要提供综合税务的功能图，且越翔实越好，实现类似知识图谱的罗列和引用。

实现企业的税务分析功能，包括“科目总体分析、多科目结构分析、财务报表分析”等功能，分析结果需要图文并茂，易于内部自我检查发现涉税可能潜在的问题。

此外，企业还需要从顶层设计角度，为引入科学、严谨的科技赋能工具提前预留接口，确保企业可以运用现代统计抽样原理与抽样技术，帮助税务人员设计有效的抽样计划，从企业内部衡量证据的充分性、落实四流一致的匹配性，有效降低企业面临的税务风险，并从全局角度进行筹划，确保税务人员在获取各种业务数据后，可围绕税务稽查的需求内容自由定制各种业务组合和税务筹划的方案。针对企业业务系统涉税数据可能出现问题的情况，进行专项的筹划设计，提升企业税收筹划的效果。

除此以外，企业税务管理还需要从顶层设计角度切入，在日常财务核算和业务管理中，融合税务管理的接口和复核模块。使得企业内部在纳税申报之后，无论何时都可以实时进行账账对比，通过税务模块本身接口采集系统的辅助功能，发现企业本身是否存在内部管控失控的辅助账套或遗留不用的辅助账套问题。

从企业税务模块内部而言，结合申报纳税的税种、凭证、金额、证据链等要求，分别按增值税、所得税、营业税、资源税等各税种分类设置内部检查方案，并形成顶层设计的智能化对策，实现信息化的业务凭证扫描分析，使得企业可以从企业内部快速发现涉税问题，从根源上杜绝税务问题。

（二）共享税务的顶层设计

企业税务模块的重要功能是将业务财务和共享财务部分涉及税务的相关信息全集合，如图 2-7 所示。

这个关键过程，就是针对税务的核心基础模块的数据进行分类建模，并确保税务模块具有收集税务外部信息，集合相关税务知识，解决推理、思考和规划税务数据并追本溯源到业务源头，结合业务形态进行税务规划等各项能力。税务智能化过程可以确保企业在税务溯源过程中的数据准确，并确保智能技术和智能系统的智能化赋能，完整地融合互联网和大数据等拓展空间。

企业的税务管埋需要确保纳税服务的准确性，并按照税务顶层规划的需要，以“大数据”的采集、传导、应用和分析为依托，精确辨识、记录、判

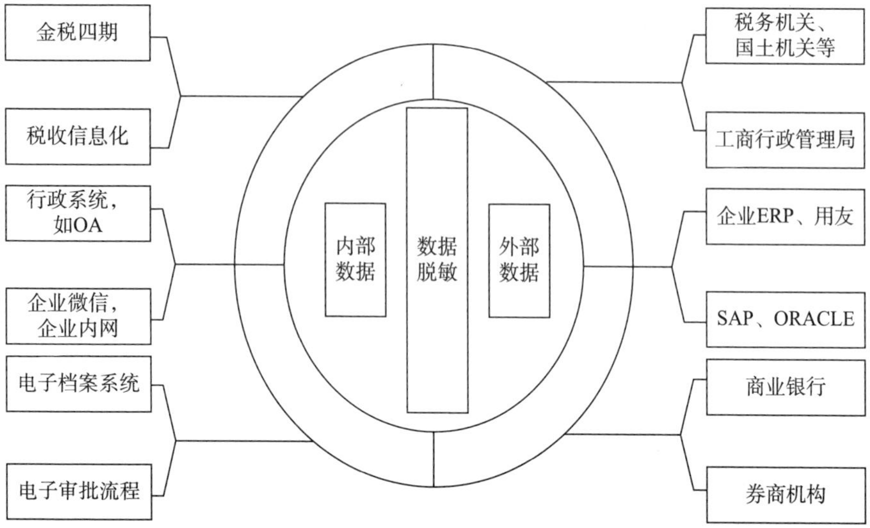

图 2-7　智能纳税服务数据库结构

断企业本身的业务应税税务局，快速地按照税法要求实现企业的精准纳税，并在与税务局的完税互动过程中，实现实时的企业内部税务完税指导以及预警和风险提示。结合税务局对企业的信用评价、查询统计以及关联的服务，企业有针对性地对系统业务体量规模、业务与转型模式、涉税的模型进行规划。

企业税务管理的联动和效率提升，可以结合内部数据和外部数据，在经过脱敏处理以后，将相关涉税类型的税务信息、业务信息、OA 信息、企业内网、电子档案等内部信息数据与外部通道打通，实现与税务局和供销两端企业的外部数据沟通和结合。

更进一步，企业可以通过脱敏的内部数据与外部监管系统的税务局、工商管理部门、银行、券商等金融机构进行互通互联，并保证企业内部数据的完整性和安全性。

此外，企业税务模块子系统可以嵌入 RPA 等基础人工智能模式，运用于纳税服务中，实现对涉税信息数据的加工，关联各项涉税信息，自动形成功能化的涉税分析报告与数据分析结果，形成快速、即时、移动的提示预警，规避企业可能由于遗漏或错误导致的税收问题。

总的来说，借助模块化的实现，企业可以最大化体现“人工智能+税务”的价值：降低企业纳税错漏损失、提升企业税务管理效率、提高企业本身的税法遵从度。

四、财税的智能化模式与税企直连落地对策

（一）税收管理模块的智能化模式

图 2-8 展现了“数字治税”企业端的管控对策。从企业端针对税务系统“数字治税”理念的协同来说，企业需要结合不断升级的金税系统的管控要求，从顶层设计角度，在企业财务共享中心建设基础上，建设系统税务管理规范和标准，建立“企业级”税务共享子中心。

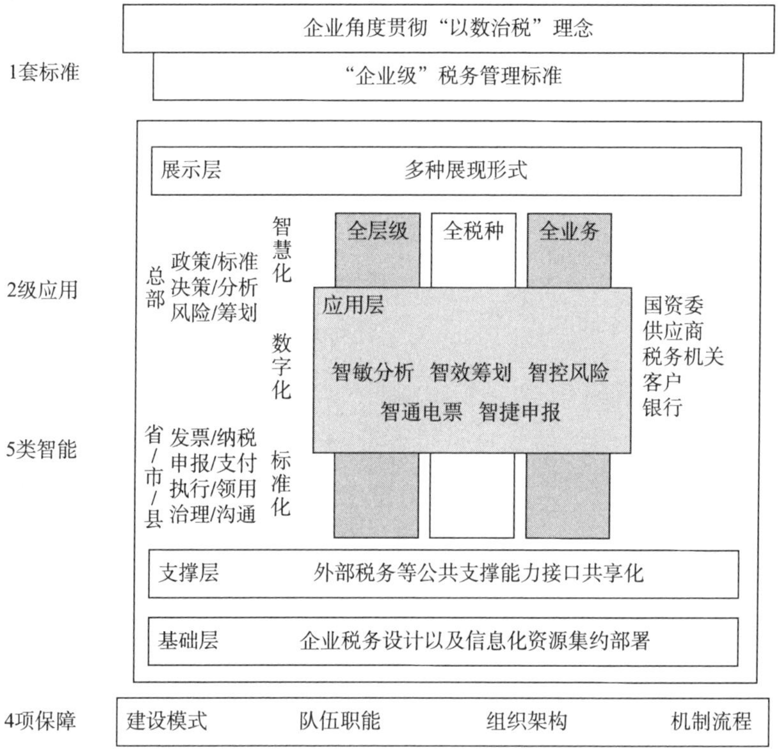

图 2-8 “数字治税”的企业管控方式

企业从财务共享服务中心的共享模式出发，建立“企业级”税收管理子共享中心并拟定标准。针对共享逻辑、纳税义务和税收优惠落地逻辑，设计税务管理模式，构建立体式的税务支持系统，在合适时机循序渐进地推动税收集成和模块化融合。企业可以设计并逐步构建“总部+分子企业”的全覆盖税务管理的税务共享服务中心。税务共享中心覆盖各级、全业务、全税种的智能税收管理并实现纳税智能化、发票智能化、分析智能化、共享智能化、

风控智能化的五项核心管理功能。五项核心功能的智能化是数字发票应用程序、智能一键申报、自助决策分析、共享税务规划和流程风险控制。

企业税务共享系统重点在于做好税务局发票、征税系统等的接口和链接，按照国家税收法规要求，做好税收优惠的设计，就企业战略的实现做好税务规划，衔接企业的税收洼地和企业用工方案的灵活性筹划与设计，降低企业用工成本，提升企业用人的效率，从而系统地构建企业纳税和税务筹划的新生态系统。

此外，企业还可以利用智能财税软件中的共享税务规划，通过规划事项的列表管理、流程实施、模型计算和共享应用，实现税务规划从“单一财务部门到财税一体化管理”和“从经验导向到规则驱动”的转变（见图 2-9）。

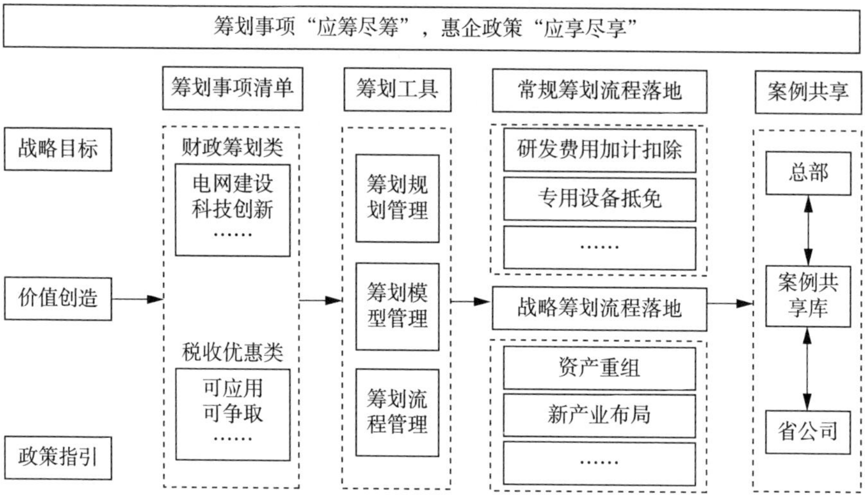

图 2-9 共享税务规划

共享税务规划主要有以下六点应用价值：

（1）制定标准，准确解决税收中的“痛苦和难处”问题。通过构建税收管理标准体系，推动税收政策和税收管理体系的实施，解释责任要求，解释业务流程，解释数据来源和输出结果，实现企业税收管理的标准化和规范化，有效解决营业税工作的痛点、堵塞点和难点。

（2）提高效率，实现税务相关业务流程的标准化和自动化。突破“行业金融、税务公司和银行公司”的断点，实现全行业、金融、税务和票务业务的衔接，提高纳税申报准确性和处理效率，减少人工操作，让税务机关对高价值企业投入更多的时间和精力，如风险控制和税务规划。

（3）控制税务风险，预防和提高遵守税法的能力。

（4）实现数据可视化，通过共享“企业财务税票”数据，推动大型税务数据的实施，引入大数据分析和可视化技术，及时准确上报税务业务，提高上级组织对下级单位的控制能力，实现“数据治税”。

（5）创造价值、改善业务成果并实现战略目标。通过计划清单管理、流程实施和联合实施，支持各级单位充分利用税收优惠政策、科学计税、税收筹划，按照要求优化税负结构，提高税务机关的价值创造能力。

（6）共享、开放公共税务服务能力，支持业务创新，为企业其他部门的业务创新提供强大、稳定、及时的公共服务，快速响应不同企业的税务需求。

（二）税企直连的落地对策

1. 健全基于税务网上申报的企业税务管理体系

国家财政税收部门不断完善财政转移支付制度，弥补税收征管划分制度和地区财权和事权不匹配现象的不足。我国财政实行分税制，税收征管不应替代税收归属权的划分，征管制度的划分更多的是出于便捷、高效的考虑。

常规而言，各个区域的地方税务局都会一揽子建设税务网上申报系统来提升便捷性。与此对应，无论单体企业还是集团化企业，都应该结合企业的发展需要，设立相应区域内的分子公司模式，解决属地化税收优惠的获取和落地问题，针对性进行在线的税务申报和线下的互动交流。因此，企业需要根据税务申报集合系统，统筹建设总部监管和接口管理的集成化税务子系统，并细化各个区域的税务情况，借助税务纳税情况的结果，进行不同区域的收入成本的平衡，一方面确保区域平衡和业务设计方式的有效实现，另一方面确保企业主营业务在不同区域实现收入成本的平衡以及符合地方个性化监管的合规性，最终实现跨区域办税的企业总部与各个分公司纳税风险管控的有效性。

2. 做好税务共享子模块的智能化以及税企直连设计

企业税务共享模块的智能化，离不开 RPA 技术的有效应用，这个最基础的智能化模式需要结合企业的业务体量规模和实际的应用，根据细化的应用场景，确保企业涉税相关税种数据间的可溯源、关联性、特殊字段可编辑性、计算公式的自动稽核与准确性。同时，企业也需要确保税务模块各个集成的数据库操作的标准化。

企业在税务共享模块的落实上，做好可视化的、一体化的系统设计，确保税务人员针对企业端内部的稽核受控，确保企业端的税务子系统与税务局的数据链接系统的接口打通。同时，结合企业的纳税人类型以及用户识别号、用户密码系统等，可以独立进行智能化的稽核，且可以实现人为干预的手动稽核。此外，针对企业的税务子系统，企业内部应设计好用户查询和各类状态查询的功能集成。

以此为基础，结合企业税务共享模块：在用户管理系统中，可以查询或管理所有用户的基本信息和状态信息。用户在注册过程中添加对应的用户名、密码、权限等信息时，系统便可以结合用户的角色信息来选择是否审核，并在企业的税务模块上，解决企业本身在申报操作时误操作的内部稽核问题，实现操作界面简化与企业内部税务数据汇集和分类的转化，提升企业税务子模块的简单易操作性。在税企直连的基础上，企业结合智能校对与人工稽核，解决银企直连的纳税申报、缴纳税款的链接。

第四节　本章小结

企业做好税务的顶层设计非常重要，这是企业能否在外部环境不确定的情况下实现节税降费的最关键环节。顶层设计的效果决定了之后执行税务筹划等税务管理行为的效果。

国家推动的税收优惠政策鼓励产业投资发展和促进企业可持续发展，在让企业“活下来”“活得好”方面起到了积极的作用，但在税收优惠的落地层面，企业在适用和主动针对税政进行系统设计、安排方面，存在理解的偏差和执行不到位等不可避免的弊端，不同程度制约了企业发展，甚至由于税收优惠无法系统获得而严重制约了企业的发展。因此，企业需要从顶层设计角度，做好纳税管理，同时，做好税收筹划，提前通过预算量化纳税额度，系统设计可以实现的税收筹划返税或节税额度。

在企业节税层面的税收筹划上，企业可以在股东、企业总部、分子公司、供产销环节，选择合适的税收洼地做好税收筹划。企业需要从用人成本的规划方面，做好雇员或外包分包模式人员与专业机构的协同。利用区域性税收优惠、地方财政返还奖励、高新技术企业税收优惠政策、企业成员弥补亏损等各种税务筹划方式和类型，及个别地区享有的重点扶持区域的优惠，选择合理的避税方式或节税方式。

在企业纳税层面的税务管理上，企业需要建设税务共享系统，紧跟时代趋势，由传统的纳税管理向智能纳税模式转型。在税务共享系统的设计上，设计税务智能化风险管理体系，健全智能纳税服务数据库，构建企业与税务电子网上申报接口的系统管理体系，促进企业纳税管理智能化。在这个税务共享模式上，企业通过财务共享与税务共享子中心的落地，建立税务管理标准体系和办税新模式，推进数智化业财税一体化建设。

本章参考文献

［1］崔军，高培勇．调节收入分配的税式支出政策［J］．经济理论与经济管理，2004（1）：20-23.

［2］唐飞鹏，叶柳儿．中央转移支付与地方“税收洼地”：平抑还是激化［J］．当代财经，2020（1）：37-50.

［3］张秋林，马振宇，刘爽，杨诗．境内“税收洼地”引发的避税问题及应对策略［J］．国际税收，2021（11）：53-56.

［4］王婷婷．智慧税务的实践属性、现实困境与未来路径［J］．税务研究，2022（4）：56-61.

［5］寇明婷，魏建武，肖明，陈凯华．双管齐下是否更优？企业研发税收优惠政策组合一致性研究［J］．管理评论，2022，34（1）：92-105.

［6］谢达，梁荟敏，王实．数字化转型下智慧共享财务管理体系建设［J］．会计之友，2022（1）：145-152.

［7］汤谷良．财务管理如何赋能企业数字化转型——基于国家电网财务部推出的十大数字化应用场景案例的思考［J］．财务与会计，2021（20）：7-12.

［8］肖静华，郭奕，刘雅琼．能源企业S集团智慧税务转型实践［J］．财务与会计，2021（19）：31-34.

［9］付建华．财务数智化基础研究［J］．会计之友，2021（18）：2-8.

［10］任超．我国公共企业税收优惠制度的重构［J］．上海财经大学学报，2017，19（1）：103-116.

［11］刘继虎．税收优惠条款的解释原则——以我国《企业所得税法》相关条款的解释为例［J］．政法论坛，2008（5）：59-68.

第三章
十大税务管理工具之企业整合

企业税收筹划的重要落脚点之一在于企业整合，企业整合包括企业设立和合并。设立环节的涉税体现直接获得税务管理的便捷性和间接获得税收减免或返还的优惠。在企业整合重组领域，包括分立合并和设立分子公司以及分拆等，以及通过合并分拆和转移转型，借助“总部经济”制定企业的税收筹划方案。本章将通过案例分析设立分子公司的税收缴纳情况，并给出企业整合之下筹划的逻辑与模式，给出合理化对策，对企业整体筹划实施的四大原则和操作路径、实施模式给出落地建议，同时就加强相关税务风控与预警提出有效对策。

第一节　企业整合的六类潜在风险与两类目标

企业采取合并与分拆模式，设立总部经济区域公司，设立产业园区内运营公司，目的是在运营成本综合降低的同时获得税收优惠。企业以税收优惠作为节税的突破口。但是，税收筹划不能滥用，滥用导致的偷漏税或骗税会给企业带来风险。尤其骗税会给企业造成严重的后果。企业可能存在的逃税或骗税方式如下。

（1）为了节约股东分红应该缴纳的个人所得税，股东以借款方式，从企业借走等额的分红资金。

（2）为了节约员工缴纳的个人所得税，将员工工资涉及的浮动奖励部分，以发票报销方式冲抵奖励；除此之外，将员工绩效奖励以借款方式挂账借款，从企业借走等额的个税资金。

（3）为了做低企业利润，从外部的税收洼地企业，包括税收洼地的个体工商户或个人独资企业，购买虚开的低成本发票冲账，冲账发票以会议费、住宿费、推广费、咨询费、服务费、培训费等类目，开具大量的费用发票，从而少缴纳相应的企业所得税。

（4）为了减少收入，设置账外的个人收款账户，设置账外的二套账，单独收取本应计入企业的收入，并逃避税收。

（5）为了利用税收洼地的优惠政策，在税收洼地的产业园区设立空壳公司，在没有实质性业务情况下，采取虚开优惠税点发票方式节税。

（6）为了利用好税收洼地政策，在税收洼地设立小规模企业，并申请核定征收，但没有实质性业务，在小规模企业无实质性业务的情况下开具不超过小规模体量的发票用于上级公司或关联公司冲账平成本。

总体而言，税收筹划不是骗税，也不是偷漏税，税收筹划的底线逻辑就是合法合规，应享尽享，但不突破筹划的底线。

一、企业整合税收筹划的四大原则与两大路径

（一）企业整合税收筹划的四大原则

从本质来说，企业整合层面税收筹划的底线思维逻辑是安全性，重点体现在四大原则的落实上，即合法合规性、闭环整体性、时效时点性、成本效益性。

1. 合法合规性

税收筹划的合法性体现在企业按照国家法律和规章制度的规定进行顶层设计，按照法律的规定和地方财政政策的规定开展业务。

企业按照合规的要求，结合国家经济形势的各项税收政策引导，顺势而为。因此，合规的要点体现在符合国家大的政策导向和所在行政区域内的产业引导意图。

税收筹划涉及地方的自由裁量权。因此，对于涉税层面的优惠措施和筹划点，企业需要就地与相关税务部门做适度的交流与沟通，确保企业的税收缴纳和税收筹划按照税法和地方产业园区的政策引导，充分应用地方的自由裁量权进行设计，既通过税收的优惠降低成本，提升产品竞争力，又通过与地方税务局以及地方财政相关部门的和谐沟通，协同落实企业发展需要的支持，形成企业、地方财政、地方税务局和各类外部机构的和谐共赢。

2. 闭环整体性

企业税收筹划需要考虑运营的可持续性。税收筹划不能只看当期，还需要结合战略思维总体考虑，并考虑不同涉税税种的平衡，考虑当期税负和长期税负的平衡，考虑子公司税负与母公司税负以及整体集团化公司税负的平衡，考虑创新研发类企业和区域税收优惠企业的平衡，考虑不同区域税收优惠和跨区域管理的平衡。

在企业的运营管理上，需要综合考虑国家层面、分子公司属地化层面的税务及各类财政监管等法规的要求，综合考虑企业资本运作的各个刚性要求，且需要综合考虑闭环的运营逻辑，重点是法律法规对企业筹划之前的注册资本以及其他方面的刚性规定与要求。

因此，企业的税负与成本的平衡，需要综合考虑上下游企业或是合作伙伴的合法合规性，及上下游配合企业的降本节税问题。因此，企业筹划的税负需要考虑持续发展战略目标，形成税负持续筹划节税与客户、供应商等协

同节税，还需要考虑企业股东层面的税收优惠节税措施、投融资合作方的税收优惠节税措施等一揽子逻辑。

因此，税收筹划往往需结合企业纵向的股东和分子公司，结合企业横向的上下游企业的协同，有了这些纵横层面的协作才能实现可持续性。

3. 时效时点性

税收筹划的关键点在于顶层设计，企业在确定发展战略目标、年度预算设计的过程中，针对企业的盈利寻找内部挖潜空间，提前就节税降费的逻辑和可以通过税收筹划实现的节税额度及降费额度进行规划与设计。

税收筹划是事前策划和提前规划的模式，而不是业务完成之后的事。因此，税务的设计应该在业务开始之前，时间节点从交易之前入手。具体设计的时效性如下：从事供产销类业务的分子公司，在税收洼地设立的时间节点，应该是在业务开展之前；从事创新研发类业务和国家鼓励类业务的时间节点，应该在此类业务的分子公司设立之后；从事筹划的时间区间，应该在地方享受优惠的时效区间之内。

4. 成本效益性

从企业整合层面的税收筹划来说，需要综合考虑成本效益。任何税收筹划都是有成本的，筹划成本在于企业的分拆和税收洼地的设立，以及设立之后的基础运营，确保有合适的人、财、物的匹配，且此类筹划的业务与地方要求的业务需匹配。筹划的业务是否按照既定目标落实，筹划的方法和设立的安排是否完整，是否存在设立层面的政策风险，地方营商环境和财政支持力度的可持续性是否长久等，企业都需要结合成本、风险、效益和操作的实际结果进行对比。

税收筹划讲求支持依据的合法合规，讲求企业提供的支持材料的匹配性、业务本身的真实合法性、资金路径和流转的一致匹配性。业务是基于总体设计的逻辑一致，节奏和实施都符合常理的判断，且确实给企业带来实质性税收的优惠。

税收筹划需要做好实际纳税与实际税负率等几个指标的综合平衡。包括平衡因税收筹划导致的税收减少后，企业的税负率和对标企业的对比以及和同行业整个指标的对比，应该处于相对税负较低或相对平衡的状态。

从税收筹划的总体实施来说，需要兼顾地方税收和企业降本节税的平衡。一旦企业由于正常运营税负大幅降低，就很容易出现纳税风险。因此，在企业的长期持续运营过程中，无论是处于经济上行还是下行的大趋势，除了针对既有业务的降本筹划之外，企业筹划的重点领域就是业务发展增量的税收筹划。如果出现实际操作的收益未达预期，甚至反而出现运营成本大幅上涨的情况，就应该及时安排终止。

（二）企业整合税收筹划的两大路径

从企业整合层面进行税收筹划来说，需要就企业的筹划方式和路径进行顶层设计和规划。从筹划的顶层逻辑来说，筹划者需熟悉国家的税法和税制。从筹划角度而言，首先需要确定筹划优先和次选等多种节税方案，包括确立最优节税的目标，并就变通和替代方案做提前规划。

结合筹划方案，做好现有模式运营缴纳税费的测算，以及当前采取企业合并、分立等模式之下的模拟方案，结合模拟方案的节税额度和实施成本效益，形成筹划的设计方案报告，量化筹划的可控成本，明确筹划过程节点，有效付诸实施，其间需要结合实际进度做好与地方财政、税务局等机构的沟通。

企业整合的税筹，是基于整体布局的重新安排，因此，哪怕落地在税收洼地区域的分公司，地方行政和税务局、财政等各级领导的支持也是非常重要的。具体如图 3-1 所示。

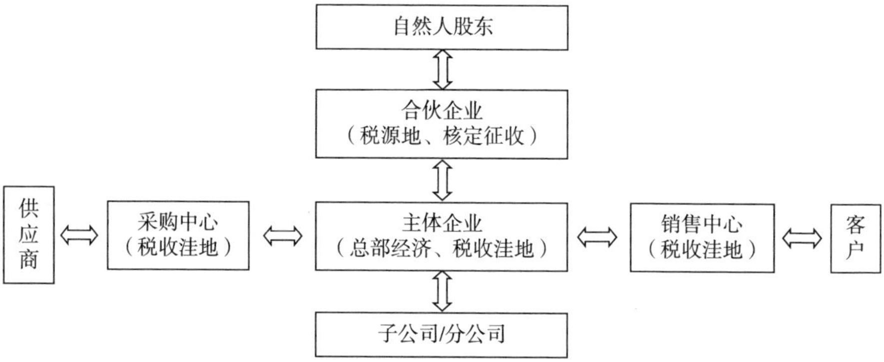

图 3-1　企业整合税收筹划总体框架

企业整合税收筹划的两大路径如下。

1. 合并与分拆法

合并就是对不同下属企业进行整合，或对并购企业进行整合。合并其实也是分拆的反面，目的是减少纳税主体，减少流转次数，提升合并后主体的体量规模，获得地方财政要求的按企业营收体量进行划分的财政支持，或取得客户对要求达标入库的企业体量规模。

从这个角度来说，分拆体现在针对企业的分立，分立层面可以采取分别剥离独立运作模式，也可以设立分子公司，并就分子公司进行合同分拆。也就是说，针对企业的业务进行分拆，将合同进行不同业务类型的分拆，并就分子公司进行下属不同主体的业务实施，分别独立核算，最终合并报表汇总核算。

通过合并与分拆模式，解决企业属地化分子公司的体量规模变小问题，实现企业从规模化一体化运营，到小规模分散化运营，使得企业承受的风险以小规模化企业的注册资本为限承担责任。

通过合并与分拆模式，解决企业按照不同类型设立并将企业主体进行拆分之后，转化出适用的税种、税目问题，也就是说，通过进行企业主体的拆分，将企业总利润分解至各自独立公司。

首先，由于税收核算的独立性或特殊性要求，企业可以通过独立设立相应分子公司的方式，达成对特定产品的分拆，实现这些产品流转税可能的免税或节税。其次，可以解决部分企业高新产品占比不足、国家支持产业创新产品占比不足等问题，或是高新技术企业认定标准问题。企业可以通过开发独立的高新产品、创新产品、国家“卡脖子”类产品的专利产品，从而使企业达到高新技术企业的标准，达成流转税和所得税的减免等优惠目的。

因此，基于这个逻辑，企业可以结合实际需要，将公司业务类型和承受税负的类型进行设计。分拆或新设分子公司，包括：营销服务公司、运营服务公司、会议服务公司、物业服务公司、软件开发公司、设备销售公司、旅游服务公司、咨询服务公司、培训公司、礼品公司等相关支持链条类型。

企业无论是合并或分立，在这个过程中必须确保账目清楚清晰，企业尽量掌握核定征收或非核定征收的主动，并注意对合并与分立的实施的度的把握。无论分立还是合并，时间节点的公允价值必须被充分考虑，且确保通过新设实现业务分立或是直接分拆实现业务分立的公司，在总盈利的情况下，均能实现盈利，规避亏损无法当期弥补等问题。

2. 转型与转移法

企业整合的关键，也在于企业的转型方式和地点转移。因此，“两转”模式决定了企业的税收筹划的好坏，也决定了企业的顶层设计规划最终实施落地的效果。

首先，实现企业形式的转型。通过外资企业与境外自然人控制企业转型为内资企业与境内自然人模式、内资一般纳税人企业与小规模纳税人企业的转型与境内自然人模式、公司法人变为有限合伙企业或变为自然人、有限责任公司持股实体运营企业变更为有限合伙企业持股实体运营企业等多重嵌套路径，解决企业利润分配是采取先分后税还是先税后分的模式的问题。企业转型也体现在交易标的模式，通过从简单到复杂的设计，解决买卖不动产类资产与经过剥离后转让仅持有不动产类资产的协同设计。

为降低企业运营成本，企业通过将部分员工进行就地转化方式，以雇员身份转型为地方个体方式，实现个人的灵活用工、自然人代开、个体工商户模式与企业结算。将企业面临的较高超额累进税率的工薪、劳务的个税，调整转化为个体优惠的经营所得。

其次，企业整体从高税负地区搬迁入低税负地区，或企业将实体运营的营销、生产、采购、研发、服务、互联网等不同模块进行分拆，分别搬迁入地方进行“总部”管理的低税负区域。

最后，通过企业的转移与转型，实现基于企业规模的分拆，可以获得地方相应主体简易计税收入确认与纳税方式。从销售端简易计税筹划来说，利用临界点来合理地进行筹划。企业按国家划定的年销售额的体量标准，划分小规模纳税人和一般纳税人。如果销售额未达标则可以免征增值税。当期销售累计金额达到一般纳税人销售额度之后，自动成为一般纳税人，按其营业销售的货品缴纳增值税。因此，借助转型与转移模式，解决综合临界点问题，并借助转型区域，实现叠加的税收优惠。

因此，通过上述的转移和转型的协同模式，企业从传统模式的自产自销方式，变成专业化的分工外包模式，实现企业的一体化生产运营到专业化代理模式运营，实现企业的运营模块化分解，使企业的运营不断进行从复杂到简单的转变，实现公司化运作和服务水平协议之下的企业“两点一线”的协同模式，从而不断解决降低流转额、减少转化税种、降低税率等问题。

二、企业整合税收筹划的目标与实现方式

企业整合税收筹划的落地，需要结合环境和税务筹划所面临的税务风险，针对性解决国家在支持企业合法纳税和依法节税之下，企业本身提升管理的逻辑性与严谨性问题，解决当前纳税环境下的税务筹划空间的合理性问题。根据金税系统的发展，同步针对税收筹划的实现，依照税法的标准进行系统

的、严谨的顶层设计，解决在现行税收法规的实操方式与透明度之下，企业针对税务局监管与可持续运营的平衡问题。

（一）企业整合税收筹划的目标

企业整合层面的税收筹划，基于企业实际节税和税务合规的双重要求，针对税务部门对企业组织架构、交易方式、关联交易、核算模式、经营指标、行业状况、税收优惠、运营模式等多方面的动态和静态信息的监管。企业需要在税务局监管重点不断整合的基础上，从收入成本的系统分解、分析拓展到企业内控制度的测试、企业商业模式的分解以及企业功能风险定位、交易业务跟踪、财务指标复核、行业趋势分析等方面进行筹划，同时在筹划的过程中，也需要确保企业经营状况的安全，减少由于税收筹划引发的经营风险等问题。

针对企业本身的商业模式、资源禀赋、盈利空间等进行综合筹划。通过有效的方式设计，制定企业在降低纳税税率、缩小课税基数、直接减少纳税、减少重复课税、延期缴纳税款等层面需要采取的方案与对策。这些基于企业整合筹划的模式，通过系统的分类，实现总体的筹划目标。例如，从整合筹划的顶层设计来看，企业业务增值率较低时，进项较多，对一般纳税人更有利；增值率较高时，进项较少，对小规模纳税人更有利。具体如表 3-1 所示。

表 3-1　企业税务筹划类型与措施

目标	公司整合赋能	具体措施	方法
降低纳税税率	适用	各种税因国家政策、区域、行业不同税率高低不同	选择税收优惠或税收洼地注册公司，类似海南或西部大开发项目等，实现降税
缩小课税基数	适用	各税种因增值额、营业额、所得额等计税基础依据不同，在税率不变的情况下，缩小税基可以少交税	在合法范围内，减少收入计税基数，或增加扣除额或扣除数等，实现降税
直接减少纳税	适用	各税种按税法规定减征或加成抵扣一定比例费用从而少缴税	获得地方“税收减免”税收优惠政策或特殊支持政策等方式实现降税
减少重复课税	适用	相关税种按主体结构不同设计，以避免重复征税	将课税主体与个人主体尽量设计一致，或尽量采取在税前利润列支等方式实现降税
延期缴纳税款	适用	通过加速折旧，成本分摊或收入确认等选择谨慎会计政策、谨慎会计估计等方式延期纳税	选择加速折旧方法，选择合适存货计价方法，选择分期或一次性确认收入等方法延迟缴税

事先进行税收筹划时主要有以下两点需要注意。

在成立企业时需要选择以何种组织形式来成立。因为有限责任公司要缴纳25%的企业经营所得税，还有20%的股东分成税，而个人独资企业和个体工商户则不需要缴纳以上税费，仅需缴纳个人经营所得税。因此在企业成立时应按照自身实际情况来选择合适的企业组织形式。

此外，针对税收洼地的选择模式和整合模式，应充分采取合并分立模式、转型转移模式等方案，实施企业整合赋能的有效节税和规避风险的操作。具体如表3-2所示。

表3-2 企业税务筹划类型与方法

方法	公司整合赋能	具体措施
免税策略法	适用	在法律允许的范围内，使纳税人的业务行为或业务范围成为免税人或全额退税人，或使纳税人从事免税或可以全额退税的活动，或使征税对象成为免税对象的方法。在境内创办软件、芯片、“卡脖子”技术类企业，经认定后享受“减免”政策等
减税设计法	适用	在法律允许的范围内，使纳税人减少应纳税而直接节税 受疫情影响减税和国家政策引导产业目录内减免税收等
税率差距法	适用	在法律允许的范围内，利用地区、行业、企业等差异及税率差异而直接节税 在海南相关优惠区域投资企业，可享受15%的企业所得税率和享受15%的个人所得税封顶的税率
合并分立法	适用	在法律允许范围内，将亏损与盈利的独立公司进行合并，或就设备与软件企业进行分立，或就获得收入在两个或多个纳税人之间进行分拆而直接节税
延期纳税法	适用	在法律允许范围内，纳税人延期缴纳税款，获得相对资金周转从而节税。特殊重组方式实现的延期纳税，包括采取加速折旧，加速摊销等方式延期纳税
退税返还法	适用	在法律允许范围内，按地方税收规定，税务机关退还已纳税款而直接节税。或就缴纳的税收，获得区域地方财政奖励返还等
加成扣除法	适用	在法律允许范围内，通过控制限额的广告费、业务招待费等支出额度和比率，通过增加创新投入，实现研发加计扣除额增加而直接降低税基达到节税

（二）企业整合税收筹划的关注领域

针对税务筹划，企业需要有量化金额边界和针对筹划性质进行底线判断的基本逻辑。为确保筹划的边界不突破税务管理的要求，一般针对税收筹划需要进行系统的量化。重点针对人员类型和金额体量进行筹划界定。

为此，企业高度重视的模式主要体现在税务风险防范的机制是否同步于企业整合税筹模式的建立，包括专业的税收筹划团队和相关负责人、税收征管动态和税收新规的变化以及针对税收优惠政策的持续公布和落地、企业定期的分析报告与实时跟踪税收数据的变化、筹划上下游企业以及关联企业间的平衡、企业涉及的相关部门的业务支持和协同、推动企业财务人员建立良好的执业习惯和筹划风险意识、提升各个相关业务人员税务常识的传递、针对企业税务筹划的路径相关流程及内部控制的建设与完善。

首先，筹划的人员。企业的各类人员是被稽查的重点，税务稽查除检查企业的银行对公账户外，还会重点稽查企业法定代表人、实际控制人、主要负责人、财务经办人以及管理层人员，涉及企业和个人的账户。

针对企业的偷漏税行为，或是由于筹划节点没有综合考虑全面，企业除补缴税款之外，还需要缴纳滞纳金和税务行政罚款，甚至承担刑事责任。

其次，筹划的体量规模。针对个人与企业之间的金额交易，需要对体量进行设定，包括按次的金额，按累计的金额等。针对个人账户的大额交易和流水，如果出现超出正常理性状态的异常情况，则个人账户会自动被央行监控管理。具体包括：个人购物达 5 万元、对公或对私转账达 20 万元、个人日累计转账 50 万元、个人与其他境外跨境转账 20 万元等；法人和个独个体企业之间转账金额单笔超 100 万元、金额超 20 万元单笔现金收支或汇款等，均会被稽查与监管。

最后，筹划的税务问题。应重视税收环境的变化，尤其应重视在企业规范之下国家政策在税收筹划大环境方面的变化，国内产业结构不断调整、各个细分行业发展不平衡导致的产业链整合要求不断增强，各国汇率利率加速变化以及金融工具变化等。企业除了实时跟踪税收新政，将其灵活运用于企业管理的实务之中，系统解决企业所得税缴纳、所得来源地判定、实际发生和实际管理机构判定等问题外，还要系统完善业务流程，以利于税收优惠的优化调整，针对税收筹划的细分领域和不足，组成专项项目组对业务流程和内控系统进行优化，从而系统地收集与完善涉税证据。使得企业的业务流程和内控系统的任何涉税节点需要的证据链支持材料（申请单、审批单、批准单、批复单、税收法规、董事会决议、会议纪要、业务支持证据链等直接与间接的所有涉税证据）保持完整，确保企业税收筹划的安全性。

（三）企业整合税收筹划的实现方式

1. 并购标的转型

某企业拟购买评估机构评估的价值 5 亿元的另外一企业厂房，为节约土地和房产转让的税负，该企业改购买资产为购买股权，也就是通过购买剥离其他所有资产之后仅持有厂房的这家企业的股权，通过“牵线搭桥”技术，将不动产转让模式调整为并购另一家企业股权的股权转让模式，实现了系统的节税筹划。

2. 并购标的调整运营

该企业对采用购买股权方式间接并购进来的房产，除 20% 自用外，其他 80%用于出租，为规避房屋出租涉及的相关增值税及附加之外的部分房产税，将收入转化为两部分——房租和场地租金，用场地租金部分规避较高的房产税。

3. 企业分拆

某企业一子公司，除医药类产品外，还销售半自动化医疗器械及医疗设备，客户购入后作为固定资产使用。为规避并筹划税费，企业将该子公司分拆出新的子公司：医疗器械及设备制造公司和医药软件开发公司。其中，软件开发公司成功申请高新技术企业，所得税两免三减半之后按 15% 征收，软件开发公司将软件销售给医疗器械公司，增值税实际税负超过 3% 的部分，全额申请返还。因此，这家企业采取分拆模式，解决了各项税收优惠问题。

4. 企业分立

某企业一子公司以中药为主营，从种植到成品，是原料制剂一体化运营模式。企业分立了中药制药子公司，将自己承包的中药材种植权全部转让给非关联并独立核算的中药材种植合作社，企业从该中药材种植合作社采购未经加工的中药材，按购进价格抵扣增值税税率；该子公司购进中药材类农产品，按照中药材的收购发票或者销售发票上注明的农产品买价和扣除率计算进项税额。进项税额按进项税额=买价×扣除率。因此，该企业通过分拆低税率业务，减少销项，分拆免税业务，增加进项。

5. 企业与个体劳务外包

上述企业的另一子公司与农户签订种植中药材合同，向农户提供中药材基本材料等，农户将中药材种植培育为成品后交付公司。该子公司承担全部采购并制成产品自行销售等全部经营风险，双方形成劳务外包关系。在“公司+个体劳务外包”模式下，将种植环节放在农户，保证符合免税抵税政策，合理加大收购金额，降低了税负。

6. 企业研发加成

企业深化“研发费”核算，企业核算的研发费用可加计扣除，专人负责加强战略合作的核算管理，做好精细化管理，并结合研发项目进度和内容进行细化管理，整理常见的票据样式，根据票据内容创建不同的协议。结合真实发生的费用，实现费用的加计扣除。企业采取委托研发方式，与外部的专业研发类企业开展了委托研发合作，支付专项外包类研发费，实现费用的加计扣除。

7. 企业税收洼地财政返还

企业深化“采购成本”核算，将采购类企业落地税收洼地，并设立总部为采购类型的企业，实现地方财政留存部分的大部分返还。

8. 设立专业服务类公司

企业将销售与生产进行专业化分离，设立两家专业化销售公司，一家为一般纳税人，一家为小规模企业。小规模企业年销售收入控制在小规模企业销售规模体量以下。利用新增销售额，使原企业税务率不致明显下降。

9. 员工转型为个独个体

企业将负责销售和部分可以外包的既有业务雇员变为为企业提供专业化销售或可以外包服务的个体工商户，或直接为企业提供服务的自然人，通过灵活用工平台承揽业务并为企业提供服务。

企业实际净成本=区域优惠税率点-企业可抵扣成本（一般纳税人进项税及附加税费可以抵扣），为企业降低成本显著。也就是说，企业将员工分类整理，在业务模块化和标准化后，将符合灵活用工特点的相关人员（市场、研发、服务等）调整为灵活用工模式，员工承担平台服务费，使得相关雇员转变后个人纳税低于原个人所得税，个人多获利。同时，解决企业增效问题，减少成本和社保支出。在企业规模不变的情况下，可以实现年利润的稳定，有助于增强外部抗风险能力。

第二节 分子公司的三类空间与应用

企业整合，主要体现在如下三个筹划空间。首先，在设立企业的股权结构上，适当调节各方股权占比、适当调节合理销售价格，针对企业独立核算做好提前备案工作，并就可能涉及的不同类型业务，做好采用分立经营或合并经营的协同设计。其次，在企业采取分立或合并的逻辑设计上，就生产与销售、销售与服务、销售与运输、销售与培训、不同经营环节之间、注册地与管理地之间，做好系统的设计与筹划。最后，在企业合并与分立的相互转化上，系统思考各项税收洼地和税收新政的实际影响。企业由一种模式转化为另一种模式，由一种税率转化为另一种税率，由一种主体转化为另一种主体，由一种企业转化为另一种企业，由一个地方企业转化为另一个地方企业。

一、分子公司的含义与筹划空间

（一）分公司的含义与筹划空间

母公司、子公司与分公司的划分，主要依据公司之间的相互关系来确定，这种划分直接影响对公司的债权、债务责任人的确定。

分公司是指在业务、资金、人事等方面受本公司管辖而不拥有法人资格的分支机构。分公司是由总公司依法设立的，其主要业务活动完全由总公司决定，一般是以总公司的名义并根据它的委托来进行业务活动。分公司属于分支机构，在法律上、经济上没有独立性，仅仅是总公司的附属机构。分公司不是公司，它的成立无须依照设立公司的程序，只要进行简单的登记和履行营业手续后即可。在我国现行的公司法中，尚无母公司的概念，但对分公司及子公司已有原则上的规定。《中华人民共和国公司法》第十四条规定：“公司可以设立分公司。设立分公司，应当向公司登记机关申请登记，领取营业执照。分公司不具有法人资格，其民事责任由公司承担。公司可以设立子公司，子公司具有法人资格，依法独立承担民事责任。”

因此，企业需要针对在“供销两端”设立独立子公司与分公司做好可行性设计。企业需要关注的是随着利润逐渐变小，为切实保障项目税后利润不遭遇意外损失，有效地管控涉税风险与税收筹划变得非常重要。在税收筹划中有一个问题需要引发企业关注，就是对于分公司和子公司在不同情况下该如何进行筹划，以便最大限度地降低风险，获得利润报酬。通过实践研究证明，业财融合纳税筹划思维在企业项目涉税管理中的正确运用可以有效地帮助企业在涉税风险可控的前提下实现税后利润最大化。

（二）子公司的含义与筹划空间

子公司，也叫作附属公司，可以理解为它是被另一公司所实际控制的公司。子公司拥有独立资格，有着自己的公司名称、章程，同时也拥有自己的财产，它能够以自己的名义开展经营活动、从事各类民事活动，独立承担公司行为所带来的一切后果和责任。同时根据前面提到的，对它进行控制的公司，就被称为它的母公司，也可以叫作控股公司。对于子公司来说，自然人不能成为任何组织的子公司，子公司的法人必须依据民法规定成立。主要原因是自然人的行为往往会根据自身的动机产生，然而法人只能经由其董事、干部及员工来运作。拥有子公司的股份是控制其最常见的方式。通常拥有一家子公司，必须先拥有其50%以上的股份，这就使得母公司有足够的票数去决定子公司经营团队的组成，并因此而控制其做为。同时，也可通过其他的方式也可以对其进行控制。

要由母公司来决定公司利益的重大决策或重大人事安排。子公司在法律上与母公司是相互独立的，但在经济上又与母公司存在着控制与被控制的关系，在经济上融为一体，构成了企业，其财务状况和经营成果要纳入母公司之中，但仍需对外编制个别会计报表。

分公司与子公司有诸多区别，具体如表3-3所示。

表3-3 分公司与子公司的区别

区别	划分依据	法人地位	责任	表现形式
分公司	相对于总公司而言	不具备法人资格	总公司负责债务	无自己章程
子公司	控制与从属	独立法人地位	各自负责债务	具有独立的名称、章程，分公司冠以总公司名称

（三）分公司与子公司的税收差异

子公司是拥有独立法人资格的，有着单独的法人实体，在税收上国际常用的做法是把子公司当作独立纳税人，拥有对于新设立公司提供的免税期，同时也可以享受其他税收优惠政策，与母公司分别进行纳税，母子公司之间的交易为关联交易。如果关联交易违背了正常交易价格，税务部门可以按正常市场价格予以调整，并按调整后所得计算企业所得税。在进行申报纳税时，子公司无论是增值税还是企业所得税，都应在其机构所在地进行缴纳，由于子公司是独立法人，所以其实行独立核算，独立申报纳税。对于子公司来说，印花税是必须要缴纳的税款，同时还必须拥有配套的严谨的财务制度，在公开全部财务信息的同时还要有详细的审计和证明，税务机关在反避税审查的时候会重点审查子公司和母公司之间的交易，因为经营亏损是没办法和母公司的利益相冲抵的。

同时要想高效推进业财融合，对于子公司来说需进一步完善相关管理制度细则。虽然总公司颁布过相关的管理制度，但子公司在运营和管理上具有独特性，所以子公司还需要从自身的实际情况出发，参考业内优秀经验，不断地推动工作的开展，加强细则的完善。除此之外，还需要明确每一个部门和岗位甚至是个人，要学习和了解所必须具备的责任和义务，加强约束。另外，还需要建立全方位的绩效考核机制和与之相匹配的绩效考核评价指标体系，全面、科学地评价业财融合开展情况，分析员工工作效率，采取有效的方法来提升员工工作积极性，促使各部门积极配合业财融合工作的开展。

对于分公司而言，由于其没有单独的法人实体，相对地也无法享有自身所在的新设立的公司所给予的免税期，也不能够享受其他的优惠政策，在利润的分派上，当年利润必须返回给总公司，进行汇总后再纳税。

我国企业所得税法规定，分公司如果非独立核算，可与总公司合并纳税，若独立核算，则与总公司分别纳税。在纳税申报上，分公司企业所得税汇总到总公司所在地缴纳，增值税在分公司所在地缴纳。分公司不是独立法人，通常情况下，其企业所得税是汇总到总公司所在地缴纳。分公司必须和总公司进行合并运算，在申报纳税的时候也要合并申请。分公司的成立相对来说就不存在那么多的印花税，并且相对于子公司需要公开全部的财务信息来说，分公司在成立之后没有义务公布所有的财务信息，有很宽泛的财务制度，对付复杂的审计就比较轻松，分公司的利润和亏损会和总公司一起来计算，不会分开二次进行，因此，对于分公司在最初产生亏损时就进行税收筹划的状况是比较有利的。

二、税务筹划方案的综合应用与对比案例

企业税收筹划有多种方式，设立分公司和子公司就是其中的两种。两种

方式各有优劣，具体如表 3-4 所示。

表 3-4　设置分公司和子公司的优缺点

公司类型	优点	缺点
分公司	合并纳税，亏损可冲减总公司当年应税所得 总分公司之间的交易为公司内部交易	不是法人，许多税收优惠不能单独享受
子公司	是法人，可以享受法人才能享受的税收优惠 子公司企业所得税税率较低时，累计利润能递延纳税	分别纳税，子公司亏损不能冲减母公司的应税所得 母子公司之间的交易为公司与公司之间的交易

下面将通过举例的方式分析计算总公司与其分支机构在不同情况下的纳税情况。

（一）总公司盈利、分支机构亏损的筹划案例

假定 A 公司是总公司，B 公司为它的分支机构。现在总公司 A 由于经营情况良好，正在准备扩大企业的规模。同时总公司与分公司的企业所得税的税率为 25%。对分公司在成立之后五年的经营情况进行研究。

1. 如果 B 公司是子公司

在其经营五年的过程中，在分支机构正常经营的情况下，根据 A 公司于每年所取得的利润为 200 万元进行分析，A 公司需要缴纳 50 万元税款。

B 公司拥有单独的法定代表人，拥有省报纳税的机会，可以单独进行税款的运算。

经营前两年。假设 B 公司在成立的两年之内实际经营的状况是亏损，也就是说它在这两年内不需要再缴纳相应的税额。

经营第三年。B 公司经营获得利润 10 万元，能够对我们上述所提到的亏损的两年的利润进行补偿，但还没有完全补偿回 50 万元的税额，也就是说其实也不用缴纳第三年的所得税。

经营第四年。B 公司在这一年的获利是 30 万元，之前三年的亏损金额已经能够进行弥补，在进行补偿后还剩下 20 多万元的亏损没有补偿，那么第四年所得税也不需要缴纳。

经营第五年。将之前四年的所有亏损都进行扣减之后，还剩下 50 多万元应纳税所得额，这时就应进行所得税的缴纳，五年上交的所得税将近 13 万元。

通过计算，A 公司每年需缴纳所得税 50 万元，B 公司只在第五年缴纳 13 万元，因此总分机构五年合计缴纳所得税将近 250 万元，具体如表 3-5 所示。

表 3-5　总公司盈利分支机构亏损情况下子公司五年经营缴税情况

税额缴纳	第一年	第二年	第三年	第四年	第五年
B 公司	不需要缴纳	不需要缴纳	不需要缴纳	不需要缴纳	13 万元左右

2. 若 B 公司是分公司

根据上述内容，因为 B 公司是分公司所以它所产生的利润和亏损都是与它的总公司利益直接关联的，它不具备独立法人资格，所以 B 公司需要将所有的利益及亏损进行合并运算，具体如表 3-6 所示。

经营第一年，对子公司的获利和亏损金额进行运算就可得知，A 公司与 B 公司需要缴纳所得税约为 30 万元。

经营第二年，A、B 两个公司需要缴纳的所得税大约为 40 万元。

经营第三年，A、B 两个公司需要缴纳的所得税大约为 50 万元。

经营第四年，A、B 两个公司需要缴纳的所得税大约为 60 万元。

经营第五年，A、B 两个公司需要缴纳的所得税将近 70 万元。

通过计算，总分机构五年所缴纳的所得税金额合计将近 250 万元。

表 3-6　总公司盈利分支机构亏损情况下分公司五年经营缴税情况

税额缴纳	第一年	第二年	第三年	第四年	第五年
B 公司	30 万元	40 万元	50 万元	60 万元	70 万元

（二）总公司亏损、分支机构盈利的筹划案例

假设总公司为 A 公司，分支机构为 B 公司。A 公司五年的应纳税所得额分别为：-50 万元、-30 万元、100 万元、150 万元、200 万元。B 公司五年来的盈利分别是：15 万元、20 万元、40 万元、60 万元、80 万元。

1. 若 B 公司是子公司

B 公司应该独自进行纳税，并且 A 公司应该对 B 公司每一年经营出现的亏损进行弥补。

经营第一年，A 公司不需要缴纳所得税，B 公司缴纳 3 万元。

经营第二年，A 公司不需要缴纳所得税，B 公司缴纳 5 万元。

经营第三年，A 公司获利 100 多万元，将之前两年间的亏损进行弥补以

后应缴纳所得税，总共是 5 万元，B 公司缴纳 10 万元。

经营第四年，A 公司应该缴纳的所得税是 30 多万元，B 公司缴纳 15 万元。

经营第五年，A 公司需要缴纳的所得税是 50 万元，对 B 公司而言，应该缴纳所得税 20 万元。

通过计算可以得出，总分机构五年应该缴纳的所得税综合约为 150 万元。

2. 若 B 公司是分公司

B 公司是分公司，不具备独立法人资格。

经营第一年，A 公司会用 B 公司的利润来对其亏损进行弥补，因此相应地会产生将近 30 万元的亏损，A、B 两个公司不用缴纳所得税。

经营第二年，A 公司存在大约 30 万元的亏损，再加上第一年就有大概 60 万元的亏损需要弥补，而第二年 B 公司的经营利润是 20 万元，其对 A 公司的亏损进行弥补之后还剩下将近 40 万元的亏损，这样第二年的所得税就不需要进行缴纳了。

经营第三年，开始需要缴纳所得税，A、B 两个公司需缴纳所得税额大约 20 万元。

经营第四年，A、B 两个公司需要缴纳的所得税大约为 50 万元。

经营第五年，A、B 两个公司需要缴纳的所得税大约为 70 万元。

通过计算，总分机构五年合计缴纳所得税额将近 150 万元。

（三）综合统筹设计的系统逻辑

企业设计税收筹划落地时，需要解决企业总体税负最优模式。企业最基础的要求是在不享受税收优惠的环境下纳税额度不变，不因分子公司设计而改变纳税额度。因此，这就需要在确保企业税率不变的情况下，总机构和分支机构不论是盈利还是亏损，或者总公司无论是采用分公司形式还是子公司形式的应纳税额都是相同的。也就是说，企业无论怎样进行设置，总体税负情况都不会受到影响。

如果在一方是亏损的情况下，尤其是新设的在经营初期的分支机构面临亏损的情况时，分支机构能够汇总纳税的非独立核算的分公司，从而能够获得延迟纳税的利益，那么作为分公司形式存在的公司能够给企业带去更多的利益。

从企业的持续运营角度来说，确保企业总部、企业的子公司等都至少保证保本和微利，并在都实现盈利的情况下，进行区域的税收洼地的筹划，是企业保障安全运营很重要的模式。

综上所述，分公司及子公司的税收问题是企业当前在税务筹划过程中需要重点关注的方向，在当前业财融合的大环境趋势下，公司更需要立足实际，明确自身当前工作中存在的问题和不足，并且必须具体问题具体分析，尽量以各个下属企业的保本为基本筹划前提，从顶层设计出发，制定适宜的总部和各个分子公司的运营及优化措施。

第三节　总部经济模式与节税效果

由于不少区域和相关地方财政支持因素，企业发展到一定阶段后，也面临着区域与企业本身发展的匹配度问题，地方是否适合企业的持续快速发展，或是有利于企业运营的可持续性，都需要企业结合区域环境综合考虑。因此，基于区域、城市等产业集聚和产业功能性的转化，不少区域已经不适合企业的综合发展，产业配套和财政税收政策的优惠力度也影响着企业的可持续发展。因此，在行业资源集中、税收优惠等区域，企业基于战略角度考虑进行总部迁移，确保在原区域不变的情况下，在优惠区域设立合适的产业公司，则有助于企业的可持续发展。具备产业链转化可能的区域，一般地方政府采取的是总部经济模式。总部经济模式具有财政税收、运营规费、地方配套等各种优惠措施，并在一个相对较长的时期内保持优惠力度。

总部经济只有经历一段时期的发展，才能进行传统与新形势的转型。

对传统的总部经济来说，总部经济特指在我国大中城市的传统模式之下，全球大批跨国公司和不少下属地市的企业不断入驻形成区域企业汇集。这加快了大中城市，尤其是以北上广深为代表的一线城市和各沿海及省会类城市的经济发展。区域“总部经济”的发展带动了这些龙头区域的经济发展。

新趋势之下的总部经济，则拓展到了不少需要提振经济或吸引各类实体产业进驻的非上述一线和省会类城市的相关区域，这些区域通过财政返还等优惠措施，推动不少在财政支持力度方面较弱的一线和省会城市企业，在下属区域的奖励和支持力度的推动下，反向进驻非发达地区以带动地方经济的发展。

一、总部经济的驱动模式与设立条件

总部经济是税收洼地实现的一个很好的方式，可以实现流转税和所得税的地方财政支持。在增值税层面和所得税层面，都可以通过总部经济设立的主体公司实现税收优惠，而销售或采购公司实现在园区纳税，合法享受税收返还，且返还优惠力度更大。

（一）总部经济的驱动模式

总部经济是指利用某区域特有资源优势，吸引企业总部在该区域布局，而将制造基地设立在具有比较优势的其他地区，形成区域资源的最优化配置的经济形态。国内外经验表明，在税收洼地设立经济类的企业总部，可以在税收洼地享受较低的税负。

发展特殊招商政策所在地的总部经济公司，以获得地方税收优惠已成为不少企业的重要战略选择。因此，企业选择总部经济落地的产业园区很重要。企业需要选择重视政策稳定、后期处理企业问题及时、企业税收优惠措施落实及时等较好的产业园区。

在总部经济模式下，通过“总部—制造基地”功能带动生产制造基地区域经济发展。一方面，总部经济反映了相应区域的产业集聚效应；另一方面，总部经济也带动了制造基地区域经济的快速发展，实现了总部和制造基地相互分工合作。而且，总部和制造基地的合作是基于双方比较优势前提下的合作，有利于发挥双方的最大优势。

针对小规模纳税人的个独个体类企业，在税收优惠园区可以申请税率核定方式纳税，直接就发票的开票额进行核定征收，申请的个人所得税可以低至0.5%；或是采取定额核定方式，实现针对上述小规模个独个体的优惠措施。

（二）总部经济企业设立的五个条件

识别总部经济可从总部经济应该具备的条件来分析，如不具备发展总部经济的条件也就不是真正的总部经济。发展总部经济应具备的条件如下。

条件一：区域拥有高素质的人力资源和科研教育资源，能够使得企业总部以较低的成本进行知识密集型价值活动的创造。提高城市的人力素质，同时制定优惠政策，吸引更多优秀人才到该城市创业发展。

条件二：区域要有良好的区位优势和良好的交通运输网络设施。

条件三：区域必须具有便捷的信息获取以及良好的同异地沟通的信息通

道，同时在基础性资源条件方面能够同附近周边地区形成较大的差异。

条件四：区域必须具备良好高效的法律制度环境，具有多元的文化氛围。

条件五：区域应逐步形成围绕总部服务的专业化服务支撑体系。与总部经济相适应的专业化服务支撑体系应覆盖金融、保险、会展、商贸、航运、物流、旅游、法律、教育培训、中介咨询、公关、电子信息网络等诸多领域。

在不具备发展总部经济条件的情况下盲目跟进、一哄而上提出所谓的总部经济发展战略，本质上不是真正的总部经济。真正的总部经济是需要具备一定条件的，可以通过总部经济的发展条件来区分真假总部经济。

在经济转型和区域发展不平衡、国际国内形势变化之下，总部经济模式呈现复杂、多元、生态化的特点。

首先，总部经济正逐渐成为国内三大都市圈经济发展的主角。深刻的社会经济转型使得环渤海、珠三角、长三角三大都市经济圈的持续性人口流入以及持续性的经济发展呈现可持续的发展态势。发展总部经济逐渐成为以这些三大都市圈为主的区域重点工作，这使得区域的总部经济发展十分迅速。这些因素也带动了一批知名企业总部逐渐向中心城市聚集，出现了“总部迁移”的热潮，企业总部纷纷迁移到一线或省会城市或区域性中心城市，总部经济开始加速形成。

其次，总部经济也不断成为非一线或省会、非区域性中心城市扭转经济下滑和实现持续发展的主角。地方通过税收返还、财政支持、运营成本减免、行政规费减免等多元化方式加大对地方全系统、全生态模式的支持，解决企业一揽子运营成本和持续运营效率问题，改善企业运营营商环境，提供人才支持服务居住条件等各类综合解决方案。

这些也吸引了不少创新型企业的进驻，按常态化发展角度，总部经济入驻的企业，在企业发展到一定阶段进行孵化转化后，可以在所在区域的总部经济范围内实现超出奖励额度和为地方带来持续性财政税收的贡献。

二、总部经济实施的案例与四个节税效果

（一）W 市推动总部经济发展的六类典型实施模式

为鼓励和促进 W 市总部经济发展，W 市政府办公室印发了《W 市关于加快总部经济发展若干意见以及实施细则》。其中在“总部企业标准”“总部企业的扶持政策”“总部企业的管理和调整”等方面制定了较为详细的实施细则。

为加快发展总部经济，W 市高新区党政办公室发布了加快推进总部经济高质量发展行动计划。W 市高新区总部经济规划目标更为明确：抓紧实施，做强做大。

1. W 市推动高新区总部经济设立人力资源和科研教育资源储备

W 市高新区利用高素质的人力资源和优质的科研教育资源吸引总部经济的高校入驻。通过不断与相关重点高校和相关战略资源型企业合作，制定战略合作框架协议，推动企业高层次人才的培养、新领域拓展和可持续发展。

2. W 市高新区建设交通运输网络设施

企业总部的聚集很大程度上得益于其所在城市天然的区位条件以及区域内便利的交通运输。从交通地理角度看，W 市高新区建设了国际机场、高速公路、城际高铁、城市地铁、港口码头等立体交通体系，实现较好的交通运输场景。

3. W 市高新区建设针对总部经济的便捷的信息获取通道

W 市持续建设物联网网络，针对全域覆盖的地级市、物联网连接规模超千万的地级市、IPv6 规模商用网络城市，W 市以物联网、高科技推动全新的转型。

4. W 市高新区推动总部经济建设的城市环境管理

W 市生态环境优质，连续多年被中国社会科学院评选为宜居城市。W 市还是全国最早探索在高新区设立和完善人大工作机构的城市，也是第一个建立人大开发区专门委员会的城市，W 市高新区是全国践行全过程人民民主的示范区。

5. W 市高新区对设立总部经济的企业提升财政支持的吸引力

W 市高新区依托优势和特色产业，吸引企业总部项目。拥有经省级认定的“跨国公司地区总部和功能性机构”超过 20 家，同时累计完成“制造工厂总部化”设置的企业接近 150 家。企业符合条件的可在总部经济园区内申报，具体如表 3-7 所示。

表 3-7　申报企业总部项目标准

注册	政策	分支机构	产业标准	
			先进制造总部企业	现代服务业、现代农业总部企业
具有独立法人资格，在本市范围内汇总纳税	符合产业发展政策	不少于 3 个，且营业收入占全部营业收入比重不低于 30%	营业收入 5 亿元以上，地方经济贡献 1000 万元以上	营业收入 1 亿元以上，地方经济贡献 500 万元以上

6. W 市高新区特别优惠的“吸引总部经济”的政府政策出台

为支持落地 W 市设置总部的相关企业发展，W 市发布了“支持发展十条”“惠企二十条”等支持政策，推进设置总部及落地地方的“总部经济”企业降本减负，提升企业竞争力，全力打造“投资最满意开发区”。

（二）W 市总部经济实施的六类典型效应

1. 税收贡献效应

总部对于中心城市的税收贡献包括两个方面：一方面是企业的税收贡献，另一方面是企业总部员工的个人税收贡献，体现了 W 市总部经济带来的“红利”。

2. 产业集聚效应

企业总部在中心城市聚集必然带动相关服务业的发展，特别是知识型服务业的发展，形成企业总部服务的知识型服务业产业链。W 市集中实现了超过百余个以物联网为龙头的新一代信息技术产业合作项目，涵盖物联网、大数据和人工智能、生命健康等领域。

3. 消费带动效应

总部对于所在区域的消费带动包括两个方面：一方面是总部的商务活动、研发活动所带来的各种配套消费；另一方面是总部高级白领的个人生活消费，这种消费对于推动区域经济发展具有重要作用。

4. 劳动就业效应

深化人才发展机制改革，W 市高新区形成以产引才、以才促产、产才融合的良性格局。累计支持近千人的领军人才创业企业落户。

5. 社会资本效应

W 市总部经济政策推动了地方总部基地化发展，产生了更多的产业集聚和产业链条延伸后的投资机会。各类相关的产业不断形成系统规模，实现了总部经济的各个细分产业类型，并形成了规模化产业集群。

6. 加快发展效应

总部经济对城市区域发展的促进作用是巨大的。推动了企业可持续发展的生存环境，提升了区域的凝聚力。尤其是财政支持的及时兑现和地方财政税费缴纳后的返还，以及直接减免的优惠措施等，都带动了 W 市的经济活力。

（三）H 企业落地 W 市建设总部经济的节税降费措施

H 企业原本总部设在一线城市北京，受 W 市建设总部经济的政策吸引和长三角发达经济区的吸引，H 企业研读税收优惠措施和地方营商环境，决定就一揽子综合情况推动在 W 市的总部经济建设。

尤其针对税收优惠（税收优惠按照地方财政部分的 80%～100%返还，并在 3~5 年内维持不变，承租或购买的土地建设的生产等场所面积 3 万平方米，按照实现就业人数或地方财政贡献的一定比例进行财政返还，提供高管税收优惠的个人所得税地方返还，提供总部经济产业园，对 H 企业的营销和采购服务商提供一揽子优惠园区政策服务）的条件，H 企业在 W 市设立生产及运营总部子公司，并在 W 市相关总部经济设立的产业园区内形成运营及营销配套。一方面确保了人才的持续性，另一方面确保了企业本身和企业上下游客户涉税层面的安全性，减轻了企业税负方面和运营综合成本方面的压力。

总体估测下来，H 企业生产及运营端的整体迁移和新设子公司落地的模式，在保证 H 企业正常运营下，能实现人力成本 30%的节约，累计上缴税费的 32%左右进行财政返还。这大大增加了 H 企业的企业竞争力，促进了企业再投入和创新研发的动力。

（四）H 企业总部经济的四个税务智能化对策

由于 W 市较好的营商环境以及针对产业园区建设总部经济的鼓励措施，H 企业在 W 市推动产业园区的税收洼地设立生产及运营的总部，以准确和及时在 W 市享受较低的税负。因此，面对可能存在的相关财税风险，H 企业针对所在的总部经济企业制定相应对策，并采取智能化税务对策来应对可能存在的风险。

1. 重新设计不同区域及税收洼地的总部经济区域盈利体量

重新梳理 H 企业的总部与 W 市生产及运营类企业的业务流程。为确保属地化税收缴纳的完整性及规避属地化缴纳税收的流程风险，企业税务按照属地化分级逐层汇总。H 企业针对 W 市税收缴纳情况提前进行规划，按照财政返还的周期和年度运营预算系统进行设计。做好事前筹划，分解企业生产环节的盈利空间，尽量将生产环节和运营环节的盈利空间放大以获得合理合法的企业税收优惠政策，减少纳税额度。

在这个过程中，H 企业通过业务模式和流程的设计调整降低增值税及企业所得税税负，企业以筹划的总部经济企业和原各级企业均保持盈利为执行目标，规避高税负区域的亏损，确保重点和主要利润集中在税收洼地的总部经济圈内，防范事后税务风险。

2. 建立总部区域的生态企业系统的税务管理体系

H 企业将运营与生产环节的企业落地在 W 市的总部经济产业园区内，因此，安排专人负责总部经济税收优惠区域的独立核算、精益化管理、完整的四流一致证据链和资金流协同，确保产业园区内有独立且完善的账务核算、税务管理和资金管理体系。

通过建立账实一体的账务核算、税务管理和资金管理体系，构建日常纳税评估体系和定期税务事项审核制度。一方面及时获得地方财政的支持，获得地方运营场所的地方财政扶持，及时获得地方财政返还和税收减免等地方规定的优惠措施；另一方面及时就支持材料进行细化和落实，针对各项收支，系统明确各个场景的收支标准和材料支持标准，将风险化解于日常的总部经济产业园区的政策配套和优惠措施的对标上，防范日常税务风险。

在这个过程中，将税收优惠措施的执行与政策进行系统的对接，H 企业一并构建智能财税一体化系统，确保 H 企业应该获得的财政奖励或返还等方面及时、足额到位。

为此，H 企业为享受上述优惠并确保税收缴纳的完整性，规避错漏税收的情况，完成了总部经济产业园区子公司的税务系统的建设。智能财税一体化系统主要由数据采集系统、增值税生成系统和税种报表申报系统三部分组成。通过初始端口与财务系统相连接，终端与电子税务局打通接口，确保计算过程中 W 市承诺的各项优惠措施和激励措施的准确性，同时，针对个人环节的优惠措施，实施个性化的优惠措施比对和核查，解决个人敏感的税收节税降费工作。

在纳税环节，H 企业对涉税数据采集主要是通过与企业的财务 ERP 系统采集数据进行对接，确保财务 ERP 系统的会计核算和财务管理，实现系统多元化。实施生产管理控制、采购管理、物流管理各个节点在总部经济产业园区的优惠措施，并就产值的统计分析、产品转移等，落实各个涉税风险点的检查和排查。

3. 建立完善的税收流程和减免返还的内部控制体系

结合 H 企业实际情况和发展战略，构建健全的内部控制体系，就总部经济产业园的要求建章立制和完善管控规定。H企业在产业园区内，一方面完善采购管理制度、成本核算办法等财务管理制度，另一方面就供、产、销的一体化环节，进行顶层设计和规划，确保其他区域分子公司和总部在保本微利的情况下，将企业的主要税收落地在总部经济的产业园区内，确保准确核算业绩的同时，实现对企业的流转税、所得税等各项税种的流程化管控，有效规避税务风险。

H企业还结合W市针对税收的情况，及时跟踪，做好对总部产业园税收工作的事前测算、事中纠偏、事后评价工作，并就税收返还和个税减免等地方量化指标的匹配度和完成进度进行评估分析，对涉及的风险事项、问题源点等加强监督检查，保证H企业涉税方面和获得税收优惠措施落地的整个过程的流畅性、完整性、精确性。

4. 建立战斗力和专业力极强的财务团队

H企业将总体财务进行优化设计后，在W市建设财务共享服务中心，并将H企业的税务共享子中心落地在W市，结合战略财务、业务财务、共享财务的分工，以及税务战略的目标，重新梳理H企业的财务组织架构，分析现有团队成员的专业能力和素养，就基础类业务的税务共享模块进行属地化重新配置和调整，确保财务团队的运营效率。

H企业同时设计了一套合理的利润模拟业务财务分析系统和支撑体系，及时就H企业下属所有各地分子公司的收入成本匹配度进行管控，并针对财务和税务工作方面的细节，包括工作制度、员工培训与考核等，一并系统管理，提高财务团队综合能力，更好地为H企业的综合财务和税务业务提供服务。

第四节　本章小结

本章就企业整合层面的分拆、合并、新设分子公司模式，落地地方形成总部经济的规模化做好税务筹划的空间，并就分子公司税收差异和筹划空间以及总部经济的系统空间和路径做了说明。就企业综合业财税一体化的纳税筹划思维进行设计。对企业项目涉税管理中综合运用设计筹划路径的案例做系统分析，帮助企业在涉税风险可控的前提下，实现利润最大化。

根据总部经济模式，企业可以借助总部经济的空间聚集形态形成两类筹划空间。根据企业总部迁移模式形成的四个节税效果，本章以 W 市高新区的总部经济为例，介绍 W 市高新区概况和其总部经济发展条件，分析 W 市高新区的贡献效应，并给出相应的对策。

为做好企业整合层面的税务筹划，企业可以推动智能化税务的设计，规避假的总部经济风险。此外，面对目前可能存在的财税风险，总部经济及内部总部企业制定梳理业务流程等，通过相应对策来应对潜在爆发或可能存在的风险。通过举例分析分、总公司在盈利、亏损时的税额缴纳情况，得出在不享受税收优惠的环境下，税率保持相同时，应纳税额都是相同的；如果在一方是亏损的情况下，分支机构是能够汇总纳税的非独立核算的分公司，从而获得延迟纳税的利益。公司更需要立足实际，制定适当的优化措施。

最后，企业在整合层面的筹划，需要符合国家级税务系统、纳税人全息画像、多维度信用动态评价系统和纳税人关联图，加强税局对税务的监管。在大数据时代，税收智能化是大势所趋，其有助于简化和合并税务系统，优化商业环境，为企业带来更多便利。面对缺乏完善的税收风险防控体系等税务风险情况，企业需要通过加强税收风险预警机制等方式来进行风险控制，建立以风险导向为核心的税收智能化信息平台和风险导向型系统。

本章参考文献

[1] 邓毛颖，刘志刚，刘浩波，何爱，叶昌东，柯春鹏．城郊型总部经济的选址与规划设计原则研究——以广州增城为例 [J]．地域研究与开发，2020，39（6）：77-83.

[2] 李艺铭．加快推进粤港澳大湾区城市群产业协同发展——基于与东京湾城市群电子信息产业的对比分析 [J]．宏观经济管理，2020（9）．

[3] 张秋林，马振宇，刘爽，杨诗．境内“税收洼地”引发的避税问题及应对策略 [J]．国际税收，2021（11）：53-56.

[4] 于井远．区域性优惠政策会降低地方税收努力吗——来自西部大开发的证据 [J]．广东财经大学学报，2021，36（1）：25-36.

[5] 唐飞鹏，叶柳儿．中央转移支付与地方“税收洼地”：平抑还是激化 [J]．当代财经，2020（1）：37-50.

第四章 十大税务管理工具之资金管理

货币资金是企业的血液系统，流动性最强，能够直接转化为其他任何资产形态。随着国际和国内经济下行叠加金税系统代表的税收征管数字化转型，企业面临的运营管控压力非常严峻，企业资金管控的精益化程度需要不断升级。在资金管理中，资金用于支付费用以及税收的安全性、合规性越来越大。随着资金运营的涉税风险越来越大，企业需要确保资金收支环节合法合规、资金支付的支持证据链环节管控到位才能降低税务风险。因此，对于企业资金管控的税务风险筹划，需要提前规范资金的管控路径，从顶层设计优化、底层数据整合、创新科技赋能与法律法规支撑方面，不断提升资金管理能力，提升企业税务管控的应急能力。

本章着重从资金管理的总体逻辑和公对公、公对私转账等合规模式以及基本常识角度，分析资金管控对税务管理的重要性和必要性。通过票据识别、票据贴现与融资、构建共享税务信息系统多个角度合理分析资金管理的系统逻辑。

第一节　资金管理的合规模式与三类风险规避

资金是企业生产经营循环的血液，是企业生存和发展的基础。资金链断裂是企业生产经营困难甚至破产的重要原因，在经济下行期，企业要对资金活动加强管控，确保资金管控层面延伸对税费支出的管控，针对税费缴纳进行精益化管控，减少税费处罚和损失。

一、资金管理的税务风险防范与合规公私转账模式

企业资金的流入和流出，都会涉及不少税务问题。

（一）资金管理的税务风险防范

从企业的发展角度，企业资金管理和税务风险防范体现在如下方面。

一方面，企业内外部公对公付款各个环节的资金管理和税务风险需要做好系统防范。集团型企业的母子公司之间、子公司与子公司之间的关联企业由于资金拆借形成的资金往来，非关联企业之间的资金拆借形成的资金往来，这两类均需要视同销售贷款，从双方实际资金周转之日起，按照同期贷款利率计息，同期缴纳增值税。因此，企业资金管理体现在业务购销环节的税收节点设计方面，减少企业之间资金周转，采取合规方式做好非关联企业的委托银行贷款，有助于企业规避流转税和所得税等税种所带来的风险。

另一方面，企业内外部公对私环节资金管控和税务风险需要做好防范。涉及公对私层面，主要体现在企业对个人的货币资金支出合规合法。企业公对私层面的资金支付，还包括民间借贷，尤其涉及企业与个人之间的借贷、个人和个人之间的有息借贷可能涉及违法行为，应该尽量避免。

（二）企业公私转账的十四类模式

企业安全合法合规的公对私转账模式具体包括：

（1）发放员工工资（工资薪金及年终奖）。企业每月在固定日期从对公

账户向任职或者受雇的员工个人账户发放工资，且企业已经依法履行了代扣代缴个人所得税的义务。

（2）职工教育经费。

（3）企业备用金。企业从对公账户向员工个人账户发放出差备用金，员工根据实际情况实报实销，多退少补，在预支备用金和实际报销时，都有公账转私账的情形。

（4）费用报销类支出（报销员工差旅费等）。

（5）支付个人劳务报酬（劳务报酬）。企业灵活用工的形式很普遍，向独立从事劳务活动的个人支付代扣代缴个人所得税后的劳务报酬。

（6）支付个人采购款（生产经营所得）。企业向个人采购物品时，取得了个人通过税务部门代开的发票后，需要从对公账户将采购款转到供应商个人账户。

（7）企业购买个人财产。

（8）归还个人借款（有合同约定利息的借款）。企业通过对公账户归还个人借款，包括向股东或其他个人的借款，如果有借款利息，企业需代扣代缴个人所得税。

（9）不高于年平均薪资 3 倍的解除劳动合同支出。

（10）支付个人赔偿金（个人合同违约金）。企业根据合同、协议的约定或法院的判决书，通过对公账户向个人支付违约金、赔偿金等款项。

（11）向股东分配利润（企业对个人的分红）。企业从对公账户将股东个人应得的分红转入个人账户，企业需要代扣代缴股息、红利、个人所得税。

（12）提前支付的一次性退休补偿。

（13）企业外部针对个人资产等的租赁费用。

（14）个人独资企业利润分配。企业属于个人独资企业的，定期将扣除费用、缴纳完经营所得个税后的利润通过对公账户打给个人独资企业的负责人。

二、资金安全支付的支持证据链

在企业支付环节，针对是否需要包括发票在内的支持证据链等进行分类，根据企业不需取得、区分情况取得等多种情况，明确支付需要的支持证据链。具体如下。

（一）企业安全实施公对私付款的三类支持证据链

1. 工资薪金支出

根据税法相关规定，对于发放给员工的工资薪金支出不需取得税务发票，可凭自制凭证支付，如人力资源部门出具的签章齐全的工资发放表、银行支付凭据，在符合税务认定的合理工资薪金支出范围内进行支付。

2. 五险一金

企业按照国家相关主管部门或当地省政府规定的范围和标准，为职工缴纳的五险一金，以及为职工支付的补充养老保险费、补充医疗保险费，可在国家财政、税务主管部门规定的范围和标准内，凭社保等部门出具的五险一金缴纳凭据，即财政部监制的社会保险费专用票据、缴款通知书等进行直接支付。

3. 工会经费、职工教育经费

企业按不超过工资薪金总额2%的比例提取并交给本级、上级等工会机构的工会经费，凭工会组织出具的工会经费专用票据、银行划拨凭据进行税前扣除。财险企业提取并用于职工教育培训等方面的教育经费，在不超过工资薪金总额8%的限额内，可在当年直接进行税前抵扣，不需票据即可直接支付，当年抵不完的部分可延期抵扣。仅在实际发生职工教育培训方面的支出时，需区分情况取得不同的税务认可的合规票据。

（二）企业区分情况实施公对私付款的四类支持证据链

1. 职工福利相关费用

企业发生的职工福利支出，应按实际发生额，在工资总额的14%以内据实扣除。

一是直接发放的福利性补贴，已计入工资总额或已列入员工工资薪金制度的，不需取得税务发票，完善支付清单之后，直接支付。

二是职工食堂费用，采取外包方式的，应凭外包企业、承包个人方开具或代开的税务发票、合同、清单等进行税前扣除；采取自营方式的，在超市、蔬菜经销店等需办理税务登记的单位处采购食材的，应凭税务发票、清单等进行税前扣除，在菜市摊位等自由贸易市场或农民处购买的食材费用，可凭个人出具的收据、购置清单等进行税前扣除；自行聘请的厨师，符合从事小额零星经营业务的个人条件的，可凭税务机关代开的发票或者收款凭证等内部凭证，加上合同、银行支付凭据等佐证资料，完善支付清单后，直接支付。

三是其他职工福利费，包括丧葬补助费、抚恤费、安家费等，凭人力资源部门出具的领取通知、支付表等自制凭证直接支付；对于探亲假路费，凭取得的飞机、火车、汽车等交通票据，在企业规定的额度内直接支付；员工健康体检费用凭医院出具的医疗收费票据、员工体检清单、收费通知书等资料，完善支付清单后直接支付。

2. 租赁相关费用

一是租赁费用。向一般纳税人、小规模纳税人租赁的房屋，应取得对方开具的发票，凭发票、租赁合同、银行支付凭据等支付。向个人租赁的房屋，个人应向税务部门申请代开增值税发票，凭税务代开发票和租赁合同进行支付。向非营利机构如学校、医院、政府相关部门等租赁的房屋，作为增值税应税项目，出租方应向税务局申请代开发票，凭税务代开发票和租赁合同等进行支付。

二是租赁房屋的水电等费用。财险企业租用办公网点期间发生的水电费、燃气费、电话、有线或无线网络等运营费用，若出租方是物业管理公司等企业，作为应税项目平开发票的，企业以发票、物业合同等进行支付；若出租方采取分摊方式的，可以出租方开具的分割单、原始发票复印件等进行支付。

3. 劳务费用

一是劳务外包费用。财险企业将门卫、安保、保洁等物业管理服务，送单、发传单、资料收集等非核心业务外包给劳务公司的，由劳务公司开具发票，凭发票、合同、外包事项结算单等资料进行支付。

二是零星临时劳务人员费用。由于搬运、零星维修、档案装订等临时性或集中性的工作需要，临时聘请的个人发生的费用，符合小额零星经营业务条件的，可凭收据或收款凭证、双方认可的事项确认单或类似资料进行支付。

4. 公益捐赠事项

企业发生的捐赠，同时符合以下三个条件时，可在不超过年度利润总额的一定比例以内支付：一是用途，须用于符合法律规定的慈善活动、公益事业；二是票据，须取得合法的公益性捐赠票据；三是路径，即需通过公益性社会组织或者县级以上人民政府进行捐赠。

企业应尽量通过上述第三方公益组织等机构，进行定向公益性质的捐赠，并在取得公益性捐赠票据后进行税前扣除，减少或避免直接对个人的捐赠。

（三）公账转私账的证据链要求与风险规避

公账转私账的情形需要严格的条件限制，必须满足企业真实合规的需要，在处理下列八种业务时，企业需要严格按照要求记账并附上真实充分的原始凭证（见表4-1）。

表4-1　公账转私账所需原始凭证

项目	原始凭证
发放员工工资	员工花名册、工资条、代扣代缴个税及社保凭证
报销员工差旅费	各项差旅发票及付款记录
支付个人劳务报酬	劳务合同、500元以下需要收据和身份证复印件及签名
支付个人采购款	采购合同、增值税发票
归还个人借款	借款合同或协议、个人收据
支付个人赔偿金	劳动合同和解除劳动合同的文件，过往发放工资记录
向股东分配利润	公司分配利润决议复印件
个人独资企业利润分配	利润分配情况表

因此，针对上述资金管理模式和涉税问题，企业的资金控制管理是综合性的管理体系，需要企业持续努力，一方面确保关键环节的受控，另一方面确保支付环节对涉税支付和费用支付的完整、有效性，规避潜在和实际的损失。提升企业的收益质量，改善企业内部治理水平，提升企业的盈利能力，规避企业涉税损失或超出企业风险承受能力的风险。具体如下。

（1）筹资管理与涉税风险层面。企业需要解决缺乏完整的筹资战略规划、缺乏对资金现状的全面认识、缺乏完善的授权审批制度、缺乏对筹资条款的认证审核、无法保证支付筹资成本等风险。

（2）投资管理与涉税风险层面。企业需要解决投资活动与企业战略不符，在资金数量、期限、成本与收益上不匹配，忽略资产结构与流动性，缺乏严密的授权审批制度和不相容职务分离制度，缺乏严密的投资资产保管与会计记录等风险。

（3）营运管理与涉税风险层面。企业需要解决资产周转速度慢、单位业务量资金占用高、无法利用商业信用保障短期资金需求、无法合理进行计划管理导致浪费、无法合理利用财务杠杆作用导致权益资本报酬率低等风险。

（四）资金管理支持证据链与涉税风险的管控原则

有效的资金管理是确保企业安全和持续运营的有效方式，也是从资金延伸到收支环节、提高企业节税降费效率的关键环节。企业应规避资金税费风险，主要体现在如下几个方面。

1. 资金管理的顶层设计切实引发的涉税风险

第一，资金管理需要在企业总体资金的战略层面对企业进行定位，并以此确定企业的税务安全性，明确企业的愿景和目标以及资金风险偏好。资金管理应选择适用的措施进行流程层面以及组织系统层面的资金管理。

第二，资金管理需要在流程层面对资金进行管理，这一层面的风险量化涉及企业资金收支的税务管理。最关键的是要从“量”和“价”两方面分别进行预测以及评估，确认流程层面资金管理的手段和措施，评估并执行必要的监控，在流程层面采取的资金控制措施是整个资金管理的重中之重。

第三，企业需要在组织和系统层面给资金管理提供合适的管理环境，这也是资金的税务风险管理的重要方面。在组织架构和人员安排方面，首先要做到不相容职务的分离；其次，还需要单独设立资金支付和税务管理的相关岗位，并设立有针对性的内部审核与监管，对资金涉税层面进行延伸管理，包括实施监控与审核；最后，还要考虑到货币资金支付的薪资结构的合理性。企业可以借助信息系统的开发与利用，系统有效地监控资金收支、审批、税费缴纳等。

2. 资金管理不善导致的资金短缺与涉税风险

资金短缺风险主要是指企业不能及时、足额地筹集到生产经营所需资金的风险。企业应当在经营战略上高度重视这类风险，开发拓展融资渠道。应对该类风险的措施主要包括以下几点。

（1）加强预算管理，包括预算协调、预算调整、预算监控、预算仲裁等；提高预算特别是现金预算的编制水平，准确预测资金支付和资金收回的时间。比如应收账款的收回期限，生产原料、物资的采购时间等，提早采取措施保证企业拥有足额资金进行生产经营，降低现金流动过程中的风险，减少任何可能产生的经济损失。

（2）企业在进行融资时，要适当优化其资本结构，一般有两种方式：一种是在保持现有资本结构不变的情况下，尽可能提高企业的息税前利润，也就是通过经营管理提高企业的整体盈利能力；另一种是在保持企业息税前利润不变的条件下，调整资本结构，实现资本结构的优化，避免因资金占用与资金供应在期限上搭配不当而造成的资金短缺风险。

（3）加强存货及应收账款的管理，建立健全存货管理的内部控制体系，在物资采购、领用、销售及产品管理上建立规范的制度，形成有力的内部牵制；定期检查盘点，压缩过时的库存物资金额，避免资金呆滞；针对行业特征，了解行业所处经济周期、销售淡/旺季信息等，利用科学的方法建立存货的最佳结构；对赊销客户的信用进行调研评定，定期核对应收账款，制定完善的收款管理办法，严格控制账龄；在不影响企业信用的基础上尽量推迟付款时间等。

3. 资金管理的资金使用效率不足引发的涉税风险

当一个企业既持有大量资金，又有巨额的银行借款时，若非行业特点和经营战略所致，则很可能存在资金使用效率风险。针对这类风险，企业需要提高预算管理水平，通过准确的预测编制出较高水平的预算，特别是现金预算。这样操作一方面可以降低企业的现金储备量，另一方面也可以掌握剩余资金的可利用期限，尽可能准确地预计企业所需的外部融资额和融资时间。企业还应当谨慎进行投资，一定要在风险（违约风险、流动性风险、到期日风险等）与收益之间进行慎重权衡，选择合适的有价证券进行投资，从而在可承受的风险限度内最大化地提高现金使用效率。

对于应收账款，应当加大催收力度，快速回笼资金。企业可根据产品的市场占有率、质量、品种、规格及价格等方面的竞争力确定合理的信用标准；在产品销售收入与增加的应收账款机会成本、收账费用、坏账成本之间取得良好的平衡。如果企业的现金过多且缺乏投资机会，最好的回报股东的方式就是进行现金分红或股份回购等。

三、资金支付涉及公账转私账的情况

（一）涉嫌偷税漏税的两种情况

企业做账需要原始凭证，通过个人账户转出去的款项不透明且没有依法交税的证明，就可能会面临补税的惩罚，中国人民银行以及税务机关对企业公户转账到私户进行监管，若发现异常则企业需要接受补税、查账等惩罚性措施。偷税漏税的风险分为隐匿收入偷税漏税和长时间挂账涉嫌逃税两种情况。

1. 隐匿收入偷税漏税

隐匿收入偷税漏税是指企业利用私人账户逃避缴纳税款。例如黄某作为某汽车公司的法定代表人，指使该公司财务人员通过个人账户收取营业款项，再以其他凭证代替发票使用的方式逃避缴纳税款。最终，黄某因逃税罪被判刑并补缴了所欠税款及罚金。再如某公司利用员工的私人账户、微信、支付宝、现金等方式收取客户装修款，且均不入公司账户。但同时，该公司外聘的会计仅按照公司账户的少量入账来申报纳税。最终，公司法定代表人张某某、财务负责人曾某某各被判处十个月有期徒刑，并处以罚款。

2. 长时间挂账涉嫌逃税

对公账户转股东个人账户长时间不收回的，税务机关可视为分红，需缴纳企业所得税和个人所得税。例如，王某是某公司股东，因私人原因从公司借走 350 万元，这笔借款在公司账面上以其他应收款列示，该笔借款多年未还，税务机关最后对这笔被借走的 350 万元依照“利息、股息、红利所得”计征个人所得税 70 万元，并对少扣缴的税款处以 50%的罚款。

对公账户转员工个人账户长时间不收回的，税务机关可视为员工的工资薪金，需补缴个人所得税。

（二）涉嫌挪用公款的两种情况

第一，企业与企业的业务往来，一般采取公对公账户的资金往来方式。没有特殊情况，资金往来都在公对公账户之间进行。在公对公模式上，当对方企业资金账户出现问题，或是对方企业的上游客户等的资金财户出现问题，可以采取三方协议方式约定，以合规化的内部程序规避资金支付的不合规风险。

第二，企业对公业务需要规避公对私的转账，如果因对方企业问题，需要以对方企业指定的个人形式收支时，需要签署三方协议。当企业内部需要实施公对私转账常规合法合规的模式之外的项目时，也需要签署额外的说明。当转到个人账户时，比如转入总经理、股东或者高管的个人账户，或是上下游客户指定的个人类账户，就需要这些个人对资金的使用有合理的理由并进行说明，且提供相应的票据核销。除资金使用说明和支持凭据之外，要确保三方协议明确对私支付方式形成系统证据链和资金链，确保企业资金用途的合法性。

难以区分款项是公用还是私用，个人就有涉嫌挪用公款的嫌疑。企业资金监管不单单有个人私自挪用的风险，也有企业采取借款方式，以业务形式办理个人借款，个人则用于其他途径的风险。

在业务需要长期借款的备用金模式上，企业也需要完善定期的备用金收回和再次发放的程序，做到按期归还，及时续借，涉及个人岗位变化时，及时将备用金归还，避免形成长期资金占用。

（三）涉嫌洗钱的情况

如果对私账户频繁大额地进行公账转私账的操作，则容易引发企业的洗钱风险。主要涉及以下两个环节。

第一，企业为节约资金成本，采取灵活用工平台方式发放非企业雇员类外部专项业务人员的费用，发放经营所得类费用。此类情况涉及两个细节，一是人员数量过多但人均费用额度过大，特点是此类人员人数过多，资金涉及的额度达到个人采取灵活用工月度额度的限额；二是人员数量较少但支付过于频繁。由于支付的人数较少并采取频繁操作方式，容易因企业过度使用灵活用工模式的低税负方式，被认定为洗钱。

第二，企业为实现节税降费，采取诸多节税的操作方案，包括采取外包和分包模式，采取专业咨询顾问模式，采取人力资源委托等外部机构合作模式等，采取与自然人合作的自然人代开模式等。由于涉及企业与个人的直接交易，如果专业分包外包频繁涉及与个人交易层面的较大金额，则容易被认定为洗钱。

因此，上述两类企业业务，如果无法提供支持证据链和业务合理解释，则会被银行冻结账户，也可能引起税务机关的注意以及稽查和约谈，如果对公账转私账的目的以及真实合法性无法提供充足依据，则容易对企业造成负面影响，若是无法合理解释，就存在洗钱的风险。

第二节　资金收支的涉税风险与闭环流程

一、资金收支的涉税领域与合规模式

（一）资金收支的六类涉税领域

个人从企业取现有多种模式及多种情况，员工、股东不同的取现方式涉

及不同的税务风险。税收要素主要包括纳税人、征税对象、税率。税收要素主要规定了由谁进行征税，对哪些对象征税，怎样征，每次征多少的内容。具体如表 4-2 所示。

表 4-2　个人从企业取现金模式及涉及的税收风险要素

个人从企业取现金模式	涉及的税收风险要素
人员薪资—以工资或劳务报酬发放	个税
股东分红、撤出投资、个人补贴	企业所得税和个税
企业收入转入个人账户	企业所得税和个税
以个人名义借款	个税
发票报销—费用取现	个税
利用税收洼地企业节税和变现	企业所得税和个税

从涉及的风险点来看，如果按照法定程序正常发放工资、分红、报销等是合法合规的，但使用现金支付费用方式逃避工资薪酬所得的个税、通过税收洼地虚开发票逃避分红税款、以个人名义借款长期占用企业资金冲抵报销费用等都会使企业面临个人所得税风险、抽逃资金的风险、占用资金被认定视同销售而计征增值税风险。

纳税年度内个人投资者从其投资企业（个人独资企业、合伙企业除外）借款，在该纳税年度终了后既不归还，又未用于企业生产经营的，其未归还的借款可视为企业对个人投资者的红利分配，依照“利息、股息、红利所得”项目计征个人所得税。具体有以下两个层面。

第一，股东以个人名义从企业以借款方式占用资金，管理层及其他雇员从企业以借款方式获得资金。个人从企业取现的合规路径和方式，就是企业本身经营活动的需要。与企业正常经营需要无关的取现，会涉及个人所得税和企业所得税这些税种的风险。针对股东个人从企业取现规避风险的这一现象，即便有证据支持为企业经营需要的临时借款，假若借款的占用时间过长，都会导致企业被税务局认定为分红而进行“纳税调整”。

第二，企业和子公司之间以公司对公司或集团对子公司的方式借款占用资金。常规而言，在不同上下级公司之间履行资金周转的过程中，一方面要确保周转为正常经营需要以及正当的上下游业务或总体集团化业务战略安排等；另一方面，由于资金主体不同的占用，实际是集团之间的贷款服务，因此，集团企业之间内部资金拆借通常会被认定为临时或长期的资金周转需求。

因此，在此类模式下，一方面集团成员企业之间需要签订责权利明确、时间周期明确的协议约束，且以非关联企业的方式，按照独立交易原则，参考其他同类银行相关贷款利率，以此制定成员企业之间资金拆借利率。另一方面在涉税层面，应该做到应享尽享，应缴尽缴，也就是可以申请相关的增值税的税收优惠，同时按照税法规定完成企业所得税申报缴纳。

（二）公私转账合规的类型

1. 公对公转账的合规模式

（1）“四流一致”下的公对公转账。企业的资金流（银行的收付款凭证）、发票流（发票的开票人和收票人）、业务流（货物或劳务流）、合同流（购销双方发票）以及基于上述四流一致的支持证据链的强关联材料（所有支持凭据附件等）要具有完整性、及时性、准确性。即收款方、开票方和货物销售方或劳务提供方是同一个法律主体，付款方、货物购买方或劳务接收方必须是同一个法律主体。若上述四流不一致，税款存在不能抵扣风险；若上述支持证据链不一致，税款存在不予认定和抵扣风险，甚至企业存在真实业务被认定虚假业务的处罚风险。

（2）签订三方合同，形成三方协议的四流不一致的公对公转账。由于购买方资金短缺等多种原因无法直接对销售商付款，通过转委托方式，委托第三方支付货款，这导致资金流与业务流、合同流、发票流的不统一。基于真实业务原则，三方通过签订三方合同的方式降低风险承受面。

（3）基于双方合同，采购方委托第三方企业付款形成的公对公转账。由于一开始合同明确约定，由第三方代采购方支付销售方货款，这也导致资金流与业务流、合同流、发票流的不统一。这种通过初期约定付款方并经三方认可的付款方式来解决问题的路径，是合法合规的，但需要基于真实业务完善相关支持证据链。确保支持证据链中委托协议的完整性，且具有第三方代为付款的逻辑合理性。在实际签订合同时，需要结合实际情况确定。

2. 公对私转账的合规模式

（1）财务将企业账户资金在每月的工资发放日，以工资形式发放至银行户，代扣代缴个人所得税之后，再发放到员工个人银行卡。

（2）个人独资类企业财务人员，将扣除费用以及完成经营所得个税缴纳后的利润，通过企业账户转账至个人独资类企业法定代表人账户。

（3）企业员工按照统一的备用金管理规定，若借款部分资金用于出差，经申请后，财务将企业账户的资金转给员工，员工在备用金规定的额度内按期报销，在规定时间内归还，并重新申领备用金。

（4）企业股东会决议对企业实现的净利润进行分红，经财务办理代扣代缴股息分红税款的手续后，将企业银行账户上的税后分红款转给企业股东个人。

（5）企业通过企业银行账户，履行了代扣代缴税款手续之后，支付给企业外聘专家个人顾问费。

（6）企业向个人购买物资，经企业与个人签署书面协议后，自然人到税务部门缴纳税费，并自行在税务局办理代开发票手续，自然人提供了物品清单之后，企业通过企业银行账户把采购货款转入个人银行账户。

（7）企业向企业员工借款用于资金周转的，企业承担向个人借款的利息。企业通过企业银行账户把向员工借款的本金和代扣代缴税费之后的利息一并转入该员工个人账户。

（8）企业优化一批员工，对员工 A、B 分别采取如下措施：对员工 A 按不高于年平均薪资三倍的方式解除劳动合同，且支付违约金和赔偿金，通过企业银行账户转入 A 个人账户；对退休的员工 B 提前支付退休一次性补偿款，通过企业银行账户转入 B 个人账户。

（三）货币资金管理的基本常识

1. 银行存款类基本常识

（1）银行存款管理是规范资金管理工作的重要方面，开设新账户需要履行合适的内控程序；开户时所有的相关资料完整存档保管，对于开户银行账户相关的变更事项，也必须保留完整的相关资料并及时归档。这是涉税支持证据链的一个比较容易忽略的环节。

（2）对有发生额的银行存款明细账，核对银行对账单的余额，查找形成差异的原因，编制银行存款余额调节表。反映企业银行存款的真实数据，保证会计信息的准确性和及时性。无论手工还是银行智能化，都是发现企业业务是否遗漏或重复入账、减少涉税风险的很好的核对方式；银行存款账户目录、银行存款余额调节表、银行对账单、银行存款明细账保存、销毁等一揽子过程，都需要履行审核批准手续后进行。

（3）网上银行是企业资金管控的重要方式，网银管理的基本原则一是确保安全，二是讲求效益。在确保安全层面可以利用二级或多级授权的安全机制，保障网上银行系统正常运行和企业资金的安全。在讲求效益层面，可以在保证安全的前提下，力求实现结算效率与效益的最大化。根据业务需要、结合各银行网银内部控制要求，按银行账户分别设置网银权限。

（4）网银业务操作规范是企业资金管控安全且涉及涉税风险的关键节点，操作的好坏决定了企业是否承受相关损失和风险。一般来说，网银业务涉及企业的内部转账、供应商货款支付、税费支付和日常费用报销支付等。根据手续齐全的有效收付凭据办理网上银行结算，杜绝付款手续不全的款项付出；网银密钥应视作财务印章进行管理，并将其网银密钥与密码分开保管。严禁转借网银密钥代替操作。

2. 资金证据链类基本常识

（1）为了实现企业资金运作的规范化、制度化和统一化，使资金管理有章可循，加速资金周转，提高资金利润率，保证资金安全，应制定合理的资金管理计划。

（2）加强网上交易、电子支付等支付方式的业务管理，企业与银行签订网上银行操作协议，明确双方在资金安全方面的责任与义务、交易范围等。严格实行网上交易、电子支付操作权限等不相容岗位的相互分离控制，是确保内控有效且规避涉税风险的重要手段。

（3）在资金的回笼管理中，赊销必须设定信用额度，超出信用额度的需按核决权限进行核决，信用额度按历史数据定期更改。按协议进行货款回笼，账龄超期应按相关制度进行定期预警甚至内部制定利息赔偿措施，是确保应收账款收现质量、降低应收账款坏账率的有效方式，也是规避坏账并规避涉税风险的重要手段。

（4）在资金的支付管理上，货款支付需事前编制月度计划，实际支付必须符合计划和协议，超出计划的必须增补计划。预付货款必须有协议支持。资金支付的协议和计划等支持证据链是确保企业规避涉税风险的核心。

（5）在资金的日常管理上，现金库存尽量减少，不得以白条抵充库存现金。银行印鉴及密钥管理需要做好内部控制，银行印鉴中财务专用章及法人章不得由同一人进行保管；网上银行密钥按审核级别分人保管；银行印鉴及密钥使用不当所引发的责任由保管责任人承担。这是规避企业的白条和资金管控失控涉税风险的关键。

（6）在借款管理上，企业常规需要针对借款分长期类备用金借款和临时类借款，达到企业规定条件或特定事项可备用金借款，临时借款需说明事项并经核决后再借款。无论哪类借款，对已批准的借款，都应在规定时间内报销，未使用的应无条件归还。企业还应制定相应的内部管理处罚措施，这是确保企业相关借款管控有效、规避资金管控失控涉税风险的关键。

3. 资金管理类基本常识

（1）货币资金使用条件需完善证据链支持，具体包括：所有报销或款项支付均需符合企业制度及核决权限规定，票据真实、合法，所有付款凭证均需财务会计审核、复核后方可付款。对公打款、借款、工资发放、税费和各项保险缴纳、各种款项返还等需要填写请款单。差旅费报销时需报销人填写差旅费报销单，如报销款项支付给其他人需报销人本人在报销单上签字注明。市场费用报销时需报销人填写费用报销单，附签呈或协议，如费用由多个部门承担需要承担人在报销单封面签字注明。预付款必须提供签呈、协议或合同，并保证发票的及时入账。

（2）在现金日常管理上，除差旅费和日常小额费用外，超过一定金额的支付必须经银行结算，尤其是差旅费及日常报销费用原则上通过网银汇入个人银行账户。现金收入应及时存入企业银行账户，不得坐支现金。盘点现金采取短少赔付机制和盈余处理机制。对付款凭证应付未付的扣款，除在收入发放表上列示的扣款项目外，其他扣款出纳要给被扣款人开具收据并交给当事人。

（3）银行存款及银行票据管理。需要针对各种银行票据的购买、保管、使用、销毁专设登记簿进行记录。银行票据的交接必须进行书面的签收手续，以银行承兑汇票回笼货款的，必须对所收票据的真实性、合法性进行复核确认。

（4）由备用金（长期）借款管理的借款，涉及的借款范围应该为经常性事务借款，主要是房租、办公等产生的固定费用支出，市场推广活动等，且办公用房需附支持证据链材料，比如类似房屋租赁协议复印件等。

（5）在临时借款管理上，需要按照企业内部管控制度要求，并按同类事项前账不清后账不借，或是前款不清后款不借等管理原则办理临时借款事项。

（四）货币资金费用管理的基本常识

1. 费用预警管控类基本常识

（1）费用实行额度管理，以实施的费用额度为企业费用管理政策的依据。费用支付需要定期预警，对各部门的费用使用及超支情况进行反馈和警示；费用超支可以采取实行有担保的预借方式降低借款风险，如果有问题，可以从责任人税后薪资中扣除挂账，定期结算，多退少补。

（2）借款与核销。企业内部借款根据借款期限的长短分为长期借款与短期借款。借款需提供符合核决权限的借款手续。长期借款必须专款专用，常规上一级经理对下一级不能归还的部分承担连带还款责任。短期借款必须在企业确定的短期内冲销，逾期的企业可以制定资金管理规则，收取资金占用费和滞纳金，之后可以和借款金额一并从报销费用中扣除。所有借款在企业发出清理通知时应无条件归还。形成坏账的，责任人赔偿。企业应定期集中清理借款。

2. 费用报销管控类基本常识

（1）各项费用开支需要履行规定的审批程序，且票据及附件合法合规。差旅费用和其他费用必须在费用发生后在企业规定的时间内报销。特殊原因超过报销期限的可以设置其他规定。报销人对发票及附件的真实性负全责。有问题的发票由相关部门安排报销人更换，企业可以制定相关的奖惩条款。

（2）在企业内部费用的冻结与解冻上，为了提高费用报销、支付的严谨性，保证企业所有职员利益，除离职、解职或逾期未转正以外的原因需要暂停支付某人费用的，按相关部门负责人的书面费用冻结申请单执行冻结手续，需要解冻的也需提供书面解除冻结申请单。

（3）在费用管控管理上，企业可以完善费用管控手续，实施内部的费用预警表格并贯彻执行到企业的各个环节，预警可以包括费用额度、费用超支及结余情况，确保企业相关人员获悉执行情况，并确保企业费用可控、利润真实、税费匹配。

二、货币资金管理的闭环流程

（一）资金收支与税务风险节点的闭环流程

资金收支在整个业务环节的流程与路径上，体现的是企业本身的运营风险，涵盖企业整个商业模式的运营过程。在企业整体资金收支过程中，鉴于税务控制点的有效融合，可以匹配税务控制点的风险节点。具体体现在资金收支与税务风险节点的流程设计上。税务管理的重要性与资金管理的重要性略有区别（见表4-3）。

表4-3　资金收支与税务风险节点流程

资金控制点	税务控制点	税务重要性	资金重要性	支持证据链要求	流程图
1. 资金集中					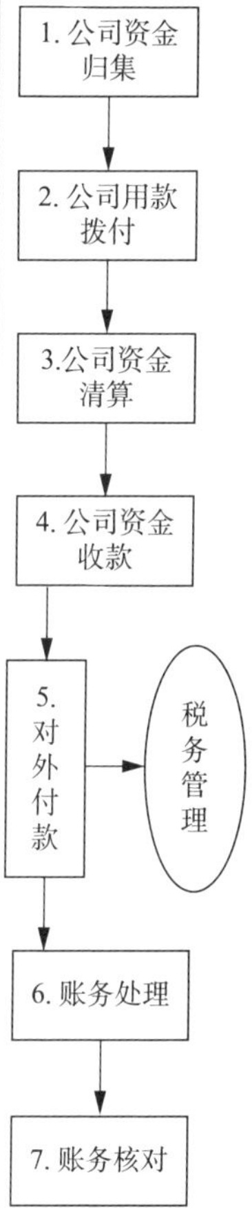
1.1　按账户管理办法规定，将所有收入资金（付款退回除外）及时存入收入户或财务共享中心规定的银行账户	资金是否体外循环，是否偷逃税款	重要	一般	1.1　检查银行存款日记账和银行对账单	
1.2　根据公司与银行签订的《资金集中管理合作协议》规定，授权银行机构按《资金集中管理合作协议》要求于一定间隔时间内定点将收入户资金向指定的账户归集。被归集账户的公司财务人员需要将《资金集中管理合作协议》中相关支持材料和归集内容采取电子上报或智能化上报方式在财务部门备案	资金是否公司内归集，是否视同销售纳税	重要	一般	1.2　检查附件支持材料	
1.3　公司按规定将银行账户或财务共享中心银行账户的存款余额主动归集或汇划到公司统一指定的集中归集的银行账户	例行性检查	重要	重要	1.3　检查公司账户日记账和对账单	
2. 用款拨付					
2.1　公司相关部门及分子公司根据财务预算要求，制定年度和月度资金预算，并报公司领导审批后，通过信息化手段转财务部门执行	例行性检查	一般	一般	2.1　检查资金预算是否经财务部门审批	

续表

资金控制点	税务控制点	税务重要性	资金重要性	支持证据链要求	流程图
2.2　公司根据批准后的资金预算，制定预算周期的用款计划，经公司管理层履行审批审核程序后，由相关人员转财务部门执行	例行性检查	一般	一般	2.2　检查企业用款计划是否按规定审核上报	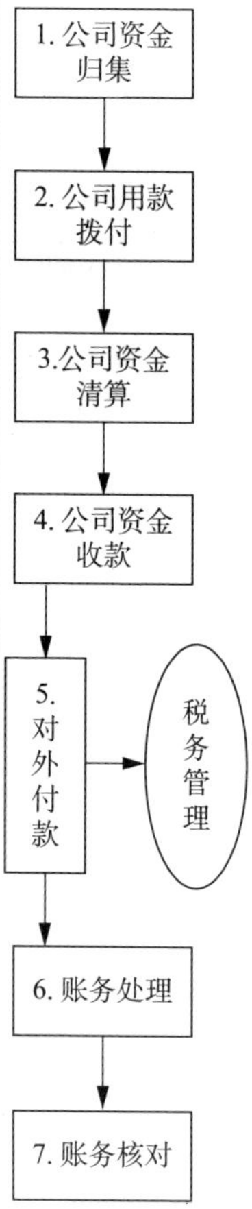
2.3　财务部门相关人员按规定对公司用款计划进行线上审核，线上模式协同线下模式制作付款建议或付款通知单，经业务条线审核后转财务授权人员审批，之后办理资金拨付业务	资金是否对公付款，是否视同销售	重要	一般	2.3　检查付款建议或付款通知单是否按规定审批	
3. 资金清算					
3.1　财务部门相关人员每月根据审核后的分公司及全资子公司财务报表数据、投资计划完成数、利润指标、在当地银行发生的长期借款、资产处置等数据编制月度的资金清算计划，须经财务部门主任或其授权人员批准	资金支付费用是否符合要求和规范，支持证据链是否完整，是否存在所得税纳税扣除不符合要求项目	重要	一般	3.1　检查资金清算月度计划是否按规定批准	
3.2　财务人员根据业务部门提供的文件资料或相关规定，制作个人所得税、企业所得税清算单据，涉及非常规类税种和其他行政规费等业务单据，经财务授权人员批准后执行清算手续	缴纳的税费计算是否准确，是否存在恶意虚开发票、恶意取得发票调整，是否存在漏税等情况，是否采取妥善措施处理	非常重要	一般	3.2　检查其他资金清算单据是否按规定批准	
4. 资金收款					
4.1　财务人员根据公司实现销售挂账的应收账款和其他应收类款项，按照地方财政应该给予公司的财政补助或特别相关补助，按规定收取的税务奖励等，按照规定的程序，经财务相关负责人批准后执行收款手续	收款是否已经全部针对不同类型处理，业务收入是否及时计税，及时计算税款并缴纳	重要	重要	4.1　检查是否按规定收取相关款项，是否按照不同类型收取款项，收取款项单据是否按规定批准	

续表

资金控制点	税务控制点	税务重要性	资金重要性	支持证据链要求	流程图
4.2 公司财务部门根据收取的不同类型的款项，经相关部门审核后，按照资金归集要求，将资金自动转入资金归集账户，履行自动归集或划转支付到财务部门指定的归集银行账户手续	例行性检查	一般	重要	4.2 检查是否按规定付款	
5. 对外付款					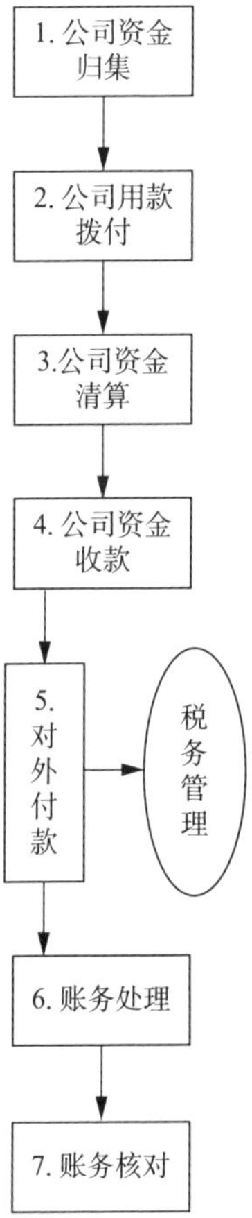
5.1 公司针对非经常性资金拨付，相关职能部门提出付款签报申请，按规定权限审批后，交财务部门按照货币资金管理业务流程办理付款	公司对外付款是否符合公对公付款条件，公对私付款是否具备相关支持材料，第三方委托付款等类型是否获得各方认可	非常重要	重要	5.1 检查非经常性付款申请是否按规定权限审批	
5.2 财务相关人员根据已经批准的付款申请，线下或线上制作付款通知单，经财务授权人员批准后安排对外付款业务办理和管理	例行性检查	非常重要	重要	5.2 检查付款通知单是否按规定批准	
6. 账务处理					
财务部门对收拨款相关单据审核无误后，按照公司内部会计制度进行账务处理，相关会计凭证由不相容岗位人员稽核	例行性检查	一般	重要	检查是否按规定账务处理，相关会计凭证是否由不相容岗位人员稽核	
7. 账务核对					
公司应每日对存款记录数据进行核对，发现差异应及时分析原因，并与财务相关差异问题的业务部门联系解决，落实差异原因，及时跟踪。此外，公司财务部门需与业务部门每月核对往来款项，还需要对对账结果签字或盖章，存在差异应查明原因，及时处理	例行性检查	一般	非常重要	检查对账记录	

（二）资金收支与税务管理的智能化领域

鉴于金税系统针对收入、成本、费用、同比、类比、税负率稽查比对的智能性，企业为规避风险，需要提升资金管理的智能化水平。建立财务共享的资金管理子中心，实时监控单位内部现金的走向，尤其要关注股东报销、分红、补贴等项目。规范单位账户资金使用流程，在各个节点采取标准的审批流程，并通过电子存档留下痕迹，以备税务抽查（见图 4-1）。

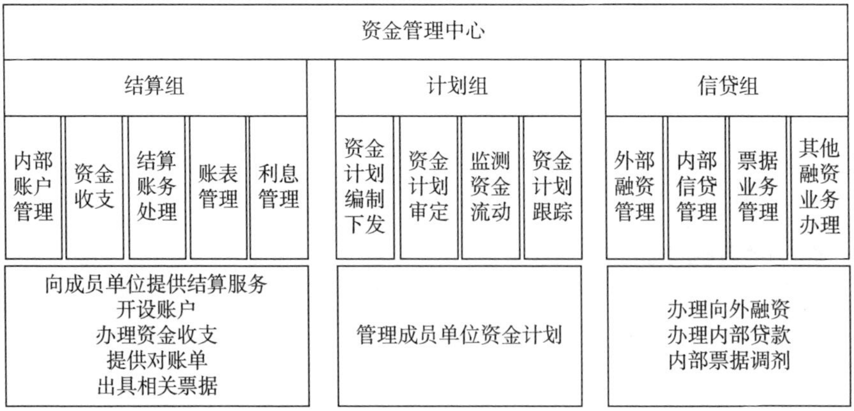

图 4-1　企业资金管理实施方案

财务共享的资金管理子中心与税务共享子中心链接后，通过税务核算、税务筹划、税务检查完成税务申报。通过内外部监控，企业可能面临个人从企业取现的种种风险（见图 4-2）。

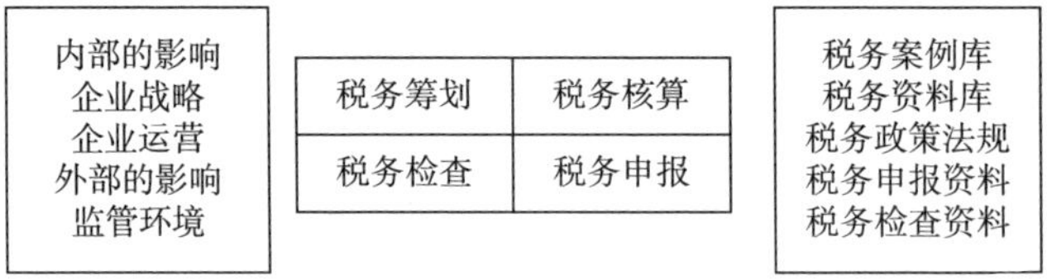

图 4-2　统一税务信息共享平台

针对企业销售形成的收款、采购付款，货币资金的管理往往牵涉企业各个环节。内部员工资金收支的合规性以及业务链条上供销环节的合规性都是企业资金管理的重点。

从税务预警和管控角度，通过税务子模块融合进入企业财务共享资金子模块，形成融合贯通模式，推动管控的智能化可以逐步规避税务风险。也就是说通过建立一套贯穿合同、收款、开票、申报监测收入资金流向的管控办法和配套的智能化系统，可以提升企业合规化之后的效率，融合细化各数据间的稽查核对，具体如图 4-3 所示。

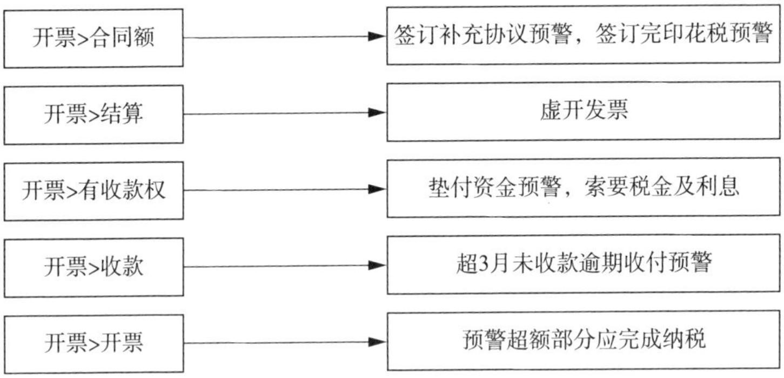

图 4-3　销项风险预警

企业本身的财务共享的税务管理子中心可以融入业务管理的采购及付款系统。规避企业采购端涉及的采购客户不合规操作问题，规范企业开票行为，严格规避涉税风险，企业税务管理融合建立成本、资金一体化，实现发票、货物、协议等数据共享。供应商、单价、数量与物资结算单形成对比，核实相关成本，使得企业的进项业务规范，真实反映企业业务情况，确保企业涉税数据的可靠性。

从业务源头开始，从企业内部排查税务风险，就业务内容、发票内容，以及提供服务的双方进行对比（见图 4-4）。打通“合同、月结、成本、发票、税金、付款”的管控链条，确保过程可控、业务模式可控。

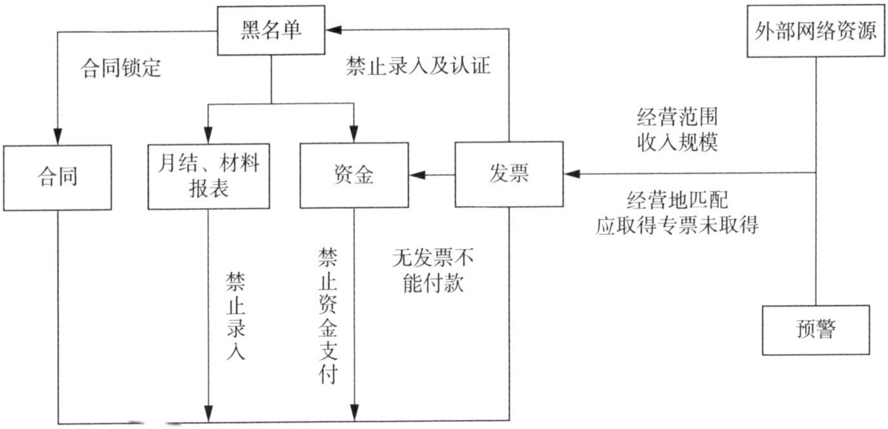

图 4-4　进行风险预警

（三）受托第三方收付款的一体化对策

在企业业财税一体化的背景下，针对必需的第三方支付模式，加强企业内部税务模块与财务模块的融合，即实现企业的业、财、税融合。

财税的融合可以使得税务系统直接与企业内的财务模块相连，实现直接的数据对接，从财务模块中获取直接的数据，对企业的受托收款或付款业务实现直接的业务管理与税务数据处理。尤其是在受托第三方支付方式上，增加以受托收付款为中心的业财税一体化建设可以使企业内的受托收付款业务的数据传输更加明晰，税务数据更加透明（见图 4-5）。

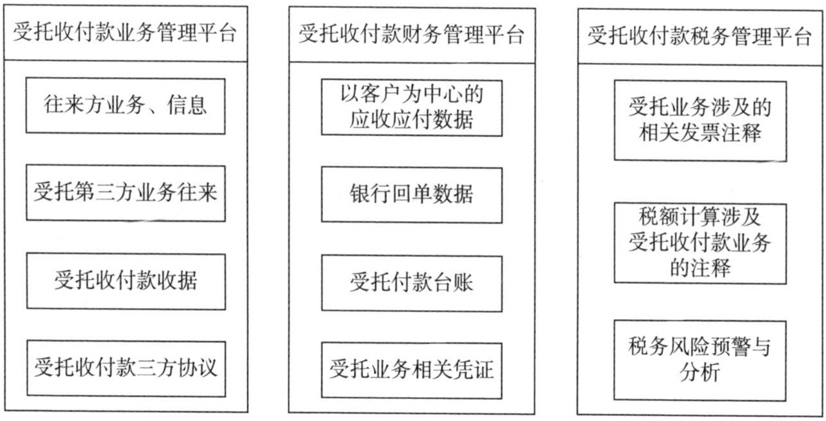

图 4-5　以受托收付款为中心的业财税一体化建设

第三方支付业财税模块的融合，可以建立统一标准化的制度和严格有效的管理流程，实现业务信息共享、财务数据共享以及税务管理流程的共享，从而提高税务管理业务的效率、维护企业日常基本运营，同时减少工作人员的人为失误和人为决策的干预，达到压缩整个流程的管理成本、降低税务风险的目标。

第三节　资金管理的涉税处罚与改进对策

若企业的资金管理不善，就会产生运营层面风险，包括由于资金活动管控不严，导致企业资金被挪用、侵占、抽逃或遭受欺诈的风险；由于企业资金调度不合理导致整体营运不畅，会让企业陷入财务困境，甚至由于资金无法系统管理而引起利息收益的损失；由于企业筹资决策不当，资本结构可能由于融资时效性的延迟而出现危机，甚至可能会出现筹资成本过高带来企业主业失控的债务危机；还可能由于企业投资决策失误，采取盲目扩张方式，导致失去了发展的机遇，甚至导致资金链断裂。这些风险不仅存在于企业运营层面，还会带来税务的风险，具体案例如下。

一、企业资金支付方式不当引发的税务处罚案例

（一）企业资金公对私支付方式不当引发税务处罚

民营企业 G 接到 B 市税务局第一稽查局关于企业劳务费发票协查的通知，经核查，G 企业收到的 B 市第一稽查局要求协查的发票累计 300 万元，为 Q 市 L 劳务服务公司人力资源劳务费发票，状态正常，经过验真无误。

服务事项为 Q 市 L 劳务服务公司与 G 企业签订的劳务外包服务协议，负责 G 企业中标项目的劳务派遣工作。合同签署无误。

服务内容为产品安装和后续维护服务，业务约定清楚。服务时间段为 2 年 6 个月，均已经服务完毕。从 G 企业支付记录上看，G 企业因 B 市区域所属其他项目存在外包公司截留资金，未及时发放工资造成负面影响，考虑到项目重要性，出现类似事件影响较大，为避免劳务公司挪用或截留资金，根据项目实际情况使用现金支付。

在企业支付过程中，由于资金未采取公对公支付的现金支出，没有书面三方委托协议，导致企业操作不符合《企业所得税税前扣除凭证管理办法》规定的税前扣除凭证在管理中遵循真实性、合法性、关联性原则（真实性是指税前扣除凭证反映的经济业务真实，且支出已经实际发生；合法性是指税前扣除凭证的形式、来源符合国家法律、法规等相关规定；关联性是指税前扣除凭证与其反映的支出相关联且有证明力）。

因此，G 企业按税法要求依法补缴相关税费。经测算所得税本金为 75 万元，滞纳金 45 万元，累计要承担 120 万元税款及滞纳金。

（二）企业管理状况的问题

某一线 B 市 X 区的科技服务类民营企业 G 成立于 2000 年后，注册资本金超过 3000 万元，均已实缴。企业经过多年发展，业务稳定，形成了为国有企事业单位提供科技产品和一揽子服务的业务形态。企业约有 1500 人，其中财务部门员工接近 30 人。由于财务基础业务管理不到位，G 企业资金管理现状存在如下问题。

首先，规章制度不健全，G 企业缺乏具体成文的财务管理制度，财务部门缺乏系统有效的财务管理办法，财务管理无章可循。

其次，对财务部门的管理力度不足，事后服务过多，无法了解业务全貌；财务人员缺乏工作技能，处于总体不规范操作阶段。资金管理的系统化缺失，顶层规划不足，不少岗位因反复调整和事前未规划而处于业务反复推倒重来的阶段。

再次，对财务内部岗位的指导缺失，财务状况缺乏适时信息分析及有效分析，服务项目与合同无法匹配一致，不少业务支付处于无法监管的状态。财务中层管理人员人力薄弱，缺乏对企业的精益化管理。

最后，G 企业的资金分散。流动资金和业务收款没有统筹管理，资金经常出现紧张状态，对现金的管理欠缺系统性，运作效率低。出现过企业银行账户对公转账超过 200 万元以上的单笔业务却没有合同和协议，企业对员工转账超过 5 万元的频次很高，次数很多，且并非差旅和交通类借款，市场拓展公关费比较多。

因此，总体来说，G 企业重视市场，但未重视内部管理运营。总体实力不足，市场能力较强，市场资源丰富且市场化运营类人才丰富，市场非常稳固，但由于财务管理不善，导致融资渠道不畅，存在很大的资金缺口。由于企业财务总体资金统筹管理意识薄弱，尚未建立内部预算管理制度，没有对企业内部资金统筹使用做出科学合理的规划，导致企业薪资发放不及时，流动资金周转缓慢，大量资金被市场保证金等无效占用，财务内部无人关注资金运营质量。虽然 G 企业没有盲目投资，只是集中精力内部发展，但由于财务短板，导致总体财务监控机制不健全，缺乏资金风险管控体系，时刻面临财务爆雷风险。

（三）企业资金管理改进的六大对策

G 企业针对业务中发生的规范性问题，开始加强日常财务管理，提升业务链条内控力度，杜绝类似情况的再次发生，重新优化了财务部门的岗位职责，明确了所有涉税事项的负责人，落实了针对过往增值税申报不及时、个税手续费准确计算缴纳和返还、手续费未取得专用发票、预收长期挂账等问题，解决了针对个人所得税层面以现金发放员工奖金的不合规问题，以及代扣代缴个税问题，完善了针对专家劳务费、员工福利个税申报机制。

第一，调整安排企业的经营策略，重新针对回款难、回款慢的问题，调整信用管理制度和修订客户档案，确保企业资信评价依据准确，完善合同管理办法，针对企业各项信息进行系统的分类管理，完善了客户资料，包括对企业性质、法定代表人、注册资金、财务状况、经营规模、资信等资料的确认，并针对这些客户开展信用评价，重新选择优质客户。结合客户的品质、能力、资本、抵押、条件和连续性等标准，采用定性分析和定量分析进行客户信用的重新评定。

第二，重新针对性完善了企业客户的信用授信办法，优化了企业客户的信用额度，控制应收账款和预付账款的规模。规定了企业最大赊销限额和赊销期，并实行信用额度动态管理和预警机制管理。

第三，针对企业过往合同收入确认缺失问题，加强了合同管理制度的修订，优化了合同会签流程，并对合同履行过程进行有效监控。G企业对于发生的问题或者合同约定不明确的问题，全部进行系统梳理，进行合规化转型，规范合同约定的不合理不合规的付款行为，协商解决了全部公对公业务的付款模式，并就不少公对私不合规协议进行了变更或终止。

第四，重新修订了应收账款管理制度，明确了账款账龄分析办法、应收账款催收制度。G企业实施了定期对账方案，针对各项应收款，定期开展超期应收款的碰头会，落实了应收款项的监督和检查机制。

第五，加强了内部审计工作，针对企业购销业务实施专项审计，就企业收款和付款行为的过往问题进行了系统梳理，防止因管理不善而出现挪用、贪污及资金体外循环等问题，降低经营风险。

第六，针对资金周转困难问题，企业就货款回笼业绩考核和责任追究机制进行系统管理，明确责任机制，确保“谁销售，谁收款”原则的落实。提升企业货款收回的及时性，落实分解具体的责任并灵活授权，为销售和服务队伍制定切实可行的收款计划，明确收款金额和期限。根据应收账款的余额和收款时间，进行合同的匹配，结合完成情况及时对销售人员进行业绩考核和奖励，奖励方式也采取了妥善的税前列支、代扣代缴税费的模式。

综上，G企业改善了过往运营管理的松散行为。同时，针对资金预算及资金风险管理进行了系统的加强，在内控风险管理上加强全面预算及资金预算管理。针对财税风险管理，财务部门加强了针对金税系统税务风险的管控。在支付资金环节，调整并严格要求公对公付款，杜绝对公业务的现金付款，实现了资金的税务风险管控，明确了针对个人账户拨付资金的资金风险管控。

二、企业内部资金拆借不当引发的税务处罚案例

（一）企业内部资金拆借不当引发的税务处罚

某集团公司A的全资子公司B，为满足资金周转及日常经营需要，向集团内关联企业C拆借资金。集团公司A及关联企业C累计拆借公司B资金本息合计约12亿元，占全部关联交易总额的90%以上。

集团公司A通过在内部成员企业之间拆借资金的方式，加强资金集中管理，提高使用效率。但集团公司A内部资金拆借不合规，被要求补缴企业所得税4800万元。

（二）企业的管理状况

集团公司A及关联企业C提供的短期过桥资金，未收取需要使用资金的子公司B利息。

集团公司A发生了多笔集团内部资金拆借业务，对其中部分拆借资金收取了利息，并按照税法规定计算缴纳税款，部分拆借资金未收取利息、未确认收入。

税务机关在检查原始凭证和相关资料时发现，集团公司A有几笔资金拆借业务既没有借款合同，也没有取得合法有效的增值税发票，但却对相应的利息支出做了企业所得税税前扣除处理。

集团公司A为资金周转困难的公司B提供委托贷款，并按规定利率收取利息，取得的利息收入按照税法规定计算并足额缴税。对于个别资金需求迫切、来不及签订委托借款合同的，集团公司A经内部决策，可根据实际情况酌情为其提供短期过桥资金以解燃眉之急，不收取利息。

税务机关根据《企业所得税税前扣除凭证管理办法》规定的企业发生支出应取得税前扣除凭证，作为计算企业所得税应纳税所得额时扣除相关支出的依据。对于借入方公司B未取得合法有效凭证、未与集团公司A及关联企业C签订借款合同的利息支出，将导致支出成本不得在企业所得税税前扣除。

公司B与集团公司A及关联企业C之间融通资金所支付或者收取的利息，超过或者低于没有关联关系的企业之间所能同意的数额，或者利率超过或者低于同类业务的正常利率的，税务机关可以调整其应纳税额。对于出借方未签订借款合同、未确认利息收入的，应按照同类同期银行贷款利率确认利息收入并补缴企业所得税。税务机关核定了集团公司A应纳税所得额，按核定

的同类银行贷款利率规定折算利息收入为1亿元。集团公司A累计补缴企业所得税4800万元。

（三）企业资金管理的两个改进方案

集团公司A由于未采取与外部企业一样的独立交易和对外模式一致性管理的原则，导致企业承受了超出规定的税务处罚。企业针对内部资金拆借管理的不足，需要纠正内部资金拆借不合规行为，需要完善企业内部交易的独立性操作模式，需要一并完善内部关联企业之间交易的支持材料的汇总编制工作。

集团公司与分子公司之间的无偿资金拆借免征增值税。但集团公司需要按照对外业务模式，对相应的内部资金拆借做企业所得税处理。

第一，需要按照资金往来的相关原则，编制内控制度，优化资金内部和外部融资路径，确认资金成本方式。

第二，从内部关联交易的要求出发，内部往来也编制相应的合同，无论是业务还是资金，均需完善内部链条，作为企业账务支持的重要的证据链，作为原始凭证及时入账，及时开具发票等资料，进行系统、规范的管理。确保既能用足用好税收优惠，又能避免税务风险。

第四节　本章小结

对于企业的经营者来说，资金是企业发展的血液。资金管理的效果取决于对资金收支和资金转账合规模式的把关。企业经营者也需要通过掌握现金流信息来了解企业经营的过去、现在和未来的情况，通过把握资金，为企业的持续运营和持续发展把好管理关。

同时，对于企业的所有者来说，通过掌握资金的安全性，落实资金的流动路径和合规方式，保证资金使用的合理性，提高资金使用效率，可以有效实现企业对风险的控制，杜绝税务处罚风险。

因此，很多企业都会以资金管理为重点，来提升企业整体的管理水平。比如通过建设资金池模式来加强资金管理，通过资金的有效管理带动企业经营的改善，通过简化资金管理流程和步骤，推动企业改革并实现企业架构的扁平化管理，通过企业资金导向常识的处理，实现对企业资金收支税务风险点流程和节奏的把握。

鉴于资金的重要性及其高度流动性特点，资金的风险管理和涉税管理也成为企业财务的关注重点。在资金风险管理体系下，在战略层面、流程层面以及组织系统层面执行有效的控制措施，才能有效地识别、预测和控制资金风险，降低资本成本，提高资金使用效率，实现资金风险管理的目标。

本章参考文献

[1] 王丽娜．数字经济下税收征管数字化转型的机遇与挑战［J］．国际税收，2021（12）：65-70.

[2] 朱凯，潘舒芯，胡梦梦．智能化监管与企业盈余管理选择——基于金税三期的自然实验［J］．财经研究，2021，47（10）：140-155.

[3] 马敏．“互联网+税务”背景下税收征管现代化问题研究［J］．税务研究，2019（2）：109-113.

[4] 闫晴．“人工智能+税收征管”的理念确立与制度建构［J］．当代经济管理，2019，41（2）：77-83.

[5] 刘昊．人工智能在税收风险管理中的应用探析［J］．税务研究，2020（5）：79-82.

[6] 陈兵，程前．人工智能时代应加快智能税收法治系统建设［J］．兰州学刊，2018（11）：103-118.

[7] 刘梅玲，黄虎，佟成生，刘凯．智能财务的基本框架与建设思路研究［J］．会计研究，2020（3）：179-192.

[8] 曾德荣．资金风险管理体系与资金风险的应对措施［J］．财务与会计导刊（实务版），2011（10）：13-15.

第五章 十大税务管理工具之运营管理

本章从税收管理的企业运营层面，重点聚焦企业运营的设计，通过运营空间的设计，解决企业运营层面的税种适用用工模式，及运营模式相关环节的节税降费问题。

企业节税降费的运营环节主要包括三个层面。首先，涉及运营层面税收筹划基本策略，税种层面体现在流转税和所得税的有效筹划。企业运营解决总体设计和路径，落实企业的增值税销项与进项，确保企业合理增值额的额度。其次，企业通过运营层面用工模式的多元化，解决针对个税税赋的节税问题，通过有效的上下游和个独个体模式，将雇员模式转化为经营上下游企业的模式、劳动合同模式转变为成立个体企业的劳务合同模式，实现用工成本的下降。最后，在企业综合运营层面，为有效解决所得税的系统筹划问题，企业通过有效的运营外包等方式的融合，以合法取得成本凭证方式进行系统税务筹划和管理，并借助运营模块化分解组织分工的设计打造筹划空间，借助智能化对策实现运营层面的精益化。

第一节　企业运营税种设计的原则与路径

从企业运营的税种设计角度来说，税收筹划的方式可以结合企业整合的五个方面展开，即企业降低税率、缩小课税基数、直接税收减免、减少层层控制的重复课税、针对大额税款的延期纳税问题。具体的税收筹划方式体现在如下几个方面。

一、企业税务管理的三类重点税种

企业在运营过程中，由于面临的综合税赋可能会因产品结构、人员结构和资源禀赋不同等因素，导致企业面临税赋过高等问题。因此，企业需要通过筹划实现节税降本，并通过系统的设计来系统节税，且规避偷漏税问题。因此，企业的税务管理和筹划需要基于可持续发展的原则进行设计。

从企业运营解决总体设计和路径的原则来说，企业经营涉及的税种除了消费税和其他小税种之外，主要是增值税、个人所得税、企业所得税这三个大税种。

增值税层面，落实企业的增值税销项与合理的进项，确保企业的合理增值额。增值税涉及普通发票和专用发票，增值税税目也涉及很多免税项目。专用发票在于增值环节的抵扣，因此，通过对增值税的设计，实现增值税管控的模块化分解，通过对增值税合理进项的设计，进行系统的整体运营的模块化分解，解决企业的外部增值成本问题。企业通过劳务外包、人力外包、项目外包、采购外包、销售外包等外包和分包模式，可以解决企业外部资源导入和协同的专业化分工问题。

个人所得税层面，落实并解决企业个税的节税问题，通过有效的上下游和个独个体模式，将雇员模式转化为经营上下游企业的模式，劳动合同模式转变为成立个体企业的劳务合同模式，实现企业用工成本的下降。因此，通过身份置换转换，在人员管理上实现从雇员到合作、从雇佣模式到经营合作方式的改变，解决企业个人所得税的合理转换问题，解决企业由于用人的身份不同所带来的个体承担的税率不同的问题，系统解决个人工资薪酬所得、劳务报酬所得、经营所得的分类问题，尤其是对薪酬劳务所得与经营所得的划分。从根源上解决个人节税与企业节税问题。

企业所得税层面，企业所得税涉及收入类、扣除类、资产类、优惠类、其他类等五个领域的涉税范畴。企业通过运营方式的改善，可以有效解决所得税的系统筹划问题。

企业通过有效的运营外包等方式的融合，采取成本凭证方式进行系统税务筹划和管理。企业通过针对企业所得税的综合税收筹划，获得合法合规票据的合法成本凭证用于税前列支，解决企业税收洼地纳税问题，并采取综合方式，系统解决核定征收的节税问题。

二、企业运营路径设计与优化

在国家税制改革、金税系统不断升级和智能化的背景下，企业的合规化运营非常重要。具体涉及以下几个方面。

第一，在企业市场竞争引发的营销费用攀升，或是营销费用同比增长之下，营销费用率不断成为企业被税务局稽查的重点领域。由于企业营销模式的丰富化，市场拓展模式可以分为自营销售模式、代理销售模式、专业服务推广模式，或是称之为常规市场销售模式、专业代理销售模式、专业推广销售模式。

第二，专业化分工越来越精细。在企业分解商业模式之下，企业的常规市场销售模式和专业推广销售模式都在企业内部消化销售费用，而专业代理销售模式则以企业底价模式提供产品给代理商，代理商负责销售货物，相关销售费用由代理商承担。

第三，代理商的市场推广和拓展还需要合规，并确保营销逻辑合理合法，确保开具的发票真实，避免税前费用抵扣出现“虚开”问题，在产品推广过程中，确保不出现违法违规行为，需要完善企业应该具有的支持证据链材料。这包括针对专业代理商和专业服务商的资质资格能力、服务过程证明等支持，并确保业务、发票、资金的一致性。

第四，由于代理商和服务商的服务环节是基于生产企业之外的专业主体，是除生产企业之外新的涉税主体，也即代理模式和外包模式等多样化销售模式的组合，而在代理商模式之下，代理商不断升级转型，退出产品的代理销售环节，并不断向专业服务商转型。有不少专业服务商转型为代理商。这些新的涉税主体的融合转型，体现为营销服务外包实现了专业化分工和企业的价值回归。

因此，为确保交易环节和流通环节的税费税赋降低，就需要针对企业的运营环节进行节税的设计。

三、企业总体筹划的五层路径

企业针对商业模式进行财务税务筹划时，需要结合业务进行企业与客户的路径设计，针对常规化自营、专业代理商、推广服务商模式的不同，安排不同的涉税路径和进行涉税主体的筹划。

第一，企业针对商业模式进行财务税务筹划时，按照上述逻辑进行系统设计，将企业雇员的雇佣模式、外包人员的劳务派遣模式、外部人员的经营合作模式进行重新设计组合。也就是说，企业可以根据节税和提升效率的需要，将员工模式变成经营合作个体企业设立者的客户模式，或是变成经营合作的外部公司以派遣合作方式与企业进行合作的客户模式。

第二，通过企业对专业服务商提供专业服务，解决企业在专业推广环节的精益化管理，确保企业端和专业服务商各自合规性的建设。使得业务路径符合实际业务管理层级和业务本身的真实属性，同时，改变了企业与提供企业服务的个体的关系，确保了推广相关个独个体或推广自然人承担的独立责任，减少了专业推广服务商或专业推广代理商不可控的风险。这也规避或减少了市场推广人员本身个税缴纳的风险，有必要时可以让这些推广人员自行成立个独个体公司，解决推广人员各自在个独公司独立纳税和独立缴纳社保的问题，实现企业的长期安全性，减少企业和雇佣模式下雇员的劳资纠纷等爆发的可能性。

第三，在推广产品和提供服务的过程中，企业获得专业推广服务商组织的服务成果，但需要确保可溯源，从而使获得的相应服务与相对真实的服务和信息令人可信。如果出现风险，相应责任由对方的个体公司承担，也就是说最终归属相关的业务执行人，而非专业的推广服务公司。这使得最末端层面的个体公司在提供专业推广服务时，会主动确保提供的服务证据材料的完整性。

第四，在企业票据管控上，各级企业从源头企业、一级代理商或一级服务商、有限公司或个独个体企业和自然人到税务局代开发票的所有源头和路径，一直到最末级单位，各个过程都因支持材料完整、资金支付链条完整而可以层层开具真实业务的票据。

第五，各级企业可以合规取得相关发票，可以在税负上实现各级的层层抵扣，这也使得企业从源头到末级的综合税负成本降低。各级企业被税务稽查的风险也大大降低。从这种模式来说，可以对企业业务端口实现产品推广和合规管控，确保企业在持续性经营方面做到精细化管控和有效税收筹划，有助于企业降低综合税费，实现长期合规发展。

因此，从系统的业务路径来说，总体衔接并确保企业的长期投资与收益的匹配性，以及支持收益的佐证材料的合理性、由于上述业务导致的往来金额及业务匹配性、购买的固定资产的价格合理性、相关管理费用支出的合理性可确保企业整体风险可控，尤其是平衡收益和费用的匹配性和费用合理性、相关费用支出的支持资料的完备性。

第二节　企业运营用工的涉税模式与筹划空间

从企业运营筹划的细分对策和执行来说，在总体筹划路径上，需要符合三级合规模式的总体设计，且从企业到专业服务商再到个独个体甚至自然人的多级市场营销路径要实现通路。因此，企业的运营筹划需要综合考虑三级合规筹划，才能真正实现合规系统下的有效节税。

为此，企业需要契合本身业务规划及整体架构的逻辑，在不改变原本商业模式和业务规划的基础上，针对企业本身、企业员工、企业市场推广服务商、企业终端客户等，进一步细化业务流程、规范业务环节。按照节税的要求，进行雇员模式和经营模式的转型，使得企业在降低税赋的情况下，实现财税双向的安全性。企业还可以针对业务流、资金流、发票流等需要的支持材料，通过定位、拍照、在线签名、智能审计等技术手段，保证与各级服务商的协同和安全，确保专业服务商的推广服务行为更加真实、合理且留痕。

以此为基础，企业可以在保证业务真实安全的基础上，实现专业服务推广商等服务应税劳务“四流合一”，与企业的市场运营和相应的营销费用匹配，从根源上解决税务合规和有效筹划的问题。

一、个人独资企业的筹划空间

关于个体工商户所得税方面的筹划。个体工商户对当前收入进行分散转移，对当前收入成本以及经济支出行为进行有效调节，以此来保证在个人收入过程中所呈现的税收机制符合法律规范，同时又可进一步缩减纳税个体的缴税费用。

（一）个人工作室及个人合伙企业的税务筹划空间

个人工作室又称个人独资企业，是指在我国境内设立的由自然人投资，且归投资人本人所拥有的商业实体，同时投资人还要以个人财产对工作室的债务承担无限责任。拥有个人工作室可以在未来的发展过程中享受一定的税收优惠政策，此时的基本纳税额就会相对较小；采用核定征收的方式纳税，税率一般都很低，因此基本税收支出较少，能够为高净值个人合理避税。

利用工作室融合互联网技术开展税务筹划的实践探索，不仅可以降低工作室的运营成本，还可以提升纳税结算的申报效率，从而制定出最佳的税务筹划对策。

通过研究以往工作室的纳税筹划方式，并结合智能化纳税平台的背景及优点，总结出最佳的个人工作室税收智能化对策。

用工的企业可以直接将协议确定的服务费用支付给个人工作室，工作室根据具体的薪酬开具发票，将雇员与雇主之间的关系转化为企业与个人工作室之间的劳务合同关系。

从个人合伙企业的税收政策来说，个人合伙企业是介于自然人与法人之间的一类经营实体，在税制设计中，对该类特殊的经营实体，本着简便征收与扶持个人合伙企业发展的原则，实行有别于法人企业的差异化税收优惠和扶持政策。

个人合伙企业的税收政策作为一类特殊的经营实体，有别于一般的法人企业，其税制遵循简便管理的原则。个人合伙企业生产经营所得和其他所得采取“先分后税”的原则，合伙企业是以每一个合伙人为纳税义务人。

（二）个人独资企业与个体工商户的筹划空间

个人独资企业是指依法在中国境内设立，由一个自然人投资，财产为投资人个人所有，投资人以其个人财产对企业债务承担无限责任的经营实体。目前比较常见的个人独资企业组织形式是某某工作室、某某经营部等，主要存在于零售业、手工业、服务业和家庭作坊等。个人独资企业和合伙企业不缴纳企业所得税，只针对投资者个人的生产经营所得征收个人所得税。

个人独资企业的个税征收分为**查账征收和核定征收**。

查账征收的基本原理：根据个人独资企业的收入减成本、减费用得出利润，乘以对应的个人所得税税率计算应缴纳税额。适用的个人所得税税率表为5%~35%的超额累进税率表。

核定征收的基本原理：个人所得税核定征收主要针对的是个人独资企业中的小规模纳税人，通常情况下个人独资企业中的一般纳税人是不能核定征收的。

核定征收有两种征收方式。

一是核定应税所得率，通过申请，核定下来的实际个税率一般较低，为常规一般纳税人税率的20%左右。二是固定征收率，依据行业确定的个税率会比核定征收率更低。总体核算下来，一家核定征收、小规模纳税人的个人独资企业，综合税率不会超过6%，远低于有限公司。

成立工作室、与经纪公司签约、直接与平台签约或作为平台员工工作，服务方式的不同造成经营模式的性质不同，个人所得税的适用税率也不同。

除工作室外，个人从平台或经纪公司取得的收入一般认定为工资、薪金所得或劳务报酬所得，作为综合所得合并计税，适用七级超额累进税率，最高边际税率为45%。通过工作室承接业务则作为经营所得，适用五级超额累进税率，最高边际税率为35%。

个体工商户是指在法律允许的范围内，经过核准登记，从事工商经营活动的自然人或者家庭。申请个体经营的单个自然人须16周岁以上，具备劳动能力。申请个体经营的家庭，则户主个人具备经营能力即可，无须其他家庭成员都有经营能力。

个人独资企业和个体工商户都享有合法财产权，包括对自己所有的合法财产享有占有、使用、收益和处分的权利，以及依据法律和合同享有各种债权。

（三）个人独资企业税务筹划的简易计税方式

在核定简易计税方式实现节税过程中，简易计税的概念就是计税方法的简化处理，指的是使用税务管理中“核定征税”的方法。换言之，税务机关可以用利润率法来计算企业所得税或个体经营者个人税。

简易计税和一般计税具有一定的差异，两种计税方式的区别主要体现在：第一，简易计税的税率低于一般计税的税率；第二，一般税收计算方法中有扣除，简易税收计算方法中有适用范围；第三，应纳税额的计算方法不同。

虽然从表面上看，简易计税可以给企业带来更大的节税效果，但简易计税和一般计税各有利弊。当企业处于不同时期时，不同计税方式对企业的影响是不同的，需要结合企业运营、运营时间和发展规划来判断。此外，对于企业而言，一旦选择了某种计税方式，增值税的计算和缴纳在36个月内不得进行改变，即在三年内，必须承担不能抵扣进项税的机会成本。

在简易计税实现节税要求上，可以采用税务管理中的核定征收方法。例如，一些纳税人的会计能力较差，其账目杂乱无章，甚至无法进行会计核算，因此，税务机关会在正确计算应纳税所得额方面面临着巨大的工作量和困难。

这种使用核准的利润率计算企业所得税或个人、合伙企业个人所得税的方法对毛利润高或无票成本高的企业非常有吸引力。

（四）个人独资企业税务筹划的优势与案例

个独个体一般筹划的逻辑是节税，也就是在税率方面进行筹划。具体而言，一般与个人独资企业相关的税种有增值税、附加税和个人所得税，适用个人独资企业进行税务筹划，一般都是降低综合税负率。

1. 个人独资企业增值税税率低

首先个人独资企业分为小规模和一般纳税人，发生了业务交易或企业经营，也是要缴纳增值税的，适用于增值税纳税规定。小规模税率较低，在国家政策和地方政策引导之下，按政策优惠税率可能降为0；同时，符合小微企业标准的同样享受免征增值税的优惠政策。

2. 个人所得税可以申请核定征收

在一些地方政府园区，个人所得税申请核定征收，核定应税所得率后，可以适用个人所得税生产经营税目。

应税所得额=所得总额×应税所得率×适用税率-速算扣除数

3. 个人独资企业不征收企业所得税

个人独资企业以投资者为纳税义务者，投资者为自然人，因此个人独资企业必须缴纳个人所得税而不是企业所得税。

但是，设立个人独资企业和个体工商户，真实业务要保证基本的税务安全和企业发展安全。某个人设立个体户虚开发票冲抵成本相关案例如下。

Y市检察网发布一则不起诉决定书，某食品公司实控人兼财务人员黄某为了冲抵公司入账成本，以自己的名义成立Y市Y区食品配送中心、Y市Y

区生鲜经营部，指使他人利用两个经营部给食品公司虚开普票金额达200万元。经Y市第一稽查局的认定，构成虚开增值税普通发票行为。黄某为此补缴税款近3万元，并与检察机关在值班律师在场的情况下签署了《认罪认罚具结书》。Y市Y区人民检察院认为黄某坦白、认罪、认罚，积极补缴税款，未发生造成国家税款损失等情节，免除刑罚并决定对黄某不起诉。

二、雇佣模式与经营模式的筹划空间与风险

对基础劳动合同与服务合同两种类型合同的税务筹划，从本质上来说，就是对雇佣模式和经营模式的设计与筹划。

雇佣模式执行的是雇佣双方签署的劳动合同，经营模式执行的是对等法律主体之间签署的服务合同。因此，雇佣模式和经营模式，也可以说是劳动合同和服务合同执行和转换转变的区别。

（一）雇佣模式与经营模式的筹划空间

从劳动合同和服务合同的薪酬支付方式、社保费用等不同的方面，可以对合同中的薪酬支付进行税收筹划，达到合理纳税的目的，但要注意的是不能违法避税。

劳动合同是在社会生产中产生的一种法律制度。它源于传统民法中的雇佣合同，劳动法规定，劳动合同是劳动者与用人单位确立劳动关系、明确双方权利和义务的协议。建立劳动关系应当订立劳动合同。在签订合同时多数人将注意力集中在薪酬、用工时限、用工条件等方面，往往忽略了税收。

对服务合同提供的常规服务而言，是提供劳动服务的过程。因此，由于涉及面广，服务合同的概念很宽泛，包括承揽合同、出版合同、行纪合同、寄存合同、仓储合同、建设承包合同、运输合同、技术服务合同、委托合同、信托合同和居间合同等。

对自然人个体与企业主体的独立主体及自然人与企业的协同而言，上述的企业雇用自然人的雇佣模式、企业与企业之间人员的劳务派遣模式、企业与公司制企业或个独个体类企业的经营合作模式都是可以选择的方式。企业在这个设计过程中，需要结合雇佣模式、劳务派遣模式由甲方企业、乙方企业分别承担用工风险责任并采取综合所得缴纳所得税方式运营的方案，或是采取有限责任类甲方企业对个独个体服务商企业的经营合作模式缴纳经营所得。这些模式的不同，使得企业主体在涉税阶段承担的税费不同。

（二）雇佣模式与经营模式的潜在筹划空间

1. 适用的法律依据不同

劳动合同是确立劳动者与用人单位的劳动法律关系的依据，属于劳动法的范畴，劳动合同由劳动法律规范来调整，劳动合同中的劳动者与用人单位在签订劳动合同时，遵循平等自愿协商一致的原则，双方的法律地位平等。服务合同是确立民事法律关系的依据，属于民法的范畴，服务合同由民事法律规范来调整，服务合同在订立和履行的过程中，遵循民事主体地位平等和意思自治的原则。

2. 合同主体资格的要求不同

劳动关系主体一方为劳动者，另一方为用人单位，其主体具有特定性。劳动者是指具有劳动权利能力和劳动行为能力的公民。劳动合同中对劳动者的年龄和能力有具体规定。关于用人单位，劳动法规定在中华人民共和国境内的企业、个体经济组织和与之形成劳动关系的劳动者，适用本法，国家机关、事业组织、社会团体和与之建立劳动合同关系的劳动者，依照本法执行。劳务关系的主体不具有特定性，服务合同的主体双方当事人可以为法人、其他组织、公民，也可以是公民与法人、其他组织，服务合同中对劳动者一方规定比较宽泛，只需具备民事行为能力就可以，无年龄限制。

3. 劳动者与用人单位的地位不同

劳动者与用人单位在建立劳动关系之前，是平等的主体。劳动者与用人单位的劳动关系建立后，便成为用人单位的一员，承担一定的工种或职务工作，与用人单位形成管理与被管理的隶属关系，劳动者应当完成用人单位规定的劳动任务，遵守用人单位的劳动纪律和相关行业的职业道德，接受用人单位的领导和管理。劳动者不再享有其自身劳动的支配权，劳动者以用人单位的名义进行劳动，其法律人格在劳动过程中被用人单位吸收。服务合同的双方当事人无论在服务合同签订之前还是服务合同签订之后，其地位都是相互独立和平等的，双方不存在领导与被领导的隶属关系，劳动者始终享有其自身劳动的支配权。

4. 法律对合同内容的规定不同

劳动法规定，劳动合同应当以书面形式订立，并对劳动合同期限、劳动保护和劳动条件、劳动报酬、劳动纪律、劳动合同终止的条件、违反劳动合同的责任等主要条款予以明确规定，不能由当事人协商。服务合同的具体内容法律不做强制性规定，服务合同的双方当事人在意思自治的原则下，通过平等协商来确定合同的具体内容，大部分服务合同为不要式合同，法律做特别规定的情况较少。在劳动合同中，用人单位遵循按劳分配原则，以劳动者提供劳动的数和质给付报酬，工资应当以货币形式按月支付给劳动者本人。另外，为保障劳动者的权益，国家直接干预工资分配，劳动法规定国家实行最低工资保障制度。用人单位支付劳动者的工资不得低于当地最低工资标准。劳动合同中用人单位要为劳动者提供社会保险待遇以及符合国家规定的劳动条件和劳动保护用品。对于劳务费用，国家则不采取直接干预的办法，服务合同中的劳务报酬是按民法通则等价有偿原则支付的，其支付方式是一次或分次支付。

5. 合同的价值及其实现方式不同

劳动合同以实现劳动过程为目的。劳动合同成立后，劳动者就是单位人员，向用人单位提供服务。劳动者提供劳动力资源，用人单位提供其他生产资料，通过将二者结合来达到签订劳动合同的目的。服务合同则是以服务合同的一方当事人向另一方当事人提供劳动成果为目的。服务合同以取得物质化的劳动成果为目的，用工方并不关注劳动者的劳动过程，而只是最大限度地追求物质化的劳动成果。在服务合同中，劳动者有时不仅提供劳动力资源，还提供完成劳务的其他生产资料。

6. 劳动风险的承担主体不同

在劳动关系中，劳动风险由用人单位承担。劳动者履行职务行为过程中受到了意外伤害、患职业病或对他人造成损害，都应当由用人单位承担责任。即使劳动合同解除后，用人单位也必须承担劳动合同存续期间所产生的相应法律责任。在劳务关系中，劳动者在完成劳务的过程中造成自身或他人损害的，一般情况下责任由劳动者自己承担。

7. 合同终止或解除的条件不同

劳动法对于劳动合同的解除情形和解除方式做了详尽的规定。解除服务合同关系主要依据服务合同双方当事人的约定，法律未做强制性规定。

8. 合同争议解决方式不同

因履行劳动合同发生的争议只有经过劳动仲裁后才进入诉讼程序，必须先裁后审。因服务合同发生的争议可以仲裁或直接诉讼。

9. 违反合同的法律责任不同

用人单位违反劳动合同可能承担民事责任、行政责任甚至刑事责任。在违反服务合同的情况下，法律一般只规定承担民事赔偿责任，而不涉及行政责任和刑事责任。其区别见表 5-1。

表 5-1 劳动合同和劳务服务合同的区别

	劳动合同	服务合同
适用的法律依据	劳动法	民法
合同主体资格的要求	具有特定性	不具有特定性
劳动者与用人单位的地位	形成管理与被管理的隶属关系	相互独立和平等
法律对合同内容的规定	具体内容法律有明确规定	具体内容法律未作强制性规定
	遵循按劳分配原则	等价有偿原则
	工资按月支付，有最低工资保障制度	一次或分次支付
	提供社保和劳动保护	无
合同的价值及其实现方式	以实现劳动过程为目的，劳动者提供劳动力资源	以劳动成果为目的，劳动者有时不仅提供劳动力资源，还要提供完成劳务的其他生产资料
劳动风险的承担主体	用人单位	劳动者自己
合同终止或解除的条件	根据劳动法的规定	依据服务合同双方当事人的约定
合同争议解决方式	先劳动仲裁，后诉讼	仲裁或直接诉讼
违反合同的法律责任	民事责任、行政责任、刑事责任	一般只有民事赔偿责任

（三）雇佣模式与经营模式转型筹划的必要性

第一，让企业更好地明确自身运营的目标，明确自身的营销战略规划，进而及时做出调整。因此，若企业能够利用劳动合同和服务合同的合理转化制定出合理的税务筹划机制，便能够将其自身的边际成本进行优化，进而让其企业内部的税务得到合理化与科学化的管理，降低企业的经营税负，实现经营效益的最大化。

第二，提高企业在全行业的竞争力，优化企业自身的资源配置，最大限度提高企业总体运营效率。

第三，提高企业自身的管理水平，更能够防止企业在经营过程中出现偷税漏税的行为。因为，在法律允许的情况下通过劳动合同和服务合同进行税务筹划，是受国家相关部门监督的，相关部门会对企业的税务筹划进行记录，并与最终的纳税情况相对比，来判定其经营是否存在违法现象。

第四，减轻个人所得税的压力。通过劳动合同和服务合同的转化，合理分配个人劳务报酬所得，利用费用扣除来降低适用税率，从而更大限度地减轻劳务者的税负。

（四）通过雇佣模式与经营模式转型筹划的风险

1. 存在社保漏缴少缴风险

现实中，不少用人单位假借劳务合同之名行劳动合同之实，通过与劳动者签订劳务合同而规避自己在用人过程中的风险。签订劳动合同后的工资薪金，企业是通过“应付职工薪酬”进行会计核算的；在个税申报上，企业按照“工资薪金”代扣代缴个人所得税；在社保上，除临时性用工、退休人员、大学生实习人员、兼职人员外都要缴纳社保。若受雇人员是与两家或者两家以上单位同时签订劳动合同，在其中一家缴纳职工保险，另一家则不需要再缴纳保险；若是与企业签订服务合同，则企业所得税扣除的凭证是自制凭证工资表。所以最大的风险在于企业职工保险的负担，企业按照最低社保基数缴纳社保的话，社保存在少缴纳的风险。

2. 存在被认定虚假用工、虚增费用风险

由于劳务派遣合同相当于劳务派遣公司把自己的职工派到用工企业，因此签订服务合同的主体是劳务派遣公司与劳动者。派遣人员的工资一般由签订劳动合同的单位发放，但派遣单位发放的工资需要由实际用工单位支付。此时，这些经济活动中派遣单位取得的实际用工单位支付的价款需要作为劳务收入全额缴纳企业所得税。用工企业支付劳务费后，劳务派遣公司开具发票，不论劳务派遣公司如何缴纳增值税，是按照收取的款项全额缴纳增值税还是用收取的款项减去职工工资、福利费、社保、住房公积金四项费用后差额缴纳增值税，用工企业都要凭发票进行企业所得税扣除，同时不涉及代扣代缴个税风险。劳动者的个人所得税由劳务派遣公司代扣代缴。许多用工企业长期大量使用被派遣劳动者，把劳务派遣作为用工主渠道，减少用工成本；被派遣劳动者的合法权益得不到有效保障，同工不同酬、不同保障待遇的问题突出。若是有虚假用工、虚增费用的情况，税务局通过比对企业报送的数据，就可以查出企业的税收风险或者社保风险。企业报送的企业税汇算清缴报表可以查到企业所得税扣除的工资薪金数据，个人所得税申报表可以查到企业申报的个税工资薪金数据，若社保已经移交税务局征收，可以查到企业申报的作为社保依据的工资薪金数据。若是三者的差距过大，则需要企业做出情况说明，但企业与劳务派遣公司合作组织用工，很难提供合理说明。

三、劳动合同与劳务合同混淆导致处罚的案例

（一）网络主播 WY 税务处罚的情况

H 市税务局稽查局对网络主播黄某（网名：WY）涉嫌偷逃税行为进行了查处。Z 省 H 市税务局稽查局查明，2019 年至 2020 年期间，黄某通过隐匿其从直播平台取得的佣金收入虚假申报偷逃税款；通过设立上海 WH 企业管理咨询中心、上海 DS 企业管理咨询合伙企业等多家个人独资企业、合伙企业虚构业务，将其个人从事直播带货取得的佣金、坑位费等劳务报酬所得转换为企业经营所得进行虚假申报偷逃税款；从事其他生产经营活动取得收入，未依法申报纳税。H 市税务局稽查局依据《中华人民共和国个人所得税法》《中华人民共和国税收征收管理法》等规定，依法确认其偷逃税款 6.43 亿元，其他少缴税款 0.6 亿元。依法对黄某做出税务行政处理处罚决定，追缴税款、加收滞纳金并处罚款共计 13.41 亿元。

（二）税务处罚的逻辑

WY 被执行这一处罚，是因劳务收入纳税与经营纳税混淆的筹划失败导致。WY 个人在上海的税筹洼地崇明岛做税筹，转换个人劳务报酬所得为经营所得的主体混淆，导致本次事件发生。

WY 的公司出现了公司非公司，个体与公司混淆的情况，被认定为由于个体的内控重大缺失和过度应用税筹技术的失败导致偷漏税。

WY 事件所牵扯的逃漏税问题，主要集中在其收入是按需自行缴纳的经营所得税还是按照雇佣关系缴纳公司代扣代缴 40%或 45%个人所得税。WY 事件体现出 WY 的公司本身出现运作失败的“内控问题+个体混淆+税筹过度应用+界限划定问题”，混淆了直播平台与主播之间的法律关系。

1. 主播与平台为劳动或劳务关系

主播与直播平台之间为劳动关系。如果主播为自然人，且与直播平台签

订劳动合同，双方就成为了雇佣关系。劳动关系一旦成立，网红进行直播就是工作内容的一部分，无论是销售额还是粉丝打赏都属于平台收入，此时，主播所获得的底薪、用户打赏分成应当被认定为工资、薪金所得，适用3%～45%七级累进制超额累进税率，由直播平台作为扣缴义务人，为主播代扣代缴个人所得税。

主播与直播平台之间为劳务关系。如果主播为自然人且以独立身份工作，主播与直播平台签订合作协议，那么这种方式不构成劳动关系，主播仅是为直播平台提供劳务服务，在这种情况下，双方就是劳务关系而不是雇佣关系。主播实际取得的是劳务报酬所得，依据个人所得税法规定，主播收入应当由直播平台代扣代缴税款。劳务报酬是按照20%～40%的三级累进税率代扣代缴，次年还需要参与综合所得的汇算清缴，税率最终会接近45%。

2. 主播与平台为合作或平台间撮合服务关系

主播与直播平台之间为合作关系。若主播成立个体工商户类个人工作室等主体（如个体工商户、个人独资企业、合伙企业等），并以该市场主体的名义与直播平台签署相关协议，主播以个人工作室的名义提供直播服务，则与直播平台之间构成合作关系，此时主播所获收入由主播以该市场主体名义自行申报纳税。直播收入从劳务变成了经营所得。并且工作室一般属于个人独资企业，取得收入按照经营所得缴纳个人所得税，可以申请核定征收，税负较低。因此，主播成立个人工作室是最普遍的一种形式。

直播平台仅作为第三方平台提供直播技术及交易撮合服务。如果直播平台仅作为技术服务平台，采取的是B2B2C模式，也就是平台与平台之间结算模式，那么，嵌套入驻的个体就是第一层平台合作伙伴，与直播平台就是公司与公司之间的结算关系，直播平台无权也无须代扣代缴税款。

通过企查查可以发现，在WY担任法人的公司中，包括上海蔚贺企业管理咨询中心在内的个人独资或合伙企业，并注册在崇明且正常运营的企业有8家。崇明岛的税收优惠力度，从0.5%到3.5%，这个是传统模式之下，传统个人所得45%和经营所得35%上限的征税力度所不可比拟的。这个“降税”10倍起的节税方式，首先得合法合规，因此，如果主体模式混淆，就很容易给企业带来税收风险。

WY是由于隐匿个人收入、虚构业务、转换收入性质、虚假申报被处罚，具体的运转逻辑是，对于个人直播带货取得的收入从税务局的角度来讲，如果做得不扎实的话，可能就会被认定为劳务所得，必须要缴纳个人所得税。

WY 被处罚这一事件体现了金税四期集成科技的监管技术，税收筹划需要具有顶层格局并谨慎施展。

（三）税务处罚的诊断结论与改进对策

由于金税系统不断升级迭代，金税系统的大数据挖掘具有非常强大的四流一致的自动稽查和挖掘能力。金税系统在 2010 年之前，实现了不同子系统模块的功能整合、技术升级、数据优化+强化征管+一体化并网联网协同+覆盖所有税种。解决了过往“三流一致”的架构和逻辑中存在的问题。

金税系统在 2021 年之后，系统融合了“大智移云物区”的各项技术，实现了过往三流一致的精益化管控升级，并实际嵌入了“大智移云物区”新一代信息技术，解决了智慧税务和智慧监管问题，针对监管的空白领域，不断推动智能化的融合和补缺，从而达到各个部门的数据共享目的，也会让数据更加精准。因此，金税系统的升级扩容，提高了从线下到线上的综合数据挖掘能力，不断整合监管盲区，实现精准化监控的覆盖。

如果没有四流一致的筹划能力，税收筹划很可能就是企业简单粗暴、饮鸩止渴的行为。因此，合理合法合规的筹划，必须要做到“四流一致”，这也成了基本要求。其中：发票流需要确保交易与发票开具的完全一致；资金流需要确保发票开具与收付款一致；合同流需要确保交易与合同签订一致；货物流需要确保货物运输与交易一致。

从谨慎角度出发，企业要想长治久安，也要达成四流一致，更需敬畏国家的权威，如果达成，还需要再次升格，也就是还需要升格到五流（增加证据链流）一致。证据链流就是指有效确保企业的合同、提交的材料、文件记录等完整。网红带货这类商业模式规划合理避税节税的合法出路具体体现在如下方面。

第一，依法纳税、依法节税、依法筹划。依法合规按合作模式处理好税款关系是核心要素。如果不避税，那么缴纳税款涉及两层。

公司股东模式两层缴纳：企业税前利润到个人银行卡的合法合规模式，还需要缴纳两道税。第一道是企业所得税，按企业性质不同分为 15% 和 25% 两档。第二道是分红个税 20%。累计税点是 32%~40%（15%一档是采取了税收优惠模式，要么企业注册在西部省份，要么企业成功申请高新技术且确实符合要求，两重纳税的税率就是 32%，比有限合伙和个人独资企业的最高税率还低)。

公司雇员模式一层缴纳：公司雇员的个人工薪收入顶格45%，独资合伙模式一层缴纳。也就是说，采用有限合伙企业，或者个人独资企业和个体工商户等形式，走经营所得，享受5%~35%的超额累进税率，最高交到35%。

第二，筹划降税模式需要严格依据税法要求。将劳动、劳务关系转化为合作关系需要严格划定界限且做好实质与形式的落地，注重支持证据链的完备性。当主播与直播平台构成劳动、劳务关系时，直播平台负有扣缴义务；而当主播成立相关市场主体，与直播平台构成合作关系时，其收入为市场主体的经营所得，主播则需要以合作主体的身份，由合作主体自行申报，直播平台无须承担个人所得税扣缴义务。

第三，主播设立市场主体，直播平台与主播之间的劳动/劳务关系转化为合作关系。如果考虑再周全点，这个市场主体的设立地点可以选择国内出台相关税收优惠政策的区域，还得落实区域前景，确保该区域优惠可以持续。

第四，利用税收洼地优势。税收优惠政策就是所在区域的政府为吸收投资和产业落地，对企业进行招商引资承诺的税收优惠，一般这类区域也就是俗称的税收洼地，税收洼地针对中央和地方的税收分成，省市不同级别地方政府二次分成，“地方留成”100%返还，往往可以达到缴纳税款的40%~50%。因此，通过此类“先缴纳，后返还”模式，企业可以高枕无忧，实现长治久安。

第三节　企业运营的涉税智能化推动模式

企业在实施上述运营筹划过程中，因涉税行为未能正确有效遵守税收法律法规而带来未来利益的可能损失和税务风险，可以采取系统的智能化措施。企业可以通过顶层设计落地的逻辑，固化流程，解决效率问题，实现节税降费的目标。具体来说，企业可以按如下方式推动。

第一，从模块化设计角度，针对税务风险的几个层面，做好规划设计。一是针对企业因不清楚相关的税法，从而多纳或少纳了税金；二是针对企业对外部政策变化不清楚，或是由于接受慢、反应慢导致无法享受税收优惠或及时缴纳相关税费造成风险；三是针对企业清楚税法规定，但由于筹划不当或过度筹划给企业带来风险；四是针对企业的纳税行为或税收筹划行为不符合税收法律的规定，也就是企业清楚税收规范要求，清楚法律的规定，但是企业个别人或部分人明知故犯导致企业风险。从模块化层面做好上述四个风险点的规范，变企业个人行为的误判为企业整体行为的智能化管理纠偏。

第二，从合规化融合角度，企业应针对市场推广的几个层面，做好涉税风控融合。一是通过建立合规营销管理云系统，为企业和专业运营服务商、专业代理商等有限责任类公司和个体个独类公司，提供线上和线下结合的精细化营销管理、合规落地服务，规范企业财务流程的闭环信息化云平台。二是通过企业涉税模式的融合，使税务共享模块与企业营销管理模块融合，使企业做好涉税测算和涉税提醒工作，量化纳税金额，协同涉税事项。

一、企业运营的税务模块化分解的智能化对策

（一）企业运营的税务模块化分解的总体智能化对策

企业为推动税务管理的风控合规，可以借助云系统平台，实现基于基本的企业数据、合规管理的标准制定、精准真实的行为记录、审核机制的智能校验功能。

企业的总体运营模式可以按照如下“五自”方式，推动企业涉税运营智能化的顶层设计，协同做好支持信息化模式，为企业运营管理涉税筹划夯实基础。

第一，自查模式：定期开展自查和模拟检查；

第二，自知模式：清楚是否存在问题，问题有哪些及其严重性；

第三，自律模式：法律形式要合规，第三方很重要；

第四，自理模式：态度要配合，熟悉稽查技术路线，边配合边补漏；

第五，自信模式：陈述抗辩不卑不亢。

同时，企业基于上述顶层设计的要求和信息化与人员匹配要求。通过云系统平台的建设，来解决业务、发票、资金的三流合一，一并实现企业的证据链支持的匹配协同机制。借助企业信息化与个人智能手机等移动支持模式，实现应用程序的电脑端和手机端的协同，实现企业市场营销端口的服务合规，落地安全高效。

企业通过建设内系统辅以行业大数据、工商信息、发票信息的关联查询及对接接口，来拓展企业系统的便捷易用。企业建设针对业务模式设计相应的子模块或子系统，解决营销管理、合规管理、财务管理的模块化管理问题，并推动相关模块的精细化设计和实施。

具体来说，企业针对营销管理子系统这个模块，结合产品、终端市场、营销数据、营销管理的路径等，融合服务商公司资质管理和材料、财务结算和量化标准设定、推广方案设定、电子化协议等一揽子材料，确保企业的证据链和业务链完整。

针对企业运营的合规化业务采集系统，企业完善应用程序的推广任务规划的精益化分解，协同平台和移动端有效记录推广痕迹，有效解决企业的内嵌定位以及签到系统的落实，实现一键汇总证据文件并智能审计自检数据。这些功能的落地，有助于企业实时动态落实企业的合规状况，规避企业出现税收处罚和税务稽查等内控重大缺失和疏漏事件。

针对企业运营层面的费控管理系统模块，企业可以在现有的财务共享费控模块基础上加入月度费用额度管理、发票真伪便捷查验管理、证据链规范底层模式与发票关联管理、付款信息匹配管理、自动形成费用台账管理、自动形成财务分析和图表模型等管理智能化的设计，从而解决企业针对服务实施商在管控逻辑上的指导问题，规避各类税收风险。

（二）企业运营的涉税模块与风控智能化对策

企业部门和职位每年所需支出的相关税额需要进行税收筹划，针对不同职位的人员签署不同的合同，但与此同时，合同管理的难度也随之上升，为了减少其中的风险，可以设计服务合同管理系统。

系统模块根据功能分为组织机构管理功能、人员流动管理功能、服务合同管理功能、员工档案管理功能以及系统设置管理功能（见图 5-1）。

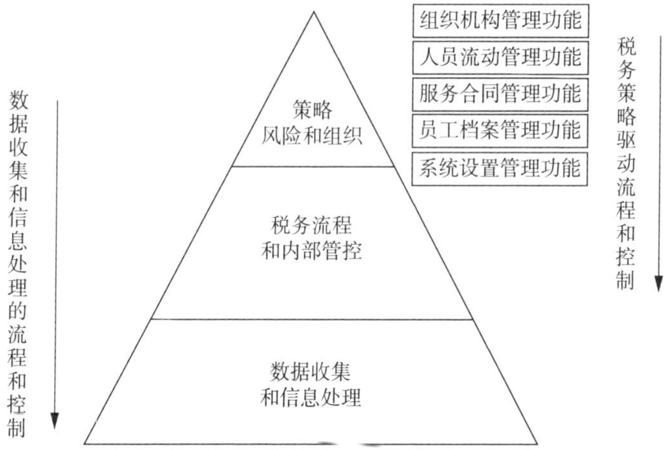

图 5-1　智能化运营涉税内部管控流程

第一，组织机构管理模块层面。企业组织机构管理主要是对企业内部的部门信息、人员信息等进行管理。做好企业的组织结构设计变化和变动，做好企业组织架构变化的动态管理，针对不同的部门、不同的职位，优化企业组织架构和相关责任人员，做好组织机构管理、组织信息管理、人员信息管理功能的设计。

第二，人员管理及绩效管理模块层面。企业人力资源管理的主要作用是对人员进行职级管控、绩效系统的评价管控，且对人员基本信息和相关流动信息进行管理。在对系统进行设计的过程中，主要功能包括职工入职管理、部门调整管理、劳动派遣管理、职级晋升管理、员工离职管理。

第三，企业合同管理模块层面。企业合同管理功能是系统支持的重要功能之一。企业需要针对合同管理做好四个细节模块，系统解决企业合同管控效果，提升合同管理效率，把合同管理中涉及的合同模板管理功能、合同制定管理功能、合同审批功能以及合同存档功能协同开发并持续优化，形成强大的支持企业业务的合同管控。

第四，员工档案管理模块层面。企业员工档案是每个新员工入职或老员工离职后需要办理接收或转移的一项工作。企业需要针对员工档案管理功能进行系统开发，为企业用人做好系统的分析和设计，企业可以分别设计档案转入管理功能、档案转出管理功能以及档案查询管理功能。

第五，信息系统设置模块层面。企业系统设置模块是系统研究过程中的基础功能。通过系统设置功能，用户可以对系统的基本信息进行管理及分配，主要可以对系统的权限进行配置，同时可以对用户的角色进行分配，能够有效地对系统中用户的操作权限进行控制，遵循整个系统的业务流程。

基于上述五个模块的智能化设计，企业需要做好以下几方面。

首先，策略、风险和组织的协同。确保涉税环节的计划清晰明确，做好税务策略的设计，安排并设定税务风险管理框架，针对税务管理和组织架构，系统做好税务角色分配和责任匹配。

其次，在税务流程和内部管控层面，企业需要针对模块做好税务流程及内部控制的设计。使税务流程和内部控制与策略、风险以及组织计划相匹配，使税务流程和内部控制与企业商业模式设计的策略流程一致。

最后，在数据收集和信息处理层面，企业需要规划有效获取税务数据的方法，有效评价现有方式及涉及的改善方法，企业应配置税务管理的信息处理系统并就上述智能化设计做好团队的系统培训。

二、企业日常运营的组织分工与筹划空间

在企业日常运营层面，采取雇员模式与合同模式等多样化设计，需要结合企业的短中长期目标进行系统设计。短期来说，符合税法和会计要求，实现合理合规税负；中期来说，合理控制整体税负并管理风险；长期来说，决策和交易考虑税务影响，实现最优税务运作。

（一）企业运营税务目标的组织分工

在企业运营税务目标的管理机制层面，需要做好涉税税种的系统管控。针对企业运营的目标和范围，企业涉税层面需要做好经营战略设计及风险管理，确保企业运营层面在可接受的风险等级层面做好规划，系统确定税务风险管理的方位。

企业针对涉税税种，做好对非经常发生的交易/非常规交易的处理和涉税项目工作。企业应针对税务稽查和罚款处理规程，在运营层面做好纳税申报、备案及文档保存工作，支持相关需要的税务记录要保存。

在这个过程中，企业应制定税务风险内部控制制度，完善税务风险监督管理流程，建立企业与税务部门及其他部门沟通的渠道。

在人员配置层面，企业需履行好税务风险管理的职责：明确人员角色划分，进行有效的税务管理职责分工，制定信息汇报程序，并落实定期培训计划等。

通过上述业务的设计，解决企业用人筹划中利益相关者的交易结构，将用人模式系统做好分解，实现雇员协同外包人员的融合，在人力最优基础上，实现企业的商业模式在经营策略中的落地。在解决企业交易结构的最优过程中，企业需要就地方税务的衔接，做好税务局解释权和自由裁量权的协同，提前落实业务实质，根据实质重于形式的原则，做好系统解释工作。

此外，企业需要做好雇佣模式与经营模式的设计，并就劳动合同与劳务合同的处理、衔接做好合格合规并且明确证据链。在这个过程中，企业在运营管理层面要做好对个人独资企业的应用，尤其在业务交易中对资产使用层面的设计、投资的安排方面。针对有限合伙企业，做好合伙企业税收政策的先分后税工作，减少有限责任股东方多出的所得税。在企业运营过程中，需要结合亏损企业做好设计。

在企业做好运营管理税种设计过程中，针对高新技术企业的设立和运营，做好高新产品的申请和运营，确保研发费用占比与高新产品收入的占比达标，

落实研发人员占比、高学历人员占比的规模，企业利用好真实投入运营设计的研发费，可以系统解决企业所得税税收优惠问题，若借助智能化模式，还可以实现研发费用、研发支出、研发投入的预警提示，使得企业就高新申请和认证等一揽子工作形成良性循环。

为做好企业的运营管理，还可以设立防火墙类企业，将企业拓展新业务和新模式涉及的潜在税收风险的部分单独剥离出来，成立专门的项目公司，系统规避整体的经营风险。

（二）企业运营税务目标的管理架构与筹划空间

对企业运营税务目标的闭环逻辑而言，需要针对运营的税种和用人模式，做好系统的整体思路的智能化设计和融合。具体包括以下四个层面。

第一，确定企业运营涉税目标。企业建立持续有效的风控体系，实行全面风险管理，确保企业运营涉及各项税种的可控性，做好短中长期目标的协同。

第二，确定企业运营的途径和方式。企业做好试点评估，改善层面的推广测试，监督层面的持续运行。

第三，执行层面。企业做好构建基础的现状评估、风险评估和内控梳理，推广实施和建设内控体系，实施测试和自我评估。

第四，配套层面。建设持续的风险管理文化，转移有效的知识，培养专业化人才队伍。

因此，企业基于纳税人的管理架构，可以就**企业主体空间、经营内容空间、纳税主体空间、征收形式空间、其他纳税空间**等进行系统的运营筹划，并按照筹划模式实现智能化。就企业的这几类型空间，筹划方式如下。

第一，对主体空间进行系统设计，包括以企业设立之初确定的企业性质决定税率，针对企业是申请高新技术企业还是非高新技术企业的运营模式进行决案等。

第二，对经营内容空间进行系统设计，包括确定企业是否单一主业，是混业经营模式还是兼营模式，是采取分立模式还是合并模式等。

第三，对纳税主体之间的空间进行系统设计，包括确定企业是采取自产自销模式还是关联代工模式，是采取关联定价及其他转让定价模式还是独立对外定价模式，是独立设立创新研发研究院还是设立创新研发部门等。

第四，对税务机关征税形式的空间进行系统设计，包括确定企业是采取核定征收方式还是查账征收方式，或是采取其他常规常态化征收方式，结合风险评估力度和地方税务局的稽查情况等进行综合判断。

第五，对其他筹划空间的系统设计，包括确定企业作为纳税主体本身所具有的财务处理空间，企业选择税收洼地的地方区域的政策空间，企业从管理角度获得的管理空间，企业不同区域设立的分子公司的地域空间，企业按照纳税选择权可以获得的纳税期间选择的时间空间等。

第四节　本章小结

本章从运营角度介绍了企业总体的运营筹划路径。涉及增值税、个人所得税、企业所得税等重点税种。针对这些税种的应用，企业在平衡雇佣模式与经营模式、劳动合同模式与劳务合同管理模式后，制定企业系统运营不同税种过程中的有效节税策略和风控措施。

系统介绍了实用的税务管理工具。常用的税收筹划方式就是企业与员工的雇佣模式、有限责任企业或个体企业的经营模式，以及针对个体企业的个体个独的运营模式。对企业总体发展而言，就是这些类型的企业之间进行转型和设计形成税收节税的过程。

本章还着重介绍了个人独资企业的定义以及相关的个人所得税政策，从企业运营的角度分享了相关的税务筹划方式，如有关的税率政策、地区政策、违规筹划行为及应对措施。分享了利用税收地方留成返现实现节税的相关概念和操作方法，介绍了企业如何在这个方向上与地方税收相适应、相结合、相配套。围绕着雇佣模式和经营模式的异同，针对基础劳动合同与服务合同的税收筹划展开，通过展示劳动合同与服务合同内容的区别，进而探讨通过基础劳动合同和服务合同来进行税收筹划的必要性和风险，以及相对应的智能化政策。

本章结合企业运营涉税的系统设计，打造运营层面的筹划空间，从企业利益相关者的交易结构出发，做好企业涉及商业模式、经营策略、交易结构的税种、用人、业务模式的结合。企业在善用财务工具的同时，将运营管理的组织分工与管理架构结合，以此为契机解决筹划空间和布局，系统解决纳税问题，且用并购重组和股权置换的方式筹划和创造节税空间。

本章参考文献

[1] 齐鑫鑫．税收筹划与企业组织形式的探讨［J］．中国总会计师，2021（4）：78-80.

[2] 虞富荣，陈叶明．规则引擎财务机器人技术驱动下的财务共享智能化升级运用研究——以差旅规则的自动化控制为例［J］．商业会计，2021（19）：98-101.

[3] 李军辉．财务共享中心费用报销审计智能预警框架设计及实施［J］．财会通讯，2020（5）：143-146.

[4] 周亚军．新《劳动合同法》关于对劳务派遣的修改及对企业在用工方面的要求［J］．法制与社会，2013（19）：66-67.

[5] 李钦，苏维，周克勤，等．ERP合同管理系统功能及技术分析［J］．通讯世界，2016（4）：258-259.

[6] 刘强．优化员工社保管理的现实路径［J］．人力资源，2019（24）：110-111.

[7] 张昆．如何加强企业劳资社保管理［J］．人力资源，2020（8）：106.

[8] 唐镲，刘兰．劳动争议当事人虚假举证原因分析——以劳动合同虚假举证为例［J］．中国人力资源开发，2014（13）：96-100.

[9] 中共中央办公厅　国务院办公厅印发《关于进一步深化税收征管改革的意见》［J］．中国税务，2021（4）：9-13.

[10] 王梦婷，徐婧仪，管永昊．大数据背景下的纳税服务优化［J］．财会月刊，2018（17）：43-50.

[11] 曹洁．地摊经济下税收征管智能化建设研究［J］．中国管理信息化，2022，25（6）：133-135.

[12] 李奕涵．挑战与应对：人工智能在我国税收征管中的应用［J］．科技与金融，2021（6）：66-74.

第六章 十大税务管理工具之合同管理

企业通过合同管理，能够从经营的各个环节管控税务风险；同时能够起到事先筹划、降低税负的作用。也就是说，企业针对销售、采购两个合同环节的设计与针对涉税问题的筹划，可以实现系统的节税降费。

合同管理的涉税管控，主要在于对传统销售模式和特殊销售模式的征税确定及规避税收缴纳错误。采购端延伸至生产端的税收管理，主要体现在购买方式的延迟付款和税费抵扣环节的精益化管理，以及结合售后服务、线上电商模式的税务管理的痛点与解决对策方面。

提供针对购销端的税务管理的智能化方式，给出智能化解决购销两端复杂性和购销一体化税务管理的转型方式及落地建议，同时就加强相关销售与采购两个层面的管控提出有效对策。

第一节　企业供产销的涉税模式与税务筹划空间

根据企业购销合同需要规范的要求，企业需要系统明确在购销两端的税务管理目标，明确税务筹划的底线。企业应遵循财务管理精细化原则，就税务筹划的可行空间进行筹划，避开税务筹划的误区。按照顶层设计和合同协议进行前置性规划，融合销售与采购两端，在金额与时间等层面进行设计。

企业针对税务管理进行系统的税务筹划是管理的核心内容之一。税务管理的有效性可以协助企业完善管理机制，实现利益优化。因此，企业针对购销两端加强税务管理的同时需优化税务筹划，思考税务筹划的路径，落实合适的税务筹划方法，使企业通过税务筹划解决短期资金和长期资金的平衡问题，解决节税降费的问题，具体操作逻辑和思路如下。

一、销售端的涉税销售行为与税务筹划空间

从企业销售端的税务管理和基础筹划角度来说，销售端的合规化管理，是匹配销售和收款，协议客户的往来单位和收款单位一致、物流与服务客户一致、开具发票时间与确认收入要件的时间一致，进而形成有效的发票、业务、资金、支持材料的一致。

此外，针对发票的开具，要做到与合同约定的开票事项以及开票时间匹配。在是否开具发票问题上，从企业税务安全性管理角度出发，无论企业的客户是企业还是个人，或是任何其他组织，企业均应坚持确保开票的大原则。从发票开具的对象而言，全部开具给合同对方。开具发票的相关管理均依照企业销售产品的制度和价目表的要求。

（一）企业销售收入确认的涉税处理筹划空间

在销售端的税务筹划环节，及确认收入层面，可以有适度的筹划空间。这个筹划空间分为一次性收款销售与分期收款销售，常规而言，就协议进行系统的设计，明确收款、发货、验收等一揽子行为，确认收入时间。

1. 一次性收款销售确认收入与纳税

确认收入时间时，需要综合考虑会计准则要求的收入确认时间和税法确认的达到企业销售开票形成纳税义务时间的匹配问题。

常规而言，从发货、验收、收款、开票这四个环节来说，会计准则确定的收入确认时间，主要以产品发生转移、风险大部分至全部转移为准。对于税法确认的开票形成纳税义务的时间，如果合同明确约定，则从约定，收款时间和开票确认时间可以不挂钩。如果需要给确认收入留筹划空间，则以不超过某月某日这个截止时间为限，在这个截止时间内，如果实际收款提前，则按实际收款日确认收入，如果实际收款延迟，则按合同约定的截止日确认收入。

在异地销售的情况下，企业为防止发货至外地未能完成终端需求的产品，在销售之前容易发生被税务局按照仓库发出货物而确认收入的风险，可以对发出外地的货物、发企业外地仓库的货物，做好调拨转运记录；发外地代理商和销售服务商的货物，发货过程计入发出商品，同时签代销合同或市场拓展服务合同，在异地以实际销售的销售进度确认收入。

2. 分期收款销售确认收入与纳税

在企业销售过程中，为减轻企业与客户双方的压力，采取分期收款发出商品模式，按此编制相应的购销合同，系统减轻双方的资金压力。

按税法的相关规定，企业的生产经营业务可以分期确认收入进度，按合同约定的收款日期确认收入的实现。针对从事建筑、安装、装配工程业务或者提供劳务等时间超过一定周期的，按照纳税年度内完工进度或者完成的工作量确认收入的实现。

因此，企业可以就购销合同做好规范的设计，在确保合同的印花税缴纳后，可以针对合同的规范性进行约定，确定分期收款、分期确认收入的时间节点，从顶层和源头解决企业购销两端的纳税问题。

3. 预收款销售确认收入与纳税

常规而言，预收款形式类似于定金或订金，预收款是否一定能确认收入具有不确定性，即使合同明确约定，也应该在一个时间点之后才予以确认收入。因此，如果预收款和资金到账时间不同步，务必需要有合同针对这个预收款进行明确的约定，因此，常规状态下预收款与缴纳税款不挂钩，要把正常发货时间节点作为纳税节点。

超过一年建设期的工程或其他资产，常规按照进度或双方约定的结算时间（一般为里程碑事件）进行结算并确认收入。

（二）企业销售方式的涉税筹划空间

企业在销售时主要有六种销售方式（见图 6-1），具体如下。

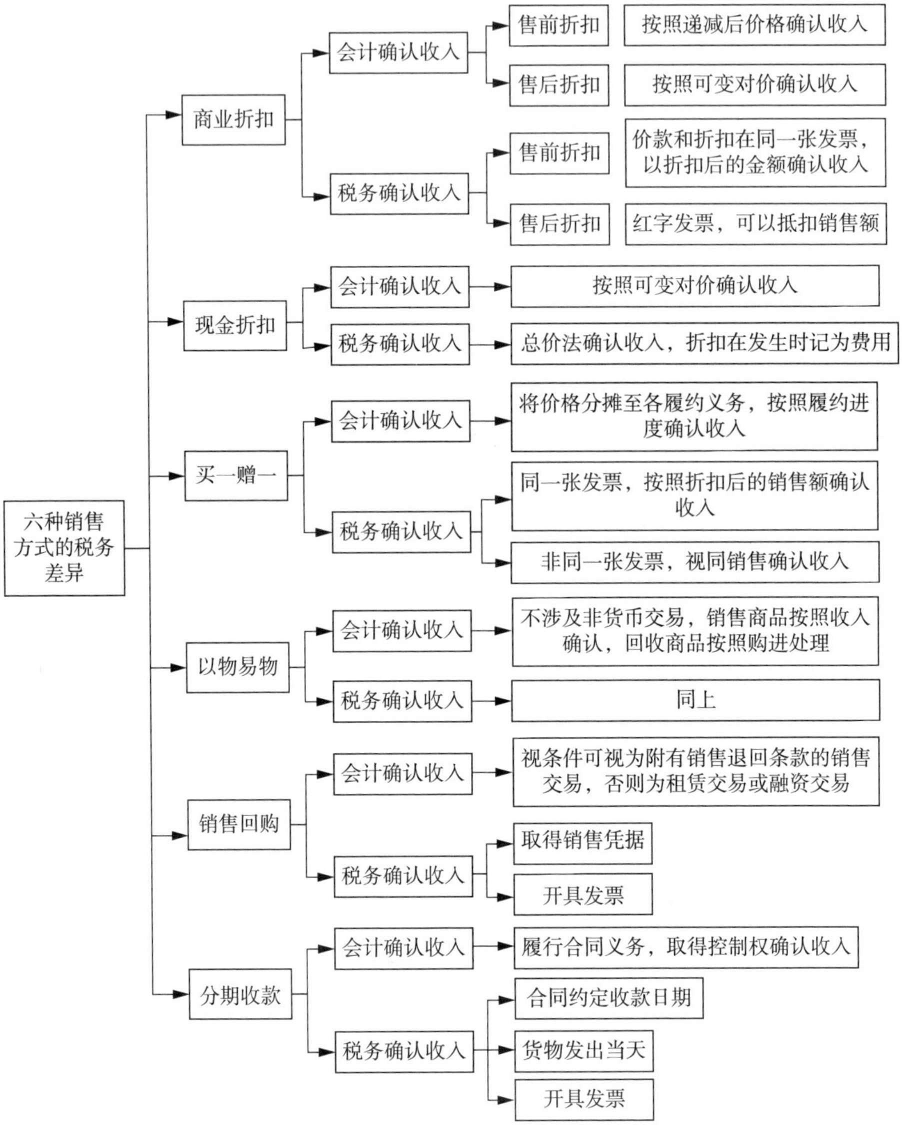

图 6-1　销售方式的涉税筹划

1. 商业折扣

按购买者购买商品量决定价格，购买商品越多，价格越优惠，单价更低。

商业折扣销售一般有两种情况，一是销量达到一定规模后，对达到该条件之后的销售产品给予一定的商业折扣；二是达到规定的销量之后，对客户购买的所有销售产品都给予折扣。此外，还有类似的商业折扣的销售折让，销售折让是指货物售出后，由于产品有问题或其他原因，买方不退货但给予买方的一种价格折让，是实质上的销售额减少。

商品在原有价格的基础上给予一定折扣，这是很多商家都会使用的促销手段。采取折扣方式销售货物的，销售额和折扣额在同一张发票分别注明的，可按折扣后的销售额征收增值税。因此，企业采取商业折扣方式销售货物，如果销售额和折扣额在同一张发票上分别注明，可以按扣除商业折扣后的金额确认销售额。

此外，在企业的商业折扣实现上，需要明折明扣，且统一开具在一张发票上，也就是商品的明折明扣的统一性，通过明折明扣的统一，实现企业针对促销商品或类似捆绑销售、组合销售、临期商品减价销售等一揽子行为的确定，实现企业有关的税收针对性管理。

2. 现金折扣

销售折扣是现金折扣的另外一个说法。现金折扣是为了促使客户尽快付款而在所销售的金额方面给予的一些让步。此种方法可以加快企业回款收账速度。例如 10 天内付款给予 2%的现金折扣，10~20 天付款给予 1%的现金折扣，超过 20 天则无现金折扣。这是为了让采用赊购的购买方尽快付款的一种优惠方法。一般表示为：2/10，1/20，n/30（10 天内付款，货款折扣 2%；10~20 天付款，货款折扣 1%；20~30 天全额付款）。

此外，在企业的现金折扣模式的实现上，如果获得税务认可的税前扣除认定，则企业与客户都需要针对现金折扣的金额明确计算得出，并且由客户开具或客户至分管税局等开具发票，并确定区间、时间、性质等一揽子规定，实现企业对现金折扣支付的四流一致性税务管理。

3. 买一赠一

买一赠一是指在销售商品的同时免费送出同类或其他商品，并且在同一项销售行为中进行，送出商品的价格不高于销售商品的金额。

企业一般会因买一赠一面临税务管理的风险。从这一点来说，企业的赠送行为要视同销售处理，价格不能随性，必须参照同期同类产品的销售价格，如果没有，则需要按照最低的成本加成方式确定。此外，企业向内部雇员赠送礼品，需要进行系统的设计，使之符合企业员工福利的标准与要求。企业向非企业雇员个人赠送礼品，取得该项所得的个人就会被要求按税法规定缴纳个人所得税，且这个税款还需要由赠送礼品的主体企业代扣代缴。因此，企业需要做好税务的应对和管理。

4. 以物易物

以物易物主要分为两种模式，传统模式和以旧换新模式，涉及的税务管理和税务筹划方式有很大不同。

传统的以物易物，是指纳税人采取非货币性交易方式销售产品。这种销售方式下的增值税一律按同期同类商品的市场销售价格计征。

在税务处理上，企业需做好税法规定的分类处理模式，不能出现折抵后的净额操作模式，因此，以物易物的税务处理，应该按照两笔完全无关的购销业务来处理，即换出去的货物按照售价确定增值税销项，换进来的货物取得增值税专用发票，允许抵扣进项税额。各自按照各自的进销模式分别入账，最终应收账款与应付账款的对抵冲抵按照双方约定的操作模式操作。

以旧换新的销售模式是指商家在销售商品的同时回收与所销售商品相同的旧商品。新产品按正常价格销售，消费者以旧的产品来冲抵新产品的部分价款。消费者在购买新商品时，如果能把同类旧商品交给商店，就能折扣一定的价款，旧商品起着折价券的作用。

在以旧换新的企业税务管理操作上，企业采取以旧换新方式销售货物，销售价格比对相同时期新货物计算，应按新货物的销售价格开具发票并计算缴纳增值税。回收的旧货如果取得了增值税专用发票，票面上注明的进项税额可以抵扣。

在销售过程中，因为以旧换新所取得的旧产品无法从顾客处取得增值税发票，进而也导致旧产品无法形成可抵扣进项税额。在这种情况下，企业可以另外注册一家回收旧物的公司，并取得经营资格。因为企业在购入由回收公司出售的旧物时可以按照相关规定开具增值税发票，并按规定的税率抵扣进项税额。

5. 销售回购

销售回购也叫还本销售，是指企业对销售出去的商品向消费者承诺回收期限，在回收期满后，消费者可以选择将所购买的商品卖回企业。例如现在一些卖玉器的店铺会承诺在本店购买的玉器可以进行回购，回购后相应金额将用于抵扣下一次购买玉器的价格，也指纳税人在销售货物后，到一定期限由卖方一次或分次退还买方全部或部分价款。

在销售回购模式之下，企业需要按照税法规定做好相应税务管理，采取还本销售方式销售货物，其销售额严格按照货物的销售价格计算，不得从销售额中减除还本支出。

6. 分期收款

分期收款是指已经售出的商品货款没有付清，买卖双方商定将残余款项分期进行支付。一般适用于金额数量比较高、付款时间延长的项目，如房产、汽车、大型机器设备等。

（三）混合销售行为与业务拆分的税务筹划空间

越来越多的企业涉及混合销售，混合销售的税收筹划问题是企业税收制度的主要内容之一。从混合销售业务本身的界定来说，主要是指企业从事增值税商品和服务销售时的混合销售。这是指在运输、建筑、金融保险、邮电、文化体育、娱乐和服务业征收的增值税。

混合销售指的是与一批货物的销售有直接关系的应税商品和服务的混合买卖业务。它们之间有着密切的从属关系。混合销售是在同一销售行为下进行的，增值税货物和应纳税服务是一起合并定价的。

税法规定，主要从事商品生产、批发或零售并从事非应税劳务的企业、企业性质的单位和个体工商户的混合销售，视为商品销售，应缴纳增值税；与其他单位和个人进行的混合买卖，视为销售服务不征收增值税。

“主要生产、批发或零售的商品，以及未完税的服务”是指在纳税人每年销售的未完税商品和服务总额中，货物的年销售量超过50%，而未完税服务的营业额少于50%。纳税人的销售是否属于混合销售，由国家税务总局下属的收税机关决定。通俗来说，就是按照主营业务征税。

从混合销售角度而言，如果将商品与服务捆绑在一起，则其整体按照商品的增值税税率来进行缴税。从混合销售业务的业务拆分方案来说，业务拆分是将混合销售业务分开，分别征税，可以减轻税收压力。当服务与商品分离时，服务费所对应的税率就变为了服务业税率。从整体上来说这样可以帮助企业合理减轻税负。

从混合销售的业务分拆角度来说，因为售卖商品与售卖服务的增值税税率不同，将商品与其对应的售后服务分开可以实现节税。对于销售和服务，税率分别为销售的税率高和服务的税率低，但如果采取混合销售，则可能按高税率纳税，税收压力很大。此时，业务可以分开进行，为企业节省税收。

如图6-2所示：企业在生产加工前的采购阶段，通过总公司直接从材料供应商处采购材料，加工后溢价销售给客户。

图 6-2　业务拆分前采购阶段

企业的总体税负如下。

增值税：（16000-10000）×0. 13=780（万元）

附加税：780×0. 12=93. 6（万元）

企业所得税（高新技术企业）：（16000-10000-4800）×0. 15=180（万元）

税负合计=780+93. 6+180=1053. 6（万元）

图 6-3 展现了业务拆分后，整个业务框架以及企业税负的变化。

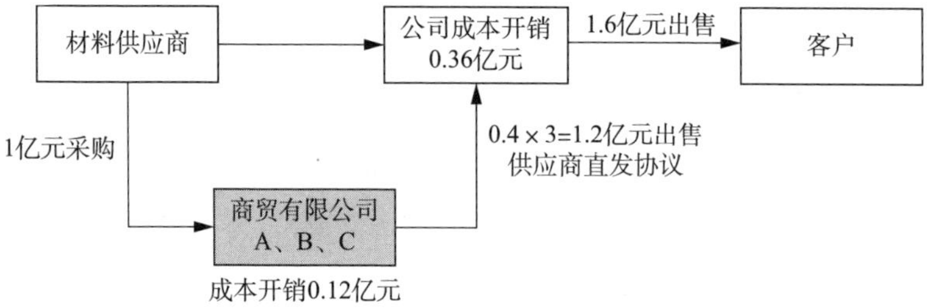

图 6-3　企业业务拆分后的采购框架

通过业务拆分，企业在税务园区设立了商贸有限公司 A、B、C。如图 6-3 所示。新成立的商贸有限公司在园区享受税收优惠。已成立的商贸有限公司主要从事对外销售业务，控制利润，并可享受小微企业所得税政策，以减轻税收负担。虽然商贸有限公司在工业园区注册，但其营业地址在原办公空间内保持不变，商贸有限公司的纳税可以享受当地的财政奖励和支持。拆分业务后，企业税负的变化如下。

商贸公司 A、B、C 的增值税：（12000-10000）×0. 13=260（万元）

企业的增值税：（16000-12000）×0. 13=520（万元）

附加税：260×0. 1+520×0. 12=88. 4（万元）

商贸公司 A、B、C 的企业所得税：100×0. 05×3+（12000-10000-1200-300）×10%=65（万元）

企业的所得税：（16000-12000-3600）×0. 15=60（万元）

财政返税：260×0. 5×0. 5+65×0. 4×0. 5=78（万元）

合计：260+520+88. 4+65+60-78=915. 4（万元）

节税：1053.6-915.4=138.2（万元）

从以上数据来看，结合国家税收优惠政策，企业整体节税140万元左右。一些地区还可以结合地方政策，合理减轻企业税负。通过税收优惠区域的产业园区模式，可以申请批准征收政策，总税负还能继续调整和降低。

二、采购与生产端的设计与涉税筹划空间

（一）采购端不同支付方式的涉税筹划空间

在企业购买商品或服务上，税务管理重点体现在严格规范的核算和财务服务支持，确保企业的采购端供货单位货比三家，采购性价比合适的产品及实现采购货物的物流以及仓储，并通过企业有效的加工生产，顺利实现企业销售产品的过程。企业的采购端税务涉及合同的签署、实物的购买、货物的验收、发票的开具等一揽子购进环节，需要履行业务、合同、发票、资金等关联性以及一致性，系统解决购进环节增值税发票的抵扣或一般人与小规模普通发票的成本计量。

采购端的支付方式分为企业自行支付和委托支付两大类。企业自行支付分为预付、现付、应付三个模式。企业委托支付分为关联上下游和非关联上下游两个模式。上述两个大类不同细分的支付类型和方式，企业均需要做好基础税务管理。

1. 针对企业的自行支付类型

针对企业的自行支付类型，主要说明如下。

首先，针对预付。企业通过预付部分资金获得先占或取得更实惠的价格优惠或折扣，在企业确保产能且产品能够按时生产之下，以预付方式进行购买，需要企业做好资金的平衡，且充分认知这个模式的购进的进项税款的抵扣延迟至发货环节之后。

其次，针对现付。企业同步支付货款可以取得增值税专用发票及时抵扣，当货物发生实质性转移，风险已经全部转移至企业之下时，购买双方可以约定发票的开具方式以及货款支付时间，确保在货物入库和货款支付之下，及时开具发票实现进项税款的及时抵扣。

最后，针对应付。企业以适度延迟付款方式，先获得货物，后按照约定的时间向供货商支付货款。企业可以按购进抵扣税款，同期考虑供货方垫支税款，双方做好平衡，确保在延迟支付方式下，企业的资金与税款达到协同与平衡。

2. 针对企业的委托支付类型

企业的委托支付类型业务的问题在于，对公或对私代为收付款，均存在由于业务流与资金流的割断引发的税务风险。因此，常规模式下尽量不用此类委托支付，因其无法实现四流一致匹配。此类业务容易引发税务局金税系统等关联识别，被系统内部锁定为虚开发票问题，不定期会引发专项稽查。

因此，此类业务需要做好税务的风险管理，风险管理的工作重点体现在资金委托支付路径与业务路径的管理、委托支付的合理性说明、业务逻辑的合理性说明、各类证明业务实质性发生的支持凭据说明等方面。

首先，针对关联上下游的委托支付。确属上下游款项或类似属于三角债务的问题，在企业本身无法及时筹措资金解决上下游支付问题下，企业尤其需要做好支持材料和有关资金收支说明，尤其是严谨、规范的三方协议，经三方盖章落实后操作，资金相应的实物流向或服务业务流向需要保持一致性。

其次，针对非关联上下游的委托支付。除供应商本身业务的常规链条外，对于供应商与其他客户的业务收支或其他个人方面的业务收支问题，企业除完成关联上下游的支持材料和三方盖章的资金代收支说明之外，还应该落实供应商有关委托支付的合理性。

（二）采购端购买类型设计的涉税筹划空间

在购入原材料时，当期购入的原材料成本经过生产制造进入销售实现后，转化为主营成本，通过产品销售实现的利润应缴纳企业所得税。因此，在购进流转税和增加成本递减所得税两个层面可以做好系统的筹划。

当企业购入用于生产的原材料金额大于销售产品形成的销项税额时，企业可以形成增值税留抵，并在一定期间内申请税务局退税。

在购置固定资产时需注意固定资产有占用资金多、价值大、使用年限长、风险不定等特点。所以在日常工作中需对固定资产的购买与处置进行合理的税收筹划。第一是需要选择固定资产的购买时间、购买发票的取得及入账时间。企业应选择在销项税额数目比较大的时期买入或开具发票。这样在固定资产购入时，进项税额可以对其销项税额进行抵扣。第二是要将还未转入固定资产的在建工程项目在建周期缩短，尽量快速完成工程建设进度。工程项目完工后转入固定资产并尽快投入使用，通过折旧抵减利润收回资产投入的成本，并抵减所得税。因此企业需缩短在建工程的周期，尽量早完成。

企业购买渠道筹划主要是在购买时对供货商的选择。企业在选择供货商时可以选择能够提供增值税的一般纳税人以抵扣销项税额。

同样，企业在选择结算方式时也需要进行相应的筹划。企业的结算方式尽量采取延迟付款方式，系统应采用银行提供的相关金融工具，包括启用银行承兑汇票方式，实现周期性延迟付款等，拉长企业的现金流周转周期。

（三）生产端生产制造过程的涉税筹划空间

1. 在顶层设计层面进行综合性税务管理

企业可以单设销售公司来解决涉税问题。由于消费税主要在生产环节征收（部分的金银玉器首饰在零售环节），因此，企业可以设立独立核算的销售公司或专业销售服务公司，通过分拆新设模式，来降低企业生产环节的不含市场促销费层面的销售价格，之后企业将产品销售给销售公司，销售公司再以市场价格对外销售。

企业生产端与销售端独立和专业化运营的模式，需要注意的税务管理事项体现在生产端定价需要处于合理的区间内，否则被纳税调整则得不偿失。此外，由于业务为实质性的真实业务，常规而言，销售公司作为增值税一般纳税人的模式有利于不同环节开票的层层抵扣，规避由于流转次数增加导致的重复征税。此外，还需要注意，生产企业本着保本微利模式，将销售公司设立在税收洼地，以释放利润方式实现筹划。

2. 在加工层面进行消费税的税务管理

对于纳税人自产自用的应纳税消费品，如果是用于连续生产的，可以不纳税。这样一项规定就为纳税人在纳税环节进行节税筹划提供了一定的空间。如果某两家企业生产的最终应纳税的消费品相同，可以考虑进行合作或者合并；或者两家企业是生产相同消费品的不同环节的产品时，也可以考虑组成同一个企业。通过这样的方式，就可以运用税法规定的连续生产不纳税的政策，来减轻消费税负担。

委托加工的消费品，由受托方在交货时代收代缴税款。在自行加工的情况下，所缴纳的税款比委托加工缴纳的税款要多。因此，相关联的企业也可以采用委托加工的方式来节税。

3. 在销售方式层面进行消费税的税务管理

在销售时缴纳生产应税消费品的消费税。企业想要进行纳税筹划，可以通过降低商品的价值或选择对企业有利的结算方式。虽然我国的消费税主要在生产环节或委托加工时进行缴纳，但是这些环节并不是消费前的最后一个环节，在生产和加工之后，还有许多环节如批发、零售等，所以在这些方面也可以进行节税操作。

对于在消费之前的这一系列环节，关联企业可以进行较低价格的内部销售，然后在最终销售环节再以正常的价格卖出。但是在进行低价内部销售的时候应该注意，价格必须处于合理的区间内。

三、售后服务端的涉税风险与涉税对策

（一）售后服务合同中的涉税风险

售后服务是服务行业的利润增长点，也是服务行业的重要环节之一。售后服务合同中潜藏着一定的涉税风险。在售后服务合同中，企业一般会为买家提供一系列的增值类或基础类服务。在企业提供售后服务时，财务人员经常就基础服务形成的增值费用开具发票。但是，有相当部分的服务是年费或首年豁免或一段时间免费，这类费用不用视同销售核算或不用进项税额转出，否则企业会多缴纳增值税。这部分收入已经在总体服务的打包汇总的销售环节收取，已折算为收入。

此外，在优惠券赠送环节也存在着涉税风险，企业需要将赠送给员工的维修保养券视同销售行为进行增值税计缴，将赠送给客户的代金券全部视同销售行为进行税务处理，否则会给企业带来税款申报错误风险。

（二）涉税风险防控的细分对策

为了更好地降低企业的税负，增加企业的盈力能力，企业需要制定更加全面的节税策略。

第一，强化税务管理与规划。企业税务是企业财务的重要组成部分，在拟定合同时，应提前做好售后服务合同税收风险评估，在全面掌握国家政策的基础上，结合企业的经营状况和税务状况，比较税务管理模式的优劣，对售后服务合同的拟定进行良好规划，选择最佳税务管理模式。

第二，做好税额统计。一是明确应缴纳税款的对象，即剔除政府资金和行政事业收费的所有销售收入，如办理相关消费业务，需要单独收费。这部分费用不能被纳入纳税范围，不过需要在税务筹划中标明，如果缺乏合理有效的区分，则可能会出现多缴税的现象。二是应该对能够实现抵扣的进项税进行全面梳理，依照税收相关法律法规的要求，办理相应的抵扣手续。

第三，细分业务环节。服务行业的售后服务，按传统服务业设计，则不仅包括咨询、检测，还有清洗、维修等服务，依照售后业务的实施情况，可以对业务环节进行适当分割，成立独立机构进行维修和检测的经营，提高专

业性的同时，也能够合理降低税率征收点，降低税负。在经营管理中，财务核算时必须对各类业务的源头合同或者单据进行明确，在合理合法的范围内，实现降低增值税税费的目的。

第二节　线上电子商务的涉税难题与智能化路径

一、电子商务合同的涉税难题与管理节点

电子商务合同是线上实现的合同管理模式，和传统模式一致，对合同双方的权利和义务需要进行约定和确认，使得合同双方可以依照条款进行业务。电子商务合同的实现方式主要包括 EDI 方式（电子数据交换方式，Electronic Data Interchange）和 E-mail 方式，通过这两类方式实现合同内容的拟定以及格式合同的确定。电子商务合同因其方便、节约成本的特性被广泛使用。

（一）电子商务税务的涉税难题

从电子商务合同涉税角度来说，假定企业交易形成的电子商务合同，通过 C2C（Consumer To Consumer）平台实现签署，那么就实现了消费者与消费者以网络为媒介，通过电商平台进行在线交易的一种购销模式。

在这种模式下，消费者可以以产品和服务为标的在任何时间、任何地点与其他的消费者进行交易，并签订或形成电子商务合同。电子商务法规定，销售方在第三方平台发布商品或服务的信息符合要约条件的同时，购买方选择该商品或者服务，并提交订单成功，那么电子商务合同成立。就国内的 C2C 为例，在平台上所进行的交易都是 C2C 交易。同时电子商务合同在 C2C 中应用最为广泛。

无论什么形式的交易合同，包括电子商务合同，都应对出售的物品或服务进行纳税申报并且缴纳印花税。电子商务合同促进了电商发展，节约了在线交易的成本，但税务局的税收征管问题和企业的税务管理问题都存在，需要对 C2C 平台交易形成的电子商务合同进行有效的税务管理，实施有效的税收智能化对策。

（二）电子商务企业的四个涉税管理节点

1. 税收管辖权

税收管辖权的判定主要以纳税人的住所或营业地为准。电子商务合同的

灵活性使国家无法像传统交易一样准确地确定纳税人的住所和营业地，也就无法准确地行使税收管辖权。

企业注册地是确定的，但电子商务合同的签订双方所在地域不一样，行政区划可能相隔很远，对税收管辖权的确定形成了巨大挑战。

如果企业注册地在长三角地区，销售方在东南地区，购买者在华北地区，收货地址或完成货物交易地在东北地区，那么上述四个地方的相关机构的税收管辖权存在不同情况，需要综合判定。

企业销售的无形商品或提供的服务，交易过程通过网络实现，销售方注册地和经营地与线上平台无关，不受空间时间限制，也会影响税收管辖权的确认。

上述情况需要专业的服务机构进行落实和确定。

2. 课税对象

课税对象是税收机关确认纳税人需要缴纳多少税金的重要判断标准。在线下传统的合同中，交易的物品多以实体形式存在，税务机关可以查看支持材料，包括出货单、账簿等以确认交易的真实性和金额体量。

随着技术的进步，电子商务合同标的商品形式也不再是单一的以实物形式存在，而是以立体方式呈现。例如书籍，以纸质化和电子化、视频化和语音化模式呈现多维、协同的形态。参与各方签订电子商务合同后，数字化的形式实现了书籍的纸质化与电子互联网化的传播。购买方通过交换获得数字化的书籍后，通过平板电脑（PAD）、电子计算机、手机的电子版本和纸质打印版本等方式实现阅读。同时，还可以通过这些模式实现电子数据复制。

所以，这种交易集销售货物、提供服务、转让著作权等形态于一体，界定的专业化程度高，确定征税额难度大。因此，这种现实模式与实体经济的线下交易有很大不同。

3. 纳税期限

税法对企业纳税期限有明确的规定，税法的无偿性、强制性、固定性的特征通过税务局执行，以此来保证企业纳税。延迟纳税则需要由企业缴纳税收滞纳金，或被税务局处罚。

由于书籍的电子版形式、衍生的视频形式、音频形式均难以确定课税对象。课税对象需以专业性判断，存在个性化的不一致，纳税期限区别也较大。因此，纳税期限的依据在判断电子商务合同生成时间、商品发出时间、商品收货时间等层面，统一明确难度较大。

4. 交易信息

税务局常规需要掌握整个交易全闭环的业务内容以测算企业的应缴税费。通过 C2C 平台的交易，税务机关需要加强对消费者所有购买物品和获得服务的落实，尤其需要针对线上交易的准确金额和体量进行测算。但由于互联网交易数据的不规则性、隐蔽性，网络防火墙等隔断因素，使得产品流通在多元化和立体式的同时，也给税务局对应税产品和应税劳务的确定带来困难。

如果消费者之间不签合同而进行私下交易避税，或是消费者之间签署电子商务的易于变更的电子数据合同，又或是从事互联网电商的企业之间通过防火墙及相关系统进行加密处理，使得企业真实的经营情况以及借助电子商务合同进行的部分交易无法体现，甚至由于税务机关与关联交易平台以及第三方支付平台无法有效落实数据，信用中介也不断脱节，如果缺少资源整合的数字化平台链接不同系统，就容易造成纳税人与税务机关的信息不对称。

二、电子商务税务的合规方式与智能化路径

税收的机制与稽查方法应结合时代的变化而改变，在互联网高速发展的大环境下，税务机关必须进行税收智能化改革。税收智能化改革的路径需要有助于企业的税务管理。与传统路径对比，新的智能化电商模式各路径具有不同的优缺点。如表 6-1 所示，智能化路径 1 只能有利于加强征税监管，但发展智能化路径 2 和路径 3，是解决电子商务合同涉税问题的根本之道。

表 6-1 税收征管的路径选择分析

对象/项目	具体方案	主要优点	主要缺点与问题	综合评价
传统税务路径	交易完成后由卖家自行进行纳税申报	税收机关的工作量少，征管成本低	税收管辖权难以确定；课税对象难以确定；纳税期限难以确定；税务机关难以掌握交易中的所有信息	必须进行改进，推进智能化税务改革
智能化路径 1	设计出计税程序镶嵌在第三方交易平台中，由第三方交易平台代扣代缴税额	理论上征管成本较低、征管效率较高。解决了难以确定税收管辖权和税收期限的问题	并没有解决税务机关和纳税人信息不对等的问题	征管成本较低，可以作为选项之一

续表

对象/项目	具体方案	主要优点	主要缺点与问题	综合评价
智能化路径 2	增强与银行和物流中心的合作与共享，利用大数据技术建立数据库	通过数据库，高效对资金流、物流信息流、合同流进行梳理，提高税收稽查的效果	C2C 经营者众多，资金往来十分复杂。仅靠税务机关自身开发以及运营数据库十分困难	是互联网经济时代税收征管的必然选择
智能化路径 3	利用区块链技术改革税收管理方式	区块链的特征能够有效解决当下电子商务合同税务征管中存在的问题，甚至改革传统的税务管理模式	实施“先难后易”，需要树立全新的税收征管思维	是一种远期变革的构想，可以作为讨论和研究的方向

（一）第三方交易平台代扣代缴税额的路径

电子商务交易中商家发布商品或服务、顾客提交订单、形成电子商务合同、顾客收货前交易款项的保管都少不了类似支付宝的第三方交易平台的参与。国家可以加强与平台的联系，并设计出计税程序镶嵌在平台中，让平台在交易完成时直接自动缴纳商家税额。传统电子商务税收征管与平台代扣代缴税收征管流程对比如图 6-4 所示。

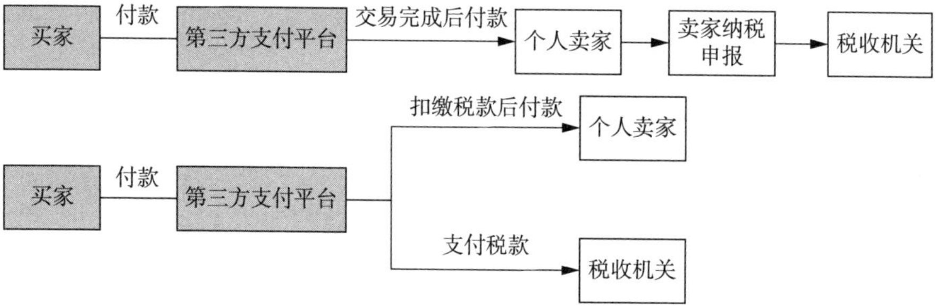

图 6-4　传统电子商务税收征管与平台代扣代缴税收征管流程对比

在这种方式下，可以把税收管辖权划分给第三方平台注册地税务机关。这样虽然不能避免商家与顾客绕过签订电子商务合同私下交易，但高效率地解决了难以确定税收管辖权和税收期限的问题。为了与平台建立良好的合作关系，要出台法律法规明确和区分平台与商家的责任，并且给予平台手续费，或实行税收优惠等激励措施。

（二）利用大数据技术进行企业税务监管的对策

在传统模式下，税务监管机关通常会通过查阅账簿与合同、进入仓库核实存货等方法进行税务的监管和核查。但在C2C模式下，由于课税对象有虚有实、电子商务合同等凭证作为数据易于更改，平台企业针对平台上的商家与顾客交易进行税务稽查的难度加大。

因此，企业通过增强与银行和物流中心的合作与共享，将数据整合成数据库，并对互联网进出数据进行收集、整理、对比。通过对资金流、货物流、合同流、发票流的梳理，形成一体化的四流一致的链接平台，从而建立起稳定可靠的系统及数据库，实现企业端的安全。

（三）利用区块链技术改善企业税收合规管理的方法

企业使用区块链技术实现在全流程中的智能化管控。高效地利用区块链技术改革企业传统的精准管理模式，解决企业端精准掌控市场中涉及电子商务合同的涉税问题，规避税务风险。通过区块链技术记录交易过程，可以涵盖和详细记录成本、收入、费用、合同、账簿等，商家的交易数据会全部变得完整、有效、不可随意篡改。这让账簿与电子合同中的数据更加真实，有助于企业和税务机关达成一致性信息的目的。在达成目的的过程中，解决区块链在数据层、网络层、智能合约层和应用层这四个层面的链接问题。数据层是通过各种区块链技术作为支撑，保存相关数据；网络层保障信息的互联互通；智能合约层是建立在数据基础上的计算机代码程序，通过对数据进行分析判定，执行预先部署好的合约规则；应用层为最后该系统应用的方向与功能。利用区块链技术进行企业端内部的管理改革，有助于实现企业的财税转型和系统化升级，从而打好技术基础，实现企业的系统转型。

第三节　企业的购销一体化涉税平台与风控对策

在数字化背景下，对于税务征收管理，要先保证企业内部业务的智能化处理。将这些信息进行智能化分析之后，才能有针对性地做出节税和税收智能处理的决策。对企业的税务管理而言，需要建设数字化税务管理系统，并争取实现业财税一体化融合推动。要实现企业对税收征管各个环节管理的自动化、智能化、信息化，有条件的企业还可以借助区块链的可溯源、不可更改的分布式共识模式，提高针对业务模式进行设计的个性化税务测算、税务管理的信息化水平。

针对企业购销端的税务管理，重点是对销项税额与进项税额的准确统计，推动企业应税行为和提高纳税申报的准确性。在这个过程中，为实现企业税务管理的智能化，企业可以采用“中台+应用模块化”方式推动“业”“财”“税”“票”“管”的深度融合。针对全层级、全业务、全税种、全流程的税务管理体系的建设，企业可以按照模块化分解方式，做好销项与进项的智能检查、匹配与稽核。企业可以按照实际业务的设计与发展需要，逐步结合业务模式和业务形态，不断打通纳税申报、分析、风控等核心智能管理能力。

一、购销两端的一体化税务融合路径与发票管理办法

（一）购销两端的一体化税务融合路径

融合打通企业的供销两端，实现企业供销两端的一体化，有助于企业资源的集中和复用。将模块化一体化融合打通（数字化赋能），实现多元化管理与税务稽核一体化，具体逻辑如图 6-5 所示。

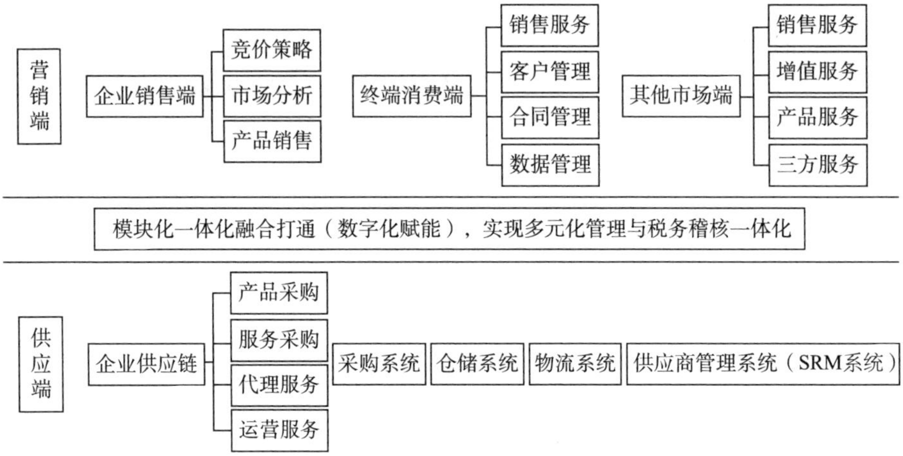

图 6-5 数字化赋能实现多元化管理与税务稽核一体化路径

企业通过系统的供应商管理，打通内部向上游系统的延升路径，在这个过程中，通过精细化模块和精益化管理，包括借助 SRM 系统（供应商管理系统）、VSS 系统（供应商服务管理系统）等联动数字化平台。企业通过物料需求计划与供应商库存的交互，确定相应的物料采购信息，各地生产部物料管理科在实际仓库库存动态调节之下，一方面解决安全库存和动态调货计划，另一方面实现企业的仓储质量检验和安全保管。

在这个过程中，企业可以针对一体化供销两端的各个环节进行全流程的税务管理。事前落实合同订立时的税收因素，并进行适当税收筹划，如考虑增值税税率降低对定价的影响；事中提高税收遵从度，降低税收风险；事后

保存好有关凭证资料和证据链支持材料备查。

从销售业务的业财税融合路径逻辑来说，企业的销售业务系统整合总体解决方案可以借助建立经销商管理系统，实现生产、采购的协同，通过销售预测平台模块，订单系统与ERP系统相结合，以企业半成品、产成品等的存储地信息和产能生产过程信息，来确定相应的企业产品销售模式和物流运输等信息，实时掌握企业的内部调拨与外部销售的情况。

销售业务的重点是以销定产模式的及时性、快速性，并解决企业税务的测算准确性。一方面企业通过对生产经营计划进行及时调整，生成实时更新的销售订单，确保订单的完整性并与ERP系统链接。同时，设计应收账款管理策略，制定企业对各类客户的授信管理，确保客户符合企业内部制定的信用管理制度规范的要求，通过对经销商的应收账款管理，在实现对销售业务资金流把控的同时，还能把控好企业采购、生产各个端口的业务进度匹配，也确保在费用支出过程中，针对税务管理中重要的纳税环节的准确性。具体如图6-6所示。

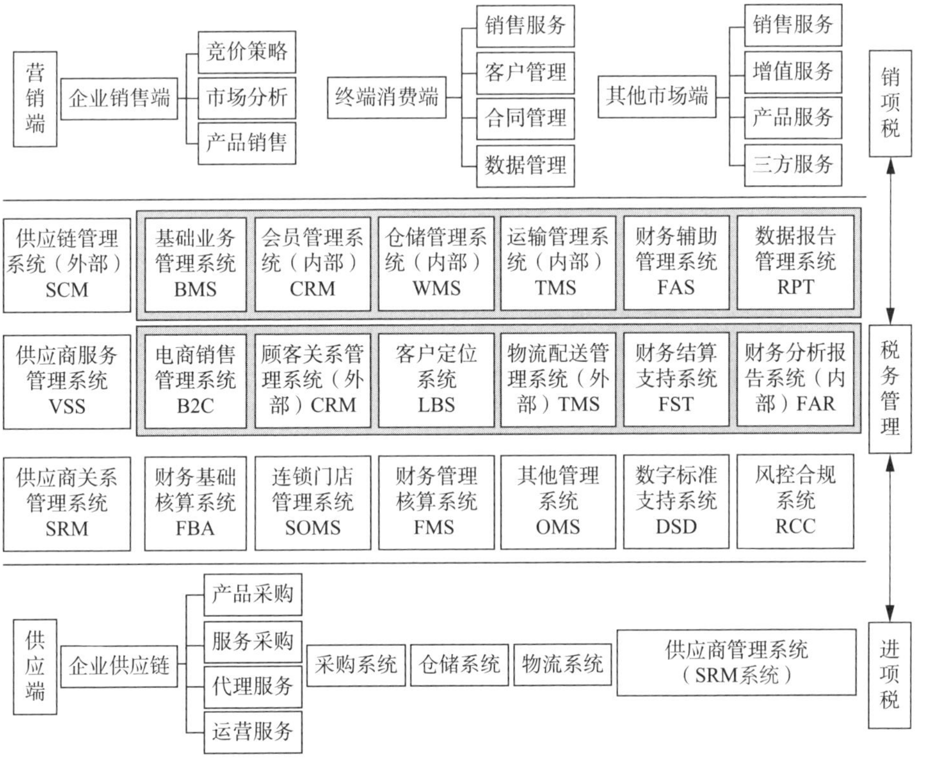

图6-6 数字化赋能实现精益化模块化与税务管理一体化路径

（二）购销两端的涉税智能税务发票管理路径

一般销项发票管理上往往要面对开票风险难控制、空白发票难管控、总部控管能力弱、开票工作量大等问题的出现；进项发票往往同样要面对供应商开票质量难把控、进项发票和采购结算对账工作量大、为建立统一的发票池导致的平台不能对接、发票验真复杂且烦琐等诸多问题。企业往往会通过进项销项发票操作管理平台来解决上述的问题。见表 6-2。

表 6-2　全电发票、电子发票、纸质发票对比

项目/对象	全电发票	电子发票	纸质发票
平台与工具	全国统一的电子发票服务平台； 发票开具、交付、查验以及用途勾选等“一站式”服务；免费；无须适用税控专用设备	税控开票服务商； 按每个税号/每年收取开票服务费； 查验/认证按发票张数收取费用	税控开票服务商； 需购买税控开票设备
应用范围	试点到全国推广	普票全国；专票部分试点	全国
发票规范	取消发票联次：取消发票代码、校验码、机器编号、购销地址和银行信息； “去版式”满足个性业务需求；全电发票可以选择以数据电文形代交付，破除PDF、OFD 等特定版式要求； 根据不同业务进行差异化展示：特定业务发票，票面左上角会展示该业务类型的字样（如不动产销售、旅客运输等）	PDF、OFD 电子发票统一样式	纸质发票样式
发票应用	无须办理发票票种核定，无须领用全电发票；通过“赋码制”取消特定发票号段申领；通过“授信制”自动为纳税人赋予开具金额总额度：取消发票票面限额，优化业财票数据比对中多对多映射问题；新办纳税人可实现“开业即可开票”；申报抵扣增值税进项税额需通过电子发票服务平台确认发票用途；提供发票入账标识功能，减少异常红冲	申请；专票红冲需购方确认；普票红冲无须购方确认	需申领发票、税控设备

从表 6-2 可以看出，三种发票在平台与工具、应用范围、发票规范等方面有着明显的不同。全电发票相对于电子发票和纸质发票的优势主要表现在降低征纳成本、简化管理工作、降低发票管理风险。

随着增值税专用电子发票全面推广应用，企业的税务管理需要结合税务机关贯彻实施“以票控税”的理念，加强企业发票开具的四流一致的管理，

确保企业不出现虚开增值税专用发票的疏漏。

在企业税务管理过程中，针对发票的重要性，加强发票作为交易凭证、报销凭证、记账凭证和扣税凭证的管控。企业无论是受票方，还是开票方都需要保证每一张发票的票据流、资金流、货物流一致，也就是持续规范和优化四流一致的发票管理。确保企业内部发票的涉税备查资料的规范管理，解决企业内部以发票为起点进行税务自查并做好税务稽查的快速应急机制和准备工作。

企业可以实时针对财务共享服务中心进行拓展，促进专票电子化的税务共享中心的建设或升级转型。借助税务共享子中心这个信息系统，实现票税一体化、业财税一体化的建设。

企业税务管理将与 ERP、OA 等管理系统对接，进行自动开票、自动勾选、自动对账、自动计税，实现票税一体化，使发票、业务单据、记账凭证、资金凭证有机串联，形成一体；与报账平台、财务共享、商旅系统等平台打通，实现业财税一体化，使业务流程、财务核算、税务管控高度融合，降低涉税风险。具体如图 6-7 所示。

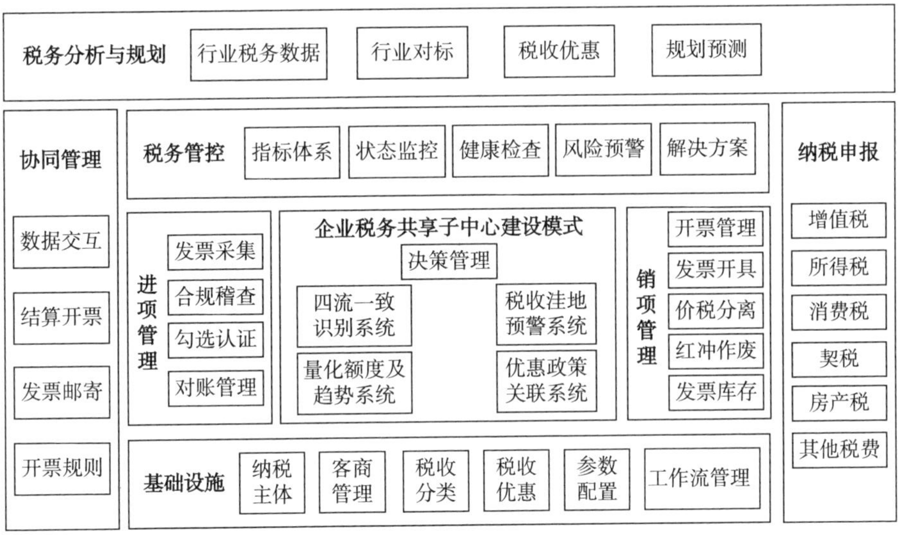

图 6-7　企业税务共享一体化票据管控集成税务管理平台

二、企业的税务协同平台与涉税风控对策

针对购销两端的税务管理和筹划的难点问题，企业可以通过建立税务共

享子中心模式，同步建设智能电子税务的精益化管控模块来解决。

（一）做好税务协同合同管理顶层平台

首先，企业可以建立更加完善合理的税务风险管理体系，并达到对自身涉税风险的提前预警、查处以及风险评估。

在对税务指标进行定义后，可以按照业务的类型、税种等不同的维度，提升企业的税务风险管控能力，达到实时监控的目的，采取及时的应对措施。

这样的税务风险系统包括销项、进项的发票管理，供应链的协同管理，费控报销管理，OCR 识别，发票查验，等等。大致构架如图 6-8 所示。

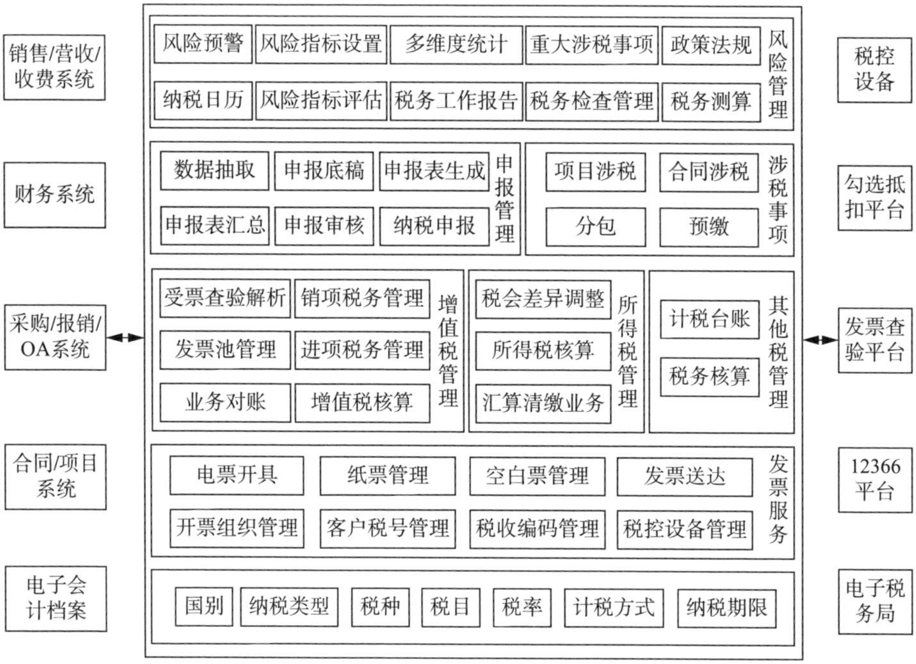

图 6-8　税务风险系统

从企业的税务风险管理角度来看，企业的税务管控流程融入业务的过程中，需要结合企业购销两端的进项、销项的发票管理实现，且需要针对以发票为依托的各项支持证据链的系统性来实现。一方面，企业实现纸质和电子发票的自动开具、价税分离、多维度的统计和风险预警等。另一方面，企业集中管控发票池，对整个流程如从采购到入账再到抵扣的一系列过程进行全程的电子信息化的管理和支持证据链的链接管理，其间可以结合进行纸质发票的电子化转化。

同时，企业可以结合供应端和销售端的管理，实现针对供应商、销售客户的电子和纸质发票的管理、开票组织、发票送达等全流程的协同配合管理。

企业可以结合上述落实好的供应链端口的进项发票、支持证据链、业务合同、资金协同等，实现全税种的计税申报、风险预警与统计、档案归集等功能。

此外，针对企业的发票归集模式、OCR 识别系统，实现发票和合同的精准关联，同时实现发票与支持证据链的精准关联。利用 RPA 技术，通过发票的企业内部存储和识别，解决发票与税局接口的关联，实现发票的实时和智能查验，解决发票税号等信息的智能化查验真伪。最后，借助一体化运作，继续优化并打通企业税务对整个纳税申报过程的模拟，使得企业税务服务的过程自动化、智能化，从根源上规避购销合同端口的企业税务风险。税务共享云系统的智能匹配与合规证据链融合路径见图 6-9。

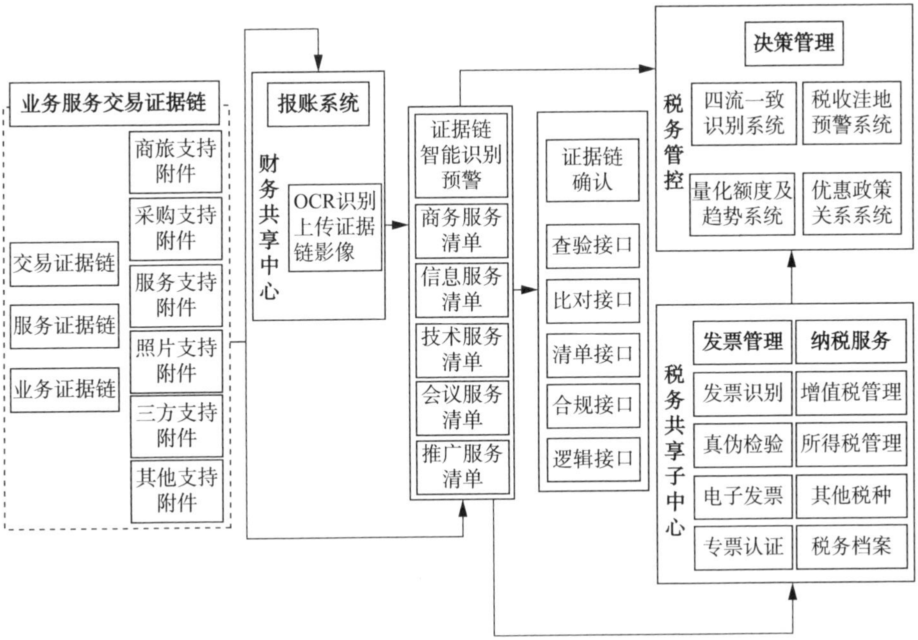

图 6-9　税务共享云系统的智能匹配与合规证据链融合路径

（二）做好企业运营合同管理系统的涉税接口设计

合同管理系统在整个企业信息化中处于管理信息化层，作为管理信息化系统的一部分，合同管理系统与已建成或将建设的多个信息系统都存在数据的交互。合同管理系统与其他系统交互的接口如图 6-10 所示。

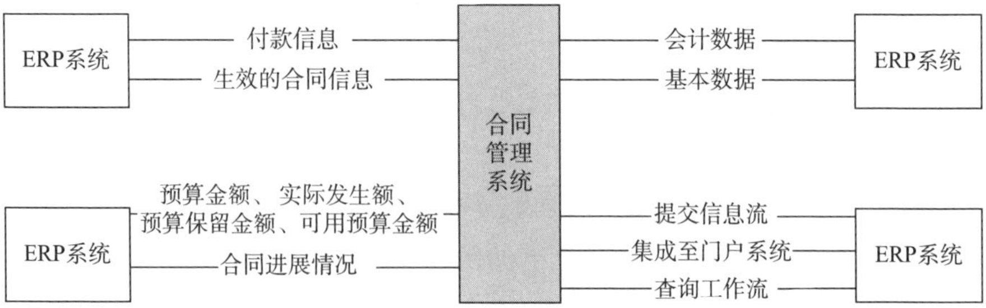

图 6-10　与其他系统接口

第一，合同管理系统与 ERP 系统的接口功能设计。ERP 系统提供导出接口，让合同管理系统可以查询订单、业务的规则信息。

第二，合同管理系统与 OA 系统的接口功能设计。合同管理系统向 OA 系统提供各用户的待办事宜信息，OA 系统可作为合同管理系统的用户认证和单点登录接口。

第三，合同管理系统与报账平台的接口功能设计。报账平台提供导入接口，合同管理系统需要把合同的基本信息、合同的文本信息导入报账平台。报账平台提供查询接口，让合同管理系统可以把合同的预提信息或者支付信息返回到合同管理平台。

第四，合同管理系统与预算管理系统的接口功能设计。预算管理系统提供接口查询预算总金额、实际发生金额、预算保留金额和可用预算金额，提供调用接口，供合同管理系统更新合同进展情况。合同管理系统需要更新合同进展情况到预算管理系统。

（三）合同管理系统对税务筹划的风险应对措施

1. 加强数据输入监管，根据合同依法缴纳社保

通过合同管理系统，实现劳动合同管理工作的公开、公平、公正。在原有的劳动合同和服务合同管理工作中，主要还是由管理人员和高层领导人员进行管理和控制，由于这种管理方式过于自由，虽然在企业中有详细的管理规范以及标准，但是仍然会出现管理漏洞。利用合同管理系统，固定从人员签订劳务合同到结束劳务的管理流程，保持内控的独立性，并限制财务人员的权限应用。以信息化的管理方式更有效、更全面地对人员进行管理和监控，并且能够为劳动合同和服务合同的管理工作提供一个信息化、规范化的管理

方式，实现流程上的全面优化，最大限度地保障劳务人员和外包人员的管理工作质量。

2. 利用系统协助税务机关稽查用工真实性

当税务机关对企业有虚假用工、虚增费用的怀疑时，劳动合同和服务合同是最重要的证据。通过组织机构管理模块对企业内部的部门信息和人员信息等进行管理；在员工档案管理模块中，对档案转入、转出以及档案查询进行规范化管理，与人员流动管理模块相协作，避免虚假用工。在后台，合同系统通过与各信息系统的协作，打通了各个业务环节，实现端到端的业务流程，以达到人员信息全透明、全录入、全监控。

在员工入职时，利用合同管理系统对员工信息进行录入操作，并且对申请表的数据进行数据库保存操作，记录哪位领导对入职申请进行审批，并且使员工入职数据能够得到责任追溯，使入职人员的信息更加准确完善。同样地，对于劳动派遣数据的管理，通过与 ERP 系统中员工考勤数据相匹配，可以有效地保证劳务派遣数据处理的安全性与真实性。

由于劳动合同和服务合同的薪酬支付方式、社保费用等存在不同，因此企业可以根据这些差异对合同进行税收筹划，但是可能不经意间就成了所谓“合理避税”违法行为的助推手。企业应用合同管理系统可以更好地避免这些风险，合法纳税，关键时刻利用系统信息提供证据。将税务筹划用在正途，保护员工也保护企业本身，回报国家与社会。

第四节　本章小结

企业运营层面的购销合同是涉及流转税的关键节点。从企业销售端的税务管理和基础的筹划角度来说，购销两端的合规化管理、四流一致的匹配销售和收款等各种有效的信息形成强关联，解决企业购销两端合同与税务的有效关联，实现发票、合同、业务、资金、支持材料的一致性是企业规避涉税风险的关键环节。

在企业购销两端的合同管控上，涉及双方合同的签署、实物的购买、货物的验收、发票的开具等一揽子购进环节，需要实现业务、合同、发票、资金等的关联性以及一致性，系统解决购进环节增值税发票的抵扣或一般人与小规模普通发票的成本计量。支付方式分为企业自行支付和委托支付两大类。

线上合同管理模式的电子商务合同丰富了购销两端的合同管控模式。这使得企业针对购销合同的管理和税务管理需要同步向智能化转型。针对企业购销端的税务管理，重点是销项税额与进项税额的准确统计，促进企业应税行为和纳税申报的准确。针对购销两端的税务管理和筹划的难点问题，企业可以通过建立税务共享子中心模式，同步建设智能电子税务的精益化管控模块来解决。

本章参考文献

［1］王婷婷．智慧税务的实践属性、现实困境与未来路径［J］．税务研究，2022（4）：56-61.

［2］张伯凝，马林，吴清，等．国家电网基于“税企直连+数据赋能”的新型智慧税务管理体系探索与实践［J］．财务与会计，2021（24）：29-32.

［3］肖静华，郭奕，刘雅琼．能源企业S集团智慧税务转型实践［J］．财务与会计，2021（19）：31-34.

［4］倪娟，李彦璋，周睿．人工智能助力税收管理数字化转型的对策分析［J］．税务研究，2021（4）：92-96.

［5］陈筠，傅彤，许昕羽．源泉扣缴税收征管模式在电子商务中的应用初探［J］．税务研究，2019（2）：96-100.

［6］王凤飞，贾康．加强电子商务税收征管的思考和建议［J］．税务研究，2018（12）：112-114.

［7］汤晓冬，周河山．基于区块链技术的税收治理框架构建［J］．税务研究，2018（11）：98-104.

［8］汪榜江．企业促销方案的会计核算与纳税筹划［J］．财会月刊，2015（16）：103-107.

［9］孙作林．商业企业不同促销方案的税务筹划收益比较［J］．财会月刊，2013（1）：67-68.

［10］纪丽芳．商场促销的税务筹划：基于现金流分析［J］．财会月刊，2011（28）：61-62.

第七章
十大税务管理工具之发票管理

发票是指一切单位和个人在购销商品、提供劳务或接受劳务、服务以及从事其他经营活动时，所提供给对方的收付款的书面证明，是财务收支的法定凭证，是会计核算的原始依据，也是审计机关、税务机关执法检查的重要依据。发票管理的合规性是企业管理过程中涉税风险最大的领域，尤其是针对增值税发票，针对增值税专用发票或普通发票，实践中企业均不同程度存在管控漏洞，业财不协同导致虚开增值税专用发票、被动取得增值税专用发票等问题经常发生，这严重影响了涉事企业的经营。尤其是企业和个人在承担相应处罚的同时还会进入诚信黑名单，不但影响企业形象，可能还会承担刑事责任。随着数字技术的不断普及和深化应用，传统的发票管理涉及的细节需要不断信息化和智能化，以满足企业战略业务发展与管理提升的要求。

本章详细介绍了发票管理中内控环节存在的薄弱点，发票管理的有效管控模式，以及传统发票管理到智能发票管理的融合转型。通过发票管理智能化防控对策，借助信息系统，实现票税一体化、业财税一体化。

第一节 发票管理的涉税情况与筹划空间

发票作为交易凭证、报销凭证、记账凭证和税前扣除凭证，在企业管控中将更加严密，无论是受票方，还是开票方，应保证每一张发票的票据流、资金流、业务流一致。企业需要做好发票的涉税备查资料等支持证据链的规范管理，针对税前扣除凭证的发票，需要在企业的管理过程中遵循真实性、合法性、关联性原则，并做好快速以发票为起点进行税务自查和税务稽查的意识和准备。涉及发票管理的逻辑和原则具体如下。

一、发票管理的类型与基本常识

发票的发展史经历了手写发票、税控填开、电子发票、全电发票这几个过程。发票变革的同时伴随着国家的金税工程更新迭代。电子发票是电子化税收管理系统的基础，即全电发票是金税四期数据的主要来源。通过发票这一桥梁，可以让全社会所有的交易主体在交易完成后，主动把交易信息上传到发票平台，从而为金税四期提供实时、全面的交易数据，联系货运物流信息、结算资金流信息，以及交易各方的业务特征，借助人工智能自动识别、匹配、预测相关业务与经济指标，进而可以对不合理的交易数据提出预警，有效预防虚开发票与销售造假等违规违法现象。

（一）个体工商户类发票与企业类发票

1. 个体工商户类发票

个体工商户是享有合法财产权的，包括对自己所有的合法财产依法享有占用、使用、收益和处分的权利，以及依据法律和合同享有各种债权。

个体工商户发生增值税应税项目，可以以税务机关代开的发票，或者载明收款单位名称、个人姓名及身份证号、支出项目、收款金额等相关信息的收款凭证及内部凭证提供给对方作为税前扣除凭证。

“个人”指个体工商户和自然人个人，个体工商户应当按照规定办理税务登记。

2. 企业类发票

企业对于支出的税前扣除凭证管理需分清增值税应税项目和非应税项目，取得不同的税前扣除凭证。

（1）对于增值税应税项目。

若供应商是中国境内依法办理了税务登记的增值税纳税人，发生事项后，必须取得对方开具的增值税发票或取得对方在税务局代开的发票、收款凭证或内部凭证等税务认可的合规票据。

比如从政府机关、社会团体收购废旧物资、租赁房屋，这些单位无法开具增值税发票，可找税务局代开发票，或是以收款凭证作为税前扣除凭证。

若供应商为自然人，且应税交易额未超过增值税相关政策规定起征点的，可以税务机关代开的发票、出具的收款凭证或内部凭证作为税前扣除凭证。

（2）对于非增值税应税项目。

对于企业按照规定缴纳的社会保险费、住房公积金、工会经费、车辆购置税、残疾人保障金、教育费附加、增值税、土地出让金、公益事业捐赠支出、向法院支付的诉讼费用等，若对方是单位，以对方开具的财政票据、完税凭证、收款凭证等发票以外的凭证作为税前扣除凭证。若对方非单位，比如对个人的捐赠，可取得收据或领条等作为税前扣除凭证。

（二）申报纳税及发票管理的基本常识

（1）财务部门按照国家有关税收政策、各项法律、法规的规定，正确准确计提、核算各种税金，并进行账务处理，由不相容岗位人员对税款的计提、核算、缴纳进行审核，并在相关资料上签字确认。对递延税项的账务处理，相关会计凭证须经财务部门负责人审核。

（2）各项税收的纳税申报表由财务部门税务管理岗位人员负责填报，按规定由相关负责人审核签字。财务部门负责人批准签署申报表和税收资金划拨凭证后，按国家规定期限向主管税务机关申报、缴纳各项税金。

（3）财务部门按照国家税收政策及本企业发票管理制度（办法）的要求，负责管理各种发票（票据）的领购、开具、保管等工作。

（4）财务部门按照税务机关增值税防伪税控开票系统规定及本企业发票管理制度（办法）的要求，配备开票税控设备，配备专人负责开票。

（5）财务部门按照国家税收政策有关要求对增值税专用发票在规定期限内进行认证。企业以电子会计凭证的纸质打印件作为报销入账归档依据的，必须同时保存打印该纸质件的电子会计凭证。

（6）财务部门按照《中华人民共和国税收征收管理法》有关规定配合税务机关依法进行税务检查。对于税务机关出具的检查结论，按审核程序审核后及时进行账务处理。

（7）财务部门由专人负责保管税务证件及各种纳税资料。取得的增值税专用发票抵扣联或其他抵扣凭证由财务部门统一存档保管十年以上。保管期满报经税务机关查验后销毁。

（8）财务部门要指定专人负责保管已开具的发票（票据）存根联，保管期限为五年。保管期满报经税务机关查验后销毁。

（9）对于没有存根联的已开具发票（票据），建立登记簿，记录发票（票据）使用情况。

（10）纳税申报表、完税凭证、财务报表等由财务部门统一存档保管十年以上。

（三）发票等税前扣除凭据的基本常识

（1）企业所得税税前扣除凭证（以下简称“税前扣除凭证”）是税前扣除的依据；税前扣除凭证包括以发票为主的一揽子支持凭据；企业须在汇算清缴结束前取得税前扣除凭证；企业因非自身原因无法取得税前扣除凭证，可凭替代资料在税前扣除；汇算清缴期结束后对未取得税前扣除凭证的事项，给予补救措施等。

（2）税前扣除凭证是证实支出已经实际发生，并据以在企业所得税税前扣除（以下简称“税前扣除”）的证据，遵循证据的“三性”，即真实性、合法性、关联性。实践中，要厘清扣除范围、扣除凭证、扣除资料三者之间的关系。

（3）税前扣除范围是指允许在税前扣除的范围，包含两个维度：第一个维度是实际发生、与取得收入有关、合理的支出才允许税前扣除，即需要满足税前扣除的三大基本原则：实际发生原则、相关性原则、合理性原则。第二个维度是税前扣除范围，包括成本、费用、税金、损失、其他支出五大项目。税前扣除凭证是证明符合税前扣除范围的支出已经实际发生的凭证，其中发票是最重要的税前扣除凭证。

（4）如果支出不符合税前扣除范围，即使有发票也不允许在企业所得税税前扣除。符合扣除范围的支出，如果没有税前扣除凭证作为依据，也不允许在税前扣除。

（5）与税前扣除凭证相关的资料是税前扣除凭证的依据和佐证，包括合同协议、支出依据、付款凭证等支持证据链材料。

（6）对于不符合规定的发票和其他凭证，包括虚假发票和非法代开发票，均不得用以税前扣除、出口退税、抵扣税款。

（7）企业取得私自印制、伪造、变造、作废、开票方非法取得、虚开、填写不规范等不符合规定的不合规发票，不得作为税前扣除凭证。

（8）税前扣除凭证有内部和外部两个来源。内部凭证是指企业在进行经营活动和其他事项时，向其他单位和个人取得的证明其支出的凭证，包括但不限于发票（包括纸质发票和电子发票）、财务票据、完税凭证、收款凭证、分单等。外部凭证是指企业为成本、费用、损失等费用核算而制作的原始会计凭证。同时企业应在当年所得税汇算清缴期结束前取得扣除凭证。

（9）根据不同支出项目，检查税前扣除凭证是否齐全；税前扣除凭证是否规范；对于税前扣除凭证的补救，注意补救期限，超过期限后就不能再扣除。

（10）除了票据本身，企业还应将与税前扣除凭证相关的资料，包括合同协议、支出依据、付款凭证等留存备查，这些备查的材料就是证据链，证据链是证实票据真实性的关键。

二、传统模式下发票的涉税情况与基本常识

对发票的合规管理而言，重点在于对企业发票管理诸多节点的风险把控。一是风险意识，税务风险管理意识淡薄，轻视税收法律、法规的研究，税法遵从意愿不一；二是管理体系，垂直管控能力弱，管控流程难以落地，重大业务缺乏涉税控制；三是系统数据，信息化手段缺失，数据分散及口径不统一，手工操作差错率高；四是税务人员，税务岗位和人员配备不足，税务人员流动频繁，涉税人员经验不足。

（一）发票开具的环节与涉税情况

企业发票风险体现在：发票开具企业虚开发票和发票取得企业获得虚开发票两个环节。在这两个环节中，开具发票企业存在“善意开票”和“恶意开

票”两种情况，取得发票企业存在“善意取得”和“恶意取得”两种情况。

其中，认定虚开增值税专用发票的两个关键点：一是“虚开的事实”，其核心内容是行为人虚构并不存在的交易或者假造交易金额，主要行为类型包括无货虚开、有货虚开、有货代开，其认定的核心标准在于与实际的交易状况是否相符，只要与实际的交易状况不相符，大多都会被认定为虚开增值税专用发票。二是“主观故意”，其核心内容是行为人是否存在偷税、漏税的主观意思。

对于开票方“善意”的认定，可以参考受票方善意取得虚开发票中对于“善意”的界定。

“善意取得”需满足四个条件：购货方与销售方存在真实的交易；销售方使用的是其所在地专用发票；专用发票注明的销售方名称、印章、货物数量、金额及税额等全部内容与实际相符；没有证据表明购货方知道销售方提供的专用发票手段不合法。

在纳税人善意取得增值税发票已经抵扣进项税额的，税务机关追缴已抵扣税款的，不再按日加收滞纳税款万分之五的滞纳金。

在纳税人善意取得虚开增值税专用发票的情况下，如果能够重新从销售方取得防伪税控系统开出的合法、有效专用发票，且取得了销售方所在地税务机关已经或者正在依法对销售方虚开专用发票行为进行查处的证据的，受票方所在地税务机关应依法准予抵扣进项税款或者出口退税。

不同时符合上述四个条件的，大概率被认定为“恶意取得”虚开增值税专用发票。

“善意取得”不予认定的情况：销售方“应该知情”的基本常理没有得到贯彻，包括开票企业的“善意开票”认定前提是四流必须一致。

纳税人无论是善意取得还是恶意取得虚开的增值税专用发票，均不得作为增值合法有效的扣税凭证抵扣其进项税额。

具有以下行为之一的，属于“虚开增值税专用发票”：

（1）没有货物购销或者没有提供或接受应税劳务而为他人或自己、让他人为自己、介绍他人开具增值税专用发票。

（2）有货物购销或者接受了应税劳务，但为他人或自己、让他人为自己、介绍他人为自己开具数量或金额不实的增值税发票。

（3）进行了实际经营活动，但让他人为自己代开增值税专用发票。

虚开发票的表现形式如下：为他人或自己开具与实际经营业务情况不符

的发票。让他人为自己开具与实际经营业务情况不符的发票。介绍他人开具与实际经营业务情况不符的发票。

（二）受托第三方收付款的涉税模式与筹划空间

1. 受托收款或付款方式与路径

在企业运营的日常经济活动中，由于某些限制性原因，如交易平台限制、资金短缺等，交易双方的企业不能直接进行双方账户的对接收付款，而是委托其他相关方单位或专有平台代收代付。同时，第三方公司受债务公司委托代其付款时，受托方第三方公司可能会以“返还不当得利”为由，要求委托方债务公司返还此款项。债权公司委托第三方代为收款时，委托方债权公司可能以本公司账户没有收到第三方公司款项为由，要求受托方第三方公司重新支付同金额的款项。

因此为避免上述矛盾发生，交易双方的收款方要求付款方将款项直接支付给第三方公司时，付款方公司要求收款方公司与第三方收款方提供相应的书面委托，明确收款方公司与第三方公司之间的受托收付款关系，书面委托写明该债权公司委托第三方进行代收款项，表明该受托收付款业务的合法合规性。债务公司让第三方代为付款时，债务公司和第三方均应给出书面说明，明确书写“由第三方公司代债务公司支付给债权公司具体款项的数额”，以明确三方的收支关系与委托受托关系。

常见的受托收款与付款的方式主要有：

首先，以交易平台为主的受托收款或付款。交易双方在专有第三方平台发生的交易，由于往来款支付可能涉及信用风险，专有第三方平台会指定本身第三方平台代收款项与代付款项，以确保交易的款项及时支付且产品质量满足双方的要求。

其次，关联方公司间的受托收款或付款。付款公司可能会因资金短缺、无专有银行账户、无对接付款方式等而无法及时收付款，进而委托其关联方公司进行代收或代付。

2. 受托收款或付款的合规管理

债务公司与债权公司企业间委托第三方公司进行代收代付款项业务时不应开具发票，只能对第三方收付款项公司开具收据。受托收款与付款的协议应保证企业的发票流与现金流保持一致，满足税务的要求。

（三）发票管理内控节点的基本常识

（1）发票和其他相关票据购买。由专人向税务部门线上或线下购买，可以为纸质发票，也可以为电子发票。如果是纸质发票，则必须验收和专项报关。

（2）发票和其他相关票据的领用。使用发票或收据的部门必须指定专人负责各种票据的管理工作。专管人员应设置各种票据领用电子和纸质登记簿并及时更新记录，无论是电子还是纸质发票，必须登记领用的日期、数量、起止号码、用途等，并由领用人签收。

（3）发票和其他相关票据使用。无论是电子还是纸质发票，从企业合规角度出发，都应当按照规定的时限、顺序、逐栏、全部联次一次性准确开具，涉及发票作废，纸质版本的要确保票据作废的联次齐全。

（4）各种票据需交接使用时，应办理交接手续，写明交接时票据的号码。接受人在接受各种票据时，如发现所交接的票据存在问题，可拒绝接受。

（5）发票和其他相关票据检查和核销。对各种票据的使用随时进行检查，企业内部需核查票据使用人是否将所收款项及时缴存入账，在核销票据时应对票据进行检查并登记核销记录。

（6）涉嫌虚开发票的类型中，这几种情况会被税务局稽查并使得企业处于涉税风险状态：没有货物购销或者没有提供或接受应税劳务而为他人、为自己、让他人为自己、介绍他人开具；有货物购销或者提供或接受了应税劳务但为他人、为自己、让他人为自己、介绍他人开具，数量或者金额不实；进行实际经营活动，但他人为自己代开其余的对不能反映纳税情况的有关内容做虚假填写。

第二节　发票风险防控一体化的节点与闭环流程

一、传统发票的涉税防控与一体化节点

企业税务风险是指企业的涉税行为因未能正确有效地遵守税法规定，而导致企业未来利益的可能损失。对于传统模式而言，企业需要针对发票管控，做好岗位职责的设计，传统模式可以做好一套数据管控机制的建设，进行风险监测和防控。

（1）异常发票监测。发票入库后，定期检测发票状态，有没有被冲红、作废或者被税务局定为异常发票。

（2）监控供应商。发票大数据联合工商大数据，对有风险的企业开具的发票，随时预警。

（3）智能申报。税务申报总结出核算规则，交给系统自动计算，从人工申报转变为智能申报。避免人工申报数据核算风险，多缴或少缴税。

（4）风险测评。综合各项风险指标，与行业平均税负进行对比，各子公司和集团详细评分，预警企业风险点，并提供改善建议。

因此，基于上述的细节，企业可以从发票管理出发，形成从发票的细节管控层层追溯至最顶层的管控逻辑。在企业发票管理层面，第一，解决战略层面战略决策带来税务风险和税务筹划的机会；第二，做好发票风险预测，针对税务风险预测，根据实际情况不断优化发票的管理细节；第三，在发票实践过程中，企业税务风险管控需要将商业运作过程同风险管控相联系；第四，在企业风险评估层面，财务部门的税务人员需要与管理层一起不断评估发票引发的税务风险是否可控；第五，在企业财务的税务监管层面，需要结合财务的税务监管要求，解决各种商业活动的业务与发票的匹配度，保证相关的内控程序得到有效的运行，风险得到有效的控制；第六，在企业财务部门的税务改进层面，财务的税务相关人员，做好发票的协同风险控制，涉及的相关部门和管理层协同改善税务风险管理。具体如图 7-1 所示。

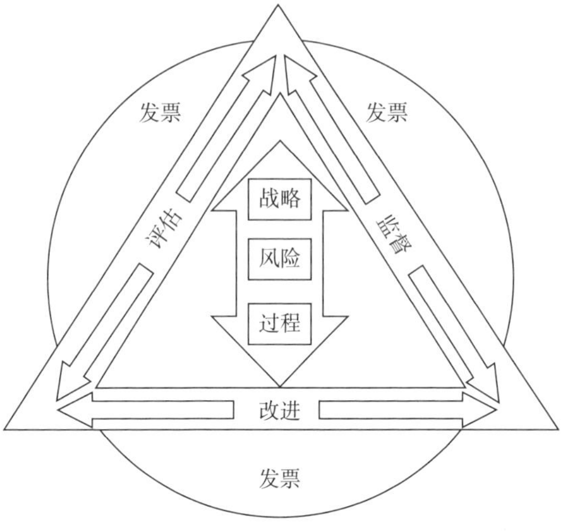

图 7-1　基于发票导向的税务风险管理

（一）针对发票的涉税防控与涉税细节

利用最新的发票税务系统，与企业业务、财务进行协同，提高效率，创造价值。通过一个平台完成开票、查验、记账、认证、申报等，不需要跨平台操作。

（1）**开票**。协同业务 ERP 系统和国家税控发票系统，纸电票一体化开具。

（2）**查验**。协同税务局查验平台，以扫描取代传统手工录入的方式，查验发票真伪。

（3）**记账**。协同财务系统，在销项发票开具和进项发票认证过程中，自动生成记账凭证。

（4）**认证**。协同税务局端勾选认证平台，手工或自动同步专用发票信息，高度集成、简便操作，手工或系统自动完成勾选认证。

（5）**申报**。协同国家（税务局）申报入口，实现一键申报。

（6）**报销费控**。协同报销费控系统，进项发票扫码即可快速获取发票数据，并验真伪，提升报销体验。

（7）**金融服务**。协同供应链金融平台，以未到账发票数据为抵押，快速获取贷款。

（8）**全球业务**。立足全球化征程，开发多语言发票凭证模板，为企业提供全面的国际型发票数据解决方案。

基于数据的精细化管理，发票是税务数据的载体，将纸质发票、电子发票集中到一个服务中心，结合财务数据进行数据化管理和分析。

（1）**销项发票数据库**。所有销项发票存入销项发票数据库，可进行条件查询、发票作废、发票充红等操作。

（2）**进项发票数据库**。系统快速获取发票数据，每一张发票都要尽可能关联上相关的业务信息，每一张发票入库前都经过基本查验，建成进项发票数据库。

（3）**异常发票数据库**。作废、冲红或者被税务局定为的异常发票，系统实时自动检测，并将发票数据存入异常发票数据库。

（4）**数据对比分析**。对进销项发票多维度分析对比，对发票数据汇总统计，对已认证发票及抵扣率统计分析，对异常发票库分析等。

（二）针对业务模式设计的一体化涉税防控节点

企业的商业活动中，在各个环节涉及的支持业务证据链上，发票是业务核算的最后一个环节，也是基于发票对之前四流一致进行确认的最后一道关口。因此，在企业税务管理的落实上，结合企业的业务形态，推动实施按企业商业模式和业务模式进行节点和流程的设计。

1. 事前阶段，做好企业税务发票的事前管理

做好企业发票的建章立制工作。企业发票类制度管理和企业税务管理联动。针对发票管控的各个环节明确内控管理办法。

在制度建设中，需要明确税务发票管理中涉及的一揽子税务流程，将发票管理融入企业的纳税申报和完整的税务流程管理中。确保发票管理的销项发票和进项发票的全部环节，纳税申报规范包含了税额计算、出具报表的全部环节，流程管理包含了审批、业务体系的全部环节，税务管理涵盖税费汇总和税费分析的全部环节。

在事前预防过程中，设置风险监控点，在合同审批、报账、开票等业务环节触发，确保重大合同、营销方案触发风险审批机制；落实纳税提醒，同步企业外部和内部的税收法规查询和推送，按期及时完成税务资料采集归档工作。

2. 事中阶段，做好事中控制

在这个过程中，企业税务管理重点在于履行制度规定，并就税务风险疑点进行内部筛查，做好税务风险预警，风险预警涵盖发票认证到期预警、未达发票预警、不动产抵扣预警、申报数据对比预警、关联交易预警等各个环节，申报表数据逻辑效验、申报表数据疑点审核等内部控制程序。

3. 事后阶段，分为风险预警、统计分析、稽查或评估、档案管理四个区域

风险预警指的是预警方式和原因分析；统计分析则是分区域和分税种进行；稽查评估主要集中在问题分析和源头追踪；最后一方面的档案管理分为变动留档和全过程留档。在事后评估过程中，启动企业税务自查、通用税务风险指标分析、企业内部审计出具风险指标评估报告都是必要的程序。

（三）传统发票管理的基本常识

1. 日常传统管理模式的基本常识

（1）培养遵纪守法的良好文化。培养领导和员工的自觉意识，为企业自

觉履行相关的法律法规。企业是以营利为目的的，但是要合法合理地经营，而业务人员作为接触业务的一线人员，不管是在现在还是将来，都是企业很重要的一员，只有业务人员配合，才能提高企业税务风险的识别能力，根据实际情况识别税务等相关风险，为企业保驾护航。

（2）从业务流程上加强交易流程。在选完供货商之后，从签合同到付货款，从运输到入库等都要提供第三方凭据。在货物入库的时候，货物名称要与入库单、物流单据数量一致，入库和出库手续要完备。

（3）选择长期合作且诚信可靠的合作伙伴。禁止虚假增值税发票，应该从源头上控制，即加强识别选择的供应商。对新的供应商进行信息收集，考察供货商的企业资质、经营范围、经营规模、生产能力等。

（4）加强与税务机关的沟通。企业应该有及时获取最新税法规定及防范经验的意识，同时税务机关对于违规企业进行严厉打击，也为企业营造了公平良好的市场环境。税务机关应向企业宣传稽查虚假发票的经验。

（5）虚开增值税专用发票的一个重要表现就是资金回流。企业需要确保对开户行的严密监管，规避资金回流。

2. 识别并锁定风险上下游企业的基本常识

（1）一般企业物流和资金流具有基本的业务形态。如果发现疑似虚开增值税专用发票的风险，可以对企业上下游及其他业务往来进行资金流、物流匹配的分析核查，然后从中发现问题。

（2）如上下游企业采用交叉或者连环交易、虚开发票等方式营造繁荣贸易假象，骗取银行资金，进行民间借贷、票据高息贴现、过桥资金借贷等非法金融业务，或用于炒作房地产、土地拍卖等牟取暴利，会对企业本身产生实质性影响，需要采取事前调研、事中评估、事后补救等方式妥善解决。

（3）风险大的上下游企业存在的异常情况通常包括从事大宗交易、保理融资额度大、客户遍及全国、业务人员较少等。

（4）风险大的上下游企业增值税的税负极低，长期不缴纳企业所得税，一直长亏不倒。

（5）风险大的上下游企业资金往来单位较多，资金往来体量超过企业营业收入，资金转移次数频繁。

（6）风险大的上下游企业短时间完成上下游很多合同的签订，利润很低，甚至亏损。货物则是由买方自提，仓储费用极低，没有运输业务。发票流、资金流与物流三者之间基本脱节，商贸企业间经常互相抵账、无资金往来，以同一份仓单作为多个合同的证明。

二、增值税发票共享智能防控的闭环管理流程

电子化给税务共享中心带来很大改变。借助信息系统，实现票税一体化、业财税一体化将成为大势所趋。“企业税务管理将与 ERP、OA 等管理系统对接，进行自动开票、自动勾选、自动对账、自动计税，实现票税一体化，使发票、业务单据、记账凭证、资金凭证有机串联，形成一体；与报账平台、财务共享、商旅系统等平台打通，实现业财税一体化，使业务流程、财务核算、税务管控高度融合，降低涉税风险。”

税收智能化防控是未来税收征管发展的大势所趋，也是重要的方向。涉税事项管理与发票处理服务前置到业务端，提供开票、收票和发票台账服务，通过报账平台对接会计平台实现业财一体化。通过涉税事项的台账管理、发票数据和核算数据，提供增值税、所得税和其他税种的税务核算，提供自动出具申报表，一键申报，并提供基于发票、财务和申报数据的税务风险预警和税务分析。

利用智能税收风险防控管理平台已经处理好的指标，定期对企业纳税人进行预警分析和风险扫描，形成“数据分析，应用体系”，构建一个标准化、统一的基础数据应用平台，既能集合现有系统的各种数据，又能为日后的应用提供自动的推送数据服务。借助“大、智、移、云、物、链”数字技术，逐步拓展税务支持、数据分析业务范围，建立一个打破税企管理边界、集约化税务统筹管理平台，支撑企业税务管理模式从点多面广、手工作业转变为智慧税务，实现税务业务自动处理、申报纳税智能规划、风险监控内外互联、税务分析统筹全面，从而为税收智能化风险防控管理工作的有效开展保驾护航。

（一）构建一站式税务数字化的闭环管理平台

税务管理是现代企业财务管理的重要内容，企业依据税收法律法规政策，对涉税业务和纳税实务实施税务研究和分析、税务计划和筹划、税务处理监控、税务协调沟通、税务预测和报告，从而在合法、安全地降低税负的同时有效防范纳税风险。

企业建立整体财税管理架构体系，规范税务遵从流程，在准确核算税金、

按时申报纳税、及时支付税金的同时，运用全球税务知识研究商务模式进行税务规划，合理降低税负。建立税务共享中心，将企业税务管理中部分职能以共享模式进行处理，不仅能够规范税务处理、防范纳税风险，还能够将财税人员从大量重复的低附加值工作中解放出来，发挥其更高的专业价值。

税务共享平台可以基于不同规模、行业的票税管理特点而设计，采用云计算、大数据、智能分析等多种先进技术，涵盖全税种、全流程管理服务，进行智能化税务管理、开票收票管理、电子发票管理、税务分析、风险管控和税务筹划。从而有效提高税务风险管控能力，降低企业涉税成本。企业通过打造全面覆盖、安全合规、协同接口的企业票、税务数字化管理体系，可以发挥全面支撑企业交易数字化转型和重塑的作用，税务共享平台业务架构如图 7-2 所示。

图 7-2　税务共享平台业务架构

（二）基于发票管理的企业税务共享模式的流程节点

通过智能税金管理系统来构建全自动化的税金管理链，减少重复工作量。基于综合配置管理，从税基管理、税金计算、税金计提、纳税申报到税金支付，提升全税种的“一点算税、一键算税”能力，智能模型化是税金自动算税的大脑和核心。通过税金计算模型，让税金计算更加“智能化”“原子化”。同时也对外提供服务，有效解决了全集团的统一性和各个二级、三级单位的差异性。

企业纳税申报主要涉及税金计算及申报表编制、网上申报及缴费、税务完税凭证存档三大模块。其中，比较耗时、耗力的是各税种税金的计算及纳税申报表的编制，需要依靠大量的人工计算、人工填表。税务共享平台借助AI、RPA等技术手段，自动计算税金、自动生成纳税申报表，并对接税务局进行自动申报，流程如下。

1. 数据采集：建立税务标准台账

税务共享平台通过建立税务标准台账进行数据归集，主要有两种方式：一是连接企业内各异构系统同步数据，如SAP、NC等财务核算系统，资产管理系统，合同管理系统，财务共享系统及外部税务局平台；二是对于企业内部系统中无有效数据或难以获得有效数据的税种，如房产税、土地增值税等相关的部分数据，通过人工整理、汇总，完成数据采集。

2. 税金计算：分阶段提高自动算税水平

在税务共享平台搭建前期，以所得税和增值税两大税源为重点，以其他税种为补充，按照符合法律法规要求的内置规则定义和配置报表。通过财务共享平台的税务模块共享子平台建设对申报表的表内、表间的逻辑关系加以验证、判断，自动生成纳税申报表。考虑到相关数据的可获得性，分阶段、分步骤逐步提高税金计算自动化水平，初期实现增值税、所得税自动计算，最终实现全税种的自动计算。

3. 纳税申报：多种方式相结合

在各税种纳税申报表生成以后，通过税务共享平台与税务局的直连通道，直接进行单一任务申报或批量申报，并根据申报结果回传申报状态。针对企业内异地分支机构的纳税申报，通过综合分析与论证，可采用RPA的方式，由机器人自动完成纳税申报，以此提高工作效率。

4. 税金缴纳及完税凭证存档：完税存档一体化

对于税金计提，根据税务标准台账，按照统一计提及核算标准，自动生成税费计提单，并传递至税务共享系统，完成共享审批。结合企业需要，打通税款缴纳接口，直连电子税务局进行缴款。缴款完成后，自动下载扣款成功截图及完税凭证，进行档案保存管理。

有的企业业务部门对业务活动税收信息缺乏应有的敏感度，根本不会或者难以及时地对其业务活动产生的税收信息进行收集和共享。业务和财务的分离，导致财务人员很难了解到合同的签订和进展过程、工程现场进度、物资到货情况等，给业财一体化带来了困难。因此，如果采用智能化的发票管理系统，就可以有效解决以上痛点。

基于上述发票管控的纳税计算的自动化模式，企业可以实现税费申报流程的自动计算、自动导入、批量确认、批量申报、自动下载完税凭证的路径和逻辑。借此企业实现纳税信息可视化、可溯源、强关联的落地。具体如图7-3所示。

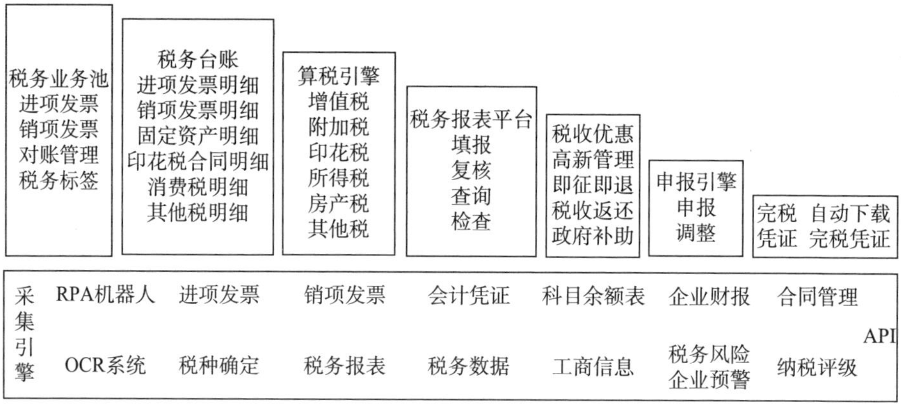

图 7-3　企业发票管控的税费申报协同路径

（三）税务管理前中后台一体化的联动对策

企业发票管理面临诸多难题，例如，税收和会计数据分布在外部税收制度和财务软件系统中，很难对数据进行比较。

税务信息与会计数据之间的映射关系不统一，逻辑不明确，使得数据难以验证；手动模式涉及很多人、很多场景、很多错误，很难验证。在金税三期全面启动后，日益困难的税收征管迫切需要建立企业税收分配平台。企业基于发票管控的一体化联动设计路径见图 7-4。

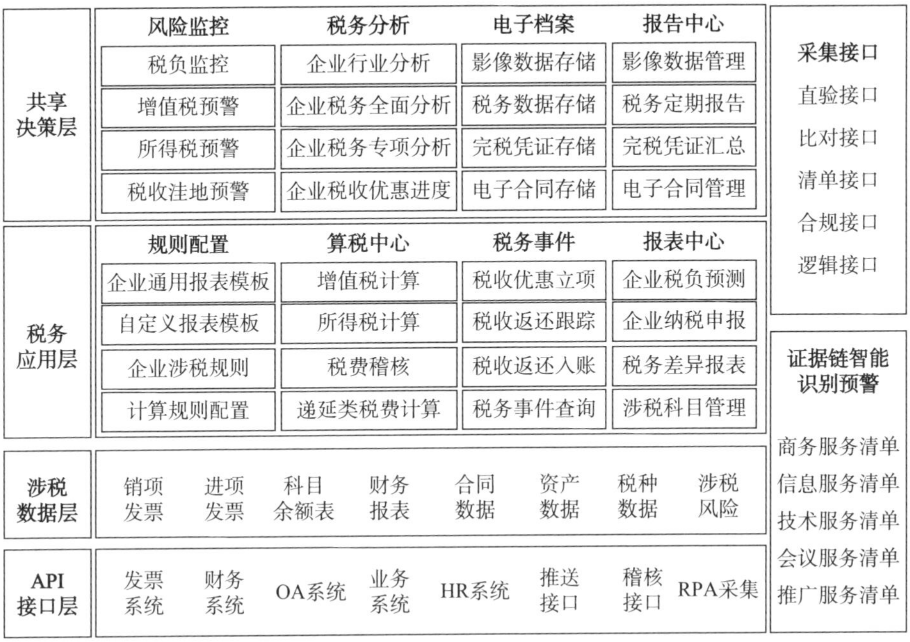

图 7-4　企业基于发票管理的一体化联动设计路径

从前中后台一体化联动角度，具体分解和融合一体化方式如下。

第一，前台建设。对于增值税税务智能化建设，其前台需要满足发票管理、税务申报、税务分析、风险管理等要求。

第二，中台建设。税务中台是连接业务与财务端的桥梁，支持将业务交易明细数据接入，形成业务数据中心，税务风险管控前移；通过中台将内部业务数据、外部税务风险指标、常见税务风险数据、合同涉税、发票查验、发票开具、税务凭证生成、风险指标、风险自查等财务税务管理工作标准化、预警化。

对于中台建设，首先，必须建立一套税务基础信息库，包括开票名称及编码、税收编码与货物对照统一、风险企业名单采集、失信被执行人、常见税务风险点等。其次，对于合同涉税管控，合同中必须增加涉税条款，进入税务中台体系后，从产品涉税编码、供应商及客户是否存在涉税风险等多个方面对合同进行管理，并全程进行系统提示，直至合同交易完成。再次，对于发票管理，包括进项发票管理和销项发票管理，包括实现与项目台账、合同台账、核算系统、金税系统、快递系统的自动集成，税金占用分析等。最后，在税务风险方面，大前提是在法律法规的管控下进行，不能脱离这个风险管控前提。

基于此，税务中台一般需要搭建以下体系：建立风险信息库、税务风险控制矩阵、在线风险监控预警、风险应对、监督与评价。

第三，后台建设。对于税务的后台建设，针对企业在业务设计端口衔接和链接的财务核算层面，做好基于企业商业模式流入入口到出口的全部涉税业务的模块化分解，协同财务账务和税务。将所有税种、所有分录融合到财务管理过程中。

（四）发票流程税务共享平台的进销模式

1. 进项发票

以建立企业“大数据资源池”为方向，针对税务共享上线企业，创新进项发票数据采集—处理—展示—应用全链条：在业务前端，借助OCR智能识别，采集发票结构化信息，并实现电子发票不落地采集，以便于后续基于结构化数据的发票查验、发票认证、三单匹配及发票风险等。同时，将风险管控节点前置，通过企业合法、合规管理规则预设，借助AI技术自动对发票信息进行校验，以便风险预警；对接税局平台，在业务报账环节自动进行发票验真、电子发票查重；通过建立以核算主体为维度的“发票池”，对接税务局抵账库，实现一键认证抵扣，大幅提高专票认证效率、缩短专票认证时间。

2. 销项发票

考虑销项开票的业务特点，对开票业务流程及职责分工进行重构，借助税务共享模式，实现共享中心“集中+自动”开票审核、属地打印寄送发票。

在开票审核节点，为提升自动化、智能化应用水平，对于开票数据，可进行各类规则系统内嵌，替代人工审核处理。按照事前设置的规则，如项目、金额、数量等，自动或手动对发票进行拆分；按相同客户或相同商品合并开票；对开票数据进行合规性校验及数据匹配；开票信息与收款流水按照购买方信息、金额、税率等维度做匹配，实现收款与发票的关联，便于进行开票回款情况分析与追溯等。借助系统自动化、智能化操作，大幅缩短企业发票处理工作时间，提高发票处理工作效率。

第三节　发票所得税扣除案例与一体化平台案例

四流一致是指企业的业务流、合同流、资金流和票据流保持统一。也就是说，一个采购事项的交易是真实的如经济合同所约定而发生的。卖货方发出货物或者提供服务的时候形成业务流；同时买货方支付费用也就是资金流；当卖方向买方开出票据之后，买方可以凭此抵扣进项税也就是票据流。

总的来说，四流一致从经济主体来说必须保证收款方、开票方和销售方是一样的，其中付款方和采购方也是一样的，基于此确定保证合同流的真实性。

在整个活动中，四流合一是重要的法律证明文件，这份文件是关于增值税一般纳税人抵扣增值税进项税额、规避虚开增值税专用发票的。若合同流、资金流和票据流一致，但由于没有物流信息这个业务流作为证明，尽管资金流和票据流保持了一致，在表面上，合同流也会被认为是假合同或者是“阴阳合同”。根据最高人民法院的相关规定：没有货物购销或者没有提供或接受应税劳务而为他人、为自己、让他人为自己、介绍他人开具增值税专用发票，属于“虚开增值税专用发票”。一经证实在补交应上缴税款的同时还要上缴滞纳金，有承担行政处罚的可能甚至还要承担刑事责任。

一、合规发票所得税扣除与证据链的案例

（一）对所得税扣除限额的三点分析

企业甲与中介企业乙签订《中介服务合同》，约定按照销售合同总额的10%支付销售佣金；经乙撮合的销售合同总额为2000万元，依据合同，甲以银行电汇方式支付了销售佣金200万元，并收到了乙开具的增值税发票。

税务分析：

（1）**符合税前扣除范围的支出是100万元**。甲已经支付该笔销售佣金，因此该200万元支出已经实际发生，符合“实际发生原则”；支付200万元销售佣金与取得收入直接相关，符合“相关性原则”；合理的佣金限制在合同总额的5%以内，因此按照“合理性原则”，200万元的销售佣金只能扣除100万元。

（2）**甲取得的 200 万元增值税发票是税前扣除凭证。**尽管甲取得了金额为 200 万元的增值税发票，但由于符合扣除范围的支出只有 100 万元，因此增值税发票是 100 万元支出据以税前扣除的依据。

（3）**与税前扣除凭证有关的资料。**《中介服务合同》是合同协议资料，佣金计算表是支出依据资料，银行电汇单据为付款凭证，佐证了佣金增值税发票的真实性、合法性和关联性。这些形成了企业支持税前扣除的证据链，企业需要整理汇总，将这些支持证据链资料留存备查。

（二）善意取得发票的合规转型案例

A 企业购买 B 企业货物，发票和协议合同齐全，货物真实运输，却被判定为虚开发票，具体情况如下。

A 企业收到一张增值税专票，票据流、合同流、业务流等支持证据材料齐全，资金流存在漏洞，因资金支付方式为现金支付，没有实施公对公支付，经税务局稽查系统自动识别，被税务局稽查认定为 A 企业接受虚开发票，最终补缴所得税、增值税、城建税。

具体事实情况如下。

A 企业取得 B 企业虚开的增值税专用发票 1 张，并于当月申报抵扣进项税额 15000 元，后 W 市税务局稽查局证实，由于四流不一致，A 企业该增值税专用发票属虚开发票。最终认定 A 企业收受虚开的增值税专用发票属善意取得行为。

处罚结果：补缴增值税 15000 元及附加税费 1800 元、企业所得税 7500 元。对于上述少缴税款，不加收滞纳金。

W 市税务局稽查局判定 A 企业善意取得的证据有以下几点。

（1）对该企业账面检查显示，入库货物的品名、数量、金额、税额与专用发票上注明的品名、数量、金额、税额一致，入库手续齐全。

（2）没有证据表明该企业知道销售方提供的增值税专用发票是以非法手段获得的。

（3）在检查中没有发现有资金回流的现象。

因此，企业需要注意，纵使业务真实，如果发票是通过非法手段获得，或者开具的单位名称、品类等与实际情况不符也属于虚开发票。

二、企业发票合规平台税务智能化案例

（一）企业发票平台一体化优化案例

Z 市 W 企业为汽车配件企业，以工程机械、汽车零部件和房地产为主业。W 企业在税务管理上有三个难点：总体规模不高，W 企业是由多个小型企业合并而来，所以企业纳税主体多、管理难。

W 企业由多板块、多形式、跨域运营组成，面临以下问题：企业相对在三线、四线偏远区域，发票取得难；不合规发票普遍，假票、套票情况严重；财务逐笔查验耗时耗力。人工计算税务的风险很高，提取和验证已发布数据困难，缺乏准确性和效率；处理纳税申报数据的效率低，在纳税申报时间上无法保证；缺乏对税务风险的顶层设计，税务风险管理主要侧重于事后协调，其特点是协调难度大、持续时间长，容易使企业承担不可逆转的税收罚款风险。

W 企业决定建立一个税务共享平台，对所有员工的税收管理标准化，并在构建税收管理系统、优化税收管理流程、优化资源配置、建立预警系统、对税收关键指标进行早期分析、提高控制绩效等五个方面为企业的改造和更新作出贡献。税收管理最终实现企业税务业务的标准化、税收计算平台的自动化、税收信息的交流、税收风险的控制、税收分析的准确性，以及对资源配置的加强。

W 企业税务共享平台的业务范围包括全税种自动化算税、税务风险监控、税负分析、税务内部管理四大类型。

全税种自动化算税是指根据税金自动化算税五步法，即自动化税基提取、自动生成税金计算底表、税金计提自动记账、纳税申报表自动生成、税金支付凭证自动记账，使智能税金实现全过程管理，使企业构成全税种自动化管理，使算税失误成为过去式，人工工作量大大减少，税务遵从度大大提高。

W 企业通过搭建自己的税务风险管控体系进行税务风险监控，构建一张全方位的，集税务监控、监察、预警、执行跟踪功能为一体的风险管控网，在事前、事中、事后全过程监控税务风险，支持企业内部自查、外部检查、稽查以及税务相关风险的应对等。

为了实现对数据的逐层细化、深化分析，W 企业进行税负分析，是按产业企业、行政区域、税款上缴机关、板块、纳税主体、税种、税款属期等多

维度查询、统计各单位各类税费缴纳情况，支持“钻取式查询”。

内部税收管理是指通过建立档案库、任务管理、法规库等功能，实现企业内部税收管理的透明和标准化。除此之外，档案实现了税收材料的自动提交并留档；法律法规与任务管理相结合，可以实现税务相关政策、法规和政策解释的自动更新和推动，向税务人员提供专业的税务指导，促进对新税制的了解，准确匹配适用的优惠政策，减轻企业的税务负担。

W 企业税务共享平台智能化后的新变化有：基于税务共享平台，企业系统对增值税业务进行了梳理，制定统一的处理规则：销项税额处理规则、进项税额处理规则、错账冲销处理规则、简易计税处理规则、进项税额转出处理规则、其他增值税事项处理规则等，实现了票税差异自动比对。这大大减少了税务会计的工作量，只需要对票账比对后有差异的事项进行处理即可。税务共享平台实现了对增值税税基数据的自动提取，税基数据提取完成后通过系统增值税计算表，自动生成税金计提（结转）、缴纳的会计凭证。W 企业采用税务共享平台进行增值税处理后，税务会计的工时已由原 150 个工时降为 5 个工时。

税务共享平台建设完成后，W 企业的税务职能岗位重新划分为共享会计、税务专员、税务主管，各司其职。共享会计通过平台的全税种自动化算税功能负责全企业的纳税申报、税金记账；税务专员通过平台提供的法规库精准选择适用的优惠政策，为企业节税省税，通过税务风险功能，提前筹划规避企业税务风险；税务主管通过平台的税负分析功能提前规划税金计划，实现税务管理工作与企业战略规划结合。

通过与发票系统、财务软件系统、资金系统集成以及手工维护合同等结合，税务平台精准提取出全税种纳税识别点，精确计算税金，自动生成凭证推送至财务软件系统，实现企业的业财税融合。税务风险管控体系的建立，能有效提升税务风险管控能力，降低企业涉税成本。

（二）企业发票线上转型的一体化措施案例

作为国内种子行业“农业一体化”企业，K 企业集研发、生产、加工、销售、服务业务于一体，实现了多作物经营。

由于客户及销售网点区域分散，虽有近 100 个税号为农民提供开票服务，但这对于庞大且分散的农民用户而言，还远远不够。如何提高开票效率，成为 K 企业面临的一大难题。

为此，K 企业建设了电子发票平台，通过线上处理的模式大大提高了企业的开票效率，为企业的财税信息化打下了良好的基础。

上线电子发票服务平台后，客户不论是在网点购物，还是在电商平台购物，在交易确认后，消费者就可以立即收到一张电子发票，彻底改变了过去先拿货再寄发票的“票货分离”模式。

业务量的陡然上升，给企业的财务及税务管理带来了不小的挑战。通过数字化手段促进业务与财务的融合，最终达到财务、税务合规的目标，成为了 K 企业在发展上升期的“必修课”。

如何实现业务与财务的融合？业务报销场景的票务数字化管理成为问题的突破口。

确定基本思路后，K 企业在电子发票平台的基础上增添了针对业务发票采集需求的影像查验系统，通过影像识别，快速完成发票信息的扫码、归集，全面获取原始发票的全票面信息采集，并对发票的真伪和重复性报销进行查验，将涉税风险控制在采集环节。

此外，考虑到较多员工的办公环境在农场、牧场等较为分散的地点，K 企业制定了线上移动端的报销方案，员工可通过移动端报销、查验。

多效并举的数字化措施，让业务与财务建立了数字化关联，在 K 企业建立业务财务一体化平台的过程中发挥了重要作用。

电子发票平台在 K 企业的上线，减少了财务重复的工作量，大大提高财税报销效率。与此同时，基于企业获取的发票全票面信息，又有利于提升企业精细化管理能力，切实促进精准农业、信息化农业的发展。

第四节　本章小结

在税务制度改革下，企业税务管理面临较多挑战，特别是税务管理风险。由于税务管理涉及税务风险，需要通过降低税务筹划成本，科学管控税务问题。本章重点围绕企业发票管理展开讨论，详细介绍了发票管理要点与措施，以保障企业经济效益。

首先，遵守发票管理的要求，对发票进行规范化、流程化管理，规避开票风险，提高进项发票抵扣率，建立完善的发票管理体系。

其次，规范税务全过程管理，从前端与业务系统对接，获取税基数据到准确算税及纳税申报，规范各个环节流程，帮助企业提高发票管理的效率，实现有效的税务筹划。

最后，强化税务风险管控，梳理量化企业税务风险点，通过大数据技术实时监控，实现了企业对税务风险的自查评估，从而有效降低税务风险。

企业人工管税再也不能满足效率要求。日益困难的税收征管迫切需要建立企业税收分配平台。智能税收平台应运而生，通过网络平台进行税务共享，电子发票在减少工作量的同时提高了工作效率，通过事前、事中和事后防控更有利于防止虚开以及偷漏税。智能化贯穿服务可以基于发票的服务功能，包括财务、税务、风控、结算、电子档案等方面。企业基于发票管理的公开与共享做好建设，是协同发展的最佳实践。通过构建税务共享的发票精益化管理平台，为企业管理决策提供强有力的支撑。以税收大数据为基础，以税收管理风险为导向，再结合实际情况不断提出税收风险分析和预防管理方法，减少虚开专用发票现象的发生，提高纳税人的税收遵从度。

此外，通过帮助企业实现业务数据、财务数据、税务数据等的智能开具、连接，打通企业上下游数据。真正实现企业税务自动化、智能化、场景化、平台化，将智能数字化理念贯穿系统服务中。使人力成本的消耗降到最低，帮助企业提高效率，拓展企业在价值分析、经营决策、风险防控、规范管理等层面的数字化能力，推动企业数字化转型变革，为企业创造价值。

利用好发票电子化的信息优势，重新梳理优化相应流程，调整好内部采购系统、销售订单系统、财务核算系统、资金结算系统、报销系统等与发票相关的系统流程，结合电子发票系统，实现业财税一体化管理，真正实现业务系统自动开票、自动记账、自动对账、自动结算。

本章参考文献

[1] 刘慧龙，张玲玲，谢婧．税收征管数字化升级与企业关联交易治理［J］．管理世界，2022，38（6）：158-176.

[2] 国家税务总局．企业所得税税前扣除凭证管理办法［Z］．2018-06-06.

[3] 国家税务总局福建省税务局课题组，赖勤学，吴越，陈敏．数字化转型背景下优化我国税收征管质效的思考［J］．税务研究，2022（6）：129-136.

[4] 相光明．建筑施工企业增值税管理绩效评价指标体系探讨［J］．税务研究，2021（8）：140-145.

[5] 朱凯，潘舒芯，胡梦梦．智能化监管与企业盈余管理选择——基于金税三期的自

然实验［J］. 财经研究，2021，47（10）：140-155.

［6］陈兴良. 虚开增值税专用发票罪：性质与界定［J］. 政法论坛，2021，39（4）：56-70.

［7］陈兴良. 虚开增值税专用发票罪的不法性质与司法认定［J］. 法律科学（西北政法大学学报），2021，39（4）：142-156.

［8］焦勇. 数字经济赋能制造业转型：从价值重塑到价值创造［J］. 经济学家，2020（6）：87-94.

［9］薛伟，刘骏. 税收征管压力对企业税收负担的影响［J］. 税务研究，2020（6）：104-109.

［10］陈金林. 虚开增值税专用发票罪的困境与出路——以法益关联性为切入点［J］. 中国刑事法杂志，2020（2）：38-58.

［11］赵福忱. 关于建筑施工企业完善税收风险防控的思考［J］. 税务研究，2019（9）：118-122.

［12］卢艺. 数字服务税：理论、政策与分析［J］. 税务研究，2019（6）：72-77.

［13］张炜. 加强增值税专用发票管理的国际借鉴研究［J］. 国际税收，2019（2）：75-78.

［14］闫晴. "人工智能+税收征管"的理念确立与制度建构［J］. 当代经济管理，2019，41（2）：77-83.

第八章
十大税务管理工具之劳动用工

在科技赋能“互联网+”模式下，税务系统面临减税政策及税收征管数字化的转型问题。减税与严监管、堵漏洞成为税收征管活动的重点并不断智能化。

在当下企业的发展过程中，一方面是持续攀升的人力成本和社保费用，另一方面是企业用工需求不断多元化。企业面对运营等多重压力，用工模式多元化是必然出路。企业必须从顶层设计开始优化，丰富用人模式，采取多元化的雇员模式以及人力资源外包模式，实现人力成本内外融合，以企业内部雇员模式为支撑，人力资源管理项目化与外部化为辅助。

劳动用工模式的多元化，使得企业针对薪酬劳务的税务筹划的重要性凸显。从工资薪酬的类目转型上看，工资薪酬的形式变化以企业雇员模式的工资薪金和人力资源外部化的个人工作室、年终奖、劳务派遣和个人合伙企业、灵活用工平台方式实施。通过科技赋能的云计算和大数据等技术，企业延伸引用共享经济的各类用工模式，优化企业人力成本的同时提供个人技能变现的舞台。灵活用工平台模式实现了减轻企业人力资源成本压力、减轻企业税负、降低企业运营成本、改变外部个人对私结算困难的目标。但此类平台模式需要确保合法合规和可持续，降低企业的税务风险不断集聚的风险。本章着重提出对应的运营模式和智能化对策，针对合法合规等基本核心问题提出建议。

第一节　企业劳动用工的模式与基本常识

企业核心竞争力的重要体现之一在于团队。团队对核心商业模式下的核心员工采取以工资薪酬、综合股权激励模式留人，实现可持续性发展。同步针对标准化的重复性业务，以及专业化部分需要专业人员指导推动的专项业务、企业尚未达到雇用顶级高端人才加盟之前的高端顾问业务，都可以采取劳务外包和专业分包方式实现。具体分解如下。

一、劳动用工的税务筹划类型

（一）传统个税筹划的类型与方法

我国实行的是综合与分类相结合的税制。其中综合所得包括工资薪金、劳务报酬、稿酬和特许权使用费四项，这四项所得占到个税总收入的70%，实行按年征收、分月分次预扣预缴。对于财产转让所得、财产租赁所得、利息股息所得、偶然所得四项，实行分类征收。

所谓综合，是指将纳税人的全部所得合并起来，减去扣除费用后，适用一定的税率征税。综合的好处在于体现纳税人的综合负担能力，能够实现税收公平；弊端在于征税成本高，征管要求高，手续复杂。

所谓分类，是指将纳税人各种来源不同、性质不同的所得进行分类，分别扣除费用，采用不同的税率征税。分类的好处在于管理简便，可以实现按源头扣缴；弊端在于不能反映纳税人的综合收入水平和负担能力。如表8-1所示。

表8-1　综合与分类征收标准

序号	所得	居民个人	非居民个人
1	工资薪金	综合所得 综合税制 按年汇缴	分类计税
2	劳务报酬		分类计税
3	稿酬		分类计税
4	特许权使用费		分类计税

续表

序号	所得	居民个人	非居民个人
5	经营	分类计税	分类计税
6	利息、股息、红利	分类计税	分类计税
7	财产租赁	分类计税	分类计税
8	财政转让	分类计税	分类计税
9	偶然	分类计税	分类计税

个人所得税的相关法规主要是针对个人收入过程中的超额部分按照累进税率缴纳，且受到不同个体以及企业之间的收入差异影响，不同阶段有其相对应的税率交互机制。综合所得与经营所得以及其他所得的转型调整，是企业用工模式节税的核心。

要考虑使用税收优惠政策的一揽子方案，具体主要体现在如下方面。

（1）**直接利用筹划法**。给予需要生产经营活动的企业或个人以一定的税收优惠，如对一些生产型企业给予税务上的优惠，企业可以依据自身的情况，就地调整产品运营范围，使自身符合税收优惠政策要求。

（2）**临界点筹划法**。一是依据售价与产量之间的比值，决定在哪个地方可以找到最佳的节税临界点，使企业收益最大化；二是企业以及个人所得税都存在一个临界点问题，而这一临界点又可成为企业能否转移的依据。

（3）**纳税人的流动筹划法**。纳税人可以按照企业的要求选择在优势区域注册，或者直接把企业现在还不太景气的生产活动迁移到优势区域，享受政府所赋予的优惠政策，减少企业税务负荷，增加经济收益。

因此，针对工薪资金七级税率模式和经营所得五级税率模式，企业用工模式的筹划可通过增加支付频率、转型支付类型、改变收益类型方式，使企业的整个分摊收入呈现多样性、均衡性。

通过这些转换，解决企业不同税种的税负率，降低因集中支付而产生的高税负。通过税率转换，实现高税率与低税率的业务形态的转变，实现把个人不同模式之下的综合所得、经营所得、其他所得等相应的税率机制进行有效协调。

（二）企业劳动用工筹划的需求层面

在企业的雇员模式之下，企业员工薪酬福利需要得到有效的保障。企业雇员是企业发展的基础。因此，牵涉到企业核心员工的薪酬以及社保福利等实质性利益时，无论是基础薪酬还是股权激励等激励措施，都是留人并实现企业可持续发展的核心。

企业运营对人才的使用不应仅限于企业内部，而应满足人才使用等方方面面的需求，获得外部高端人才的劳务活资源，实现灵活的资金结算且确保合法合规，是企业在核心雇员模式之外，需要达成的重要方式。

因此，在劳动用工层面，企业的筹划主要体现两个层面，企业雇员模式的薪酬税务筹划与劳务派遣模式的税务筹划。

从企业雇员模式的薪酬税务筹划角度，企业需要给雇员支付薪酬，按照七级税率模式代扣代缴个人所得税，并承担相应的社保以及公积金（简称“五险一金”）。

从劳务派遣模式的税务筹划角度，企业需要给外部个人进行灵活的结算，并履行代扣代缴劳务税费的责任。

劳务外包模式解决了基础工作的专业化分工用人问题。但进一步延伸，由于劳务模式个人依然需要在年底汇总缴纳个人所得税，合并模式使得个人承担税负依然较高，人力资源成本压力税负转嫁企业导致企业运营成本升高，企业与外部个人对私结算的合法合规性不足也使得企业与个人合作存在推动难题。因此，多元化的雇员模式以及人力资源外包模式融合灵活用工平台，可以解决企业实现进项发票抵扣的票据合规问题，解决企业实时更新并适用最新税收优惠政策降低用工成本问题。

（三）纳税人税收筹划的四个方面

个人所得税税收要求一切经济行为均在所得税计费范畴之内。在对纳税人进行税收筹划时，可以四个方面为切入点，分析出不同状态下个人应缴费用所具备的规避性。

第一，居住地层面。新个人所得税对我国居民所在地具有一定的性质划分，通过居民、非居民纳税之间的差距，界定出不同缴税方案。为此，可针对纳税人在我国的居住特征，利用不同国家对税费基准的差值，通过高税负、低税负纵向迁移的方案，降低纳税人的缴税金额，以实现义务范畴内的有效规避。

第二，纳税转移。纳税转移指的是纳税人为合法躲避高额税收，将身份从一个高税负区域转移到低税负区域，这样便可避免税收征缴。从具体实现形式来看，大部分人在社会体系中的关系属性固定，但采取区域置换方式可以解决大部分个税问题。

第三，以离境天数间隔作为个税减免载体。从现有个人所得税的离境人员控制日期来看，要想保证在当前年度内不会受到纳税制约，必须保证在纳税年度内，具有 1 个月的连续性离境周期，或者离境天数累计超出 3 个月，这样在个人所得税征缴过程中，则无法将此类人员划定在一个完整的计税周期内，进而实现税负的减免。

第四，转变纳税人身份。对于企业来讲，受限于运营模式的影响，不同组成形式下人员所承担的税负义务具有差异性。例如在等额收入条件下，责任制企业所承担的税额较多，企业为保证自身运营的持续性，可将纳税人转变为个体工商户，这样可减少税费的支出。

二、企业雇员工资薪金税务筹划路径的基本常识

针对企业雇员的个人薪酬问题，针对性采取合法合规模式节税是非常必要的。由于个人所得税涉及范围广，在国家税收中占比大，根据税法的规定可以选择最佳的节税方案。为提高员工福利水平、减少员工的税收支出，达到增加实际收入的效果，主要有减少纳税基数、提高减免额度、实现地方财政返还额度、人力资源外包等合法合规办法。

个人所得税的计税方案依据不同群体在社会中所呈现的性质来界定，包括员工工资薪金所得税的缴纳、个体户生产经营所得税的缴纳、企事业单位承包经营所得税的缴纳、稿酬所得税的缴纳、财产租赁以及财产转让所得税的缴纳、上市企业公司利息分红所得税的缴纳等，且每一项缴纳费用的基准费率都具有一定差异性。

通过减少名义工资，将个人工资结构转变为显性与隐性相结合，即将以工资薪酬所决定的资金待遇与间接报酬所决定的福利待遇进行互相补充。这样不仅可有效起到税费规避的作用，还可以进一步提高员工的福利待遇。

（一）工资薪酬类企业基本税务管理的常识

（1）税务系统当前执行的税制是分类与综合相结合税制。个人获得的收入，包括工资、薪金所得、劳务报酬所得、特许权使用费所得、稿酬所得等会纳入个人综合所得，实行按年计税，由扣缴单位按月（次）预扣预缴，年终以个人为纳税主体，汇总全年全部综合所得，税款多退少补。

（2）个人所得税的扣除标准与税率级距，国家财政税收部门会按期调整。当前居民综合所得基本减除费用为年，非居民工薪所得为月。针对税法对个

人层面增加专项附加扣除项目，无论企业还是个人都需要做好新增专项附加扣除，包括子女教育、继续教育、大病医疗、住房贷款利息和住房租金、赡养老人支出、婴幼儿照护支出的安排。

（3）对个人所得实施年度个税汇算清缴，个人需在纳税年终后规定的时期内，对取得的个人综合所得，减除依法确定的其他扣除和符合条件的相关费用之后，到税务相关部门或在线办理汇算清缴。

（4）企业员工如果对个人收入有异议可以争议申诉，因此，企业需要在这个端口做好与企业员工的协同，规避申报问题，避免企业风险。

（二）工资薪酬减少纳税基数福利筹划的常识

（1）企业雇员的年综合收入应纳税所得额包括年终奖等所有个人收入类型。

（2）个人应纳税所得额，是指纳税年所得额达到纳税起征点，扣除项包括特别扣除、特别附加扣除、经法律确认后的其他方式扣除的总金额。

（3）个人所得税年度应纳税所得额，在第二年需要向主管的地方税务机关部门办理综合所得税年终汇兑核算，执行多退少补的纳税政策。在这个区间内的年终奖也必须列入当年的综合个人所得税核算范围。

（4）企业将员工服务地转移至税收洼地方式节税。不少地方有国家相关的税收政策引导，因此，按照地方财政部门的规定，将企业员工尤其是中高层员工，按照国家和地方引导的区域，实现雇佣地点的转换，实现社保缴纳地点的转移，按照地方财政的直接减免和税收返还的优惠措施，解决企业员工薪酬个税负担问题。

（5）企业可以采取为员工缴存住房公积金的方式进行节税，这个节税方式实际就是提高了费用扣除基数，并分摊至各个年度，从而享受国家税收政策的优惠。根据税务总局的有关规定，单位和个人实际缴纳的住房公积金，允许在不超过职工本人上年度月平均工资的12%范围内，分别从个人应纳税所得额中扣除。单位和职工个人缴纳的住房公积金的月平均工资，不得超过职工所在单位所在城市上年度职工月平均工资的3倍。单位和个人缴纳的住房公积金超过上述规定比例和标准的部分，应并入当期个人工资收入缴纳个人所得税。

（6）企业可以为员工采取企业年金、职业年金方式节税。企业年金和职业年金的税收递延是一种税收优惠，是指单位按照国家有关方针政策向职工支付的企业年金或职业年金的部分，计入个人账户后，个人暂不缴纳个人所得税。对于企业年金基金的投资部分，在其投资运营的收入分配计入个人在企业年金或职业年金基金的账户后，个人暂不缴纳个人所得税。个人在年金领取环节达到国家规定的退休年龄后领取的企业年金和职业年金，不得计入综合收入额，单独计算应纳税额。

（7）个体经营模式转变为合伙制模式，增加薪酬福利的个人所得以及经营所得的实际受益人人数，可以将个人所得承受点分摊至多人，经过筹划的费用比原有的税费缴纳额减少。

（三）员工费用化支出合规化实现的常识

员工履行工作职责类合规费用化模式。员工履行工作职责类的转型，就是结合激励和工作职责内容的实现进行转型，改变激励属性为日常工作职责类属性。

（1）差旅费中的差旅费补助在国家和企业的标准之内，企业在地方规定的限额标准之内，无须发票且无须纳税，不需要纳税调增。

差旅费是企业员工因公事临时到常驻地以外的其他地区去出差，在这个时间段内所花费的交通费、住宿费、伙食补助费以及市内的交通费等各类费用。差旅费中的交通费、住宿费等可以根据取得的发票进行报销，无须缴纳个人所得税。差旅费中员工收到的差旅费补助不需要发票。

由于差旅费补助是按照企业的相关差旅补助条款，根据员工的实际出差天数给员工的出差补偿，因此对于差旅费补助国家税务总局明确原则上免税。但需要注意差旅补助标准要参考当地政府所规定的相关标准，如果企业列支的差旅费补助超过税务机关明确规定的不征收个人所得税差旅费补助标准，超出的部分应计入工资薪金项目征收个人所得税。

因此，差旅费补助是否免税不仅要看差旅费津贴是否超出规定的免税标准，还要关注差旅费形式和标准。

（2）企业职工福利费可以筹划不少企业雇员的集体性福利支出，企业可以税前扣除，员工无须调整个人所得的纳税基数。

企业员工可以获得除工资薪酬、绩效、津贴、纳入工资总额管理的补贴、职工教育经费、社会保险费和补充养老保险费（年金）、补充医疗保险费、住房公积金等之外的福利待遇支出，这些支出包括发放给职工或为职工支付的各项现金补贴和非货币性集体福利，这还包括为职工卫生保健、生活等发放或支付的相关支出、职工困难补助、按规定发放的其他职工福利费（包括丧葬补助费、抚恤费、职工异地安家费、探亲路费，以及符合企业职工福利费定义的其他支出)。

(3)企业为员工提供交通设施服务，在符合规定的前提下，企业可以税前扣除，员工无须调整个人所得的纳税基数。

企业员工通勤需要支付交通费用，企业可以通过提供免费的班车服务、向职工提供单位车辆或发放交通补贴等方式来进行调节，因此由企业承担这部分费用的做法，往往对员工和企业都有利。

(4)企业为员工提供餐饮，在符合规定前提下，企业可以税前扣除，员工无须调整个人所得的纳税基数。这种福利必须是不可变现的，简单来说，就是不能转让或兑换现金。

(5)企业为员工提供培训机会，在符合规定的前提下，企业可以税前扣除，员工无须调整个人所得的纳税基数。

随着知识更新的速度越来越快，参加各种培训已经成为个人获取知识的重要途径。如果企业每年花费一定的成本给予员工培训机会，让员工实现继续教育并获取相应的证书，员工就可以在年底汇算清缴时税前抵扣继续教育费用，降低个人所得承担的税负。

(6)企业为员工提供旅游机会，在符合规定的前提下，企业可以税前扣除，员工无须调整个人所得的纳税基数。

随着人们生活质量的提高，旅游费用已成为许多家庭必不可少的支出项目。企业在制定年度员工福利计划时，可以以低于市场价的价格为部分员工及其家属提供旅游机会，从而在原来支付给员工的工资和奖励中扣除相应的费用，减少个人所得税的税收支出。

(7)公益性捐赠模式有助于高净值个人的节税。通过公益性捐赠实现减免费用的效果。个人对慈善机构所予以的捐赠，可以界定为缴税前的费用，这样便可有效将个人所得税与捐赠额进行挂钩。在公益事业的捐赠中如果个人捐赠行为在自身应纳税所得额的30%以内，此类金额可从个人应纳税所得额中全额扣除，这样不仅减免了个人的相对缴税费用，还激励个人投入到爱心事业中。

第二节　劳务外包的对策与税收筹划空间

由于企业雇员的总体成本较高，薪酬与社保公积金等支出呈现上升趋势。

因此，企业需要综合考虑降本增效、节税增收工作的协同。

企业降本面临如下问题：首先，在国家不断给企业提供税收优惠方式和路径之下，企业需要降低成本，尤其是用工成本，如果对兼职、自由职业者以佣金结算，按照劳务关系进行缴税，20%～40%的高税负最终都会转嫁给承担税负的企业。其次，企业与外部个人合作后的对私结算困难。公对私结算有风险，存在隐藏收入和挪用企业资金类风险。再次，企业难以取得进项发票抵扣。如果无法取得进项发票，意味着不能抵扣企业的销项税额，会导致增值税税负上升，多缴增值税、城市维护建设税、地方教育费附加、教育费附加等附加税费。此外，还会导致企业所得税不能税前扣除，从而加大成本。在流转税和所得税层面，企业都面临较大的压力。最后，企业无法实时获得最新税收优惠政策以及及时采取措施来实现税收优惠。国家发布的税收优惠政策，能在一定程度上解决企业的税收压力，企业没有实际的过往经验和案例，或是新方案无专业人士提供优质的解决方案，无法对风险进行把关，就会存在涉税的漏税行为和被动无法享受税收优惠风险。

因此，劳务外包模式叠加灵活用工平台等方案，有助于企业系统解决上述几个层面的问题，并为企业系统地、合法合规地节税。

一、劳务派遣的闭环模式与三大特征

劳务派遣是新型的用工模式，为人才专业化服务提供了新的渠道和路径。劳务派遣用工形式灵活方便，用工成本相对低廉，同时，劳务派遣作为一种用工补充形式，有助于企业单位与劳务公司形成系统的合作。

（一）劳务派遣的闭环模式

劳务派遣是指由劳务派遣机构与派遣劳工签订劳动合同，并支付报酬，把劳动者派向其他用工单位，再由该用工单位向派遣机构支付一笔服务费用的用工形式，其增值税税务处理如表 8-2 所示。

表 8-2　劳务派遣增值税税务处理

企业类型	计税方法	发票开具模式
一般纳税人	全额计税 差额计税：扣除代用工单位支付给劳务派遣员工的工资、福利和为其办理社会保险及住房公积金	可全额开具专票 差额部分只能开普票
小规模纳税人	全额计税	可开专票
	差额计税	差额部分只能开普票

劳务派遣服务充分满足了企业与劳动力双方的需求。劳务派遣涉及劳务派遣机构、实际用工单位、劳动者三个主体之间的权利与义务关系。包括劳务派遣用工范围、用工比例、劳动合同和劳务派遣协议的订立和履行、劳动合同的解除和终止、跨地区劳务派遣的社会保险、法律责任等问题。

总的来说，劳务派遣就是派遣单位先集中劳动力资源并与其签订合同，最终二者形成劳动关系（如图 8-1 所示）。

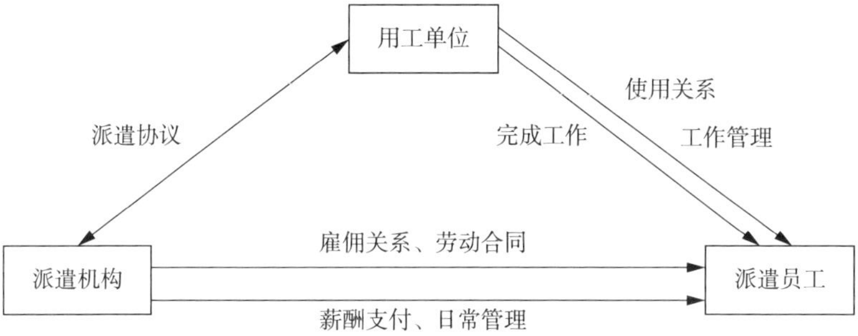

图 8-1　劳务派遣服务结构

（二）劳务派遣的三大特征

1. 雇佣分离

在此劳务模式下，主体有三大部分，包括企业、派遣单位和劳动者，三者建立劳动合同关系。真正存在雇佣关系的只是派遣单位和劳动者之间，而劳动者在经过派遣之后，需要遵循派遣单位的管理，但两者之间不存在法律上的雇佣关系，无须签订劳动协议。用人单位将依照岗位实际需求来利用劳动力，所以此模式具有灵活性与专业性的特点，与此同时也适当降低了企业的成本。

2. 同工不同酬

一是在工资待遇方面，劳务派遣人员的薪酬比同岗位正式职工薪酬低很多。二是由于劳务派遣人员属于企业非正式灵活用工，不占企业编制，不属于企业工会会员，因此，企业正式工正常享受的岗位补贴、特殊津贴等福利性待遇，派遣人员无法享受。三是用人单位在日常开展部门活动、内部职工提拔等方面只考虑企业在编员工，无法公平对待劳务派遣人员，使得劳务派遣人员感觉心里不舒服，甚至不愿意融入这个大家庭。

3. 派驻岗位不固定

劳务派遣流动性往往比较大，一方面由于人们打破了铁饭碗的思想，员工在寻求最大经济价值实现的同时也追求精神舒适感，使得企事业单位离职率增加；另一方面对于对业务能力要求不高的岗位，由于某些员工自身的因素，可能短时间内不能很好地胜任这个岗位，那么采用劳务派遣模式也是一个合理的选择。

二、灵活用工的对策与路径

基于企业劳务外包和灵活用工的用人需求，企业可以实施并执行灵活用工平台的模式。

（一）灵活用工的优势与四流一致对策

灵活用工包括外包用工、劳务派遣、非全日制用工、退休返聘、实习以及其他招用短期或临时性人员的用工方式。这是企业实现成本优化的有效途径，同时也是传统固定用工的一种补充，与传统用工结算模式的区别如表 8-3 所示。

表 8-3　传统用工结算模式 VS 灵活用工结算模式

传统用工结算模式	灵活用工结算模式
公转多个私户，操作复杂	全额专票抵扣，大大降低运营成本
个人开票难，无法给企业提供专票	无须个人、公司到税务局代开发票
企业找票难，存在税务并不合理风险	全额纳税，确保完税到个人
个税申请流程复杂，税务监管严格，风险大	

除了传统问题，针对企业端（B 端），用人企业存在大量公转私户业务的合规风险。税务稽查缺少凭证，短期或临时兼职人员配合度低，因个税承担归属容易产生纠纷。财务成本高，发放对象为个人个体，无法为企业提供合规发票，企业无票支出无形中增加了合规成本。企业的传统用工模式总体运营成本高，采用传统方式发放工资，工作的效率取决于员工的专业水平，需要外部专业人员的支持和服务。针对专业的个人用户端（C 端），个人存在个税的征管税率问题。针对管理的税务局（G 端），税务局存在针对这些税款的征收难、种类复杂无法精准及有效的税务监管难题。

企业可以借助灵活用工平台见图 8-2。企业利用灵活用工的外部平台的支持和链接，结合外部资源的专业化优势，解决在人力资源管理和税务资源整合需求的“核定征收”“园区返税”“个体工商户和个人独资企业”“灵活用工”等方面的合作。因此，企业应利用好市场提供的灵活用工平台，解决企业与地方政府园区建立深度合作的困难，通过专业化外部税收洼地的维护，稳定税源地，确保筹划方案可执行落地（见图8-3）。

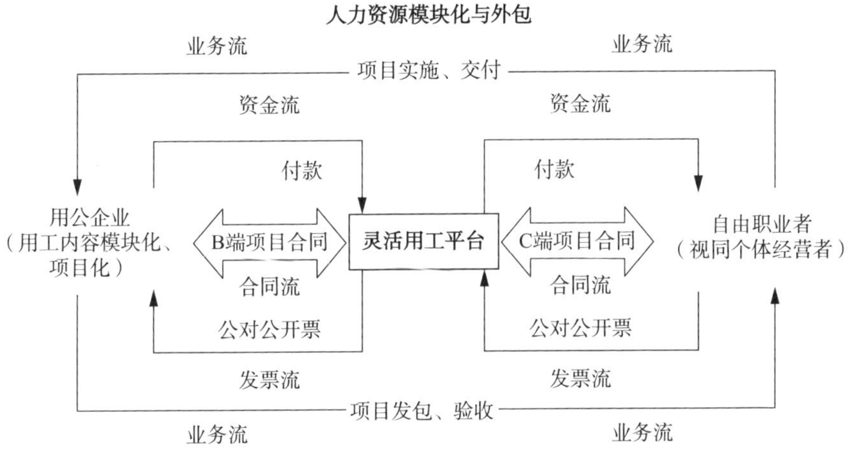

图8-2 灵活用工平台的合规化四流一致方案

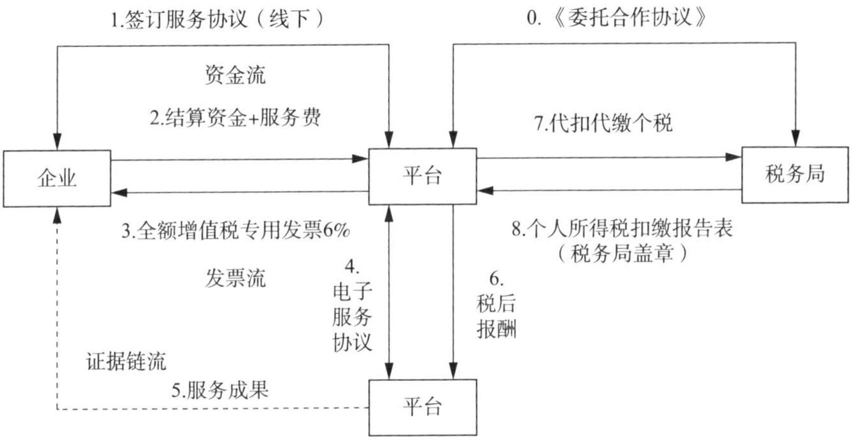

图8-3 灵活用工的企业与税务解决方案

（二）灵活用工解决方案的路径与基本常识

灵活用工解决方案，通过平台为企业和用户提供服务来解决企业用工安全，具体常识性内容体现在如下方面。

1. 前置条件与功能

（1）灵活用工平台企业必须获得委托代征代缴资格或人力资源资格。委托代征代缴资格要与税务局签订协议后，企业才能开展相关业务。实施并执行灵活用工平台化模式，此类平台的基本合法合规特征是具有完整的委托代征协议、委托代征证书、代征税款专用章资质，这些是人力资源资格为众包业务模式所必须具备的资格，部分灵活用工平台企业可以同时获得两种或多种资格。

（2）灵活用工平台企业必须具备发放工资代缴税款平台和任务众包平台的功能。企业端客户在灵活用工平台发布工作任务的相关信息，个人端用户可以抢接任务，在完成相应的工作任务后点击确认。企业端客户核算具体的任务数量并自动生成工资账单。

（3）灵活用工平台企业不是一定需要大数据智能匹配的智能化系统。平台的主要功能是为企业端匹配所需要的人才，平台对人才进行相应的考核和评价，为企业和人才之间的相互选择提供便利。

（4）灵活用工平台在利用得好的情况下，可以帮助个人端解决工资问题，同时也提高了企业和个人之间的沟通效率，降低了沟通成本。

2. 具体服务

（1）灵活用工平台应该具备一站式服务特征。可以为使用的企业和个人提供发放工资代缴税费的服务，还为任务管理和支持材料提供相关的增值服务。平台既是供应方也是需求方，尤其是提供本地化生活服务的商家。

（2）灵活用工平台可以兼容很多功能，可以链接并拓展相关业务市场。灵活用工平台可以在进行相关信用调查和偿还能力鉴定的前提下，在 B 端或 C 端遇到资金紧张时提供相应额度的贷款服务，有效缓解传统用工存在的矛盾。

（3）灵活用工平台支付层可以有代付能力、账户体系、台账体系、银行付款方式、微信、支付宝付款方式的选择。这些选择的付款机构，为企业提供工资的代发、代付服务，具备通道功能。针对资金结算需要，平台还可以个性化设立基于企业独立性合作的资金结算平台系统，确保信息安全、资金安全。

（4）灵活用工平台的使用流程，一般是 B 端企业和平台签署相关服务的协议。在平台上充值结算款及相应的服务费用，平台方为企业提供相应税率的增值税专票。个人与平台方签署相关用工协议。个人在平台上获得与工作对应的税后工资。平台利用增值税专用发票帮助个人缴纳个人所得税。

（5）人力资源领域的平台涉及综合服务类、招聘服务类、兼职服务类、社保服务类、福利管理类、薪酬支付类、绩效管理类专业和专项平台。

三、劳务外包模式的税收筹划空间

（一）税收模式的一体化筹划空间

税收智能化结合了共享经济和共享治理的理念，为个人工作室打造业财税一体化的解决方案。该方案主要以明星缴纳税款为核心，利用互联网或其他技术手段，通过信息共享、服务共享、IT 共享来实现税务机关与个人工作室的有机结合，同时从线下变为线上，消除了大量信息传递过程中的无用环节，大大提高了纳税申报的工作效率，也降低了工作室的运营成本。

工作室的税收模式与 ERP、OA、HR 等系统对接，将收据、业务凭证、资金凭证等连成一体，并与报账、财务共享等平台互通，实现业财税一体化，并将财务核算、税务控制、业务流程等进行高度融合，从而大幅度降低明星的涉税风险。

（二）税收管理模式平台化和数字化的筹划空间

伴随电子发票和网上税务局的普及和推广，对于个人工作室而言，可以使用税收管理平台进行税金的计算以及发票管理、风险分析等业务（如图 8-4 所示），由线下服务转变为线上服务，由分散模式转变为集中模式，从而实现平台化管理模式。此外，随着新一代信息技术的推动及推广，“互联网+”的税收模式越来越深入人心，不少个人工作室也因此加快了向智能化税收模式转型的脚步，数字税收征管是智能化转变的重要组成部分，为业财税一体化提供了强有力的支持。未来，随着科技的进步，税收管理平台将会被个人工作室广泛使用。明星的税基将标准化，税收计算过程将实现自动化，并且通过智能化平台实现发票开具的全生命周期管理，助力个人工作室的税收完

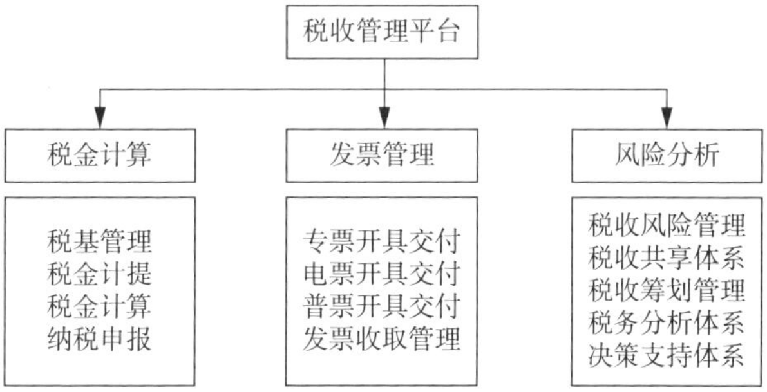

图 8-4　智能化税收管理平台

成智能化转型。

根据工作室为个人服务的历史纳税数据，利用大数据算法可以实时推导出工作室的理论税负值，帮助工作室进行有效的风险控制。表 8-4 是从不同角度对传统税收和智能化税收进行了比较。

表 8-4 传统税收与智能税收的对比

税收类型	财务工作效率角度	企业成本角度	信息流转角度	财务遇难角度	下游账期角度
传统税收	人工手动开票线下跑税局	支付高昂费用购买财税系统	人工确认发票，工作烦琐且信息流通闭塞	在公司到税务局的途中遇到问题无人解决	债务拖延导致经销商无法获得银行授信，债务催收困难
智能化税收	多重开票模式	购买划算的数字化财务系统	建立数据网络实时追踪信息流向	线上专员及时沟通以及全天开票服务	开展线上贷款业务，盘活流动资产
	自动采集数据				

（三）差旅补助类费用的平台化筹划空间

补贴要在国家相关部门规定标准范围内，超过标准必须申报缴纳个人所得税。发票报销的审核 OCR 等技术已经能够高效率地验真和查重，针对奖励变差旅费补助的行为，可以设置相应的规则计算引擎。

先对差旅住宿标准进行计算，按照报销单上记录的相关信息，如根据经办人报销时的职务等级、出差时间、出差地点等信息，相关规则计算引擎会自动对出差时间进行淡季和旺季的区分，并结合不同员工职务等级及出差地点自动计算出不同城市的出差标准。再根据出差的时间、出差目的、职务等级、派车天数等信息，自动计算交通补助和伙食补助。对由于出差目的不同差旅补助不同的情况，以及派车天数需要扣除出差补助的，规则引擎将自动进行调整，计算出差旅补助的标准。然后再以企业制定的津贴补助标准和报销标准为准绳，利用大数据进行筛查，选出差旅费补助金额超出的事项，若企业没有相关的制度还可以和同行同级别的工作人员对比筛选出金额不合理的事项；若还是没有，则可以按照出差天数、区域、员工级别来对比筛选，便于税务稽查人员对筛选事项的进一步审核。

差旅费补助与出差关联，出差才会有差旅费补助，没有出差就不会有差旅费补助。通过大数据对报销差旅费补助的人员信息与该人员的出差报销发票进行审核，审核补助的发生时间段是否符合出差时间段。

如果该员工没有出差，而是利用差旅费补助的名目发放奖金福利，那么，就算差旅费补助金额是合理的并且符合企业制度，但若是没有任何的出差证据作为支持，那么也不是差旅费补助，需要缴纳个人所得税。

随着大数据时代的到来，现在 RPA 技术和 OCR 技术等已经能够有效降低发票造假的操作发生率，但是为了更好地防止企业通过差旅费发放奖金的行为，还可以通过设置规则计算引擎来应对。规则引擎可以根据出差地点、季节、时间以及人员等级等计算出每次出差时出差人员应有的差旅费补助标准，并把差旅费补助和差旅费报销发票归集整理，进而筛选出超出标准的事项以及与差旅行为无关的事项，以此来防止和减少利用差旅费补助发放奖金而避免缴税行为的发生。

第三节　劳动用工与税务筹划案例

一、工资薪金的税收筹划案例

（一）企业雇员月薪的筹划路径

甲企业住在省会城市的员工有 5 名，2020 年 1—12 月每名员工月工资是 15000 元，每月缴纳三险一金 2500 元，但是每名员工的房租花费每月需要 3000 元。房租的专项附加扣除标准为 1500 元/月，假如没有其他附加扣除，企业发生的职工福利费不超过工资薪金总额 14%的部分，准予扣除。

企业纳税筹划之前，每名员工应缴纳的个人所得税累计预扣预缴应纳税所得为 72000 元。具体计算如下。

应纳税所得额：$15000\times12-5000\times12-2500\times12-1500\times12=180000-60000-30000-18000=72000$（元）

税收的筹划问题。

虽然 1500 元房租中的一部分可以按专项附加扣除，但是不能全部覆盖所有房租支出，将房租支出转化为企业对员工的福利。企业作为员工福利支出的部分也能在税前扣除。

税收的解决方案。

5 名员工和企业签订合同的时候可以约定每名员工工资为 12000 元，减少的 3000 元转化为职工集体住宿福利。

因企业提供集体住宿发生的租金费用属于非货币性福利费，不纳入计税工资总额，以企业名义支付的福利费也可以在企业所得税前按一定标准扣除。

由于提供集体宿舍，属于人人有份但不可分割，因而发生的租金费用计入福利费。这样策划后，累计预扣预缴应纳税所得额为 54000 元。具体计算如下。

应纳税所得额：12000×12－5000×12－2500×12＝144000－60000－30000＝54000（元）

纳税筹划前后节税效应对比如表 8-5 所示。

表 8-5　纳税筹划前后节税效应对比

单位：元

筹划前应交个税	筹划后应交个税	个人所得税节税金额
4680	2880	1800

（二）企业雇员月度激励的项目调整筹划案例

通过工资的形式对员工发放奖金就会提高工资的计税基础，需要缴纳更多的个人所得税金额。但是如果这位员工是经常出差的工作人员，对该员工的奖励不以工资的形式发放而是以差旅费补助的形式发放，就会减少奖金部分的个人所得税。

T 市甲企业的业务员小王业绩表现突出。甲企业 1 月计划给予小王奖励 9000 元，小王每月工资为 4500 元，社保为 1500 元，假如无其他附加扣除，该笔奖励作为当月工资需要交税。

如果以工资形式发放，小王因为被奖励了 9000 元，需要并入当月工资，应缴纳的个人所得税为：（9000+4500−1500−5000）×10%−210＝490（元）

如果按差旅补助发放，按照企业制定的相关差旅补助条款，根据小王的实际出差天数，每天 100 元的伙食杂费，小王每月预计补助为 3000 元，则 3 个月补助为 9000 元。这样，企业因业绩奖励给小王的 9000 元就以出差补助的形式发放，并且不用缴纳 490 元的个人所得税。

二、平台式的税收筹划案例

税筹平台企业往往具有“核定征收”“园区返税”“个体工商户、个独注册”“灵活用工”等税筹项目，拥有一个或多个代征牌照，除重点需要关注平台的合法合规性之外，平台业务的四流一致的及时性、真实性等均需要有效落实。具体来说，大多数灵活用工平台的资金链为线上支付模式，除四流一致地完成相关资金、协议、业务等内容外，平台还需要将上述内容规范之后，及时开具增值税发票。使得四流一致的票据管理到位。灵活用工企业的税收征管需要确保针对平台资金流、票据流、信息流的一致性和及时性。

灵活用工平台依据企业、个人特征制定个性化的筹划方案，具体的执行案例如下。

1. 顾问专家费优化

业务需求：A 公司 2021 年 1—12 月需要向顾问专家支付费用 100 万元。

原方案为：A 公司给一位专家发放顾问费，顾问费金额为 100 万元，由于专家需要试税后报酬，A 公司需要为其承担劳务报酬的个人所得税。由于专家的劳务费属于需要和工资薪酬等一并汇总纳税的范畴，如果按个税所得 45%的顶格计算，顶格纳税，结合第二年汇算清缴，总费用支出超过 145 万元。

现方案为：A 公司分 12 个月，向专家按月平均支付顾问费，累计支付 109 万元至灵活用工平台，灵活用工平台向 A 公司提供 6 个点的增值税专用发票，多付出的 9 万元中，A 公司可用于抵扣进项税 6 万元及附加税费，故优化后总费用为 102 万元左右。前后对比企业节约税费约 43%，专家按月收取顾问费。

“9%”的费用明细包括：6%用于企业的专票增值税，需先支出，但可抵扣；3%为服务费，是实际成本。服务费下降还能持续降低费用。

2. 薪酬结构优化

业务需求：S 公司 2021 年 12 月向某劳动者支付薪酬 25000 元。

原方案为：公司承担社保 30%，累计为 7500 元；劳动者个人承担社保的 19%以及个人所得税，即 4750+1640=6390 元，个人实领 18610 元。

现方案为：S 公司支付 25000 元至灵活用工平台，灵活用工平台向 S 公司提供 25000 元的税率为 6%的增值税专用发票，个人支付 25000×（100%－9%）= 22750 元，个人实领 22750 元（本次合作个人承担 6%的增值税专用发票费用+3%的平台服务费）。筹划之后，个人层面较之前个人多收入 4140 元；S 公司层面较之前增加一张 6%的专票用于抵扣，节省了 7500 元，额外增加抵扣收入 1500 元；灵活用工模式免除社保风险。

3. 劳动密集型企业劳动用工优化

业务需求：K 工厂向 100 名个体劳动者每人支付薪酬 4000 元，委托挂靠公司代理进行劳动关系签约及工资发放，服务费为每人每月 150 元。

原方案为：K 工厂每月发薪 40 万元，挂靠公司服务费为 100×150＝15000 元。未缴纳社保导致不合法。

现方案为：K 公司支付 43.60 万元至灵活用工平台，灵活用工平台向劳动者发薪为 40 万元，灵活用工平台向 K 公司提供 6 个点的增值税专用发票，K 公司抵扣 24000 元，实际 K 公司成本为 12000 元，无法律风险。使用灵活用工方案后，K 公司每月节省 3000 元，社保成本免除且合规。

“9%”的费用明细包括：6%用于企业的专票增值税，需先支出，但可抵扣；3%是服务费，也是实际成本。若服务费下降还能持续降低费用。

第四节　本章小结

企业的劳动用工模式和方式决定了用工成本的高低。企业雇员模式涉及的薪酬劳务尤其需要系统的规划与筹划，尤其针对雇员模式和外包平台模式的协同，工资薪金、个人工作室、年终奖、劳务派遣和个人合伙企业以及灵活用工模式的运作对企业降本节税作用很大。

将工资薪金转化为福利进行税收筹划，以此降低个人所得税的税负，间接增加人们的实际收入。

劳务派遣用工形式对于企业解决用人成本问题是妥善的方案。成立个人工作室可以解决节税问题，税务智能化对策还能同步降低涉税风险和工作室的运营成本。个人合伙企业有别于一般的法人企业，其税制的设计也因此简便了许多。个人合伙企业有不少税务智能化的风控对策。

合理利用灵活用工平台，加强企业内部税务数据管理，提升企业降本增效的协同，实现人力资源与企业财务管理的高效协同。

因此，基于企业雇员的个税节税方式的设计和优化，结合劳务外包等劳动用工的筹划、灵活用工类税筹平台的协同，可以加大企业降本力度，促进全面智能化税务系统的开展和推广，在业财融合的基础上，实现税务管理新生态。

本章参考文献

[1] 王爱清．“互联网+纳税服务”的智能化创新发展研究［J］．税收经济研究，

2019，24（6）：75-78+86.

［2］倪娟，李彦璋，周睿．人工智能助力税收管理数字化转型的对策分析［J］．税务研究，2021（4）：92-96.

［3］翁武耀，倪淑萍．人工智能促进税收征管现代化的方式与影响［J］．税务研究，2018（6）：19-24.

［4］陈兵，程前．人工智能时代应加快智能税收法治系统建设［J］．兰州学刊，2018（11）：103-118.

［5］闫晴．“人工智能+税收征管”的理念确立与制度建构［J］．当代经济管理，2019，41（2）：77-83.

［6］张靖．深化数字技术运用推动智慧税务建设［J］．税务研究，2022（5）：128-130.

［7］黄维．通过区块链技术破解融资性票据监管问题研究［J］．金融理论与实践，2019（3）：46-53.

［8］柳东梅．灵活用工平台三方主体涉税问题探讨［J］．财务与会计，2021（22）：50-53.

［9］蔡昌，马燕妮，刘万敏．平台经济的税收治理难点与治理方略［J］．财会月刊，2020（21）：120-127.

［10］薛伟，刘骏．税收征管压力对企业税收负担的影响［J］．税务研究，2020（6）：104-109.

［11］潘虹．关于构建“互联网+纳税服务”生态的思考［J］．税务研究，2017（7）：116-119.

［12］姚键，王周飞，陈爱明．基于大数据背景的税收风险管理［J］．税务研究，2015（11）：64-66.

［13］江轩宇，朱琳，伊志宏，等．工薪所得税筹划与企业创新［J］．金融研究，2019（7）：135-154.

［14］李广平．基于演化博弈分析的政府规制对企业劳务派遣用工行为影响研究［J］．管理评论，2019，31（10）：191-199.

第九章 十大税务管理工具之并购重组

9

并购重组既是经济发展上升期企业实现跨越式发展的有效方式，也是经济下行期企业实现脱困的最直接路径。并购重组也是涉税风险较大且需要专业支持的重要领域，因出资方式不同、重组模式不同、收益主体不同等，企业缴纳的税额体量也不同。税收问题无法妥善处理甚至会影响并购重组本身的成败。因此，通过税务的有效设计和路径安排，可以提高企业市场竞争力，促进企业资源整合，最大程度利用资源的助力。此外，由于税负的多少、缴纳时间的早晚、承担税负的主体等都是企业并购重组活动中的重要组成部分，它直接影响并购成本，也是决定并购成功与否的核心要素，不论是出于规避涉税风险考量，还是发挥并购协同效应，抑或降低并购成本，企业都必须注重并购重组过程中的税务筹划。

第一节　企业并购重组的类型与涉税风险

一、并购重组的类型与涉税筹划空间

（一）企业并购重组的类型

并购重组（Merger&Acquisition），是指企业法人在遵循一定原则的基础上，将企业权利主体进行一定的变换，包括产权以及控制权的转移或重新组合，从而实现企业想要达到的整合资源、转移或者增加财富的目的。企业并购主要包括公司合并、股权收购、资产收购三种形式。

如果并购重组仅仅达成 1+1=2 的结果，这项活动只能算是重新放置资源，当并购重组达到 1+1>2 的效果时，才是真正意义上的并购成功，即并购重组要充分发挥协同效应，创造价值最大化。

并购按照不同的标准可以分为很多类，相应筹划领域涉及较多，具体如表 9-1 所示。

表 9-1　并购类型与筹划

划分标准	并购类别与筹划领域
并购双方所属国别	跨国并购、国内并购
并购双方分属行业	横向并购、纵向并购和混合并购
出资方式	现金并购、股票并购、资产置换并购、债务承担式并购、综合证券支付并购
目标企业管理层是否合作	善意并购、敌意并购
是否利用目标公司资产支付购买资金	杠杆收购、非杠杆收购

企业并购重组是指通过整合一系列资源，进而实现企业既定目标的发展战略。从战略角度考虑，并购重组能够在增大企业总体规模的情况下，对其资产进行重新整合，在企业涉及的分拆和整合业务、企业体量规模整合、企业运营资源管理等方面实现进一步的分享和补充。从企业财务角度

考虑，企业并购是对一些价值被低估的公司实施收购或调整，降低交易与管理上的成本，提高企业经营管理水平，从而增加整体收益价值，最终获得更多的收益。

因此，这个阶段涉及的税务领域包括，不同公司之间的股权交易、资产交易、分拆方案、合并方案、融合方案等。企业并购重组的税收问题是并购交易成败的重要影响因素，需要从顶层做好设计，针对相关环节进行落实。

（二）企业并购重组的形式

对并购重组的涉税形式来说，企业并购重组形式如图 9-1 所示。

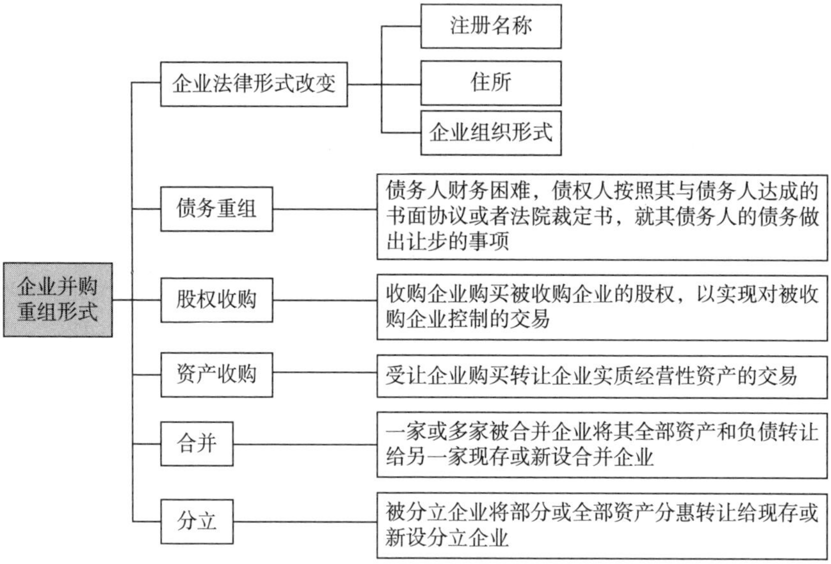

图 9-1　企业并购重组形式

1. 股权收购及其税务分析

股权收购是企业并购重组的主要形式之一，即收购方通过购买被收购方股权从而实现对被收购方的控制。在股权交易的过程中，收购方可以采取以下支付方式：股权支付、非股权支付或两者组合支付。

股权支付，是指企业在重组中购买、换取资产时，以本企业或其控股企业的股权、股份作为支付的形式。

非股权支付，是指以本企业的现金、银行存款、应收款项、本企业或其控股企业股权和股份以外的有价证券、存货、固定资产、其他资产以及承担债务等作为支付的形式。

在股权收购过程中，可以采取合并模式，合并是指一家或多家被合并标的企业，将其全部资产和负债，全部或部分打包转让给另一家现存或新设的主并企业。被合并企业的股东换取主并企业的股权或非股权支付，从而实现两个或两个以上企业的依法合并。股权收购涉税简表如表 9-2 所示。

表 9-2　股权收购涉税简表

转让/受让方	企业所得税	增值税及附加	印花税	土地增值税
股权转让方	√	?	√	?
股权受让方	×	×	√	?

2. 资产收购及其税务分析

资产收购，是指主并的受让企业购买另一家标的转让企业实质经营性资产的交易。受让企业支付对价的形式包括股权支付、非股权支付或两者的组合。

非货币性资产出资也是企业并购重组的主要形式之一。非货币资产重组是指用非货币性资产（如固定资产、厂房、股权、知识产权等）出资，以成立新的居民企业或注入现存的居民企业。非货币资产出资涉税简表如表 9-3 所示。

表 9-3　非货币资产出资涉税简表

出资/被投资方	企业所得税	增值税及附加	土地增值税	契税	印花税
出资方	√	√	?	×	√
被投资方	×	×	?	√	√

3. 企业重组涉及税费

企业并购重组涉及的税费可能包括：企业所得税、增值税、个人所得税、契税、印花税、土地增值税等税种。

（三）并购重组的税种与涉税筹划基本常识

企业在推动并购重组过程中，需要了解基本的税种、税收减免以及税收优惠措施，具体如下。

1. 针对增值税相关税收优惠

（1）在企业主体作为一般纳税人的前提下，企业在并购重组过程中，通过合并、分立、出售、置换等方式，将全部或者部分实物资产以及与其相关联的债权、负债和劳动力一并转让给其他单位和个人，免征增值税。

（2）企业如果需要历经多次转让，无论路径和次数多少，如果受让方与劳动力接收方最终是同一企业、个人或其他相关组织，则免征增值税；尚未抵扣的进项税额可结转至主并企业继续抵扣。

（3）纳税人在资产重组过程中，通过合并、分立、出售、置换等方式，将全部或者部分实物资产以及与其相关联的债权、负债和劳动力一并转让给其他单位和个人，其中涉及的不动产、土地使用权转让行为，免征增值税。

（4）纳税人在资产重组过程中，如果涉及货物转让的，均免征增值税。

2. 针对土地增值税优惠（并购双方非房地产开发企业）

（1）非公司制企业整体改制为有限责任或者股份制公司，对改制前的企业将房地产整体置入改制后企业的情况，暂不征土地增值税。

（2）两个或两个以上企业合并，且在原企业投资主体存续的两个条件之下，房地产置入改制后企业，暂不征土地增值税。

（3）企业分设为两个或两个以上且属于原分立前企业主业的企业，房地产置入改制后企业，暂不征土地增值税。

（4）单位或个人以房地产作价入股投资的重组改制，房地产置入改制后企业的暂不征土地增值税。

3. 针对契税相关税收优惠

（1）企业并购重组之后，投资主体存续且持股比例超过实际控制的绝对多数持股比例，改制后企业承继原企业的主要权利和义务，则免征契税。

（2）原投资主体存续的合并行为免征契税。

（3）原公司投资主体相同的分立行为免征契税。

（4）企业破产问题引发的税收，在债权人层面免征契税，在非债权人层面免征或减半征收契税。

（5）同一投资主体内部的企业之间的房地产划转免征契税。上级公司以房地产向下级全资子公司增资免征契税。

（6）对债转股后新设立公司免征契税。

4. 针对个人所得税相关税收优惠

（1）对个人非货币性资产投资一次性缴纳个人所得税有困难的，可以申请在连续 5 个自然年度内分期缴纳个人所得税。

（2）企业在上市之前，如果给员工股权期权及其他相关股权类奖励的，员工在取得股权激励时可暂不纳税，经主管税务机关备案批准后，递延至该股权转让时纳税。

（3）科研类成果投资入股的纳税时点，可以从入股当期的时点递延至转让股权时点。纳税基数是股权转让收入减去成果原值和合理税费后的差额。

5. 针对企业所得税相关税收优惠

（1）企业所得税相关税收处理方式涉及一般性税务处理和特殊性税务处理两种模式。

（2）特殊性税务处理一旦适用，企业以非货币性资产对外投资实现的转让所得，可在 5 年内分期计入相应年度的应纳税所得额，分期缴纳企业所得税。

（3）对于特殊性税务处理征管问题是否适用，需要提前进行系统设计，明确适合的几个重要条件，包括所得税的合理商业目的、不改变实质性经营、原股东不转让股权、股权支付对价方式、收购资产股权的比例权重等。综合设计之后才能使并购双方或资产重组各方获得共赢的局面。

二、企业并购重组的涉税风险与所得税处理的操作路径

并购重组涉及六大税务风险，具体如下。

第一，在历史遗留问题上，被并标的企业所有历史遗留税务问题都将被新股东承继。

第二，在税务架构上，并购架构设计时未考虑税收方案或方案不全面，由于不同国家（地区）之间适用不同的税收政策可能引发税务风险。

第三，在交易方式上，可以有资产收购或股权收购两种模式，模式不同承担的税赋不同。

第四，在管理监管上，资本交易一直是税务机构稽查的重点，包括对收入项目和扣除项目的检查。

第五，在特殊处理上，企业争取按照并购重组的税务特殊处理规定的要求，选择有利于企业的处理方式，并获得地方财政的支持。

第六，在转让方式上，如果涉及不具合理商业目的的业务，则需要按照直接穿透原则，针对一般反避税原则否定中间控股公司的存在模式，做好企业的税务管理。

（一）企业所得税的适用条件与处理方式

对企业重组所得税的税务处理，还需要进一步区分，看不同条件是适用一般性税务处理规定还是适用特殊性税务处理规定。从并购重组的税务处理规定而言，原则就是按照业务类型和模式，进行层层拆分，拆分为应税的相关模块，分解不同的业务性质和相关应税的独立业务场景。

针对具体的相关规定，企业的税务管理总体设计应该删繁就简，抓住关键环节，才能在并购重组的基本税务内部管理上打好基础，实现精益化的细节工作落地。

1. 一般性税务处理规定

从企业并购重组税务管理的分类而言，一般税务重组涉及如下方面。

首先，在企业的债务重组方面，企业税务管理应该确保相关交易按如下关键节点进行。

（1）企业采取非货币资产的抵偿方式清偿债务的，税务管理需要有针对性地对抵偿类资产进行拆分，在企业层面需要确保业务分解为转让资产和清偿债务两个环节两项业务，并按此确认收益或损失。

（2）企业若采取债权转股权方式，则税务管理需要分解为债务清偿、股权投资两个环节两项业务，并按此确认所得或损失。

其次，在企业的股权收购以及资产收购重组方面，主并企业的税务管理应该确保相关交易按如下关键节点进行。

（1）主并企业跟踪督办被并标的企业及时确认股权、资产转让所得或损失。

（2）主并企业取得股权或资产的计税基础，确保按公允价值确定。

（3）主并企业跟踪督办确认被并标的企业的所得税事项保持不变。

再次，在企业合并方面，税务管理应该确保相关交易按如下关键节点模式进行。

（1）主并企业按公允价值确定被并标的企业的各项资产和负债。

（2）主并企业跟踪督办被并标的企业及其股东按清算模式完成所得税处理。

（3）主并企业跟踪督办被并标的企业因过往亏损不再合并之后的结转弥补。

最后，在企业分立方面，企业税务管理应该确保相关交易按如下关键节点模式进行。

（1）企业因被分立剥离出去的资产，税务管理应确保按公允价值确认资产转让所得或损失。

（2）分立出去的企业，除视同新设之外，税务管理应确保企业接受的资产价值按公允价值来确认。

（3）如果企业因被分立导致剥离资产后继续存在，税务管理应确保企业股东取得的收益按照利润分配处理。

（4）如果企业因被分立导致剥离资产后不复存在，应确保企业及其股东按清算模式进行所得税处理。

（5）企业的税务管理应确保分立出来的各个企业均处于盈利或保本状态，因为分立企业的亏损不得相互结转弥补。

2. 特殊性税务处理规定

特殊性税务处理规定的业务内容，需要重点关注时间、量化金额，操作相对复杂。实施的重要适用条件如下。

（1）企业税务管理需要确保并购重组的产业逻辑保持不变，企业商业经营目标不变，缴纳税款额度、时间、模式均不变。

（2）企业税务管理需要确保被收购、合并或分立部分的资产或股权比例符合税法规定的比例要求。

（3）企业税务管理需要确保重组后资产的经营活动不变，持续超过一年。

（4）企业税务管理需要确保重组交易对价中涉及的股权支付金额符合税法规定的比例要求。

（5）企业税务管理需要确保实现股权支付的原主要股东持续持股的时间超过一年。

从企业并购重组层面税务管理的分类角度，特殊税务重组涉及如下方面。

首先，在企业债务重组层面，企业税务管理应该确保应纳税所得额占该企业当年应纳税所得额的50%以上，涉及延期纳税的，确保在五年内均衡分摊入各年缴纳。

（1）企业实施债权转股权的业务时，分拆出来债务清偿、股权投资两个环节两项业务，债务清偿不确认所得或损失，股权投资按原债权金额确定。

（2）企业税务管理应该确保除上述不变之外，企业其他涉税业务，保证所得税管理维持原模式。

其次，在企业股权收购层面，主并企业购买的股权不低于被并标的企业全部股权的75%，股权支付金额不低于交易支付总额的85%，常规而言，企业按如下方式进行税务管控选择。

（1）主并企业股东取得被并标的企业股权的计税方式，按被收购股权的原有计税基础确定。

（2）主并企业、被并标的企业的原有各项资产和负债管理，与其他相关所得税事项保持不变。

再次，在企业资产收购层面，主并企业购买的股权不低于被并标的企业全部股权的75%，股权支付金额不低于交易支付总额的85%，常规而言，企业按如下方式进行税务管控选择。

（1）主并企业取得被并标的企业的资产计税基础，以被转让资产原有价值确定。

（2）主并企业、被并资产企业各自原有的各项资产和负债管理，与其他相关所得税事项保持不变。

复次，在企业合并层面，企业股东在该企业合并发生时取得的股权支付金额不低于其交易支付总额的85%，但针对不需要支付对价的企业合并，可以选择按以下规定处理。

（1）主并企业接受被并标的企业的资产和负债以原企业价值确定。

（2）被并标的企业合并前涉及的所有税种，尤其是所得税事项，由合并企业全部承继。

（3）被并标的企业股东取得的合并企业股权价值计量以原持有的股权价值确定。

最后，在企业分立层面，企业的税务管理需要引导企业做到：企业被分立导致剥离部分资产后，所有股东按原持股比例取得分立企业的股权，且分立企业和被分立企业均维持原实质经营活动不变，被分立企业股东在该企业分立发生时取得的股权支付金额不低于交易支付总额绝大部分比例，以此为基础，在企业税务管理过程中需要综合考虑如下办法。

（1）分立企业接受被分立企业资产和负债的价值按被分立企业的原价值确定。

（2）被分立企业已剥离资产对应的各项税费由分立企业承继。

（3）被分立企业原来未过期未弥补的亏损，按分立资产占全部资产的比例分割分配，且由分立企业继续弥补。

（二）企业所得税的适用方式与操作路径

企业重组具有合理的商业目的，特殊性税务处理也需要确保符合合理的商业目的，重点体现在并购重组方式、实质结果、各方税务状况变化及财务状况变化，如表 9-4 所示。

表 9-4　企业所得税两种处理方式执行差异对比

类型	一般性税务处理	特殊性税务处理
条件	无特定条件	满足法定条件
确定计税基础	按照公允价值确认	按受让资产（股权）的原计税基础确认
所得或者损失的确认	当期确认	当期不确认，递延至下次交易时确认
税务亏损与所得税事项	被合并企业亏损不得在合并企业结转弥补	合并企业弥补被合并企业亏损（限额=被合并资产公允价值×国债利率）
	分立相关企业的亏损不得相互结转弥补	被分立企业法定期限亏损额可以按照资产比例分配，由分立企业连续弥补

在企业股权投资、股权收购中的税收筹划中，需要针对性地研读材料，看是否符合企业重组适用特殊性税务处理规定的条款，如表 9-5 所示。确保并购的合理商业目的，不减少、免除或者推迟缴纳税款，购买股权不低于被收购企业全部股权的 50%，股权支付金额不低于交易支付总额的 85%等，企业重组后连续 12 个月的实质性经营活动不变，且企业重组中原主要股东连续 12 个月内不转让股权。如果达成，则企业在重组中针对交易股权支付部分进行特殊性税务处理。在税收上，如债务重组确认的应纳税所得额占企业当年应纳税所得额的 50%以上，可以在 5 个纳税年度内均匀计入各年度应纳税所得额。计税基础还按照被收购股权或被转让资产的原有计税基础确定。

表 9-5　企业所得税特殊性税务处理实现条件

类型	特殊性税务处理的基本条件
合理商业目的	具备合理的商业目的，且不以减少、免除或者推迟缴纳税款为主要目的
资产（股权）转让符合规定比例	股权收购：收购企业购买股权不低于全部股权的 50%
	资产收购：受让企业收购的资产不低于全部资产的 50%
	合并：全部资产及负债被转让
	分立：被分立企业所有股东按原持股比例取得分立企业的股权

续表

类型	特殊性税务处理的基本条件
股权支付符合规定比例	股权支付额不得低于交易支付总额的 85%
	合并：同一控制下，且不需要支付对价的企业合并
经营连续性	重组后连续 12 个月内，不改变重组资产原来的实质性经营活动
	分立：分立企业与被分立企业均不改变原实质性经营活动
主要股东权益连续性	交易后的 12 个月内，原主要股东不转让取得的股权

由此可见，若想享受并购税收优惠政策，其中一个关键的前提就是及时向税务机关提交申请文件与资料。所以，企业合并前需要运用智能税务系统对业务资料进行识别，详细分析在合并后享有的优惠政策。

如果缺乏全面的研究和了解，企业在并购重组过程中，不但会估值不准，还会遇到很多的财务问题，如要求补缴税金等，这将在不同程度上提高并购重组的成本。为了降低税务风险，企业在收购重组时，必须全面了解目标企业税务状况，正确分析可能出现的税务风险，防止目标企业的税务问题遗留对收购重组的结果产生不良影响。

一般情况下，被吸收合并企业净资产评估增值时，选择特殊性税务处理方式，税务成本最低；被吸收合并企业净资产评估减值时，选择一般性税务处理方式，税务成本最低。在执行对比过程中，要选择合适的处理方式，具体如下。

1. 特殊性税务处理对比与执行

对于企业股权并购和企业合并模式，选择特殊性税务处理综合更优。

（1）企业股权并购模式下两种处理方式的对比。

在企业并购重组过程中，主要从顶层设计角度进行所得税的考虑。在投资方式的选择上，企业的投资如果涉及非货币性资产投资，则非货币性资产投资确认的投资收益需要通过系统管理，以确认如何分摊至 5 年的应纳税所得额。

在企业并购重组过程中，争取各项条件达成符合特殊性税务处理的要求，选择合适的方式执行，按合适的条件实现相关税赋的减少。

如果涉及企业集团内部的股权交易，选择划转模式执行更加有利。划转模式对企业内部股权收购的税收成本最低，以划转适用特殊税务处理最为合适，如表 9-6 所示。

表 9-6 股权收购下两种方式的计税模式

类型	一般性税务重组	特殊性税务重组
卖方转让资产所得	被转让资产公允价值-初始计税原始价值	交易不涉及货币当期不需纳税
卖方获得货币资金	现金支付与股权支付一并按公允价值计税	（被转让资产的公允价值-计税基础）×（收到的货币资金补价÷公允价值）
卖方获得股权计税	取得买方企业股权公允价值	卖方被转让资产初始计税基础-（非股权支付金额-转让所得）
买方获得资产计税	取得卖方资产公允价值	卖方企业转让资产原计税基础+转让所得

（2）企业合并并购模式下两种处理方式的对比。

股权支付金额不低于交易支付总额的85%，交易可选用特殊性税务处理。被并标的企业股东取得主并企业股权的计税基础=被合并企业股权的初始计税基础-（非股权支付额-应税所得）。主并企业取得被并标的企业净资产的计税基础=被并标的企业净资产的初始计税基础+确认的资产转让所得。被并标的企业合并前的相关所得税事项均由主并企业承担。可由主并企业弥补被并标的企业亏损的限额=被并标的企业净资产公允价值×截至合并业务发生当年年末国家发行的最长期限的国债利率。企业合并下两种方式的计税模式如表 9-7 所示。

表 9-7 企业合并下两种方式的计税模式

合并情况	一般性税务重组	特殊性税务重组
被并标的企业股东出售企业资产和负债实现应税所得	被并标的企业资产公允价值-资产原计税基础	无货币资金收入当期不纳税
被并标的企业股东出售企业资产和负债后获得现金	与股权支付一并按公允价值计税	（被并标的企业净资产的公允价值-净资产初始计税基础）×（收到现金÷净资产公允价值）
合并企业接受被合并企业资产计税	被并标的企业资产公允价值	被并标的企业净资产的初始计税基础+确认的资产转让所得
被并标的企业接受合并企业股权支付计税	合并企业股权公允价值	被并标的企业股权的初始计税基础-（非股权支付额-应税所得）
亏损弥补	被并标的企业亏损不得由合并企业结转弥补	被并标的企业净资产公允价值×截至合并业务发生当年年末国家发行的最长期限的国债利率

2. 一般性税务处理对比与执行

从一般性税务处理的执行角度，需要综合考虑主并企业与被并标的企业股东之间的纳税问题。一般主并企业并购被并标的企业，被并标的企业股东受益，因此，按常理由被并标的企业的股东纳税。从主并企业角度来说，如果做好设计和规划，则可以系统地做好节税工作，如表 9-8 所示。

（1）被并标的企业的利润分配顺序。

主要的节税点在于被并标的企业是否进行沉淀未分配利润的分配。具体来说，主并企业交易模式的交易顺序变更，可能使未来有节税筹划空间。具体就是先分配后转让与先转让后分配两种，以及是否承担债务承债式收购等模式的复合支持。无论先分配后转让还是先转让后分配，本身的纳税一致。对于未来实际购买对价的溢价部分，收购主体无须缴纳税收。

（2）个人或有限公司模式的进入退出方式。

在一般性税务处理之下，投资主体退出路径的设计，可以选择的模式较多。投资模式可分为自然人直接投资、自然人通过个独个体或合伙企业投资、自然人通过有限公司投资。

表 9-8　一般性税务处理下投资主体进入税收筹划空间

持股平台	企业所得税	个人所得税	纳税地点	财政返还模式（地方留存按比例返还）	综合筹划预计承担税赋区间
自然人	0	20%	被投企业注册地	按财政返还比例确定	
合伙企业 个独个体	0	5%～35% 20%	注册地	按财政返还比例确定	3%～8%
公司	25%	20%	注册地	按财政返还比例确定	10%～18%

（3）私募股权基金有限合伙模式的进入退出方式。

在一般性税务处理之下，可以综合考虑私募股权投资基金的有限合伙模式。私募股权基金本身是由特定或者不特定数目的投资者参与，以非公开化的方式募集资金，将所筹集资金投向非上市的企业股权，同时对目标企业进行管理且提供咨询服务，期望在企业成熟后获得高额股权增值的利益共享、风险共担的特定类型的投资品种。

私募股权基金一般是指从事私人股权（非上市公司股权）投资的基金，这些基金包括投资非上市公司股权或上市公司非公开交易股权两种，其追求的是通过上市、管理层收购和并购等股权转让路径，来达到获利的目的。私募股权基金具有募集方式非公开化、准入门槛较高、投资期限较长、投资对象的成长性要求高的特点。有限合伙制私募股权基金的投资主体涉税情况如表 9-9 所示。

表 9-9　有限合伙制私募股权基金的投资主体涉税情况

<table>
<tr><th colspan="10">有限合伙制私募股权基金涉税情况整理</th></tr>
<tr><th colspan="2">税种</th><th colspan="4">所得税</th><th colspan="4">增值税</th></tr>
<tr><td colspan="2">收入所得</td><td>股息红利</td><td>股权转让所得</td><td>管理费</td><td>业绩分成</td><td>股息红利</td><td>股权转让</td><td>管理费</td><td>业绩分成</td></tr>
<tr><td colspan="2">有限合伙企业</td><td colspan="2">不缴纳</td><td></td><td></td><td colspan="2">不缴纳</td><td></td><td></td></tr>
<tr><td rowspan="2">普通合伙人企业</td><td>自然人</td><td>按股息红利所得税缴纳 20%</td><td>缴纳财产转让所得 20%税率或者 5%到 35%的五级累进税率</td><td>缴纳劳动报酬所得</td><td>缴纳 5%到 35%的五级超额累进税率</td><td colspan="4">不缴纳</td></tr>
<tr><td>法人</td><td>不明确</td><td>缴纳 25%税率</td><td>缴纳 25%税率</td><td>缴纳 25%税率</td><td>不缴纳</td><td>不缴纳</td><td>缴纳一般纳税人 6%税率，小规模纳税人 3%征收率</td><td>不明确</td></tr>
<tr><th colspan="2">税种</th><th colspan="4">所得税</th><th colspan="4">增值税</th></tr>
<tr><td rowspan="2">有限合伙企业</td><td>自然人</td><td>按股息红利所得缴纳 20%所得税</td><td>缴纳财产转让所得 20%税率或者 5%到 35%的五级累进税率</td><td></td><td></td><td>不缴纳</td><td>不缴纳</td><td></td><td></td></tr>
<tr><td>法人</td><td>不明确</td><td>缴纳 25%</td><td></td><td></td><td>不缴纳</td><td>不缴纳</td><td></td><td></td></tr>
</table>

（三）并购重组的涉税风险防控与基本常识

第一，针对并购重组涉及税费的风险防控，需要从总体谋划角度出发，结合并购的路径和节点，重点涉及并购的时间、地点、主体、优惠、对赌等条款。

（1）并购重组中涉税风险节点的纳税时间，涉及签订股权转让合同的转让时间。收到主并企业支付被并标的企业资金时间、被并标的企业完成工商登记变更时间、企业转让股权收入确认时间。企业应确保转让协议生效，完成股权变更手续，按照时间节点履行纳税义务。

（2）并购重组中的纳税地点分别为：被并标的企业的上级公司所在地、被并标的企业所在地、主并企业所在地。扣缴义务人如果是企业，则应当自扣缴义务发生后，向扣缴义务人所在地主管税务机关纳税。扣缴义务人如果是非居民企业的个人等，则应当向所得税发生地主管税务机关申报缴纳未扣缴税款。

（3）关于并购重组中的涉税风险节点的纳税主体，被并标的企业的转让股东是自然人的，主并企业需要代扣代缴税费，纵使合同约定由自然人自行完成申报纳税，主并企业支付对价以后自然人没有履行纳税手续，主并企业也存在未履行代扣代缴的涉税风险。自然人股权转让所得的个人所得税，以被并标的企业所在地税务机关为主管税务机关，无论是扣缴义务人还是纳税人，都应该依法向相关主管税务机关纳税。

（4）关于并购重组中的涉税风险节点的税收优惠，主并企业要考虑特殊性税务处理未及时备案，采取先享受后备案的风险以及企业涉及的日常经营税收优惠风险。针对企业的地方税收优惠，需要确认企业是否有高新技术企业认定、高新技术产品或服务收入占比是否达标、经营范围是否发生变化、需要重新申请办理的程序是否履行等。

（5）关于并购重组中的涉税风险节点的对赌协议，主并企业常规要求被并标的企业的股东履行对赌条款。如果在经营过程中的业绩承诺不达标，则会给主并企业和被并标的企业带来问题。首先，主并企业需要调整投资成本，被并标的企业股东需履行补偿手续。其次，由于业绩不达标导致的被并标的企业的估值不达原定估值，导致被并标的企业股东多缴纳的税款无法退还，也就是意味着被并标的企业股东之前缴纳的税款不因后期经营带来的估值下调问题予以退还。

第二，在企业并购重组过程中，涉及税务方面的工作是个系统工程，除需要税务管理外，还需要针对被并标的企业进行系统的税务内控检查，在税务风险方面系统逐项落实。

（1）主并企业应确定好并购交易的条件及价格，在并购的过程中应遵守相关的法律法规，调查清楚被并购企业的债权债务关系及其在税务方面的合同履行状况。

（2）主并企业需要认真关注被并购方的税款缴纳详情，查实其近几年是否存在税款未及时或未足额缴纳等情况。

（3）主并企业需要防范历史性税务风险，如是否存在欠税、受到税务机关行政处罚、存在伪造税收优惠证明等违规情形造成的潜在税务风险。

（4）主并企业需了解并购是否会导致企业无法享受税收政策或优惠被追

回，造成并购企业的损失或面临税收风险。

（5）关于主并企业对净资产为负数的被并购方的税务风险，在企业税务处理过程中产生的亏损，主并企业不一定会对亏损部分做出全部的弥补。需要明确企业是采取一般税务处理还是特殊税务处理。企业并购适用一般税务处理的，税前无法对企业的经营亏损做出抵扣；企业并购适用特殊税务处理的，被并购方的经营亏损处于特定限额内的，主并企业在税前可根据限额对亏损做出抵扣。

（6）主并企业对被并购方欠债和应缴纳未缴纳税款义务有连带税务风险。企业之间完成并购之后，被并购方的并购前欠款、并购前未缴税费等都由并购方承担，这在一定程度上加剧了并购方在债务、税务等财务上的风险，容易对其自身的资金规模、资产变现能力等造成消极的影响。

（7）主并企业申报超时会导致失去税收优惠的税务风险。并购企业双方在选择特殊税务处理开展并购、完成并购之后，并购方与被并购方的当事人应在当年申报企业所得税的过程中，及时向当地税务机关提交特殊性税务处理的申请及相关资料，否则将会被视作一般性税务处理。

第二节　并购重组出资及配股的涉税筹划案例

一、出资方式与资产转让的涉税筹划空间

（一）货币与非货币出资的涉税筹划空间

货币出资是指投资企业支付给目标企业股东一定数额的现金，借此取得目标企业的一部分股权。一旦目标企业股东收到其拥有的原企业股权的现金支付，就失去了对原企业的所有者权益。目标企业股东应当就其在转让股权过程中所获得的收益交纳所得税。

因此，如果采用现金投资，就要考虑到目标企业股东的税收负担，在定价时必须把这笔税金考虑在内，这样势必会增加投资成本。此外，应付款方式是一次付款还是分次付款也会对税收产生影响。

非货币性资产投资指投资企业向目标企业股东支付其经营活动的部分非货币性资产，作为取得目标企业一定股权的代价。

如果资产转让所得数额较大，在一个纳税年度实现缴纳确有困难的，报

经税务机关批准，可作为递延所得，在投资交易发生当期及随后不超过5个纳税年度内平均摊转到各年度的应纳税所得额中。

有价证券投资指投资企业向目标企业股东发行公司债券，以此来换取他们手中所持股份。由于税法中规定债券利息可以在税前扣除，所以这种出资方式可以为投资企业节省一笔税收支出。

（二）资产转让与资产置换的涉税筹划空间

整体资产转让是指一家企业将所有资产和负债或其独立核算的分支机构转让给另一家企业，以换取企业资本的股权。

企业整体的资产转让原则上应在交易发生时，将其分解为按公允价值销售全部资产和进行投资两项经济业务，并按规定计算确认资产转让所得或损失。

整体资产置换是指一家企业以其经营活动的全部或其独立核算的分支机构与另一家企业经营活动的全部或其独立核算的分支机构进行整体交换，资产置换双方都不解散。

企业整体资产置换原则上应在交易发生时，将其分解为按公允价值销售全部资产和按公允价值购买另一方全部资产的经济业务，并按规定计算确认资产转让所得或损失。

二、并购重组的换股合同涉税筹划与风控对策案例

（一）增发股票的换股并购案例介绍

M企业是一家机器人与自动化系统、智能供应链（物流）的科技企业，主要提供多元化的产品与服务。M企业通过多年地不断并购，已拥有多家子公司。下面以M企业并购T企业为例进行涉税分析，数据如表9-10所示。并购前，M企业是T企业的控股股东，拥有52.67%的股权。

表9-10　M企业并购T企业数据

T公司股票	换股价格（元/股） a	换股股本（亿股） b	并购交易价格（亿元） $c=a\times b$
A股	50.91	2.03	103.35
B股	42.07	0.9683	40.48

T企业拥有某智能类产品的先进生产技术，该智能类产品是家庭产品的

重要组成部分，并购后可整合该智能类产品板块的资源。

M 企业通过增发股份，换股吸收合并 T 企业。并购后，M 企业续存，T 企业注销法人资格。M 企业增发股份数量约为 3.24 亿股，并购交易价格约为 143.83 亿元。

股权结构：并购前，M 企业作为 T 企业的控股股东，拥有 52.67%股权，此次将换股吸收合并 T 企业剩余的 47.33%股权。

M 企业的并购动因：从内部价值链和外部价值链角度，对并购动因进行分析，为价值链角度的税收筹划提供依据。

并购交易价格合计：103.35+40.48=143.83（亿元）

（二）企业的涉税筹划方案

并购活动和关联交易会涉及过多税负，企业应通过并购前后的税务管理分析，解决关联交易的税负及税务风险问题。并购活动可能会涉及较多税负，若税负较多，并购活动将无法实施，因此，企业在进行并购前需拟订税收筹划方案，实施该方案可能会引发税务风险，通过并购前的税务管理使税负不高且税务风险基本可控。由于税务管理是税收筹划和税务风险管控的有效结合，应从这两方面进行分析。

“税收链”有助于企业分析税收形成过程，并购前依据“税收链”理念进行税收筹划，能更快找出税收筹划的制胜点，即采用哪种支付方式更节税，与哪些利益相关者合作可使双方获利，哪个涉税环节有更多筹划空间等。在并购活动的交易环节会产生税费，税费之间的相互联系形成税收链，税收筹划的重点是如何降低企业所得税，通过税收链的税收筹划，可以降低总体税负，解决税负过多的问题。

为避免并购企业产生过多的税负，企业在产生并购交易时应尽量使用股权支付，并使其符合特殊性税务处理条件（可免征企业所得税）；在并购前，M 企业持有 T 公司 52.67%的股权，要对被并购企业形成实质性控制，需进行吸收合并，此次将换股吸收合并 T 企业剩余的 47.33%股权，根据以上并购双方的税负情况及控股情况，制定换股吸收合并的税收筹划方案。

筹划一：股权置换+吸收合并

M 企业以其控股子公司股权与 T 企业的全资子公司股权进行置换，股权置换后 M 企业与其控股子公司进行吸收合并。

筹划二：增发股份+吸收合并

M 企业以增发股份方式换取 T 企业的剩余股权，换股后 M 企业与其原持股 T 公司进行吸收合并。

M 企业换股吸收合并 T 公司，可能会涉及以下税费，具体如下。

（1）增值税：根据税法规定，通过合并或置换方式将资产及其相关的债权、债务一起转让给其他企业，不属于增值税的应税范围，涉及的产权转让免征增值税。增值税是以交易产生的增值额作为计税依据而征收的一种税费。

（2）印花税：根据税法规定，股权转让涉及产权转移，属于印花税税目“产权转移书据”，交易双方按万分之五缴纳印花税。企业合并发生的产权转移书据，免征印花税。

（3）企业所得税：高新企业适用 15%的低税率，其他企业的税率为 25%。符合“五个条件”和“两个比例”的（见表 9-11 及表 9-12），适用特殊性税务处理，免税。

表 9-11　特殊性税务处理条件

五个条件	1. 具有合理商业目的
	2. 被并购或合并的资产或股权比例符合规定
	3. 并购后一年内不改变并购资产原有的经营活动
	4. 并购交易涉及的股权支付比例符合规定
	5. 获得股权支付且原主要股东，并购后一年内，不得转让所获得的股权

表 9-12　特殊性税务处理比例

两个比例	资产收购	并购企业并购的资产不低于被并购企业全部资产的 50%，且并购企业在该资产并购发生时的股权支付金额不低于其交易支付总额的 85%
	股权收购	并购企业购买的股权不低于被并购企业全部股权的 50%，且并购企业在该股权并购发生时的股权支付金额不低于其交易支付总额的 85%
	企业合并	企业股东在该企业合并发生时取得的股权支付金额不低于其交易支付总额的 85%，以及在非同一控制下与不需要支付对价的企业合并

（4）土地增值税：根据税法规定，两家或多家企业通过合并成为一家企业，原企业投资主体存续，原企业将产权转移到合并后企业，免税。有偿转让产权所取得的增值额，按规定税率缴纳土地增值税。

（5）契税：根据税法规定，两家或多家企业通过合并成为一家企业，原投资主体存续，合并后企业承受原合并各方的产权，免税。由于股权转让企业承受公司股权，公司产权不发生转移，免税。

三、上市公司配股的涉税筹划空间与筹划建议

上市公司配股中可能涉及的主要税种有：增值税、企业所得税、印花税、契税；股东参与配股的资产形式主要有货币性资产、非货币性资产、整体资产。

（一）配股涉及的税种筹划空间

1. 配股的增值税处理

企业以货币性资产向股份公司配购股票，不涉及增值税问题。

企业以整体资产或部分非货币性资产向股份公司配购股票，根据《中华人民共和国增值税暂行条例实施细则》第四条规定，对其中的自产、委托加工或购买的货物，应视同销售行为计算缴纳增值税。

2. 配股的企业所得税处理

企业以货币性资产向股份公司配购股票，不涉及企业所得税。

企业以经营活动的部分非货币性资产向股份公司配购股票，应在投资交易发生时，将其分解为按公允价值销售有关非货币性资产和投资两项经济业务，并按规定计算资产转让所得或损失。如果上述资产转让所得数额较大，在一个纳税年度实现缴纳企业所得税确有困难的，报经税务机关批准，可作为递延所得，在投资交易发生当期及随后不超过 5 个纳税年度内平均摊转到各年度的应纳税所得额中。

企业以整体资产配购股票，即法人股东以其经营活动的全部或其独立核算的分支机构向股份公司配购股票，经税务机关审核确认，转让企业可暂不确认资产转让所得或损失。转让企业和接受企业不在同一省（自治区、直辖市）的，须报国家税务总局审核确认。

3. 配股的印花税处理

企业以整体自资产或部分非货币性资产向股份公司配购股票时，根据《中华人民共和国印花税暂行条例》规定，对其中经政府管理机关登记注册的动产、不动产的所有权转移所立的书据，以及企业股权转让所立的书据，应计算缴纳印花税；股份公司通过配股取得的房屋产权证、土地使用证等权利、许可证照，须按件贴花；通过配股增加的股本和实收资本，也须计算缴纳印花税。

4. 配股的契税处理

根据《财政部、国家税务总局关于企业改革中有关契税政策的通知》（财税〔2001〕161号），配股时，对以土地、房屋权属作价入股或作为出资投入企业的，受让上述资产的股份公司应计算缴纳契税。

（二）配股的税种筹划建议

如某集团公司Y拥有G公司70%的股权。现集团公司下属某上市公司S需要配股，集团公司Y拟将用G公司股权参与上市公司S的配股。如果集团公司Y直接以持有的G公司70%的股权参与配股，则必须计算股权转让所得，计入应纳税所得额；但如果集团公司Y先购买公司G其他30%的股权，然后再将公司G作为整体参与上市公司S的配股，则Y可以不将股权转让所得计入应纳税所得额。

上市公司应优先选择货币性资产。当需要接受非货币性资产时，最好不要直接接受不动产形式的投资，因为需要缴纳高额的契税和印花税。

股权转让人应分享的被投资方累计未分配利润或累积盈余应确认为股权转让所得，不得确认为股息性质的所得。

被投资方累计未分配利润如果作为股息所得，则投资方只就税率差异部分补税，而如果作为股权转让所得，则需要全额征税。在实务中，股权转让的价格往往是在投资方累计未分配的利润基础上商定的，实际上，转让价格包含了这部分未分配权益，这部分未分配权益如果作为分配股息就可少纳税。

在股权转让中，转让价款中可能包含的未分配权益一般不能作为股息所得补税（或免税），而应该作为股权转让所得全额计税；只有在转让全资或者持股95%以上子公司时可以作为股息所得从转让价款中扣除而只补税（或免税），如表9-13所示。

表9-13　公司配股股东涉及的税种及选择

配购股票的资产形式	可能涉及的税种	税务筹划建议
货币性	印花税	优先采用
经营活动的部分非货币性资产	增值税、城建税、企业所得税、印花税	涉及的税种最多，最好不要采用
整体资产	增值税、城建税、印花税	配购股票因可暂不计算缴纳企业所得税，可获得资金的时间价值。较第二种方式优，较第一种方式差

第三节　并购重组税务智能化的优势与流程

一、并购重组实现智能化税务共享的优势

企业建立财务共享服务中心，针对共享服务进行分解设计。一方面针对财务共享的基础业务和税务模块业务进行设计和优化，并协同建立税务共享模块化税控中心，打通针对项目专项的测算、量化、风控等一体化运作模式。

这个一体化的业财税实现，可以兼容并由财务系统、智能计算中心、企业风险管理平台等组成。针对并购的涉税领域进行覆盖式设计，囊括所有相关税种，并解决发票管理平台的融合问题。借助发票管理平台的融合，被并购标的企业可有效规避偷税、逃税，甚至是通过买票等方式避税的潜在问题。对并购所有的涉税环节进行分类分级，针对性提示风险，对企业管理层做出的决策提供系统的判断依据。相较于传统并购，模块化税控中心将提升风险管控的效率和税务测算分析的效果，提升并购效率。

相对于传统税务，税务智能化具有更大优势，在系统运作及企业管理方面均有提升，如图 9-2 所示。

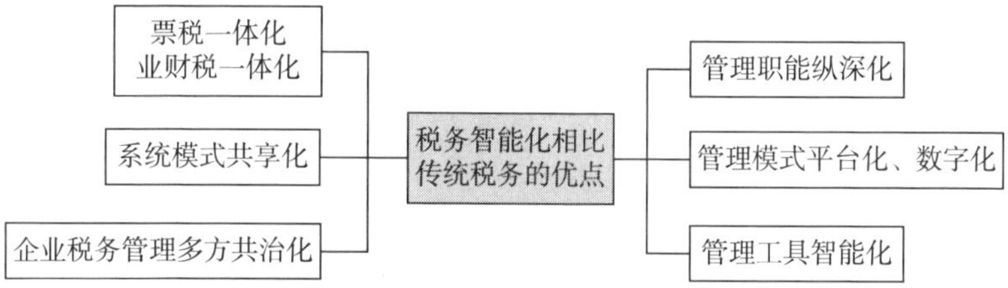

图 9-2　税务智能化优点

基于税务智能化的优点，企业可以利用系统进行多项管理活动，做到规避风险，提升管理效率。具体分析如下。

通过智能共享服务对财务报表进行查阅，了解具体项目及资金往来，通过检查合同分析出真实的亏损金额与企业所得税能抵扣的金额，就可以避免被并标的企业对报表进行舞弊，同时也便于衡量是否继续进行并购。

针对被并标的企业是否具有历史性税务潜亏或需补税一事，需要采取妥善方式落实此类潜在税务风险。在实际并购过程中，为了尽快完成交易，收

购方与被收购方的企业股东会刻意隐瞒并购前自身公司部分或全部的涉税情况与纳税问题（发票管理、纳税申报、缴税实情、税务机关实施的税务处罚等方面）。但模块化税控系统有效避免了上述问题，系统可以在并购前做到对目标企业估值的准确分析，对企业税务情况的尽职调查。同时通过实地访谈等形式，落实对管理层、部门人员的了解，收集、整理、分析整体的涉税信息，尽可能掌握现存或潜在的税务风险因素，及时做出反应。

除此之外，并购企业应当充分应用税控系统对目标企业的历史性税务风险进行评估，主要查看涉税政策变动以及目标企业的风险占比，通过被稽查次数、被罚滞纳金的变动趋势推算出并购过程中目标企业可能的预估值，根据双方的实际情况制定切实可行的并购计划，尽可能规避税务乃至其他方面的风险。

在开展并购前，并购企业应及时分析对方的税负问题、涉税风险，对其适用的税收优惠政策、实际财务状况、资金能力等关键要素形成全面的了解，同时确保交易价格处于合理范围，推动税收优化。

二、税务共享的基本流程与基本常识

并购重组端的税务共享模式，重点在于通过税务共享平台动态掌握国家税收政策的变化和适用的同类案例情况。借助税务共享平台，使企业与税务局就并购重组类业务税收优惠政策的适用条件达成一致。

（一）税务共享设计的基本流程与基本常识

针对股权并购、资产交易并购两种涉税处理，借助税务共享的设计，针对企业并购方式的不同，实现并购重组业务的业务过程管控和财务账务处理，提升企业并购成功率。

但上述两种并购方式利弊不同，通过股权进行并购的企业，会承继原被并标的企业的税务风险，加大自身并购成本与风险；通过资产分拆并购的企业，资产交易简单且适用资产交易类优惠税率，但失去被并标的企业原品牌和既有各项优惠政策。

因此，并购前需要制定税务规划，避免因未及时了解目标企业情况，做出错误决定，导致税务风险增加。具体常规常识性路径如下。

第一，在并购前，并购方应及时向当地税务机关提交并购方案、资产或股权并购证明等资料，保障并购全程可享受税收优惠政策。与此同时还需检查目标企业的优惠政策有无支持性文件，避免虚假行为，误导并购方。

第二，除了提交材料，并购方应根据并购过程中出现的问题积极咨询相关税务部门或机关，与其达成共识，尽可能避免税务风险。

第三，企业需要落实相关税收优惠。优惠政策根据企业性质的不同，力度也不同，并购前明确优惠金额有助于企业决定是否继续并购，明确并购的细则应如何进行调整。

在智能计算中心制定税务规划上，借助财务系统与税务共享，系统性整理目标企业的业务，根据涉税政策制定税务规划。

针对不同企业的计税基础不同，为使得并购后企业实现自身价值最大化，企业应通过财务系统了解目标企业的计税基础，比对自身企业的计税基础，确定合并后的计税基础，避免因选择错误，增加合并成本。

（二）税务风险报告智能化的基本常识

税务共享可以很好地避免管理层对风险判断的失误，这主要是在企业并购过程中，风险因素可以影响并购成效，且有效进行分级分类。针对并购带来的风险，由税务共享系统提示。

第一，企业需安排专人进行并购，针对数据的设计和并购路径涉及的税点，以及针对系统的国家政策和税务局统一要求，通过智能税务直接出具风险分析报告，锁定相应领域的风险。

第二，通过顶层设计税务共享的细分功能，在重大风险层面进行主并企业运营资金的匹配；在标的业务、管控、文化、协同等层面，进行被并标的企业的模拟测算和税务共享方案的设计。通过系统数据的处理，可以直观显示出企业风险情况，以便做出正确决策。

第三，智能化模式可以有效衔接企业现有并购体量的资金以及融资通路，确保企业的并购资金和融资规模体量能够有效匹配。智能化税务模式可以在投入产出层面和过程涉税节点层面，协助企业做好并购资金和模式的策划，从而一方面衔接财务管理的资金投资，一方面衔接最优节税降费方案。

第四，智能化模式有助于自有资金设计的并购架构路径和基金模式的路径落地，能够结合银行及其他金融机构的融资要求，避免企业并购在资金链层面可能出现的断裂，避免“并购陷阱”带来的主并企业并购被并标的企业不善导致的失败。

第四节　本章小结

本章主要分析企业并购重组活动中的税负问题，归纳出并购重组环节的税收基本常识，强调在并购重组领域中，涉税部分顶层设计的税务管理重要性。

并购重组模式设计及涉税形式，应就一般性税务处理模式和特殊性税务处理模式的企业所得税两种处理方式的操作路径逐一进行分析，并提出应对策略。

就并购双方针对出资方式的选择、涉税情况的多种筹划方案进行系统案例的解读。同时，对并购重组合同进行涉税分析及税务筹划，阐述税收筹划思路，做出具体方案并制定应对策略。根据企业发展需要，对税务共享的数智化系统升级，提高企业涉税业务处理效率。

本章参考文献

[1] 杨新颖．智能《营改增背景下税务会计理论与实务探析》出版：营业税改征增值税对公立医院财务管理的影响和应对策略［J］．介入放射学，2022，31（5）：526.

[2] 周开君．智慧税务建设的价值意蕴、逻辑机理与实践路径［J］．税务研究，2022（8）：52-56.

[3] 韦芳，张豪，王海宁，魏秋萍．基于大数据构建企业智慧税务管理的探索［J］．国际税收，2017（4）：23-27.

[4] 巴海鹰，谭伟．中国企业跨境并购的税务风险识别与应对［J］．国际税收，2022（9）：73-79.

[5] 王冬生，佟莉．上市公司并购重组中应注重税务师的作用［J］．财务与会计，2017（23）：53-55.

[6] 李志凤，高艳荣．并购重组中业绩承诺的税务和会计处理问题分析——以斯太尔公司为例［J］．中国注册会计师，2021（8）：120-124.

[7] 邓力平，陈丽，王智烜．高质量推进新时代税收征管现代化［J］．当代财经，2022（6）：26-36.

[8] 蔡昭映．区块链技术重塑税收征管系统路径探讨［J］．财会通讯，2022（14）：143-147.

[9] 董丽娟．区块链技术在税收管理领域的应用［J］．地方财政研究，2020（12）：73-77.

［10］胡启磊．区块链技术在税务共享领域的应用研究［J］．会计之友，2021（11）：150-156.

［11］国家税务总局．《国家税务总局关于企业股权投资业务若干所得税问题的通知》（国税发［2000］118号）.

［12］财政部，国家税务总局．关于企业重组业务企业所得税处理若干问题的通知（2014修订）财税〔2009〕59号.

［13］国家税务总局．《关于企业股权转让有关所得税问题的补充通知》（国税函［2004］390号）.

［14］国家税务总局．《国家税务总局关于企业股权投资业务若干所得税问题的通知》（国税发［2000］）118号）.

第十章
十大税务管理工具之资本市场

10

企业在运营过程中做到符合上市规定的各项合规化要求，是其步入资本市场的基本条件。企业运营中的采购、研发、生产、销售、财务、法务等各个环节，都需要符合监管部门的各项法律法规，否则将面临着各种风险。这其中，企业的涉税风险是企业进入资本市场所面临的主要风险之一，也是企业能否步入资本市场的一票否决项。企业通过规范化运作，在完成进入资本市场成为公众公司的过程中，税务合法合规往往是关键关卡。

企业需要从可持续发展角度，设计涉税关键事项的处理方案，按照以往常见的涉税问题和特殊性涉税问题进行内部整改，从而达到进入资本市场的目的。因此，企业应从税务合规管理出发，从根源上系统解决涉税问题，解决企业股改和股权激励风险，筹划系统建立健康发展模式，避免由于简单粗暴的运作，让企业需要靠“带病闯关”才能步入资本市场，从而引发企业短期和长期的潜在爆雷风险。

第一节 企业的涉税风险与资本市场涉税问题

企业步入资本市场涉及方方面面的合规，其中税务合规是重要的一环。涉税环节贯穿了企业资本运作的整个业务流程。在企业步入资本市场之前，持续做好合规化工作，需要采取妥善的税收筹划措施。

在企业涉税环节中，销售收入与相关税额之间的匹配性、享受高新技术企业等优惠的可持续性、合规享受研发费用加计扣除政策的可行性、开展重大重组事项税务处理的合规性等都是涉税关注的重点，并且是企业能否获得资本市场认可的关键。

一、资本市场的涉税风险与规避方案

企业拟步入资本市场时，需针对其资产结构和收益结构进行全面、系统的检查，以确保各项指标均达到合规要求。为此，企业针对资本市场的多种筹划设计和模式，要做好如下类型涉税风险的规避。

（一）非货币性资产出资的涉税风险与规避方案

企业的非货币性涉税风险一般是指，出资人以非货币资产进行出资，且未缴纳相关税款。出资人的非货币性出资主要包括实物、固定资产；无形资产。缴税种类包括增值税、个人所得税或企业所得税。

税法规定，企业以非货币性资产对外投资确认的非货币性资产转让所得，在不超过 5 年期限内，分期均匀计入相应年度的应纳税所得额，按规定计算缴纳企业所得税。个人以无形资产投资入股，按照“财产转让所得”项目，以转让财产的收入额减除财产原值和合理费用后的余额，按照 20% 的税率依法计算缴纳个人所得税。

（二）转增股本和转让股份的涉税风险与规避方案

企业的转增股本和转让股份的税务风险主要有三：一是盈余公积转增股

本中，自然人股东未缴个税的风险；二是资本公积中的其他资本公积转增股本，股东未缴个税的风险；三是资本公积中的资本溢价转增股本，股东多缴个税的风险。

为规避上述风险，企业需要从资本公积和盈余公积两方面计算缴税。①资本公积：对于资本溢价（股本溢价）部分，不需缴纳企业所得税，不需缴纳个人所得税；对于其他资本公积部分，需缴纳企业所得税，需缴纳个人所得税。②盈余公积：企业股东不需缴纳企业所得税；自然人股东需缴纳个人所得税。特别地，如果不考虑税收洼地和直接减免因素，转让股份涉及以下两方面的缴税：个人股东持股时，转让需缴纳个人所得税（20%）和印花税（0.5‰）；法人股东持股时，转让需缴纳企业所得税（25%）和印花税（0.5‰）。

（三）股改的涉税风险与规避方案

企业股改涉税风险主要为个人股东缴纳个人所得税的风险。企业变更为股份制时，税务局一般会将其股改视为“分配+投资”的过程，个人股东应按照股改情况缴纳个人所得税，即自然人股东应按照20%的“利息、股息、红利所得”缴纳个人所得税。

在税费计算过程中，涉税模式包括两种：第一种，按全部未分配利润及盈余公积缴纳个人所得税；第二种，按转增之后资本部分的未分配利润及盈余公积缴纳个人所得税。

股改涉税的应对策略包括：①因个人所得税是地方性税种，可争取得到当地政府暂免纳税的支持，或利用当地政府的扶持政策豁免缴纳个人所得税，或先行缴纳后通过财政补贴或奖励返还。有些地方政府制定“地方政策”，允许缓缴，可在5年内分期缴纳。在股改完成时，个人所得税可由企业代扣代缴。②资本公积（资本溢价）转增股本，可以向税务局申请出具免交个人所得税的证明。大股东签署承诺函向证券监管部门承诺，如若税务机关要求缴纳，则会按时缴纳。其中，留存收益部分没有转增股本的，则认为不需要缴纳，但是需要主办券商、会计师、律师出具专项核查意见，同时股东也需要签署承诺函进行兜底；留存收益部分或全部参与转增股本的，则就转增股本部分缴纳个人所得税，同样需要中介机构的核查意见和股东的承诺。

（四）赠送礼品的涉税风险与规避方案

企业赠送礼品主要有两种情况：购买礼品，赠送给客户；自产或委托加工礼品赠送给客户。该过程中容易出现的风险点有：营销部门未及时告知财务部门，导致财务部门未计算缴纳相关税款；财务部门误将该笔礼品支出计入业务招待费，导致企业面临少缴增值税、个人所得税、企业所得税的税务风险。

为规避上述风险，企业需要准确计算缴纳增值税、个人所得税、企业所得税。①增值税：单位或个体工商户将自产、委托加工或购进的货物无偿赠送给其他单位或个人，视同销售货物。②个人所得税：对个人取得该项所得，应计算缴纳个人所得税，税款由支付所得的单位代扣代缴，适用税率20%。③企业所得税：应按照规定视同销售收入，在计算业务招待费扣除限额时要加上礼品支出，按发生额的60%限额扣除，且要将其视同销售收入计入当年营业收入，按当年营业收入的5‰限额扣除，按就低原则税前扣除业务招待费支出金额。

（五）其他应收款长期挂账的涉税风险与规避方案

企业其他应收款长期挂账的涉税风险主要包括：股东借款、员工借款、其他单位或个人借款三个方面。**股东借款**：个人投资者从其投资的企业借款，在该纳税年度终了后既不归还，又不用于企业生产经营的，其未归还的借款视为企业对个人投资者的红利分配，依照“利息、股息、红利所得”计征个人所得税。**员工借款**：对于员工个人借款超期未归还且用于购买房屋或其他的，视同工资薪金发放缴纳个人所得税。**其他单位或个人借款**：按核定利息收入征税，按照贷款服务缴纳增值税。

企业其他应收款长期挂账涉税风险的应对策略为：股东借款：股东借款之前要通过董事会或股东会决议，取得股东或董事的支持，明确大股东借款不是个人私下行为，并签订借款协议，约定借款利息、借款期限，企业按月计提借款利息，明确借款属性。员工借款：签订借款协议，约定借款利息、借款期限，企业按月计提借款利息，明确借款属性，并在纳税年度终了前归还。其他单位或个人借款：对于长期挂账的往来款项，应该定期对账，定期清理。

二、企业步入资本市场常见的涉税问题

企业在步入资本市场的过程中，常见涉税问题主要出现在企业历史沿革、增值税、企业所得税、个人所得税及其他税种等四方面的税务审核工作中。

（一）历史沿革的涉税问题

1. 企业股改的自然人股东未缴税风险

企业以原股东作为发起人，账面净资产按比例折股，净资产计入股本，

整体变更为股份有限公司，主要涉税问题为发行人自然人股东是否已就股改中增股部分缴纳个人所得税。企业在税务筹划时应注意：转增股本时，资本公积转增部分是否需要代扣代缴个人所得税；个人股东是否可以享受中小高新技术企业转增股本5年分期优惠；如何分期更有利于纳税人。

企业对于上述涉税风险的应对策略主要为：①股份制企业用资本公积转增股本不属于股息、红利性质的分配，个人取得的转增股本不作为个人所得，不征收个人所得税。②非上市及未在全国中小企业股份转让系统挂牌的中小高新技术企业以未分配利润、盈余公积、资本公积向个人股东转增股本，并符合有关规定的，纳税人可分期缴纳个人所得税；非上市及未在全国中小企业股份转让系统挂牌的其他企业转增股本，应及时代扣代缴个人所得税。③中小高新技术企业以未分配利润、盈余公积、资本公积向个人股东转增股本时，个人股东一次缴纳个人所得税确有困难的，可根据实际情况自行制定分期缴税计划，在不超过5个公历年度内（含）分期缴纳，并将有关资料报主管税务机关备案。

2. 股权转让价格不公允且无合理理由

企业在准备上市之前，自然人股东持有股权作价转让的主要涉税风险在于自然人股东存在个人所得税的补缴问题。

企业IPO前涉及的自然人股东个人所得税补缴风险常见的有以下三种情形。①股权转让收入偏低的主要情形：低于股权对应的净资产份额的；低于初始投资成本或低于取得该股权所支付的价款及相关税费的；低于相同或类似条件下同一企业同一股东或其他股东股权转让收入的；低于相同或类似条件下同类企业股权转让收入的；不具合理性的无偿让渡股权或股份。其核定方法为：净资产核定法（其中土地使用权、房屋、房地产企业未销售房产、知识产权、探矿权、采矿权、股权等资产占企业总资产比例超过20%的，需评估）；类比法，即参照同期同类价格；其他合理方法。②股权转让价格明显偏低但有正当理由的情形：能出具有效文件，证明被投资企业因国家政策调整，生产经营受到重大影响，导致低价转让股权；继承或将股权转让给其能提供具有法律效力身份关系证明的配偶、父母、子女、祖父母、外祖父母、孙子女、外孙子女、兄弟姐妹以及对转让人承担直接抚养或者赡养义务的抚养人或者赡养人；相关法律、政府文件或企业章程规定，并有相关资料充分证明转让价格合理且真实的本企业员工持有的不能对外转让股权的内部转让；

股权转让双方能够提供有效证据证明其合理性的其他合理情形。③股权再转让的情形：股权转让人已被主管税务机关核定股权转让收入并依法征收个人所得税的，该股权受让人的股权原值以取得股权时发生的合理税费、股权转让人被主管税务机关核定的股权转让收入之和确认。企业应在日常工作中注意收集、保存税务机关的核定资料，如税务事项通知书等，以备后用。

3. 股权代持时隐名股东不得享受显名股东的税收权利风险

企业与其他企业合议，签订代持协议，并对外投资获得第三方企业股权，资金和相关权益风险均由该企业承担。代持期间，第三方企业向被代持企业分配股息红利，且被代持企业以原价（低于公允价值）将代持股权转让给企业。企业可能面对的涉税风险有：被代持企业取得股息红利，转付该企业时如何进行税务处理；被代持企业以原价将所持第三方企业股权转让给该企业，解除代持的价格偏低是否有正当理由。

企业股权代持需要考虑的法务合规要求有：①有限责任公司的实际出资人与名义出资人订立合同，约定由实际出资人出资并享有投资权益，以名义出资人为名义股东，实际出资人与名义股东对该合同效力发生争议的，如无法律规定的无效情形，法院应当认定该合同有效。②前款规定的实际出资人与名义股东因投资权益的归属发生争议，实际出资人以其实际履行了出资义务为由向名义股东主张权利的，法院应予支持。③名义股东以企业股东名册记载、企业登记机关登记为由否认实际出资人权利的，法院不予支持。④实际出资人未经企业其他股东半数以上同意，请求变更股东、签发出资证明书、办理企业登记机关登记的，法院不予支持。

企业股权代持的税法规定：①企业转让代个人持有的限售股取得的收入，应作为应税收入计算纳税。完成纳税义务后的限售股转让收入余额转付给实际所有人时不再纳税。②依法院判决、裁定等原因，通过证券登记结算，企业将其代持的个人限售股直接变更到实际所有人名下的，不视同转让限售股。

法务合规要求与税收合规要求的比较：①司法上从民事协议效力的角度，认可代持协议的法律效力，继而认可隐名股东的权利，但并不认可隐名股东可以替代显名股东，且不认为可以直接将隐名股东更名为显名股东。②在税法上，在企业代持个人限售股事项中明确了代持的税务认定，从登记形式上确定义务与权利归属，即不认可代持。显名股东完成纳税义务后的资金交付，不再纳税。通过法院判决、裁定确权的，不视同转让限售股。两者并未相互否定。

（二）资产重组的涉税问题

在企业资产重组中，主要考虑特殊性税务问题的处理。在资产划转税务处理中，居民企业之间资产划转符合企业所得税特殊性税务处理的，必须同时具备以下四个条件：①具有合理的商业目的，不以减少、免除或者推迟缴纳税款为主要目的。②100%直接控制，四种划转类别分别为：母公司向100%直接控制子公司划转资产，母公司按增加长期股权投资处理，子公司按接受投资处理；母公司向100%直接控制子公司划转资产，未取得股权支付，母公司按冲减实收资本（包括资本公积，下同）处理，子公司按接受投资处理；子公司向100%直接控制母公司划转资产，未取得股权支付，母公司按收回投资处理，或按接受投资处理，子公司按冲减实收资本处理；受同一家或相同多家母公司100%直接控制的子公司之间，一家子公司向另一家子公司按账面净值划转资产，划出方没有获得任何股权或非股权支付，划出方按冲减所有者权益处理，划入方按接受投资处理。③自股权或资产划转合同（协议）或批复生效，且交易双方已进行会计处理的日期起，连续12个月内不改变被划转股权或资产原有实质性经营活动。④划出方企业和划入方企业均未在会计上确认损益。

若企业资产划转不能适用特殊性税务处理，则需按一般性规则进行税务处理，划出方需按照资产的公允价值计算视同销售所得，划入方按公允价值确认取得资产的计税基础。

1. 资产重组企业所得税税务处理政策要点

（1）企业资产重组符合企业所得税特殊性税务处理必须同时具备以下五个条件：具有合理的商业目的，且不以减少、免除或者推迟缴纳税款为主要目的。被收购、合并或分立部分的资产或股权比例符合规定的比例。企业重组后的连续12个月内不改变重组资产原来的实质性经营活动。重组交易对价中涉及股权支付金额符合规定比例。企业重组中取得股权支付的原主要股东，在重组后连续12个月内不得转让所取得的股权。

（2）不同重组方式符合特殊性税务处理还需具备相应单项条件，执行相应的税务处理规则。

（3）依据规定，居民企业以非货币性资产对外投资确认的非货币性资产转让所得，可在不超过5年期限内，分期均匀计入相应年度的应纳税所得额，按规定计算缴纳企业所得税。以投资当年为第一年，在5年内分期平均摊销。

2. 资产重组增值税税务处理政策要点

（1）在资产重组过程中，通过合并、分立、出售、置换等方式，将全部或者部分实物资产以及与其相关联的债权、负债和劳动力一并转让给其他单位和个人，不属于增值税的征税范围，其中涉及的货物转让，不征收增值税。

（2）在资产重组过程中，通过合并、分立、出售、置换等方式，将全部或者部分实物资产以及与其相关联的债权、负债和劳动力一并转让给其他单位和个人，其中涉及的不动产、土地使用权转让行为，不征收增值税。

3. 资产重组契税税务处理政策要点

（1）两个或两个以上的企业，依照法律规定、合同约定，合并为一个企业，且原投资主体存续的，对合并后企业承受的原合并各方土地、房屋权属，免征契税。

（2）企业依照法律规定、合同约定分立为两个或两个以上与原企业投资主体相同的企业，对分立后企业承受的原公司土地、房屋权属，免征契税。

（3）对承受县级以上人民政府或国有资产管理部门按规定进行行政性调整、划转国有土地、房屋权属的企业，免征契税。

（4）同一投资主体内部所属企业之间土地、房屋权属的划转，包括母公司与其全资子公司之间，同一公司所属全资子公司之间，一人有限公司之间土地、房屋权属的划转，免征契税。

（5）母公司以土地、房屋权属向其全资子公司增资，视同划转，免征契税。

4. 资产重组土地增值税税务处理政策要点

（1）按照法律规定或者合同约定，两个或两个以上企业合并为一个企业，且原企业投资主体存续的，原企业将房地产转移、变更到合并后的企业，暂不征土地增值税。

（2）按照法律规定或者合同约定，企业分设为两个或两个以上与原企业投资主体相同的企业，原企业将房地产转移、变更到分立后的企业，暂不征土地增值税。

（3）单位、个人在改制重组时以房地产作价入股进行投资，其将房地产转移、变更到被投资的企业，暂不征土地增值税。

（4）上述改制重组有关土地增值税政策不适用于房地产转移任意一方为房地产开发企业的情形。

（三）收入确认的涉税问题

1. 收入确认时视同销售行为的税务处理问题

企业签订设备投放协议，对外无偿投放设备，根据协议约定，设备投放不附加任何条件，对方无须为设备投放向企业支付任何租赁费用。这种情况下，企业在税务处理时需考虑的涉税问题如下。

（1）是否将增值税、企业所得税视同销售金额。

（2）视同销售金额的计算方法。

视同销售的税务政策要点如下。

（1）除以公益事业或者以社会公众为对象，向其他单位或者个人无偿提供服务，均应将增值税视同销售金额。

（2）将货物、财产、劳务用于捐赠、偿债、赞助、集资、广告、样品、职工福利或者利润分配等用途的，应当将企业所得税视同销售金额。

（3）若上述视同销售行为与收入实现无关，可能会被认定为捐赠行为，不属于与生产经营直接相关的支出，无法税前扣除。

（4）视同销售金额确定，先考虑同类可比售价，无相关依据时应按照组成计税价格。

2. 收入确认时政府补助款的税务处理问题

企业在收到政府补助款时需考虑的涉税问题如下。

（1）政府补助是否符合企业所得税不征税收入条件。

（2）不征税收入形成的费用是否可以税前扣除。

不征税收入相关税务政策要点如下。

（1）不征税收入需要具备三个条件：企业能够提供规定资金专项用途的资金拨付文件；财政部门或其他拨付资金的政府部门对该资金有专门的资金管理办法或具体管理要求；企业对该资金以及以该资金发生的支出单独进行核算。

（2）不征税收入用于支出所形成的费用以及用于支出所形成的资产，其计算的折旧、摊销，不得在计算应纳税所得额时扣除。

（3）做不征税收入处理后，在5年（60个月）内未发生支出且未缴回财政部门或其他拨付资金的政府部门的部分，应计入取得该资金第六年的应税收入总额，计入应税收入总额的财政性资金支出，允许在计算时扣除。

（四）关联交易的涉税问题

企业在关联交易业务处理中需考虑的涉税问题包括：增值税、企业所得税是否存在风险，以及是否需要调整关联交易价格。**企业所得税方面。**企业与其关联方之间的业务往来，不符合独立交易原则而减少企业或者其关联方应纳税收入或者所得额的，税务机关有权按照合理方法调整。实际税负相同的境内关联方之间的交易，只要该交易没有直接或者间接导致国家总体税收收入的减少，原则上不做特别纳税调整。**增值税方面。**应税行为价格明显偏低或者偏高且不具有合理商业目的的，主管税务机关有权按照下列顺序确定销售额：纳税人最近时期销售同类平均价格；其他纳税人最近时期销售同类平均价格；按照组成计税价格。

企业须注意税务部门对于实际关联交易的处理，对于关联交易价格不公允问题，税务部门可以依据现有政策进行合理调整；即使关联交易不存在税负差，且《特别纳税调查调整及相互协商程序管理办法》规定，“实际税负相同的境内关联方之间的交易，只要该交易没有直接或者间接导致国家总体税收收入的减少，原则上不做特别纳税调整”，但仍存在被当地税务部门认为企业的利益被侵蚀而需要调整的风险。

第二节　企业股权激励的税种与案例

一、企业股权激励的税种与基本常识

（一）股权激励所得税的基本常识

1. 股权激励中的企业所得税处理

（1）授予环节税务处理，在股权激励计划授予激励对象时，按照该股权的公允价格及数量，计算确定为企业相关年度的成本或费用，以作为换取激励对象提供服务的对价。

（2）行权环节税务处理，在股权激励计划授予激励对象时，按照该股权的公允价格及数量，计算确定为企业相关年度的成本或费用，以作为换取激励对象提供服务的对价。

(3) 企业建立的职工股权激励计划企业所得税的处理，分为立即行权和需待一定服务年限或者达到规定业绩条件行权两个模式。首先，立即行权的，根据实际行权时该股权的公允价格与激励对象实际行权支付价格的差额和数量，计算确定为当年企业的工资薪金支出。其次，需待一定服务年限或者达到规定业绩条件行权的，相关成本费用按股权激励计划实际行权时的公允价格与实际行权支付价格的差额及数量，计算确定为当年企业工资薪金支出。实际行权时的公允价格，以实际行权日股权价值确定。

2. 股权激励中的个人所得税股票期权税务处理

(1) 员工接受实施股权期权计划企业授予的股权期权，不作为应税所得征税。

(2) 员工行权时，从企业取得股权的实际购买价低于购买日市场价的差额，按“工资、薪金所得”适用的规定计算缴纳个人所得税。

(3) 对因特殊情况，员工在行权日之前将股权期权转让的，以股票期权的转让净收入作为工资薪金所得征收个人所得税。

(4) 员工将行权后的股权再转让时，获得的高于购买日市场价的差额，按照财产转让所得适用的征免规定计算缴纳个人所得税。

(5) 员工因拥有股权而参与企业税后利润分配取得的所得，应按照“利息、股息、红利所得”适用的规定计算缴纳个人所得税。

（二）股权激励流转税的基本常识

1. 股权激励流转中的股票增值权税务处理

(1) 关于股权激励所得项目和计税方法的确定：根据个人所得税法及其实施条例等规定，个人因任职、受雇从企业取得的股权增值权所得，由企业按照工资、薪金所得项目和期权所得依法扣缴其个人所得税。

(2) 关于股票增值权应纳税所得额的确定：股票增值权被授权人获取的收益，是由企业根据授权日与行权日股权差价乘以被授权股数，直接向被授权人支付的现金。企业应在向被授权人兑现时依法扣缴其个人所得税。

2. 股权激励流转中的限制性股票税务处理

(1) 个人因任职、受雇从企业取得的限制性股票所得，由企业或其境内机构按照工资、薪金所得项目和股权期权所得，依法扣缴其个人所得税。

(2) 企业实施限制性股票计划时，应以被激励对象限制性股权进行登记日期的股权市价，减去被激励对象解禁股权对应的为获取限制性股权实际支付的资金数额，其差额为应纳税所得额。

3. 股权激励流转中的递延纳税政策

（1）非上市公司授予员工的股权期权、限制性股权和股权奖励，符合规定条件的，经向主管税务机关备案，可实行递延纳税政策，即员工在取得股权激励时可暂不纳税，递延至转让该股权时纳税；股权转让时，按照股权转让收入减除股权取得成本以及合理税费后的差额，适用“财产转让所得”项目，按照20%的税率计算缴纳个人所得税。

（2）企业授予个人的股权期权、限制性股权和股权奖励，经向主管税务机关备案，个人可自股权期权行权、限制性股票解禁或取得股权奖励之日起，在不超过12个月的期限内缴纳个人所得税。

二、非上市企业股权激励案例

（一）非上市企业股权激励的问题与关键点处理案例

某拟IPO科技企业，搭建员工持股平台，以间接获得股权的形式实施股权激励计划。2020年涉及股份支付金额为2000万元，在相关年度企业所得税汇算清缴时未就股份支付进行纳税调增，相关员工未就上述事项申报缴纳个人所得税，同时也未进行个人所得税递延纳税备案。

企业在筹划设计时需考虑的问题：股权支付金额是否可以税前扣除；股权激励是否符合个人所得税递延纳税优惠条件。

股权激励涉及企业所得税的关键点在于：①股权激励，是指《上市公司股权激励管理办法》中规定的上市公司以本公司股票为标的，对其董事、监事、高级管理人员及其他员工（激励对象）进行的长期性激励。境外上市的居民企业和非上市公司参照适用。②立即可以行权的，行权时将公允价格与激励对象实际支付价格的差额和数量，计算确定为工资薪金支出，依照税法规定进行税前扣除。③附等待期条件方可行权的，等待期内会计确认的费用，不得在对应年度税前扣除。在行权后，按行权时的公允价格与当年激励对象实际支付价格的差额及数量，计算确定为当年工资薪金支出，依照税法规定进行税前扣除。

企业需注意，目前只认可对员工的直接激励，暂不认可通过持股平台的间接激励方式。非直接激励的，部分省市可完成个人所得税延期缴纳备案，可以享受个人所得税延期缴纳优惠的，在转让时按财产转让缴纳个人所得税，如表 10-1、表 10-2 所示。

表 10-1　员工直接持股激励涉税要点

员工直接持股	环节	个人所得税	企业所得税
符合财税〔2016〕101 号	授予	不涉及	不可税前列支
	行权	办理递延备案至转让时缴纳	可以税前列支
	后续转让	财产转让所得	/
不符合财税〔2016〕101 号	授予	不涉及	不可税前列支
	行权	工薪所得，是否可以享受单独计税，需先与主管税务机关沟通	可以税前列支
	后续转让	财产转让所得	/

表 10-2　员工持股平台激励涉税要点

员工持股平台	环节	个人所得税	企业所得税
个别省市认可符合	授予	不涉及	不可税前列支
财税〔2016〕101 号（需与当地税务确认）	行权	办理递延备案至转让时缴纳	不可税前列支
	后续合伙企业转让	经营所得	不可税前列支
	个人转让合伙份额	财产转让所得	
不符合财税〔2016〕101 号	授予	不涉及	不可税前列支
	行权	工薪所得，不享受单独计税优惠	不可税前列支
	后续合伙企业转让	经营所得	不可税前列支
	个人转让合伙份额	财产转让所得	

（二）非上市企业股权激励的涉税处理案例

非上市 A 企业拟对其管理层员工进行股权激励，以公司高管甲为例，支付激励对价为 1 万元，取得企业 1%股权。随着企业投后估值已达到 1.5 亿元，甲高管行权，股权激励落地，企业完成对管理层的股权支付，甲高管 1%股权对应的金额为 150 万元。后续甲高管将其持有的 1%股份以 300 万元的金额转让。

本案例中，企业有两种方式对员工进行股权激励，一种是企业直接以增发形式对员工进行股权激励，另一种为企业通过设立持股平台（合伙企业）捆绑上述员工，由企业向平台定向增发。不同方式对A企业及甲员工产生不同的税负影响。

1. 员工直接持股

（1）甲员工行权时，A企业对甲员工的股权支付可作为工资薪金在税前扣除。

（2）甲员工行权时，如符合财税〔2016〕101号规定条件，经备案可以递延至转让该股权时纳税，适用“财产转让所得”项目，按照20%的税率计算缴纳个人所得税。如不符合财税〔2016〕101号规定条件，甲员工行权时，按“工资、薪金所得”3%～45%适用的规定计算缴纳个人所得税。行权后再转让，按照“财产转让所得”适用的规定计算缴纳个人所得税。上市后转让，按照限售股规定缴纳个人所得税。

2. 搭建合伙企业代持股

A企业对管理层的股权支付不可以在税前扣除。甲员工不可以享受递延缴纳的个税优惠，获得股权时按工资薪金所得缴税，持有阶段取得的股息红利所得按20%税率缴纳个人所得税。甲员工退出时，合伙企业转让股权按“经营所得”适用税率，个人转让合伙企业份额按“财产转让所得”适用税率。

第三节　企业资本市场税务筹划案例与闭环路径

一、企业步入资本市场常见的涉税案例

（一）错用税收政策案例

某大宗商品交易企业为民营有限责任公司，年收入规模体量达5亿元以上，业务持续呈现增长态势。因业务逐渐壮大，企业股东会决定对该企业进行税收筹划设计。

企业内部财税人员就企业税收负担进行分析后，计划设立合伙企业（核定征收）降低税收负担。筹划前企业涉及13%的增值税、25%的企业所得税和20%的个人所得税。筹划后企业13%的增值税不变，按年收入10%核定利

润作为个人所得税计税基础，个税核定税率为35%。

该企业财税人员在做筹划设计方案时，没有考虑到大宗商品交易的实际利润率为1%。如按照收入的10%核定利润缴纳个人所得税，则企业年5亿元的收入需要缴纳1750万元个人所得税。在筹划之前，年1%的利润率只需缴纳250万元企业所得税，按税后利润750万元测算，以全额分红方式全部分回个人股东，个人股东需要缴纳的分红个税仅为150万元，合计所有税费累计为400万元（250万元+150万元）。筹划后的所得税反而比筹划之前增加了1350万元。

因此，运用核定征收这项税收优惠政策时，需要落实如下两个应对方案：一是需要先就企业所在的行业进行系统分析，充分了解所处行业的特殊性，再根据实际情况进行优惠政策的申请；二是需要提前就设计的方案进行测算，在预测结果确定可以实现节税之后再进行实际操作。

（二）企业对赌涉税的筹划方向与风险应对案例

2018年，A企业以7亿元收购张某个人持有的B公司70%的股权，并约定2018年至2020年B公司的业绩以1亿元为基础，并每年递增20%，差额由张某个人以现金形式向B公司补足。3年间，张某个人对赌失败2次，累计赔偿A企业3亿元。张某个人补偿A企业的3亿元，经H省Q市税务局认定，无法抵减之前股权转让所得，并不得申请退还已经缴纳的个人所得税。

就政策而言，对赌协议补偿的个税处理政策主要依据国家税务总局2014年发布的《股权转让所得个人所得税管理办法（试行）》政策文件。对于对赌案例的税务筹划有正向补偿、逆向补偿两个方向。

（1）正向补偿——买卖双方设定股权转让基础价格，业绩达到要求的，购买方向出让方补偿。

如：A企业以3亿元的基础价格购入自然人个人B所持股权，如目标公司利润达到一定数额，A企业直接用现金向个人B补偿。合计补偿总额不超过2亿元（合计交易金额不超过5亿元）。

个人B先按3亿元计算缴纳个人所得税，后续可能追补的金额因还未确定且未取得，暂无须计算所得。A企业先按3亿元作为股权投资成本，后续可能的补偿因为还未确定且未支付，暂不确认成本。后续如有补偿，个人B按补偿金额计算缴纳个人所得税，个人B确认成本。

（2）逆向补偿——买卖双方设定股权转让价格，业绩未达到要求的，出让方向购买方补偿。

如：股东 A 转让甲公司原值 1000 万元股权，取得股票 15000 万元及现金 6000 万元，已按要求缴纳个人所得税 4000 万元；股东 B 转让甲公司原值 500 万元股权，取得股票 7500 万元及现金 3000 万元，已按要求缴纳个人所得税 2000 万元。如表 10-3 所示。

表 10-3 股权转让时点收益明细

单位：万元

投资本金	转让收益			计税金额	纳税金额
	股票收益	现金收益	合计		
1000.00	15000.00	6000.00	21000.00	20000.00	4000.00
500.00	7500.00	3000.00	10500.00	10000.00	2000.00

股东 A 和股东 B 作为业绩补偿义务人承诺甲公司在 2019 年度、2020 年度、2021 年度，经审计的扣除非经常性损益后归属母公司股东所有的净利润标准，不低于资产评估报告列明的上述期间内净利润的预测值。

三年期间，股东 A 和股东 B 对赌业绩未达标，按差额部分赔偿。股东 A 赔偿股票 1500 万元及现金 2000 万元，股东 B 赔偿股票 7500 万元及现金 1000 万元。

本案例中因对赌失败而支付的补偿对价，地主税务局允许其从原股权转让收入中扣除。在原认定的股权转让收入已按要求完税的情况下，按照调整后的股权转让收入计算应纳税额，并对多缴部分予以退税。虽多缴部分予以退税，但该部分当时享受税收优惠返还的部分也相应扣缴。

（3）对赌税务筹划风险提示。

合法合理。遵循合法性前提设计对赌协议，尽量选用接受度高的对赌方式，并确定合理的对赌金额。

提前沟通。提前与主管税务机关沟通，了解主管税务机关对对赌协议的税务处理意见，增强税务处理的确定性。地方税务局的提前认定和使用标准，具有在国家税法规定下的具体细节的灵活处理性，处理方式结果差异可能较大。

专业评估。可在对赌协议签订前请专业涉税服务机构进行税收风险评估，设计方案，以使在与税务部门沟通时争取更大的主动性。

（三）合伙企业退出涉税的案例

A 合伙企业投资人为 10 个自然人，以 1000 万元成本持有某公司 75%的股权。现A合伙企业拟将其所持股份以2.4亿元的价格转让给B公司。

B公司有两种收购筹划方案，方案一为B公司向A合伙企业收购所持股权，方案二为B公司向自然人个人收购所持合伙企业份额。不同的收购路径产生不同的税负影响。

1. B公司向A合伙企业收购所持股权

（1）合伙企业直接转让，合计所得2.3亿元，各自然人投资人按经营所得的5%~35%累进税率缴纳个人所得税。

（2）B公司持股成本为2.4亿元。

（3）B公司今后可以享受股息红利免税优惠。

2. B公司向自然人个人收购所持合伙企业份额

（1）个人转让合伙企业份额，合计所得2.3亿元，各自然人投资人按财产转让所得的20%税率缴纳个人所得税。

（2）B公司持投资额成本为2.4亿元。

（3）B公司今后不能享受股息红利免税优惠。

两方案各有利弊，方案一有利于收购方B，方案二有利于自然人投资人。查看被投资企业，未分配利润为8000万元。建议在交易前进行分配，合伙企业可得6000万元，根据税法相关规定，各投资人按股息红利所得20%缴纳个人所得税。利润分配后，交易价格下降8000万元，较方案一个人合伙人节约税款有900万元。

二、企业步入资本市场的闭环路径

企业必须提前筹划设计好在资本市场开展业务的合规性，保证企业合同流、货物流、资金流、发票流的四流一致。确保业务逻辑合理合法，证据链关联性强，提前进行业务顶层规划设计，全面了解各项税务政策，实现依法纳税，合法节税，为企业创造利润。

（一）加强风险管理评估的系统闭环路径

税务局的金税系统实现了“以票管税”到“以数治税”的转变，税务监管要求越来越严格，监管环境越来越透明，税收政策环境不断变化。

企业为实现依法纳税，安全纳税，实现税务风险最小化，需要对涉税业务的业务办理、事后处理及证据链资料的合法合规性进行定期复盘检查，对涉税环节进行风险评估。尤其就企业涉及的相关税收优惠如印花税、契税、所得税、增值税、土地增值税等税种进行系统的排查。这个排查需要做好全面覆盖式排查。

企业协同内部自纠自查和中介税务审计，对于自查评估或中介税务审计中发现的涉税风险问题，针对企业资本市场研究风险化解方案，制定风险销项清单，消除在过去经济活动中隐藏的税务风险。

同时，企业还应对检查出的风险事项所在环节的业务处理操作提出规范性指导方案，合理设计风险预警及控制机制，形成企业内部作业指导手册及风险管理手册，及时防范和消除税务风险（见图 10-1）。

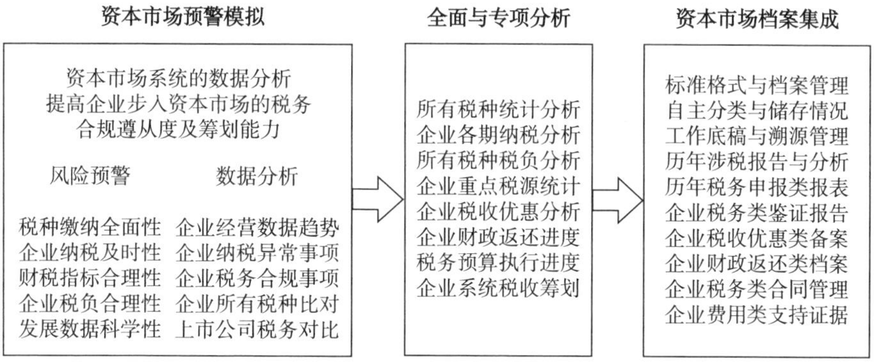

图 10-1　资本市场全面风险检查设计的系统闭环路径

（二）建立和完善税务风险管理步骤

风险管理体系包括企业内部环境、战略目标、风险识别、风险评估、风险应对、内部控制、信息管理与沟通、监督与改进等环节。

企业需要有目标、有方向、有选择地进行全方位的系统风险管理，企业在明确战略目标的基础上，同步做好定性和定量两个层面的设计，以此确定企业的风险偏好及风险承受度。

按照时间进度安排，对企业存在的税务风险选择应对策略，并制定相应的内部控制制度，建立税务信息管理制度及沟通机制，实现企业上下全层级、全环节的税务风险覆盖。

第四节　本章小结

企业步入资本市场是企业发展到一定阶段，商业模式具有自我发展和迭代能力，企业持续经营能力发展到一定阶段的标志。在此之前，针对企业的销售收入与相关税额之间是否具有匹配性、享受的高新技术企业等优惠是否具有可持续性、是否合规享受研发费用加计扣除政策、开展的重大重组事项税务处理是否合规等是企业获得资本市场认可和准入门槛的关键。

因此，企业应做好员工的管理，做好涉税问题的处理，提升企业涉税领域的专业化统筹，从加强企业涉税风控管理的角度，不断建设基于企业步入资本市场的风控防火墙。

企业需要就资本市场对企业进行全面覆盖性检查，熟练掌握税法的规定，做好企业业务、财务、税务的业财税融合一体对策设计与转型方案。在此基础上，企业还需要结合商业模式系统优化资本运作模式，加强资本运作涉税层面的税务管理，做好税务筹划的系统设计。提升企业资本运作的合规契合度，在企业业务拓展合规性、企业股改合法性、股权激励有效性、经营业绩增值性和稳定性等方面综合统筹，按标准化模式缴纳税收，并系统规避企业税务风险，实现企业步入资本市场的目标，系统提升企业的总体管控和运营能力的协同性。

本章参考文献

[1] 沈建波．运用大数据技术提升税收治理效能 [N]．经济日报，2020-09-24 (12)．

[2] 蔡昌，赵艳艳．促进数字经济发展的税收政策选择与治理对策 [J]．会计之友，2020 (9)：107-114.

[3] 王葛杨．关于运用大数据推进税收治理现代化的思考 [J]．税务研究，2020 (11)：140-143.

[4] 谢波峰，尹天惠．智慧税务的实践现状和发展探索 [J]．国际税收，2021 (10)：21-26.

[5] 孙玉栋，庞伟．数字治理背景下的个人所得税制度完善研究 [J]．中国特色社会主义研究，2021 (2)：63-70.

[6] 谢波峰．智慧税务建设的若干理论问题——兼谈对深化税收征管改革的认识 [J]．税务研究，2021 (9)：50-56.

[7] 蔡昌，赵新宇．“互联网+”背景下税收生态系统的构建 [J]．税务研究，2019 (3)：63-71.

[8] 广东省中山市国家税务局课题组，唐华安，丁宁，朱秋勤．“互联网+”税务信

息化生态系统的发展策略［J］．税务研究，2017（4）：117-122.

［9］崔志坤，李菁菁，杜浩．平台经济税收管理问题：认识、挑战及应对［J］．税务研究，2021（10）：62-68.

［10］国家税务总局河北省税务局课题组，马列，刘淑蕾，等．“四精”视角下加强平台经济税收管理的思考［J］．税务研究，2022（6）：117-122.

［11］《关于股份制企业转增股本和派发红股征免个人所得税的通知》（国税发〔1997〕198号）

［12］《关于原城市信用社在转制为城市合作银行过程中个人股增值所得应纳个人所得税的批复》（国税函〔1998〕289号）

［13］《国家税务总局关于进一步加强高收入者个人所得税征收管理的通知》（国税发〔2010〕54号）

［14］《关于将国家自主创新示范区有关税收试点政策推广到全国范围实施的通知》（财税〔2015〕116号）

［15］《关于股权奖励和转增股本个人所得税征管问题的公告》（国家税务总局公告2015年第80号）

［16］《股权转让所得个人所得税管理办法（试行）》（国家税务总局公告2014年第67号发布）

［17］《关于我国居民企业实行股权激励计划有关企业所得税处理问题的公告（国家税务总局公告2012年第18号）

［18］《关于完善股权激励和技术入股有关所得税政策的通知》（财税〔2016〕101号）

［19］《关于股权激励和技术入股所得税征管问题的公告》（国家税务总局公告2016年第62号）

［20］《最高人民法院关于适用〈中华人民共和国公司法〉若干问题的规定（三）》（法释〔2011〕3号）

［21］《关于企业转让上市公司限售股有关所得税问题的公告》（国家税务总局公告2011年第39号）

［22］《关于促进企业重组有关企业所得税处理问题的通知》（财税〔2014〕109号）

［23］《关于资产（股权）划转企业所得税征管问题的公告》（国家税务总局公告2015年第40号）

［24］《关于企业重组业务企业所得税处理若干问题的通知》（财税〔2009〕59号）

［25］《企业重组业务企业所得税管理办法》（国家税务总局公告2010年第4号）

［26］《关于促进企业重组有关企业所得税处理问题的通知》（财税〔2014〕109号）

［27］《关于企业重组业务企业所得税征收管理若干问题的公告》（国家税务总局公告2015年第48号）

［28］《关于纳税人资产重组有关增值税问题的公告》（国家税务总局公告2011年第

13号）

［29］《营业税改征增值税试点有关事项的规定》（财税〔2016〕36号）附件2）

［30］《关于继续执行企业、事业单位改制重组有关契税政策的公告》（财政部税务总局公告2021年第17号）

［31］《关于继续实施企业改制重组有关土地增值税政策的公告》（财政部税务总局公告2021年第21号）

［32］《中华人民共和国企业所得税法》

［33］《财政部国家税务总局关于财政性资金、行政事业性收费、政府性基金有关企业所得税政策问题的通知》（财税〔2008〕151号）

［34］《财政部国家税务总局关于专项用途财政性资金企业所得税处理问题的通知》（财税〔2011〕70号）

［35］《关于发布〈特别纳税调查调整及相互协商程序管理办法〉的公告》（国家税务总局公告2017年第6号）

［36］《国家税务总局关于我国居民企业实行股权激励计划有关企业所得税处理问题的公告》（国家税务总局公告2012年第18号）

［37］《财政部　国家税务总局关于个人股票期权所得征收个人所得税问题的通知》（财税〔2005〕35号）（部分条款失效）

［38］《国家税务总局关于个人股票期权所得缴纳个人所得税有关问题的补充通知》（国税函〔2006〕902号）（部分条款失效）

［39］《财政部　国家税务总局关于股票增值权所得和限制性股票所得征收个人所得税有关问题的通知》（财税〔2009〕5号）

［40］《国家税务总局关于股权激励有关个人所得税问题的通知》（国税函〔2009〕461号）（部分条款失效）

［41］《财政部　国家税务总局关于将国家自主创新示范区有关税收试点政策推广到全国范围实施的通知》（财税〔2015〕116号）

［42］《关于完善股权激励和技术入股有关所得税政策的通知》（财税〔2016〕101号）

［43］《国家税务总局关于股权激励和技术入股所得税征管问题的公告》（国家税务总局公告2016年第62号）

［44］《财政部　国家税务总局关于个人所得税法修改后有关优惠政策衔接问题的通知》（财税〔2018〕164号）

［45］《财政部　税务总局关于延续实施全年一次性奖金等个人所得税优惠政策的公告》（财政部　国家税务总局公告2021年第42号）

［46］《关于非货币性资产投资企业所得税政策问题的通知》（财税〔2014〕116号）

第十一章 十大税务管理工具之应急管理

随着市场经济体制的日益完善和税收征管体系的建立健全，企业在市场中参与的交易活动越发多样，涉税环节逐渐增多，导致企业面临的税务风险不断加剧。因此，企业需要密切关注税务风险，进行有效的风险隔离，助力长久发展。企业风险管理可分为风险定义、风险识别、风险评估、风险披露、风险处置、风险定义修正，形成风险闭环管理，通过自动化、智能化风险监测及分析活动，有针对性地开展企业税务健康度检查。

本章在明确税收风险识别和税务风险防控等相关理论的基础上，重点分析企业常见的税务风险，进而结合企业智能化发展提出税收智能化防控对策。通过对不同的税收风险进行分析，提出具有针对性的防控措施，以加强企业税务风险管理，降低企业潜在涉税风险，为企业持续稳定地运营提供一个良好的环境，同时也促进企业税收智能化的转型发展。

第一节 企业应急税务管控的闭环框架与对策

一、企业应急税务管控的闭环框架与基本做法

（一）总体管控的闭环框架

税收风险管理分析框架是本书理解税收风险管理以及建立税收风险管理体系的科学性基石，如图 11-1 所示。现有的税收风险管理分析框架只是对风险管理中的风险的计划、识别、评估、推送、应对和反馈等环节进行简要的描述，而比较少的会结合全面的制度、社会文化和经济环境的理解去构建税收风险管理的一般性框架。

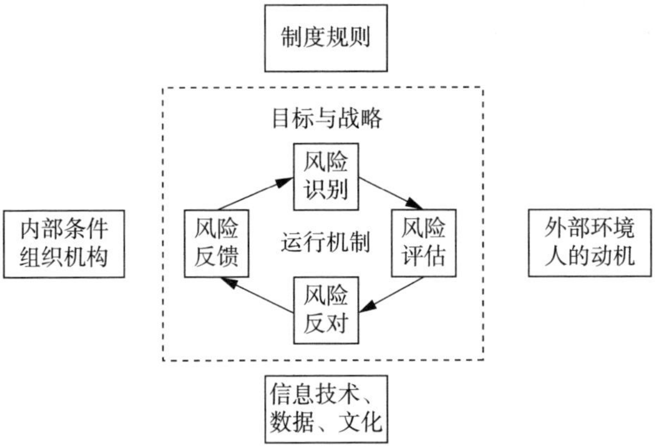

图 11-1 税收风险管理的分析框架

了解金税系统的预警规则及数据模型，遵守行业合理的税负率规则及各项系数，注意财务处理逻辑性、报表数据逻辑性、业务逻辑合理性、企业财务自检自查，提前做好税务审计。

企业的税务管控流程分为前置筹划、税务登记与职责分工、申报纳税、发票管理四大环节。

（二）税务前置筹划与税务应急管控

税务前置筹划主要指：在税法规定的范围内，对企业经营、投资、理财等活动的事先筹划和安排，尽可能获得能“节税”的税收利益的筹划方法。

前置筹划分为两部分，即**业务前置筹划、税务前置筹划**。

业务前置筹划主要指：将企业业务处理标准化、合规化。对企业开展的各种业务的现有开展路径、证据链储备及会计处理、税务处理进行复盘，根据各项国家相关政策法规，判断业务各环节处理的合规性，对不合规的环节设计合规方案、处理路径，明确业务处理证据链要求，最终形成一套路径合规的、处理标准化的合规作业指导手册，后续业务开展按照合规作业操作手册的方案路径执行，保障企业业务的合法合规性。

税务管理融入在企业全生命周期的工作处理中，可以大致分为业务处理层面（见表11-1）、账务处理层面、计税申报层面及档案管理层面（见表11-2）。

表11-1　税务管理的业务处理层面

工作环节	基础登记	税源接收	业务处理	发票报销	资金支付
工作控制点	1. 纳税主体全覆盖； 2. 核定税种全覆盖； 3. 税种征期全覆盖； 4. 经营范围全覆盖； 5. 税务政策同步执行； 6. 员工信息全覆盖	1. 合同类：关注合同类型、金额约定、合同签订时间； 2. 实物资产类：房产、车辆信息； 3. 无形资产类：股权； 4. 工资表、奖金表或奖品领取单、其他补偿金额、费用类型	1. 业务执行过程的证据链资料齐全且有效； 2. 减少现金支付、私人转款； 3. 金融机构手续费发票索取； 4. 员工领取奖金或奖品需支付个税	1. 发票合规； 2. 用途合规； 3. 四流一致； 4. 证据链附件齐全有效	1. 减少现金支付； 2. 杜绝对公业务支付个人； 3. 四流一致
税务风险关联	1. 防止漏报、错报、延期申报； 2. 防止业务超出经营范围； 3. 及时掌握残疾人、退伍军人等税收优惠员工信息，及时享受税收优惠政策	1. 合同类型及金额约定影响印花税核算及申报； 2. 合同数量的完整性影响企业所得税核算及申报； 3. 实物资产影响关联税种及关联业务发生税务处理的合理性； 4. 人工费用类型及金额影响个税核算及申报的准确性	业务真实合规风险	1. 业务合规风险； 2. 发票合规风险； 3. 影响增值税进项抵扣、企业所得税成本扣除的正确性	发票业务合规性风险

续表

工作环节	基础登记	税源接收	业务处理	发票报销	资金支付
前期筹划工作事项	1. 企业层面+下属单位 2. 基础信息台账，衔接人力资源特殊员工信息推送	企业层面+下属单位税源信息台账，衔接人力资源费用数据	统一全面业务合规处理方案及证据链标准手册	统一全面业务报销标准操作手册以及审核标准手册	统一资金管理规范手册

表 11-2　税务管理的账务处理层面、计税申报层面及档案管理层面

工作环节	账务核算	计税核算	纳税申报	档案管理
工作控制点	1. 收入、成本计提确认准确； 2. 赠送礼品视同销售账务处理； 3. 个税手续费返还收入核算销项； 4. 进项税加计抵减账务处理； 5. 无票收入或预收款核算销项； 6. 福利费专票进项税转出； 7. 无形资产摊销及时性与准确性； 8. 固定资产折旧及时性与准确性； 9. 工资、社保计提数与核销数的一致性； 10. 业务计入会计科目的准确性	增值税： 1. 核算进项税加计抵减的计算逻辑； 2. 代收水费的增值税核算方法； 3. 残疾人、退伍军人税务优惠核算 企业所得税： 1. 跨期费用的核算； 2. 福利费、广宣费、业务招待费的税前扣除核算； 3. 残疾人、退伍军人税务优惠核算； 4. 商业保险、罚款、不合规发票等成本调增核算 印花税：印花税金额的计算逻辑 房产税：计税方式的选择逻辑 个人所得税： 1. 应税收入的核算范围及个税核算方法； 2. 特殊情形优惠政策的核算方法	1. 申报表内容填写的合规性，正确解读申报表内容填写要求； 2. 及时抄报税，避免锁盘	1. 作废、红冲发票的管理； 2. 空白发票的管理； 3. 电子发票的管理； 4. 纳税申报表、财报、凭证、完税凭证管理； 5. 证据链附件的管理
税务风险关联	1. 影响收入、成本确认以及企业所得税的核算； 2. 影响销项税、进项税确认以及增值税的核算； 3. 影响会计政策执行的合规性； 4. 影响个人所得税应税收入的核算	影响税金计算的准确性	影响申报信息的业务属性	影响档案管理合规性
前期筹划工作事项	企业层面+下属单位 统一会计核算操作标准手册	企业层面+下属单位 统一计税核算标准手册	企业层面 统一纳税申报标准手册	企业层面 统一财务档案管理办法

（三）税务登记与职责分工的基本做法

有统筹、有审核、有执行，具体的基本常识和通常做法如下。

第一，税务管理岗位设置。总部及分子公司财务部门应设置负责税务管理的岗位，配备专职或兼职的税务管理人员，负责税收业务管理。

第二，总部税务管理人员（培训、指导、审核）的主要工作包括：总体税务规划；税务合规性制度及流程制定；税务政策知识库的建立；总体税务合规性管理；总体税务政策宣贯与培训；总体税务报表审核；总体税务分析。

第三，各分支机构税务管理人员（数据提供、问题反馈）的主要工作包括：属地税务部门业务对接；属地税务合规性管理；属地税务政策宣贯与培训；税务核算及申报；税务报表制作；税务检查支持；本地税务分析；组织或办理税务登记、变更税务登记、注销税务登记和税务信息备案工作。

第四，开业登记时，从事生产、经营的纳税人应当自领取工商营业执照（含临时工商营业执照）之日起 30 日内申报办理设立税务登记。

第五，变更登记时，纳税人办理税务变更的情形应当包括：发生改变单位名称、改变法定代表人、改变住所和经营地点（不涉及主管税务机关变动的）、扩大和缩小生产经营范围、其他税务登记内容。纳税人已在工商行政管理机关办理变更登记的，应当自工商行政管理机关变更登记之日起 30 日内，向原税务登记机关如实申报办理变更税务登记，按照规定不需要在工商行政机关办理变更登记，或其变更登记的内容与工商登记内容无关的，应当自税务登记内容实际发生变化之日起 30 日内，或自有关机关批准或宣布变更之日起 30 日内申报办理变更税务登记。

第六，企业注销税务登记时，需要做到以下几点。

（1）纳税人发生解散、破产、撤销以及其他情形，依法终止纳税义务的，应当在向工商行政管理机关或者其他机关办理注销登记前，持有关证件向原税务登记机关申报办理注销税务登记；按照规定不需要在工商行政管理机关或者其他机关办理注册登记的，自有关机关批准或者宣告终止之日起 15 日内，持有关证件向原税务登记机关申报办理注销税务登记。

（2）纳税人因住所、经营地点变动，涉及改变税务登记机关的，应当在向工商行政管理机关或者其他机关申请办理变更或者注销登记前或者住所、经营地点变动前，向原税务登记机关申报办理注销税务登记，并在 30 日内向迁达地税务机关申报办理税务登记。

（3）纳税人被工商行政管理机关吊销营业执照或者被其他机关予以撤销登记的，必须自营业执照被吊销或者被撤销登记之日起15日内，向原税务登记机关申报办理注销税务登记；纳税人在办理注销税务登记前，应当向税务机关结清应纳税款、滞纳金、罚款，缴销发票、税务登记证件和其他税务证件。

第七，企业的税务信息备案具体包括以下几点。

（1）企业所得税汇总纳税总分机构备案。

（2）如涉及企业的税收优惠备案措施，则做好此类手续的备案，确保企业享受相关优惠。举例来说，企业如果是科研高新类企业，则需要就进项税享受加计抵减10%的优惠政策做好备案。

二、企业的应急税务风险

（一）企业常见的八类应急税务风险

1. 少确认收入或者按开票时间确认收入风险

企业为了少纳税，经常利用个人账户、微信、支付宝等收取货款来隐匿部分收入，或大额收款迟迟不开发票等。智慧税务不仅可以通过申报的数据核实是否有异常，还可以通过企业银行账户、企业相关人员的银行账户、上下游企业相关账本数据、同行业收入、成本、利润等情况来分析比对，发现企业隐匿收入或延迟确认收入的行为。

2. 账外资金回流导致其他应付款金额过大风险

大多数企业通常会为了满足不同要求对同一个会计主体编制两套账，一套为内账，能够反映企业实际经营状况和业绩；另一套为外账，又称税务账，即上报给国家税务部门的账。因私人账户常年存在与企业资金的大额往来，导致其他应付款过大，很容易被税务机关认定为企业做两套账，少确认收入进而少纳税。随着智慧税务的建成，其强大的大数据评估与云计算能力使纳税人违法违规行为无处可逃。

3. 抽逃资本或自然人股东借款的风险

很多企业的自然人股东为了逃避分红个人所得税，经常通过股东借款方式从企业抽取资金，在会计核算上处理为内部借款。这种情况一旦被税务部门发现借款未用于企业经营，或者超过一个纳税年度未归还，就存在被认定为视同分红并需要补缴20%个税的风险，同时还需要缴纳滞纳金及50%至5

倍的罚款。

4. 商业回扣风险

企业在经营过程中经常需要列支商业回扣和灰色礼金，但支付回扣和礼金不能取得发票，更不能扣缴收受人个人所得税。因此企业可能会通过各种名义列支经营活动中产生的大金额商业回扣，存在较大税务风险。

5. 涉嫌虚开增值税专用发票风险

我国对一般纳税人的增值税当期应纳税额采取购进扣税法，部分企业为了能够少纳税，在未发生实际采购行为时通过购买增值税进项发票的方式，虚增进项税额；也有部分企业为了赚取税点佣金收益，对外虚开增值税发票。此类虚开、介绍虚开、取得虚开增值税专用发票的行为严重违法，金额巨大的，除了需要承担民事责任外，相关责任人还需要承担刑事责任。

6. 存货账实不符风险

很多企业存在存货账实不符的情况，有的企业存货账大于实，有的企业存货账小于实。存货账大于实通常有几种原因：历年为少缴纳增值税，虚开增值税专用发票导致虚增账面存货；少确认收入导致无法结转对应成本引发虚增账面存货。存货账小于实的企业，通常历年为少缴纳企业所得税，提前多结转存货成本导致账面存货减少。

7. 长期挂账套现风险

很多企业为了追求经济效益的最大化，会将重心放在利益方面。由于财务管理难以在短时间内为企业带来直观的经济收益，因此其重要性很容易被忽略。不仅如此，很多财会人员对自身工作的认知程度并不高。部分企业决策者对挂账不够重视，没有对财务资料进行整理、明确资产价值，使会计信息的真实性得不到保障，也加大了资产管理的工作难度。

业务部门与财务部门存在沟通问题。财务部门想要了解资产情况，需要由业务部门介绍。同时，财务人员对业务的了解也不够深入，经常会出现信息不对等的情况。由于购买设备和工程建设是合同签订双方共同发生的经济行为，部分往来款长期挂账不仅是单方面的责任，还存在一些不可抗力因素。

第一，合同签订后，依据合同签订的结算方式，行政单位将预付款付至销货方，销货方未按合同或协议要求提供合格的货物，导致经济业务“烂尾”。

第二，销货方、施工方提供的设备、工程在质保期内存在质量问题且未做出改进，行政单位未能在质保期届满后将质保金及时退至销货方或施工方。

第三，销货方、施工方已破产、注销，我国公司法规定企业在破产清算期间应通知或公告债权人，但实际上绝大部分与行政单位发生经济往来的破产企业在破产清算时未严格执行破产清算流程，导致企业破产、注销后，借款清理困难、质保金无法退还。

第四，合同签订后，依据合同签订的结算方式，行政单位将预付款付至进出口代理公司，与购买国产设备相比，购买进口设备因受进口政策、国际关系变化等因素影响，清理借款的不确定因素更大。

长期挂账在税务稽查的时候会显示数据异常，从而受到相应的处罚。

8. 其他风险

此外，企业还存在大额应付账款无法支付、虚列成本费用、恶意控制税负率等严重违法行为。如部分企业为了少缴纳企业所得税，虚列或多列支加油费、退休人员工资、咨询费、会议费等成本费用。

（二）税收风险识别的防控体系

税收风险是指阻碍税收征管目标实现的障碍。当一系列不确定因素导致纳税人未能完全遵守税法时，即存在税收损失的可能性。企业作为纳税方可能因为各种主观和客观原因，在涉税事项上出现违反税收法律法规的行为从而遭受损失，或者企业未完全熟悉国家税法，从而适用税法不准确，又或者企业应该享受的优惠没有享受到而多缴纳了税款，承担了不必要的税收负担，直接增加了税负。

所谓的税务风险防控就是要建立税收管理和风险防控相结合的税务风险防控体系，让“制度+科技”理念贯穿税务风险管理事前预警、事中控制、事后纠正的全流程链条，依靠信息化实现事前预警和事中干预的风险实时防控功能，对无法防控的风险点，则以人工方式进行兜底防控。税务风险防控是在税务机关全面分析纳税人税法遵从度的情况下，针对不同类型的纳税人和不同等级税务风险，合理运用现有的税收管理资源，通过风险提醒、纳税评估、税务调整、税务稽查等一系列风险应对手段进行税务风险防控，及时规避纳税风险以提高纳税人的税法遵从度。

在税务风险防控的工作周期中，风险识别不仅是风险防控的出发点，也是提高风险防控针对性和效率的关键。税务风险识别是以大数据集中等税务信息化建设成果为基础，围绕税务风险管理目标，运用相关学科的原则、科学合理的方法、模型和指标体系，利用税务系统内部和其他第三方的各种涉税数据，从税收经济运行的结果出发，深入研究，探索规律，发现可能的税收风险点，帮助科学决策，指导税收征管分析的重要手段。

（三）税务风险应急防控工作的意义

1. 挽回不必要的经济损失

企业所处的税收环境随时变化，而税务风险却无处不在。因此，管理层应该熟悉税法的相关知识，提高风险防范意识。本书通过分析企业税务经营活动中部分典型的税务风险，提出具体的防范策略来尝试规避风险，从而有利于国家税收工作的开展。

同时，努力完善税务风险防控体系，能够帮助企业规避风险，并及时发现企业管理过程中存在的诸多问题，能够促进管理规范化及合理性，从而肉眼可见税负水平显著下降，在节约税收的同时，保障了企业日常经营中的经济利益。不同的企业设立不同的风险防范岗位，能不同程度地保障企业的资金安全，降低企业被相关部门处罚的风险。

2. 保障企业利益并减少风险

企业经济利益要在日常经营中达到最大化，离不开税务风险防控。风险防控看似无用，但可以帮助许多中小企业避免许多不必要的麻烦，节省企业日常开支，降低税负，最大限度地保障企业的经济利益。此外，税务风险智能化防控通过大数据分析对比，能够帮助企业进行产业结构的优化和调整。纳税人在法律允许范围内，通过一系列操作来规避风险，也是对管理者能力的一种提升，无形中提高了企业管理水平。最后，时刻加强税务风险防控，有利于培养企业从内到外的纳税意识，营造良好的纳税社会氛围。综上所述，开展税务风险防控工作能够极大地减少风险，保障企业的利益。

（四）税收风险识别的两类方法

企业是追求利润最大化的组织，这一宗旨与税收的强制性存在着必然的矛盾，由此可见企业天然具有逃税的动机，因此税收风险的存在具有客观必然性。许多企业在税务检查过程中出现各种问题，并受到了处罚。这其中有主观的因素，但同时也存在对税收的误解。随着税务机关管理现代化程度的不断提高和检查力度的不断加强，税务方面的种种问题对企业的生存和发展变得越来越重要。因此，如何加强大型企业的税收风险管理，建立税收风险管理体系已成为一项重要内容。

税收风险识别涉及税收征管的各个税种和各个环节，可以分为宏观识别和微观识别，宏观识别主要从地区、税种、行业或税收政策等维度进行识别，微观识别主要是针对某企业或个人的申报数据以及发票使用管理等方面进行识别。基于此，税务风险识别的方法可分为两类（见图 11-2）。

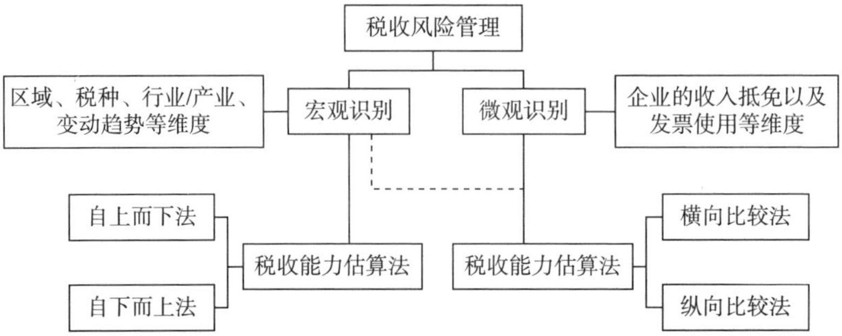

图 11-2　税收风险识别方法

第一，从宏观识别的角度可以采用**税收能力估算法**，主要关注国家、地区、税种、行业、某类纳税人的潜在税收，进而分析税收流失状况、风险程度，以及变动趋势。税收能力估算的结果不仅可以应用于风险识别，还可以应用于税收预测、政策效应评估等方面。税收能力估算法主要有自上而下法和自下而上法两种。

第二，从微观识别的角度可以采用**关键指标判别法**，通过对税负、弹性、收入、信用、投入产出率、能耗率、利润率、发票征购等与税收密切相关的经济统计指标或企业财务指标进行纵向或横向比较，分析其异常变化和发展趋势，发现税收风险。比如，可以根据同一行业、同一纳税人类型和同一税种的时间轴进行纵向比较，也可以根据不同地区进行横向比较。此外，关键指标判别法可以用于宏观识别，也可以用于微观识别，应用比较灵活。

第二节　企业涉税应急处理平台化的功能与对策

一、四流一致证据链应急平台化的功能

企业可以充分利用信息化技术手段，建立自己的数字化信息税务系统，

在解决传统税务难以达到的痛点的基础上，严格规范自身合同流、现金流、发票流和物流的统一标准。将业务模块化分拆，并通过微服务进一步分解，财务系统通过接收财务凭证并反向联查业务单据，借此完成业务与财务双系统交互，这种财务凭证是通过 API 接口在业务系统中自动生成，进而达成企业基于四流一致原则的税务合规管理，同时完成对税收智能化的应对。

税务管理数字化建设，要注重建设涵盖企业所得税、个人所得税、增值税和印花税等的全税种管理系统。在进行建设的同时，随着企业加快“走出去”的步伐以及国际税收规则的重大调整和变革，要在系统中增加和完善国际税收、关联交易管理功能，这样可以更好地防控关于国际税收方面的风险，保障顺畅发展企业海外业务，重点关注指标异常预警类、数据交叉比对类、关键数据抽查类的风险点。同时应意识到税务数字化转型建设，在纳税申报自动化方面、涉税管理成本降低方面、涉税风险的立体化方面、全方位预警与防控方面，以及对业务经营决策的智能化支持等方面能体现税务管理数字化的价值。借助一些工具，例如信息化系统与智能化去更好地实现业务、财务、发票、税务、资金、电子档案一体化管理，加强融合业务流程、财务核算、发票管理、资金管理、税务风险管控等。首先，这是跟上税收征管智能化发展步伐、更好地防控涉税风险的必然要求；其次，从内部看，税务与生产、销售、供应链、财务等各方面工作相互关联，要构建完整“数字链”、提升整体数字化能力，那么加强税务管理数字化平台（见图 11-3）建设，就是助力企业在激烈市场竞争中胜出的必要条件。

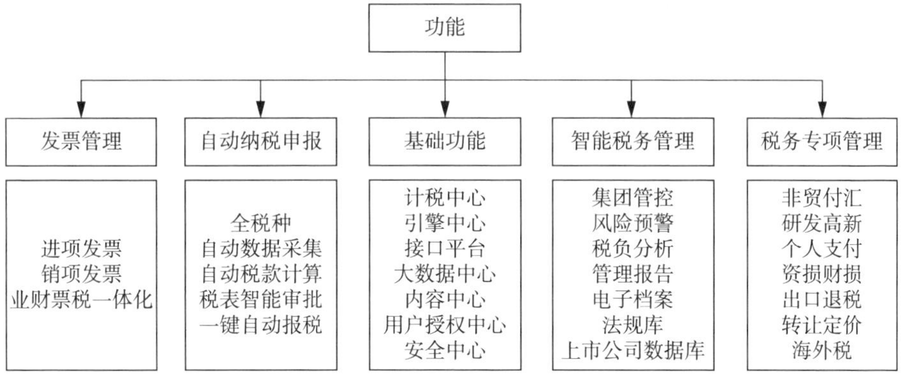

图 11-3　税务数字化管理平台功能

（一）共享税务及票据的三层功能建设

企业的税务管理涵盖了多个方面的内容，包括从税务筹划到税务核算、税务申报以及应对税务检查的完整的循环过程。以税务管理循环为基础，进一步梳理企业税务管理职能，可将企业税务管理职能进一步纵向切分为三个层次，即战略层、业务层和运营层，从而实现对企业税务业务的矩阵化管理。

1. 战略层

解读税务相关法律法规及政策，制定企业税务管理政策，诊断并不断完善现有税务管理架构，领导与监督税务管理部门的各级人员，为企业构建高效的税务管理体系，从税务角度参与企业战略制定与实施。

2. 业务层

协助战略层工作，承担分支机构的税务管理工作，按照战略层的要求，负责分支机构税务管理制度的制定、实施与不断完善，负责领导、监督、培训税务执行人员。

3. 运营层

负责企业税务管理政策的执行，进行运营层面的税务核算、申报，及基础性数据收集与分析工作，按照税务管理工作流程，进行税务健康检查与风险识别。其中，运营层是税务共享中心所覆盖的工作，例如日常计税核算、税务数据校验、审计税务调整、纳税数据准备、规则配置及纳税申报、税务健康检查执行、税务风险识别及提示等。

（二）企业采购业务合规管理的闭环流程

企业采购业务的首要事项是资金管理的统一支付。

资金进行账户间划转，统一汇入企业银行账户形成可对外支付金额后，企业开始物色合适的供应商，并由企业相关部门统一做好应标企业的统一招标工作。

确认招标中标供应商之后，与相关供应商签署供货合同，按照合同约定支付货款，同时按照规定，采购方收到供货方发票后完成发票登记及时入账处理。

采购方通过发票管理系统，进行供应商信息和税务平台验证，然后根据成本管理模块的合同，按付款计划实施支付，按结算单进行核销。

注意采购入库必须引用采购合同或采购订单从而保证合同与物流的一致性；进项发票必须要登记，入库单、采购合同要核销，同时核销后的发票同步到采购收票登记中，注意保证合同流与发票流的一致。

采购付款申请要引用入库单使得物流与资金保持一致；采购付款申请引用收票登记，采购付款申请附上发票，核销后的进项发票必须匹配合同应付，合同应付单生成付款订单。

确保企业资金支付与发票金额等的一致性，确保企业在上述采购业务流程中，做到所涉及的资金流、合同流、物流、发票流的四流合一。

（三）合规系统功能的流程

充分利用物联网等技术手段，基于企业、分子公司和工程项目部的各级动态数据，进行各方面的综合动态分析，为企业的决策提供支持。其中开票业务系统要注意审查是否有相应的合同支持、是否有流程支持、是否有完整的合理业务审批流程等，进一步规范开票风险，减少票据风险管理，降低税务风险。便捷开票业务是税控系统和业务系统的集成，可以减少重复操作，从而避免数据出错。

对不符合要求的票据，在票据认证管理下调取国税税控系统认证数据信息与业务账务处理系统自动识别的发票号码等信息进行数据对比，然后退回处理。

另外，系统应该建有动态预警机制，每月对企业各层级销项和进项事务都要用预警机制检查，尽可能避免额外税金单支出的不合理，同时为了尽可能降低法律、资金和税务等风险，需要在业务数据之间建立信息合理性预警机制。

系统还需要融合自动报税功能，对整个企业各分子公司及项目部进行集中统一的报税管理，减少人员的工作量（见图 11-4）。

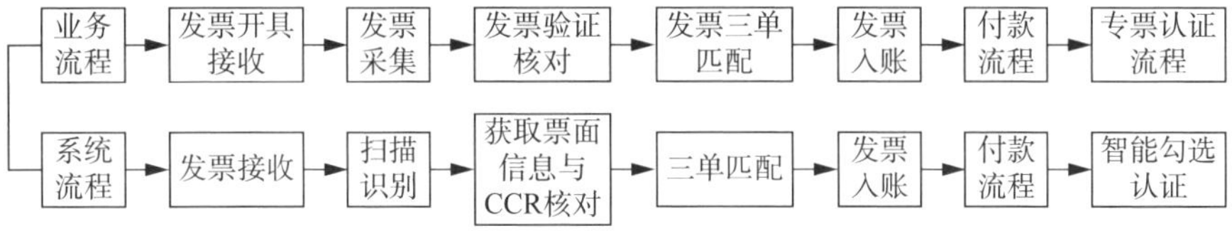

图 11-4　进项发票融合流程

（四）业财税一体化的共享应急风控模式

为更好地应对税收智能化，在企业内部控制指导规范和大企业税务风险管理指引等文件的指导下，应该有意识地建立事前预防、事中控制和事后评估机制。事前预防应设置在合同审批、报账、开票业务环节时可以触发的风险监控点，对于重大合同、营销方案触发风险审批机制，根据税务日历设置纳税提醒，积极查询税收法规并及时推送给员工了解，对税务资料采集归档。事中控制要注意筛查税务风险疑点，进行发票认证到期预警、未达发票预警、不动产抵扣预警、申报数据对比预警和关联交易预警等税务风险预警，对申报表数据逻辑和疑点进行校验和审核。事后评估要启动税务自查，通过通用税务风险指标分析，定期出具风险指标评估报告。

企业可以借助财务软件的云功能，实现销售业务对接，适配全员移动应用让员工体验，支持全票种采集、OCR 识别和价税分离，与企业其他软件产品无缝集成，全开放接口标准介入第三方业务财务和实时全面采集财务数据等，建立税务共享平台，实现业财税一体化，真正实现本质上的税务合规（见图 11-5）。

税务局接口	发票接收	发票交付	税金服务	系统接口
查验接口 认证接口 税控接口 申报接口	发票识别 普票查验 专票查验 专票认证	开票申请 纸票开具 电票开具 纸票管理	增值税管理 所得税管理 其他税种管理 税务档案知识库	ERP 财务共享 供应商门户 资金系统

图 11-5　税务共享平台

（五）税务自动化校验的一体化智能管控模式

借助 RPA 财务机器人技术，建立智能化税务数据库可以实现税务数据核算的自动化校验。

通过 RPA 技术实现针对企业系统内业务模块、财务模块与税务模块间的数据勾稽关系的验证。企业以税务数据鉴别经济业务的合规性，以及对受托收付款业务标记查看相关业务流的流程管理。

企业对业务数据、财务数据、税务数据进行全方面监控，根据税务数据库所形成的业务进展信息、财务报账数据、资金结算数据进行汇总，就汇总的数据信息，提供业务的明细信息数据，形成对企业经济业务的核查，对涉及受托收付款项的业务进行反向审核，正逆向双向核实受托收付款相关业务的真实性、业务合同订立的正确性、财务报账核算的准确性以及资金收支结算的准确性。

建立税务数据库可以完善税务核查体系并完成税务数据核算的自动化校验，

结合税务数据库企业系统内自我核查、税务政策联网核查、税基税率核算方法核查等，在企业税务系统模块中设置更加平稳、有效的核查体系，快速有效厘清企业内受托收付款业务的资金收支情况与相关税务情况，有效预防因为税务风险指标变动较大造成的税务预警。

企业依据自建的税务数据库的自动化核查功能，以自查的形式对自身的经营情况、财务结算、税务数据等进行核对核查，自下而上系统化识别企业内的税务风险。企业依据自建的税务数据库和税务风险核查体系，可以实现企业内涉税风险的事中管控核查、事后检测完善。

二、税务风险应急防控平台与应急处理对策

企业的各个经营环节都涉及税收，如果企业管理上不规范或者财务管理层对会计和税法并不是特别了解，就会导致企业遭遇税务风险，从而承担不必要的税收支出，影响纳税信用。因此，在智能化时代的背景下，企业进行税务风险防控是适应经济发展需要的。

同时，随着信息化时代的进步，更多核算型的会计功能将会被智能机器人代替。企业为满足发展需要，必然会对产品和服务质量以及成本控制进行加强，这就使得企业不得不对自身的业务流程进行优化重塑，尤其是在税务智能化转型和税务风险防控方面。此外，企业税务智能化转型和税务风险防控也是从企业经营不同环节抓起的，通过专业、长远的架构建设和税收筹划重新梳理业务流程，通过强化企业的税务风控管理意识，加强企业内部管理能力，最大限度地加强税企之间、企业各业务部门之间、管理人员与基层人员之间、企业与分支机构之间的沟通和联系，促进企业更加有效地转型。

（一）企业税务风险的防火墙设计

企业税务智能化转型以业务流程的数据化与自动化为基础，通过大数据、云计算与机器学习等技术，最终实现税收控制的智能化，从而科学优化税收风险管理（见图 11-6）。首先，基于企业内部数据库，通过一定的模型，实现税务流程智能化，并在最终环节安装智能化数据采集终端设备，自动选择所需要的数据并上传到云端。其次，通过大数据分析，维护自动化业务流程的安全运行，合理配置企业资源和人员。最后，加强风险预警与风险应对，减少税务风险产生的不利影响。

企业在税务智能化的转型过程中，为了将风险扼杀在摇篮之中，应建立

健全企业税务风险识别与预警机制，全面找寻各环节存在的税收风险，并且对于其可能产生的后果还有潜在的威胁要提前做好准备。首先，识别企业智能化转型过程中的各种风险，包括找寻风险发生的可能性；其次，对影响的范围、可能产生的后果等指标进行评价，科学防范各种风险。

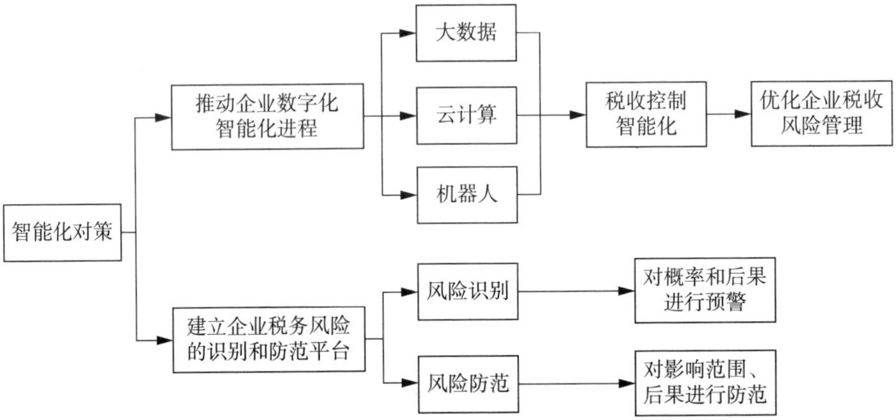

图 11-6　应对税务风险的智能化对策

在大数据的时代下，企业应该使用智能化管理会计平台，把业务信息以及财务信息都交由人工智能处理，做到数字化转型。运用大数据的处理方式在可能出现长期挂靠风险时做到风险预警。智能管理会计平台能很好地解决长期挂账的问题，形成长期挂账的风险隔离防火墙设计。如图 11-7 所示。

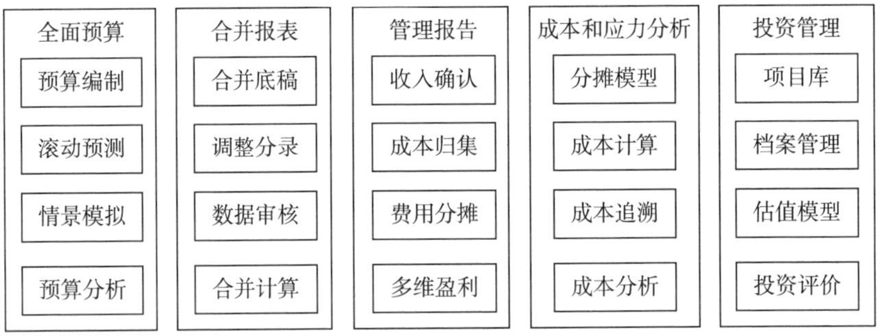

图 11-7　长期挂账风险隔离防火墙设计

（二）虚开或接收虚开发票的应急处理与风险隔离对策

企业基于真实业务开具发票，或基于真实业务收到虚开发票。针对此类税务疏漏导致的问题和风险，在发生的第一时间或在自查发现问题之时，企业需要针对收到与实际经营业务不符的发票采取自我补救方式规避风险。具体操作方式如下。

第一，重新获取符合规定的发票。如果获得的发票与实际经营业务不符，若支出真实且已发生，应当第一时间要求对方补开、换开发票或其他外部凭证。补开、换开后的发票或其他外部凭证符合规定的，可以作为税前扣除凭证。

第二，无法重新获取发票时，留存“善意取得”的证据。“善意取得”虚开发票的，不以偷税论处，同时无须缴纳滞纳金。因此，无法重新获取发票时，一定要留“善意取得”的证据。

第三，无法重新获取发票时，企业的税务处理方式要做到合法合规。

（1）在增值税处理上，可主动采取如下方式。

尚未申报抵扣的，暂缓抵扣；已经申报抵扣的，先做进项税额转出。

尚未申报办理出口退税的，暂不办理退税；已经办理出口退税的，税务机关可按所涉专票注明的税额做进项转出处理或追回退税款。

符合现行增值税进项税额抵扣或出口退税相关规定的，企业可继续申报抵扣或重新办理出口退税。

（2）在所得税处理上，企业主动按照税务规定执行如下方案。

企业在补开、换开发票或其他外部凭证过程中，因对方注销、撤销、依法被吊销营业执照、被税务机关认定为非正常经营户等特殊原因无法补开、换开发票或其他外部凭证的，可凭相关业务活动的合同、货物出入库凭证等资料证实支出真实性后，进行税前扣除。

如果企业在规定的期限内未能补开、换开符合规定的发票或其他外部凭证，并且未能提供相关资料证实其支出真实性，相应支出不得在发生年度税前扣除。企业应在税务机关规定的期限内调增发生年度的企业所得税应纳税所得额，并做企业所得税更正申报。

第四，企业在事前、事中、事后的整个闭环过程中，系统做好各个层面的把关，尤其是业务支持体系的四流一致的系统把关，具体如下。

（1）交易前：识别可疑供应商。在交易前对交易对方的税务登记信息、经营规模、企业资质等相关情况进行了解，一旦发现供货企业刻意回避或者存在发票开具问题时，可以要求供货企业提供有关的证明材料（如税务登记证件、发票领购簿等）。

（2）交易时：确保各环节手续完整。取得增值税专用发票后，应将证明资金、货物、发票和合同层面的“四流一致”的资料留存备查。

资金流层面，尽量通过银行对公账户将货款划拨到交易对方的银行账户内，并留存银行转账回单。如果对方提供的银行账户与发票上注明的信息不符，应当引起警惕，暂缓付款，对购货业务进一步审查。

货物流层面，也就是货物流或服务流层面。尽量通过正规渠道运输货物，比如物流公司、快递公司，取得正式的物流托运单或者快递单，方便作为货物流环节的第三方证明材料。如果无法取得正规运输凭证，需保留完整、清晰的货物运输过程中的交接环节凭证，比如提货单、出库单、验货单等，并严格要求交接货双方签字盖章。

发票流层面，企业需要比对发票信息，对公司名称、税号、货物名称、规格、数量、金额、银行账号、发票专用章等信息进行一一比对。尤其是对新供货企业或者临时供货企业（包括网店），应做重点审查。取得增值税发票后，应仔细核对发票内容，包括货物内容、开票单位和汇款账户等信息，是否与业务实际发生情况与实际销售单位相符；如有异常，应暂缓付款，对取得的专用发票暂缓抵扣，并做进一步核实。及时查验发票的真实有效性，可通过全国增值税发票查验平台或主管税务机关的官方网站查询真伪。

合同流层面，企业需要比对合同约定业务范围、产品类型和规格、付款进度要求、违约责任、发票开具要求等，进行协同和规范。

（3）交易后：保留证据，避免损失。在购买货物或劳务时要注意取得和保存有关证据，一旦因对方故意隐瞒有关销售和开票的真实情况，恶意提供增值税专用发票，给自身造成了经济损失，可以依法向对方追偿由于提供虚开发票而带来的经济损失。

第三节　企业税务风险的应急对策与防控案例

一、企业税务共享的应急对策与共享平台防控案例

（一）企业税务共享的应急处理案例

1. 重视各部门间的有效整合

在推动和实施企业业财税一体化的同时，H公司在内部环境中提出了更加完善的发展策略。从内部构建起集成化的管理模式，形成一个系统化、全

面化的管理平台，引导各个部门在此平台上开展工作，为业财税一体化提供前期的发展条件。此外，从各项目事业部选调骨干员工和高管到财务部门工作，通过协调跨业务单元的服务，有效加强财务组织间的业务化融合，然后利用 BEC 矩阵分析盈利能力和收入，跟踪产品全生命周期，分析总结各部门经营情况，不断细化调整，提高企业的经营状态。同时，搭建从门店、区域到企业的管理体系，全方位支撑门店经营预算管理，为门店全生命周期管理提供决策支持，如图 11-8 所示。

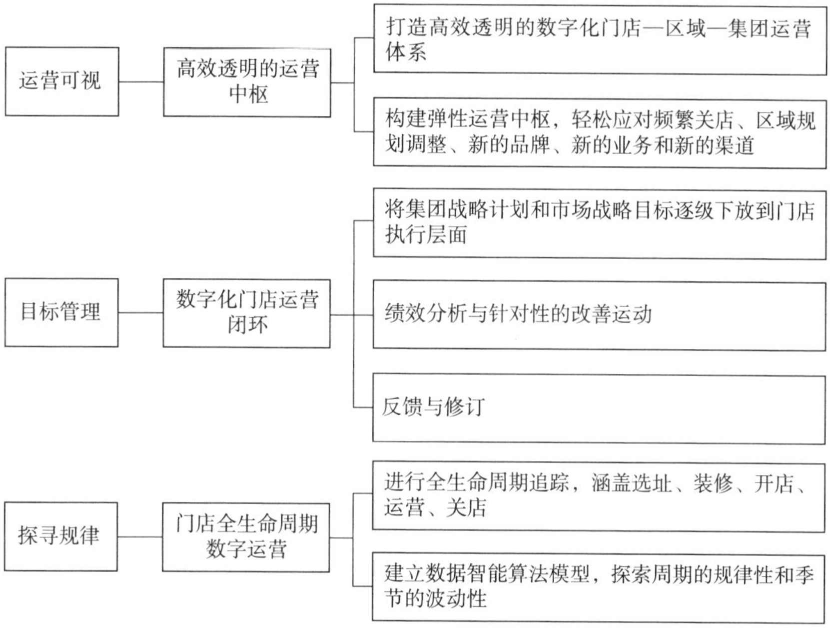

图 11-8　企业内部集成化管理模式

2. 加强综合性业财税人才队伍建设

企业业财税一体化建设离不开财务人员的专业背景和技能，但是如果仅仅依靠会计和财务人员的话，很难使工作开展下去。H 公司坚持从长远的角度出发，明确关于业财税一体化相关人才的引入目标与培养方向，不断加强领导能力的建设，全面引进高素质人才队伍，构建一体化发展机制。同时，结合企业发展实际情况全面开展调研，获取财务管理各项需求，不断完善机制，促进企业的人才建设紧紧顺应时代的发展潮流。企业内部也采用了轮岗制度，业务部门、财务部门，以及税务部门相关人员轮流去其他部门进行基础性学习，为尽快实现业财税一体化打下基础。

3. 利用新科技实现打造企业信息平台

现代新科技的应用是H公司做强做大的保障，企业信息系统的建立、管理和应用是其高效发展和精细化管理的重要前提，其基础取决于管理的优劣和信息技术应用的程度。H公司以建立“柔性共享、精细管控、业财税一体”的财务管理模式为核心导向，实现对企业运营的管控及业财税一体化纵横联动，增强其自身竞争优势与风险管控能力，更好地发挥财务战略支撑作用，为其在经济浪潮中稳定发展提供强劲有力的支撑。

4. 强化信息安全风险的管理

企业内部的相关信息和业财税一体化都涉及海量的数据与信息，这些对于企业来说都发挥着积极的作用。因此，为了确保信息的有效分析，H公司坚持对信息设备的常态化维护，确保软件处于最新状态，强化日常安全管理。同时，H公司也加强了平台的规范化运作，加强对信息安全风险的管理，做好防范措施，确保信息的真实性和安全性。比如要进行数据共享时，要注意关注一些权限的设置，确保不会有其他人参与或操作的漏洞出现；也可以通过设置防火墙等一些现代化的网络安全技术来保障企业的信息安全。

（二）企业税务管理的数字化要素建设案例

X企业建立一站式税务数字化税务管理平台（见图11-9），建设税务共享子中心相关税务岗位，处理日常沟通事宜，一方面降低税务管控和运营成本，另一方面应对企业扩张下的集中管理模式，将税务职能划分为专业管理类和日常运营类。

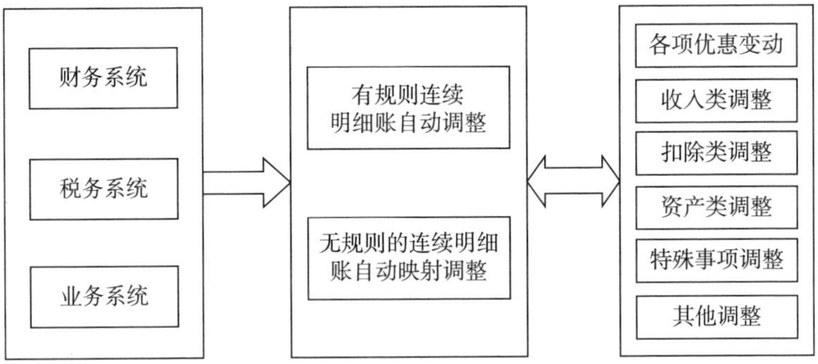

图11-9　X企业一站式税务数字化管理平台

X企业在统一不同税务运营流程和规范的基础上，贯通前、中、后台数据，连接业务、财务与税务，以及子公司、共享中心与总部税务，支撑企业日常税务共享运营和集中管控，提高企业税务管理的运营规范性和效率。

X 企业财务部门围绕一个目标、三个方向、五大能力建设和四个管理要素、六大原则搭建的一个智能税务管理平台，具体如下。

X 企业的**一个目标**，是指通过财务共享服务中心的建设，提升税务共享子模块的税务数字化转型，提升税务管理精益化。

X 企业建立的税务管理的**三个方向**，是指企业从纳税合规、效率提升、数智决策协同发力，对企业的业务做好系统的支持和服务。

X 企业的税务**五大能力建设**，就是针对税务的系统建设，做好关键五个能力的提升，包括进行智能化税务处理、风险闭环防控、涉税服务共享、穿透分析筹划、税法智库管理。通过五大能力的提升，实现企业税务管理的全覆盖，落实企业税务筹划能力的顶层设计与落地衔接的协同。

X 企业税务管理的**四个管理要素**，是指企业就组织人才、标准体系、流程制度、信息系统进行系统的设计与融合，实现企业在内部控制和流程管理下，提升税务管理的效率与效果。

X 企业税务设计的**六大原则**是：顶层设计、快速反应、全面覆盖、风险防控、共享融合、数据安全。企业依据“税务实务处理”安排各税种的测算、税基、计税、申报等税务事务的执行。

在实际构建中，X 企业全方位做好纳税申报与前端财务核算、发票开具、涉税档案、其他税务资料的集成，使企业税务管理从发票开具、纳税申报、税收补贴、财政返还、区域优惠政策落地等基于全企业的综合税赋最低的模式进行设计，在实现企业税务管理的流程化、自动化、高效化、合规化的同时，降低企业实际承担税负。

同时，X 企业以大数据为基础，推动企业税务数字化智慧平台的建设，推动企业税务管理从智能管控向数据分析转变，为 X 企业进一步做好业务、财务、税务的一体化融合，做好各项数据的价值挖掘，成体系地开展税务分析与税务价值创造奠定基础。X 企业成功建立的税务信息管理系统，如图 11-10 所示。

（三）企业智慧税务的共享平台案例

G 企业是制造型民营企业，为配合新税收征管意见和“以数治税”导向，对自身税务管理系统进行了跨越传统模式、创新体制机制的深度变革。从内

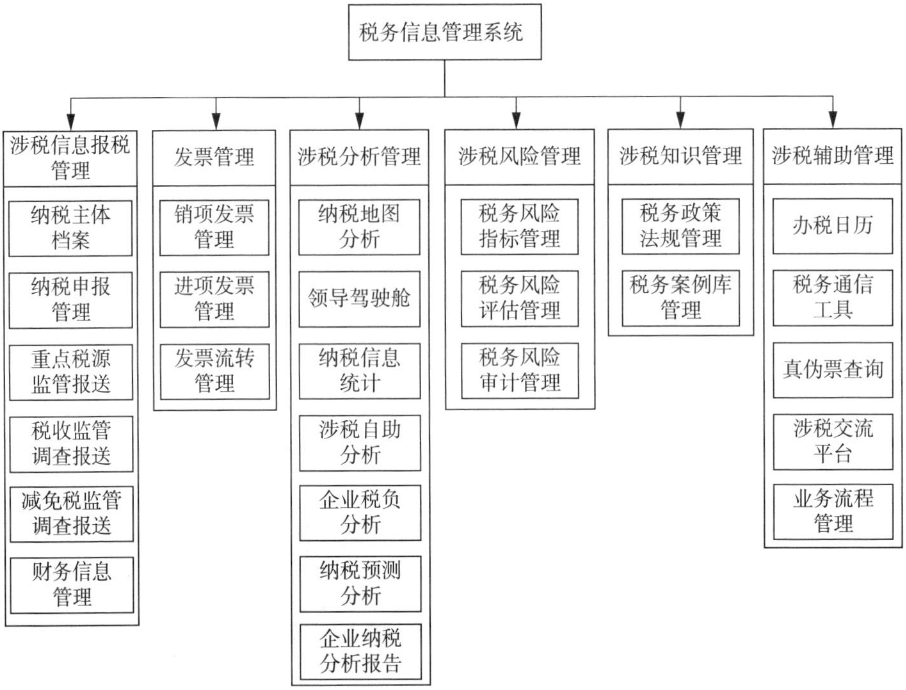

图 11-10　X 企业税务信息管理系统

外部信息系统的打通重构到业财税融合发展，实现税务工作流程智能化、税企沟通数字化、税务管控精细化。

G 企业通过第一阶段财务管理的信息化推进，构建了企业级信息集成平台，改变了信息系统孤立的状态，汇集了原先分散的结构化或非结构化数据，提升了数据价值，云工作平台架构初见雏形。

G 企业通过第二阶段资源集约和统一标准贯彻，以云平台为支持实现电子化集成效应，一端连接涉税信息供给方，一端连接税务信息外部交互方，如银行和税务机构，建设税企直连通道，用企业级发票池汇集企业票据信息，提供信息整合储存功能；建设智慧税务管理系统合规的标准化、电子化、自动化，风险控制的常态化、智能化，筹划的共享化。升级“业财税一体化”流程，建立企业税务管理标准体系；贯通“企税银”办税流程，建立“互联网+”办税新模式。

G 企业具体的建设内容如下：①统一规范，以规则为中心的企业规则制定、共享和动态完善；②打通业财税数据融合壁垒，实现涉税流程智能云端化；③升级发票管理，向集约智能处理转变；④涉税风险闭环管理，事前事中事后风控模式重构；⑤税务筹划实现均衡发展，做到事前、统筹、科学和案例共享；⑥将税务模块变革为服务平台，为战略实施、决策和监管服务，构建税务多维分析体系。

G企业的变革落脚点都是基于企业实际情况开展，因为转型更关注集约化和规范化。通过构建税务共享平台，提升企业税务管理效能，实现了企业数据互联互通、税务职能延伸、业财税融合发展。

具体来说，G企业从业务流程、信息技术应用和制度规则三个方面进行变革。在业务流程与信息技术应用方面旨在调整税务与业务端到端的流程融合，将涉税业务区分为三个层次，但总体上构建的职能场景应包括发票管理、纳税申报流程、多维税务分析和税务风险管控。G企业税务共享平台建设路径细节如图11-11和表11-3所示。

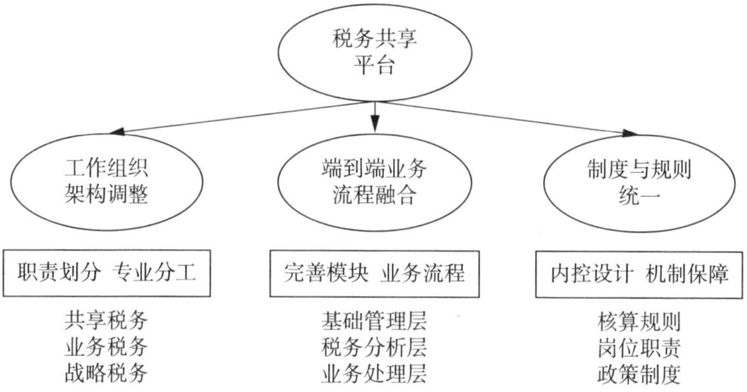

图11-11　G企业税务共享平台建设路径

表11-3　G企业业务流程融合细节

业务处理层	税务分析层	基础管理层
发票管理	进项发票全链条	销项发票开票流程
纳税申报	涉税数据收集	税金计算自动化
	纳税申报自动化	缴税完税一体化
税务分析		
税务风险防控	企业税务风险监控	

二、企业顶层防控设计与应急对策案例

A企业面临企业流程管控节点的漏洞，引发了不少税务风险，具体企业情况如下：A企业是一家中小型机械制造企业。主要经营范围为精密铸造、

机械加工；不锈钢、碳钢阀门、管件及各种金属制品制造与销售，并进行了进出口备案登记。企业内部结构设置较为简单，共设有6个部门，分别为销售部门、生产部门、采购部门、财务部门、技术部门和行政部门。

A企业主要的税务风险包括如下四个方面。

1. 企业内部结构设置较为简单

A企业主要人员配置在生产部门，而财务科仅有3名员工。财务科人员在配置上有财务主管、会计两个岗位，没有专门的税务部门，也没有专门负责涉税事项的专职人员。所有涉税事项均由财务科一并处理，工作的重点主要在会计核算上，涉税相关的工作多为申报纳税、开具发票等简单的工作，缺少对税务风险管控的工作安排。

2. 企业领导对税务风险的重视程度不够

A企业领导层对税务风险的关注度不高，同时对管理税务事务的管理部门的要求不够严格，在这种情况下财务部门的人员对于新的税收政策不够敏感，具有滞后性。A企业不论是领导层还是财务部门都将税务风险归入了财务日常工作，并没有意识到税务风险是由整体经营的方方面面带来的。

3. 增值税发票管理风险

A企业对于增值税发票的管理仅限于按时领购发票、按法律规定开具发票等基础性的工作，对于上游企业开具的发票以及合同中可能存在的与发票相关风险的识别能力较差。

A企业2017年曾被税务局稽查部门立案审理，A企业主管税务机关接到外省H县税务局稽查协查函。H县税务局管辖内B企业已证实虚开专票，而A企业已于2015年12月至2016年3月取得（已认证、抵扣）B企业虚开增值税发票9张。经两地税务稽查部门核实，相关业务签订了购销合同，发票所载货物购进企业已验收入库支付了货款，并取得销货方收款收据，因此判定A企业为善意取得。根据《关于纳税人虚开增值税专用发票征补税款问题的公告》以及《中华人民共和国税收征管法》的相关规定，税务局要求A企业补缴已抵扣税款，并按日缴纳滞纳金。其间，A企业财务负责人多次前往税务局交涉、提供相关合同证明，并最终补缴了税金，造成了不必要的利润损失。

4. 业务流程税务风险

A企业在材料采购、存货管理、配送销售及税务核算等各业务环节均存在税务风险（见表11-4）。这些风险或已造成企业的经济损失，或在将来存在造成企业经济损失的可能性，企业必须对此提高认识。

表11-4　A企业业务流程税务风险

业务环节	A企业存在的税务风险
材料采购环节	因选择了小规模纳税人进行供货，结果导致A企业当期未取得进项发票，缴纳了较高的增值税
存货管理环节	1. 因会计核算不规范，采取了不同的计价方式，对库存商品选择了先进先出法，而对原材料选择了加权平均法，存在计价混乱的情况 2. 因存货管理不规范，存在挪作他用和非正常损失的情况
配送销售环节	没有区分不同的运输服务，从而出现了税务处理问题
税务核算环节	存在核算不正确、税会差异把握不清等情况。2018年A企业在盘点库存时发现有3.01万元的原材料被盗，原材料已申报抵扣进项税额0.48万元，但A企业没能根据税法规定将0.48万元进项税额转出

A企业就上述问题进行系统梳理和整改，除继续做好整改团队相关工作之外，还推动了如下三个层面的改进工作。

首先，A企业再次针对企业业务薄弱环节进行业务流程的二次梳理，重点纠正疏漏环节。此外，A企业吸取经验教训，设置了相关的企业税务管理专项工作组，与董事会相关专门委员会等职责机构做好了衔接，并就上述存在税务风险的业务做前置筹划。

其次，A企业将业务处理标准化、合规化。针对材料采购环节、存货管理环节、配送销售环节这些从采购到销售的业务进行了分解。对各种业务的现有开展路径、证据链支持，及税务核算环节进行了分拆和融合。

最后，A企业推动内控制度和流程的修订与优化。A企业针对会计处理、税务处理进行复盘，根据各项国家相关政策法规，判断业务各环节处理的合规性，对不合规的环节事项设计筹划合规方案、处理路径，明确业务处理证据链要求，最终形成一套与A企业经营范围和实际业务路径一致的合规作业指导手册、税务手册，并且A企业后续业务开展均按照相关手册的方案路径执行，既保障了A企业业务的合法合规性，也保证了A企业的税收合规性。

第四节　本章小结

企业在生产经营过程中面临着诸多税务风险，比如虚开增值税专用发票风险、单薄的税务管理意识、企业存在缺陷的内部风险评估制度等。针对这些税务风险，本章给出了有针对性的对策，比如建立企业税务风险识别和防范平台、推动企业智能化进程、发挥人工智能等技术作用等。税务风险是企业应该重视的问题之一，如果不加以认真对待，就会对企业的经营决策和战略规划产生巨大的影响，进而影响企业的可持续性发展。

因此，企业应该结合大数据、智能化，对税务工作进行智能化转型，在对政策、法规、办法等充分理解的基础上，通过加强对税务风险的管理，有助于合理降低税收成本、提高管理人员的税法理念、提升财务管理水平，有助于对企业内部产品结构调整和资源的合理配置，从而确保企业的健康发展。

本章参考文献

[1] 魏珑婷. 基于税收征管视角的土地增值税税收风险识别指标体系构建研究 [D]. 重庆：重庆理工大学，2021：11-12.

[2] 张青，王倩. 构建智慧税务新生态：逻辑起点、基本框架与关键环节 [J]. 税务研究，2022 (6)：51-56.

[3] 周聪. 丽水市缙云县税务风险防控研究 [D]. 武汉：湖北工业大学，2021：9-12.

[4] 尚姝. 中小型制造业企业税务风险评价研究 [D]. 济南：山东财经大学，2021：17-26.

[5] 王梦婷. H 高新技术企业税务风险识别与管理研究 [D]. 上海：上海海关学院，2021：21-22.

[6] 赵金梅. 税务共享服务中心模式研究 [J]. 延边大学学报（社会科学版），2018，51 (6)：100-107+143.

[7] 闫晴. "人工智能+税收征管" 的理念确立与制度建构 [J]. 当代经济管理，2019，41 (2)：77-83.

[8] 曹敏贤. 金税工程下 F 房地产企业税务风险及防范 [D]. 广州：广东工业大学，2022：11-15.

[9] 谢波峰，谢思董. 2021 年税收征管研究综述 [J]. 税务研究，2022 (3)：41-49.

[10] 邓力平，陈丽，王智烜. 高质量推进新时代税收征管现代化 [J]. 当代财经，2022 (6)：26-36.

[11] 刘同洲，李万甫. 基于数据增值的税收征管数字化转型路径研究 [J]. 财政研究，2022 (4)：119-129.

[12] 王曙光，章力丹，张泽群. 税收征管现代化的科学内涵与发展路径 [J]. 税务研究，2021 (10)：133-138.

［13］李昊源．我国互联网交易的税收征管问题研究［D］．北京：中央财经大学，2017.

［14］田彬彬．税收大数据服务国家治理的逻辑与路径［J］．人民论坛，2022（8）：66-69.

［15］张海涛．税前扣除凭证解析［J］．注册税务师，2019（1）：40-44.

［16］白庆辉，侯立新．税务智能稽查的运行逻辑与企业税务风险管控策略［J］．财务与会计，2021（23）：70-71.

［17］徐德连．智能时代电子发票对企业财务的影响［J］．商业会计，2022（3）：110-112.

［18］焦瑞进．基于智能税务的税收治理现代化路径研究［J］．商业会计，2020（2）：4-7.

［19］高朝霞，葛志刚，王瑜，牛变珍，徐文伟．企业智能化税务管理系统的建设与应用［J］．会计之友，2019（17）：146-150.

［20］李万甫，刘同洲．深化税收数据增值能力研究［J］．税务研究，2021（1）：110-119.

［21］刘昊．人工智能在税收风险管理中的应用探析［J］．税务研究，2020（5）：79-82.

［22］宋星仪，宋永生．大数据环境下税收风险管理的路径选择［J］．税务研究，2020（3）：99-103.

［23］冯海波．计划型税收收入增长机制的形成机理及其影响［J］．税务研究，2009（10）：28-31.

［24］白语菲，李剑玲．智能时代税收管理新探索［J］．中国市场，2019（4）：140-141.

［25］刘锋．“互联网+增值税电子专用发票”探析及应用建议［J］．中国总会计师，2022（4）：84-87.

第十二章
归纳总结：税务管理向智能化、集成化、价值化转型

随着物联网、大数据、云计算、人工智能、机器人等技术的不断发展与应用，数字技术在工作和生活中已经无处不在，数字化转型已成为一种不可逆的趋势。政府、中介机构和社会服务机构都在进行数字化转型，企业若想要适应时代变迁、求得生存发展，数字化转型是一个必经之路。数字化的不断演进发展，使得企业数字化呈现一个动态、迭代、升级、转型的态势。

作为企业税务管理的重要组成部分，十大税务管理工具有助于推动企业税务管理数字化转型，也是企业实现数字化转型的重要抓手。企业在传统税务管控的模式之下，做好税务的顶层设计规划，实现总体税负最优的架构设置下的最佳路径，助力企业依法纳税、节税降费、合理减负。

在这个过程中，企业不断推动税务的数字化转型，一方面对企业实体进行数据特征抽象化、系统化、规则化、标签化、逻辑化的表达；另一方面是企业不断做好税务管理的建设，在提升税务管理架构的同时，基于未来税务管理趋势，做好税务共享的智能化转型。

第一节　税务管理的两个层面与财务共享实践

企业税务管理的核心，就是在实现顶层设计后，在总体税负最优的前提下，一方面做到企业纳税的应缴尽缴，另一方面实现企业税收优惠的应享尽享。这个过程是企业通过整体核心竞争力的打造，在可持续发展过程中将税务风险和税务风控体系融合，基于节税降费逻辑，形成企业的可持续发展推动力。

从税务筹划的立足点来说，有效的方式是根据企业商业模式，从营销模式、生产运营、供应链一体化出发，从企业的生产经营过程中产生的税源点开始，结合企业流程，深入系统，针对企业实际经营合理合法地制定解决方案。企业税务管理主要包括两个层面。

第一，综合统筹规划的顶层设计。企业需要融合“税收筹划+税务风控”来达成这个税务管理的系统目标，为此，企业需要借助十大税务管理工具，应对当下不断转型发展的有效税务管控的诉求。因此，从宏观层面来说，企业的税务风控融合税收筹划，是企业可持续发展实现节税降费提升运营质量的原动力。为实现原动力的落地，企业需要对由前沿技术驱动的，呈现为生产力和生产关系持续演进和迭代的数字科技融合赋能。

第二，数字化赋能的税务管理融合。企业税务管理的数字融合助力企业可持续发展的进程呈现蓬勃之势。在数字经济时代，激活税务涉税数据的要素潜能，实现企业数字化转型整体驱动税务管理、纳税方式和税务管理方式的变革，实现企业税务数字化、数字系统化的转型。通过税务与数字的融合，实现双螺旋盘旋上升的关系融合，系统地解决税务管理与数字赋能两者之间的融合、协同、交叉。为企业系统解决税务风险，推动企业实现有效税务管理，提升企业生态链条上的各类有限合伙、个体工商户、个人独资企业和灵活用工平台、外包众包平台的应用，解决企业税收洼地的有效选择，实现企业及人员层面的综合税负最优，构建出更多新的税务协同的产业业态、纳税模式、税收返还与财政补贴类税务价值领域。

一、企业税务征管的工具与税收筹划的三个特征

（一）税收征管的重要工具与风险

税收征管是整个税收管理的中心环节，它可以实现将潜在的税收来源变为现实的税收，完成国家税收管理的总体目标。税收征管也是贯彻落实国家税收政策的重要工具，指导并监督纳税人正确履行纳税义务，充分发挥国家税收对经济发展的重要作用。

税收征管的基本含义是指国家税务机关根据相关的法律法规对公司、企业、个人应缴纳的税款进行组织、征收、管理并核查等工作。

企业税务风险是指企业的涉税行为因未能正确有效地遵守税法规定，而导致企业未来利益的可能损失。企业税务风险主要包括两方面：一方面是企业的纳税行为不符合税收法律法规的规定，应纳税而未纳税、少纳税，从而面临补税、罚款、加收滞纳金、刑罚处罚以及声誉损害等风险；另一方面是企业经营行为适用税法不准确，没有用足有关优惠政策，多缴纳了税款，承担了不必要税收负担。

（二）税收筹划的三个特征

税收筹划是纳税人通过财务活动的安排，以充分利用税收法规所提供的包括减免税在内的一切优惠，从而获得最大的税收利益。通过合理、合法安排企业的经营活动，通过系统设计企业的股权机构、注册地址、分子公司、财政返还、税务补贴等，通过衔接企业上下游客户，降低用工成本，实现专业化模块化共享经济模式，实现企业人工成本的革命性降低，并综合筹划实现最优的纳税方式。这一揽子降本增效节税增收的措施，系统称为税收筹划。

在商业模式设计之时，在业务涉及的税收节点的纳税行为发生之前，企业系统、全面、综合地对企业经营或投资行为做出事先的设计与规划，在规避涉税风险的同时，尽量少缴企业所得税，这就是税收筹划的顶层设计。因此，企业税收筹划顶层设计的基本特征体现在以下几点。

第一，合法性。合法性指税务筹划只能在税收法律法规允许的范围内进行。

第二，规划性。规划性是指在纳税行为发生之前，企业需要对业务发生的地点、时间、方式等经济事项进行系统的规划、设计、安排，通过设计规

划确定企业应该缴纳的税费额度和应该享受的税收优惠，从而达到减轻企业税收负担，实现企业节税降费的目的。

第三，时效性。一方面我国税制系统还在不断完善，另一方面经济形势发展是个动态的过程，国家需要不断推出契合企业发展的宏观财税引导政策和微观财税落地政策。因此，不少基于特定和特殊环境下的税收政策具有较强的时效性。

（三）企业常见的八类税务风险

通过十大税务管理工具的介绍，企业层面常见税务风险可以归纳为八大类，具体明细如下。

第一，组织结构和业务流程设计上导致的涉税风险，这个层面体现在税负匹配节点上。

第二，未善用税收优惠所导致的涉税风险，这个层面体现在企业所有的环节上。

第三，收入、成本、费用的处理方式导致的涉税风险，这个层面体现在相关节点的流转税和利润部分税收，包括以从价计征和从量计征等相关方式确定的税收未能准确缴纳带来的风险。

第四，关联交易的转让定价风险，这个层面体现在关联交易定价的不合理导致的税收风险。

第五，企业所处税务环境导致的涉税风险，这个层面体现在企业所在区域的营商环境、区域财政经济支持企业发展的力度、区域财政税收的充沛程度和对地方税收优惠和支持的力度，这些外部因素带来了企业内生式发展的风险。

第六，在增值税、印花税及其他税务处理上的涉税风险，这个层面体现在企业的各项业务处理的专业能力上。

第七，发票管理方面的风险，这个层面体现在企业管理发票和开具发票上。在销售端体现在是否达成业务流、资金流、合同流的一致性和协同性，在采购端体现在采购的业务流、资金流、合同流的一致性与协同性，包括供销两端的发票金额与对公付款金额的一致性和证据链协同的完备性。

第八，经营结果披露方面的风险，这个层面体现在企业的财务报表披露信息不符合行业特点、不符合企业可持续发展经营目标上。

（四）税务系统平台的流程化

企业需要针对金税系统做好税务管理的顶层设计。企业需要通过系统的流程管控，在实现企业税务管理的过程中，更快捷地采集企业的财税基础数据，更早地发现企业涉税风险，相比于共享中心的数据反馈更加迅速。金税系统的升级转型，使得企业的涉税管理需要同步转型和升级。

从税务平台搭建目标来说，企业在纳税申报环节，涉税工作岗位相关人员需要将自动生成的申报信息及数据实现网上申报融合。与此同时，税务局不断实现金税系统和网上申报系统的建设，为此，企业构建新一代智能税务管控系统，做好 API 接口服务，实现企业系统对接数据服务，做好 API 接口的链接，针对数据处理及返回结果，实现人员报送、智能算税、一键纳税申报（个税、增值税、所得税等），推动企业实现税务智能化。

企业的税务智能化目标体现在以下几个方面。

（1）申报表生成自动化：可以自动取得增值税和所得税所需的财务数据，以支持纳税申报表的自动化生成。

（2）风险指标搭建：支持可配置且可图形化的税务数据风险分析指标，以支持企业税务风险监控及分析。

（3）纳税申报自动化：与税务局系统进行系统对接，以达到纳税申报表提交的自动化。

二、企业税务风险管理的五层设计因素与财务共享实践

（一）企业税务风险管理的五层设计因素

企业税务管理的十大工具，是系统做好企业税务风险管理体系、建立科学税务管理的重要抓手。要结合企业实际运营的微观环境、企业所在地以及潜在变更地进行系统规划。因此，从企业风险控制的角度，企业主要通过综合的一揽子顶层设计方案，在资金投入、税收洼地的发票管控、并购重组的设计、资本运作路径等方面做好应急管理，重点规避企业内生式税务管理问题，尤其是在合法合规及时纳税问题上，规避企业由于四流不一致带来的税收处罚风险。

为此，企业需要就税务涉税层面的底线思维和合规模式做好五层设计，具体体现在制度设计、机制设计、迭代设计、技术设计、流程设计方面，如图 12-1 所示。

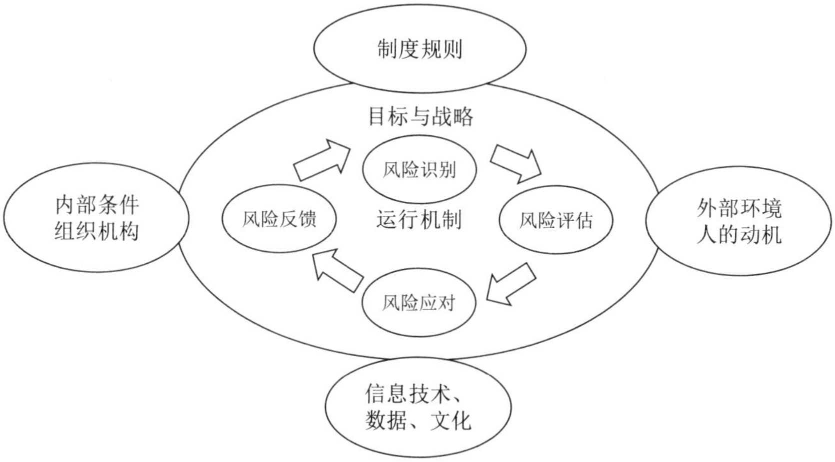

图 12-1　税收风险管理的分析框架

第一，制度设计。企业税收风险管理必须以宪法、相关法律法规及部门规章中的规定为依据。就税法规定的纳税人、征税对象、税目、税率、纳税环节、纳税期限、优惠政策、违章处理等做好提前熟悉和基本预判，这是企业做好税收风险管理的前提和基本原则。中央财政与地方财政的关系和税务机构的设置方式会影响企业的税收征缴，在企业履行纳税义务并规避税收风险的过程中，需要充分理解国家制度背景。宏观环境决定了微观行为的行为准则。

通过宏观环境的制度背景，企业做好税收风险管理微观模式的设计。企业做好操作规则的规范，包括信息采集、数据分析、风险评价、风险应对的相关规则，尤其是编制企业税务涉税管理手册和指导性操作解读。

第二，机制设计。企业税收风险管理需要做好企业的商业模式组织架构、管理模式、营销模式、人事管理、研发管理、公司治理等方面的工作。一方面需要按照企业运营模式，做好企业涉税层面的各个环节的融合规划，增强税务风险管理的应对能力和反应效率。按照企业人才支撑和保障要求，建设专业化的财务团队，提高财务团队的专业素质、业务能力、服务能力。另一方面，企业需要及时按照政策变更和经营环境变更的动态变化，树立企业人才团队的税务风控意识和节税意识，打造一个能快速接受税务政策调整变化且能做出快速应对的团队。

第三，迭代设计。企业外部环境变化受宏观环境影响，国家政策的引导和地方落地政策的措施往往对企业的税务管理起到根本的引领作用。宏观经济的运行形势、政府的经济调控政策、产业结构会影响国家税务部门的管控。这需要企业快速从综合最优的设计出发，结合国家政策的引导，做好系统的产业规划，在实现企业发展的同时，实现企业综合税负的最优。由于企业的税务管理系统是一个系统工程，需要结合企业所有涉税节点进行全方位的覆盖，充分将企业各个涉税节点涉及的所有部门进行融合。因此，企业内部本身的管理环境和治理环境建设很重要。企业建立畅通便捷的沟通机制是提高税务风险管理、做好税务筹划的重要保证。企业做好系统的股东层面、企业本身、分子公司的股权结构的税务设计和迭代，充分做好合并与分立工具，做好投资并购设计，结合企业运营做好用人的综合设计，形成企业雇员模式、灵活用工平台模式、专业化外包分包模式。

第四，技术设计。信息技术对提高企业的税务管理效率和洞察税收筹划机遇、达成筹划效果有实质性帮助。科学技术的应用，对企业快速实现税务纳税申报，确保纳税准确性、及时性提供技术性支持，也可以对企业就税务专项分析和预测提供合适的管理建议。此外，信息技术的设计还可以针对纳税周期、纳税额度、税收返还、财政补贴等事项进行系统的预警提示。

第五，流程设计。企业无论经济状况好坏，往往都对节税降费工作非常重视。企业税务管理需要结合税务机关的税收业务流程。因此，企业端需要就税务风险职责进行流程化设计，融合涉税的各个环节，形成企业内部涉税环节的全覆盖，并涵盖企业核心管理部门。企业通过税务的管理，形成各个环节之间分工清晰明确、协调衔接有序的协同作业，形成企业税务动态流程化的闭环管理。企业纳税流程节点是整个国家税收征管环节的起点，系统的内控设计和流程匹配，对企业做好纳税申报、规避涉税环节风险意义重大。

（二）税务管理智能化的财务共享实践

从企业节税降费的角度，企业需要系统地通过顶层设计明确税务管理的适用工具，明确做好分子公司及企业本身的整合模式，落实运营管理过程中涉及人员协同适用的模式，做好购销领域合同涉税层面的管理，采用雇员与外包的劳动用工模式，以及在上述经营业务出现风险时，企业应该采取的税务应急管理模式。上述内容是企业税务管理智能化需要充分考虑并及时做好应对的核心领域。

同时，这几个细分税务管理的核心领域，立足于企业商业模式的迭代转型，解决企业应享尽享的高效税务创新问题。因此，在当前科技赋能的数字化环境下，企业在保障税务管理的纳税合规之后，需要从整个财务管理角度出发，将税务管理模块精益化分解。

具体来说，针对企业的税务管理和风险管控，企业应为财务共享平台跨地域、多组织、多业务的关联企业提供预算、核算、资金管理以及数据分析决策等端对端的财务服务。与此同时，企业应做好对税务子平台的融合支持。

企业业务前台与共享前台统一接口，实现供应链、费用、应用、合同、资金等共享，交换报账信息，做好涉税环节的智能化统计与智能化分析。由流程平台、影像平台、作业平台等组成共享中台，与技术后台进行凭证信息、报账信息的交流，并就涉税信息的数据进行集成。这样的系统使企业的管控能力增强、信息标准统一，进而优化了企业的财务资源。将财税服务系统由单一核算向业财税一体化转型，业务数据可以直接输出为财务数据，并将财务数据中提炼的税务数据实现税务共享。解决企业税务管理模块与税务局 API 接口衔接，实现企业税务智能化，自动生成报表和智能化报税，如图 12-2 所示。

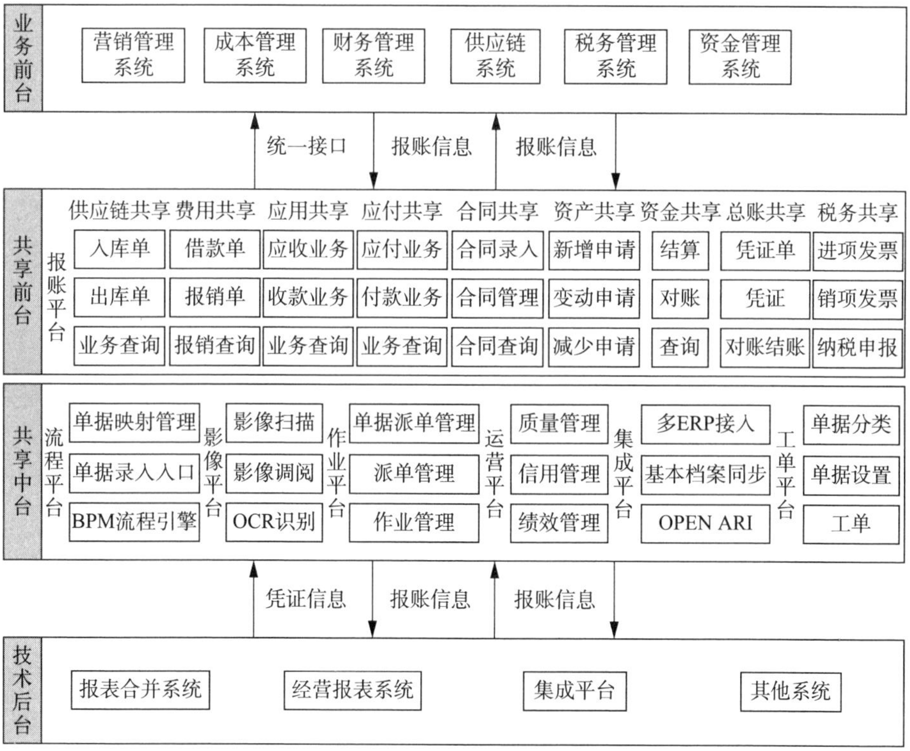

图 12-2　企业财务共享平台框架下税务融合路径

第二节　数字经济赋能税务管理的闭环路径与要求

财务管理是企业长远发展的根本，税务管理是财务管理过程中的关键环节。但在企业税务管理建设初期可能面临着缺乏有效的税务数据、涉税管理体系不健全、税务管理人员缺乏管理工具等挑战。企业在建设初期就必须从顶层设计出发，做好合规化的前置性设计与安排，规避后期进行系统性税务整改带来的额外成本，规避与相关监管机构沟通的不利影响。因此，为提高企业涉税环节的效率，应克服人为干扰因素。企业的税务数字化转型作为企业整体数字化转型的重要环节，通过构建完善的数字化税务管理体系，提高税务风险管控能力，降低涉税成本，更好地支撑企业整体数字化转型。此外，企业的税务人员是税务管理的主体，税务人员的素质水平将直接影响企业整体税务管理的效果。尤其是在数字经济时代下，更需要复合型人才来应对由外部税收环境变化带来的挑战。

一、数字经济背景下的闭环路径与细分领域智能化

在企业借助信息技术进行数字化转型的进程中，税务管理可以向共享化、一体化、数字化、智能化和共治化方向发展。

企业要从整体运营管理入手，以经营风险为导向，及时树立“业财税一体化”与“数字经济”理念，致力于构建多维度的、智能化的财税管理体系，实现财税管理从业务导入型向战略导向型转变。同时需要强调税务管理、风险管控、税收经营一体化，如构建企业级发票池、财务共建共享平台、财税稽核系统等，实现稽核分析、数据分析、纳税申报集成化功能，在数字经济时代下构建新的商业模式和生态系统。

（一）企业税务共享打通的闭环路径与智能化票据融合

税务共享是数字化时代税务管理的新模式，它融合了共享经济和治理理念，能够为企业打造业财税一体化提供解决方案和平台。

税务共享服务中心是以企业涉税业务集中管理为核心，利用互联网等信息化手段，通过信息共享、IT 共享、服务共享和知识共享实现税务机关、企业及分子公司的有机结合，从内部到外部、线下到线上、分散到集中，消除信息传递的中间环节，实现企业一套系统、统一算税、集中开票、统一收票、

专业分析、全链条风控和灵活筹划，支撑企业所有业务中心的票税业务需求，既能提高企业管理效率又能降低管理成本。

税务共享作为财务共享管理中的一个子模快，是依托于信息技术，以企业涉税业务处理流程为跟踪脉络，从业务的税务政策匹配、合同签订、票据流转、货物流转、资金流转、税金核算及申报等维度对业务全生命周期的处理流程进行跟踪、监测及预警，从而提高税务透明度，降低企业税务风险的税务管理手段。

企业内部打通“发票、账表、计税、申报、缴款、档案”的系统全流程，建立一个打破税企管理边界、职能充分协同、数据充分互通的精细化、集约化税务统筹管理平台，支撑企业税务管理的全覆盖，实现税务企业纳税从手工作业到智能税务的转型。实现企业税务业务自动处理、申报纳税智能规划、风险监控内外互联、税务分析统筹的转换。

针对税务机关的“以票控税”，企业税务管理将与 ERP、OA 等管理系统对接，进行自动开票、自动勾选、自动对账、自动计税，实现票税一体化，使发票、业务单据、记账凭证、资金凭证有机串联，形成一体；与报账平台、财务共享、商旅系统等平台打通，实现业财税一体化，使业务流程、财务核算、税务管控高度融合，降低涉税风险。

（二）管理平台的数字化集成与领域智能化

在企业建设智能税务管理平台的过程中，推动集成性、功能性、安全性、效率性的协同。推动企业税务管理与税务机关“以数治税”的监管需求协同。

在企业税务共享管理平台的突破上，通过中台协同各类应用模式，做好“业”“财”“税”“票”“管”深度融合，构建企业全层级、全业务、全税种、全流程的税务管理体系，协同打造发票管理、智能申报、自动建模、智能分析、智能风险等系统的平台化管控。企业做好针对金税四期监管的智能化应对，推进企业完成税务管理的标准化、数字化、共享化、智慧化转型。

企业税务管理推动智能化与智慧化的转型，具体体现在发票智能收取、发票智能识别、发票智能审核、科学技术应用四个领域的融合。实现发票批量识别、纳税申报准备自动化、一键申报等操作，提高业务处理效率并大幅降低人工工作量，有效实现科技和数据的赋能效应。

二、企业的税务管理智能化需求与成效

由于高新科技的蓬勃发展，使得原本无法获取、存储、处理的海量数据

得以高效处理，从而为税务风险管理向系统性分析发展提供了必要的数据与技术支撑，使得事前计划、事中监督、事后检查全方位税务风险管理体系的构建成为可能。因此，在经营过程中企业应当充分收集和利用各种数据信息，对企业涉税事项进行评定，全方位全过程地控制涉税环节；对税务风险的应对必须做到及时快速，利用大数据分析技术，在税务机关发现风险之前就要采取措施消除风险，从而降低企业的涉税风险。

（一）税务管理智能化的两层需求

在企业税务管理智能化的税务共享逻辑上，企业需要实现体系内所有纳税主体、所有税种在统一平台操作管理、集约管理。可以随时查看所有纳税主体的税务情况，同时打通企业内部数据共享模式。通过 API 接口打通合同管理、发票系统、报税系统、财务系统的信息通道，实现端到端的数据共享、匹配，实现业、财、税信息数据的强关联。

首先，企业适应监管环境需要。在政府对企业活动全业务、多渠道、多维度、全流程的监控环境下，企业需要实现内部工作标准化、数据化、透明化、数据集成化，有效进行内部实时监督及风险预警，保障企业安全发展。

其次，企业满足内部管理需要。企业借助税务共享的管理模式将内部所有单位的业务数据集中化、业务流程标准化、操作手续规范化、业务状态透明化，加强总部管控力度，降低税务风险。一方面，加强发票信息校验、查重预警、政策推动及预警功能，进行数据比对分析；另一方面，业财税信息一体化，及时预警，减少四流不一致情况的产生，减少税务风险。

与此同时，企业必须提高涉税人员的税务风险意识，以防因税务意识不足带来的税务风险。对税务风险的正确认识，不仅仅是依法纳税就能消除的，还需要厘清所有环节的涉税特点，建立全面的企业经营流程并监督各经营环节。企业应该设立专门的税务会计和风控部门，不只是把目标局限在依法纳税上，还应做好前期税务筹划和前期风险预判。

（二）税务管理系统建设的四类成效

在税务管理系统的建设方面，企业通过基本信息管理、办税、核算、申报、查询、税务风险管理、税务综合管理、数据采集等模块，并借助“多维报表+RPA”方式进行税源采集，实现企业的系统化建设，如表 12-1 所示。

表 12-1　企业的“税费管理协同”平台化建设

税种	增值税、个人所得税、企业所得税 房产税、车船税、资源税、城镇土地使用税、环境保护税、印花税、耕地占用税、契税、车辆购置税、水资源税
费用	水利建设基金、水土保持补偿费、残疾人保障金

企业税务管理系统建设成效体现在以下四个方面。

第一，就底层数据形成协同，实现并促进企业的业财有机融合。这体现在企业通过系统原始数据收集功能，可直接掌握全面的房产、土地、车船税基础数据，同时也倒逼各业务部门厘清资产边界，增强管理责任，做到账实管理一致，也可为实物管理部门提供一套完整的实物台账，推动业财融合。

第二，企业业务处理高效协同，形成业务与财税层面的协同复用。系统通过数据自动获取、税款自动计算、一键开票、一键认证、自动申报等功能，提高了工作效率，而且让数据计算有迹可循、快速便捷。

第三，企业管理设计业财税融合的一体化全闭环。借助税务管理系统，实现了发票开具、税费核算、税款申报等各项涉税业务系统全覆盖闭环管理，审批流程实时可见，业务操作全部在系统线上完成，各项数据有据可循，有据可查。

第四，企业实现业务与财税各领域的风险实时监控和同步风险有效应对及干预。按照税种明细，结合日常核算及企业相关数据收集，维护所有业务涉税的风险控制点，通过系统的嵌套融合，实现对税务系统各个操作环节的管控，实现对企业从源头做到风险点的及时提醒预警。

第三节　税务数字化的目标与未来展望

税务监管系统通过金税系统的升级，实现了从“以票管税”到“以数治税”的历史性转变。税务系统对企业实现了全方位、立体式、覆盖式的综合画像，已经从信息化到数字化、从数字化到智能化的税收征管改革，并处于不断迭代的进程中。企业税务管理的重心也因此需要从“以票管税”不断转变演进，尽快实现企业税务管理“以数治税”的模式，如图 12-3 所示。

共享经济实现了管理效率和效果的双重提升，财务共享也不断完成税务共享模块的模块化拆分与协同。在这个过程中，企业税务管理信息化不断经

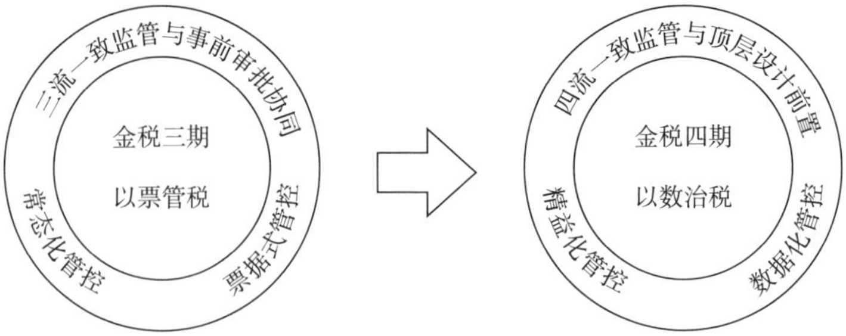

图 12-3　金税系统转型特征与税务监管转型趋势路径

历从票税一体化的二流协同，到业财税一体化的三流协同，再到业财税票管的五流协同。这些转变成为不可逆的潮流，不断持续推动企业税务管理的各个领域的精益化管理和深度融合。

一、智能税务管理平台化建设目标

（一）税务管理系统流程

税务共享平台是智能财务建设的核心。在企业财务管理层面，需要做到货物、发票、合同、资金的四流一致的管理，形成系统的支持证据链，从而实现企业有效的税务风险规避，具体体现在以下三个节点。

第一，税务管理平台智能化建设应建立在财务平台智能化的基础上，起点是归集准确、完整的涉税数据，在企业内部打破数据孤岛效应。

（1）建立企业内部各组织数据的连接端口和同步机制，将财务核算系统、资产管理系统、合同管理系统、仓储管理系统等进行一体化管理。

（2）将财税数据对接业务系统，及时更新同步，拟定数据归集统一标准，实现一端数据上传多个对接端口，明晰数据来源，对所有业务、财务、税务及发票的具体内容、流程、处理时间节点、处理人等信息的追踪提取快速落地。

第二，梳理税务日常工作内容，进行专业分工，使得涉税工作组织和职责符合新的需求。共享财务主要围绕基础执行操作，将税务核算、税务报表制作和税务检查核对等纳入该范畴；业务税务则与业务端紧密相连，在合规控制和发票管理方面实现自动化。

第三，战略财务负责企业税务战略方向，相当于智库角色，为企业税务总体规划、政策制定和决策提供支持。可以形成的场景主要有围绕票据管理的自动开票、自动查重、自动验真；围绕税务申报流程的自动纳税申报、自动纳税调整、进项自动转出；围绕管理工作的智能税收预测、智能税务风险监测。

（二）税务管理智能化目标的四个方面

企业将税务管理向智能化推进，其自动化和标准化降低了工作人员的工作强度，将原先低效陈旧的手工处理转变为专业高效的数字操作，提高了效率，同时降低错漏风险，比如申报错误、缴纳疏漏等，避免了不必要的损失。

企业对税务状况得以整体全局性掌握，税务风险管控能力也得到加强，不仅巩固税务管理中税务检查、分析预警等风控职能，而且也辅助企业应对税务征管机构的税务稽查等。智能税务管理系统和企业内其他系统的协调运作，有利于企业整体税务的健康发展，具体如图 12-4 所示。

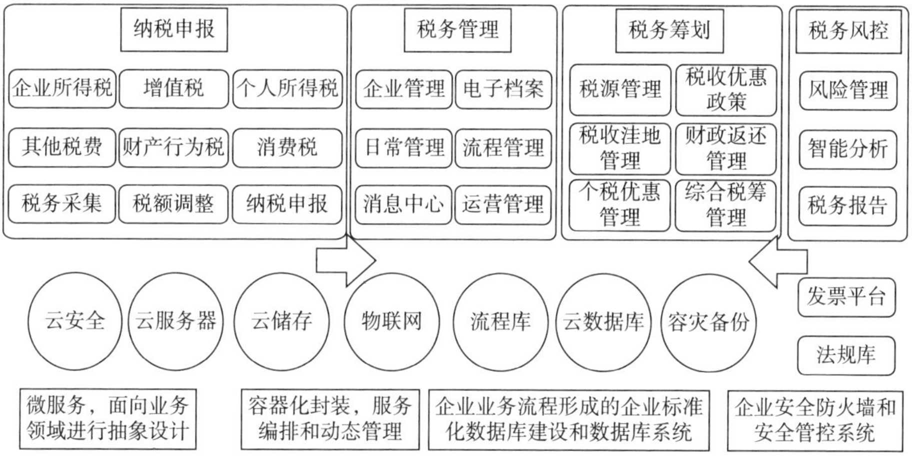

图 12-4　企业税务管理智能化流程节点与目标路径

具体体现在以下四个方面。

一是业务实现全支撑，通过与企业内各业务相关系统的连接，如经营、资产、合同等实现全业务纳入涉税流程范围。

二是全税种税收政策跟进，覆盖企业可能涉及的所有税种，及时在战略税务中更新税务政策，支持纳税申报和税收筹划。

三是工作流程标准化，包括对数据归集制定统一标准，业务场景标准化，企业内贯彻统一税务核算规则，审核内控标准化。

四是推进自动化，在建设税务台账、开票验真等发票管理、计税核算、涉税报表生成、纳税申报、稽核工作等方面实现自动化，构建智能税务管理系统基本框架。

二、税务管理与税收筹划的未来展望

税务管理的数字化转型是必由之路，但这个过程需要协同税务金税系统的升级，企业税务管理也要同步实现迭代转型。税务层面涉及的数字化管控，无论是数字孪生、元宇宙或是镜像世界，都需要以企业依法合规纳税作为前提，通过税务智能化的方式促进实体企业的业务发展。

随着经济形势的变化，国家和地方财税部门陆续推出全系列涉及各个方面的企业节税降费措施，如果企业不充分进行纳税筹划，对国家税收引导的这些优惠政策视而不见，那么国家出台的税收优惠政策就得不到充分利用，也会给企业带来潜在的损失。

做到企业有效的税务管理，实现系统的税务筹划的目标，需要从企业的商业模式实现“四流一致”的业务形态出发，确保合法合规，还需要基于企业的商业模式实现。需要确保业务链条依据是“四流一致”，结合增值税、所得税等税种的落地。企业税务筹划通过结合运营模式和财务管控方式，实现生产过程的业务流程梳理和流程再造，使得税收筹划模式完全符合国家节税降费的法律法规，从而使企业的税收筹划方案与企业的实际经营相互融合，确保企业发展的长治久安。

因此，企业税务智能化需要就税务管理和税收筹划，做好持续完善虚拟现实的运行规则、税种要求、税务规范、法律界定等多维度的工作，使虚拟的科学技术赋能企业实体经济的税务管理，推动企业的税务管理和税收手册的全面落地。从税务管理和税收筹划的未来发展趋势来说，体现在两个层面。

第一，税务数字化通过成本价值的影响直接导致企业税务管理方式的改变，实现了税务服务模式和服务边界的重塑。企业税务管理的数字化推进过程，既能降低企业外部交易的涉税风险，也能降低企业内部财务组织管理的成本。这个税务管理数字化是企业提升治理的重要途径。在确保税务管理基础模式可控的前提下，积极试错和迭代新的融合模式，结合税务智能化的预警措施，实现反向对企业运营的支持，改善管控流程、重构经营模式。这个过程中，税务的数字化赋能需要不断通过迭代试验，在实践中步步夯实税务管控能力，逐渐以智能化方式提升精益化税务管控的落地。

第二，税务数字化通过节税降费的实现直接导致企业税收筹划方法的改变，实现了税务筹划模式和服务边界的重塑。税务数字化的推进，既能够降低企业总体运营成本，也能够带来直接效益和间接效益的转换。一定规模体量的节税额度对企业的持续性投入和持续经营作用重大，往往可以改变整个企业的经营模式，甚至对企业的战略规划落地具有实质性的影响，还可以显著降低企业总体运营成本。税务层面的数据流可以带动企业创新技术流、财务收支资金流、企业人才流、企业供产销物资流的全面重构，税收筹划的根本性改变还会对财务系统从传统的费用中心向利润中心转型带来深刻的影响，形成税务数字化的边界效应。

第四节　本章小结

在当前高速发展的数字经济时代背景下，企业想要突破发展瓶颈，获得更广阔的发展空间，首先要从内部管理，尤其是税务管理上不断完善与改革。

企业需要综合应用十大税务管理工具，达成两类目标。第一类是企业税务管理目标的实现。在企业税务管理的目标实现上，通过加强税务管理，积极引进智能化措施；结合企业实际，做好税务各个环节的精益化管控；创新税务风险管理模式；加强企业管理队伍建设，加大税务管理制度的执行力度。通过多方面措施的运用，通过电子信息技术加强对税务管理细节的控制，提升税务管理水平与准确度，增强企业的核心竞争力。

第二类是企业税收筹划目标的落地。税产生的本质是基于企业实现的收入和利润。因此，通过企业全生命周期的运营，落实企业各个业务的涉税节点，由企业行为和利润形成税费，在针对企业经营的体量规模和盈利规模决定企业税负的问题上，企业在缴税之前，可以根据国家颁布的税收法律法规和优惠政策，提前做好筹划设计，利用纳税筹划专业知识，提前规划经营地、经营行为、经营结构、经营方式，从而达到合理合法节税降费的目标。

数字化是经济的重要引擎，而税务数字化则是企业实现税务管理的重要引擎。税务数字化以数据为关键要素，通过网络化实现税务数据的有效赋能，通过智能化帮助企业税务管理实现线上化、智能化的创新。通过税务数据的自动化实现税务复杂系统的智能化，侧面实现对企业总体资源配置效率的优化，形成对企业新型竞争优势的促进。

为了更清晰地确定税务管理的实现路径，企业要重新审视数字化的本质、内涵，及其运行逻辑对税务管理的影响，推动税务管理的智能化。未来，数字化深度赋能税务管理的核心要素包括云端、平台、场景和生态。具体来看，企业税务管理节税降费的目标，将呈现为税收政策变化下的税务创新快速迭代导向、基于云架构的智能算税导向、嵌入业务涉税环节的场景服务模式导向，实现税务管理“数据+算法”的融合与深度赋能，借助 RPA 和 OCR、KG、AI 等科技，实现税务管理智慧化集成，推动企业持续经营。

本章参考文献

［1］刘同洲，李万甫．基于数据增值的税收征管数字化转型路径研究［J］．财政研究，2022（4）：119-129.

［2］国家税务总局深圳市龙华区税务局课题组，孙国应，许金凯．RPA 技术在税收征管数字化转型中的探索与思考［J］．税务研究，2021（12）：62-66.

［3］胡立文．深化以数治税应用强化税收风险防控［J］．税务研究，2021（6）：12-17.

［4］高金平．“以数治税”背景下加强税收风险管理的若干建议［J］．税务研究，2021（10）：127-132.

［5］刘梅玲，黄虎，佟成生，刘凯．智能财务的基本框架与建设思路研究［J］．会计研究，2020（3）：179-192.

［6］李万甫，刘同洲．深化税收数据增值能力研究［J］．税务研究，2021（1）：110-119.

［7］刘昊．人工智能在税收风险管理中的应用探析［J］．税务研究，2020（5）：79-82.

［8］宋星仪，宋永生．大数据环境下税收风险管理的路径选择［J］．税务研究，2020（3）：99-103.

［9］卢艺．数字服务税：理论、政策与分析［J］．税务研究，2019（6）．

［10］新华社．中华人民共和国国民经济和社会发展第十四个五年规划和 2035 年远景目标纲要［Z］．2021-03-13.